PACIFICAR O BRASIL

das *guerras justas* às UPPs

Pacificar o Brasil

das *guerras justas* às UPPs

Organizadores:
Adriana Barreto de Souza
Angela Moreira Domingues da Silva
Luís Edmundo de Souza Moraes
Maud Chirio

alameda

Grafia atualizada segundo o Acordo Ortográfico da Língua Portuguesa de 1990, que entrou em vigor no Brasil em 2009.

Edição: Haroldo Ceravolo Sereza
Editor assistente: Jean Ricardo
Projeto gráfico, diagramação e capa: Larissa Polix Barbosa
Revisão: Juarez Antunes
Assistente acadêmica: Bruna Marques
Imagem de capa: Maud Chirio, *Imagem utilizada no cartaz do Colóquio internacional "Pacificação. O que é e a quem se destina?"*, Combinação virtual de fotografias, 2014

Esta obra foi publicada com apoio da Faperj.

CIP-BRASIL. CATALOGAÇÃO NA PUBLICAÇÃO
SINDICATO NACIONAL DOS EDITORES DE LIVROS, RJ

P125

Pacificar o Brasil : das guerras justas às UPPs / organização Adriana Barreto de Souza ... [*et al.*]. -- 1. ed. -- São Paulo : Alameda, 2017.

ISBN: 978-85-7939-447-8

1. Unidades de polícia pacificadora – Rio de Janeiro (RJ). 2. Policiamento comunitário – Rio de Janeiro (RJ). 3. Segurança pública – Aspectos sociais – Rio de Janeiro (RJ). I. Souza, Adriana Barreto de.

17-39729 CDD: 363.2098153
CDU: 351.74(815.3)

ALAMEDA CASA EDITORIAL
Rua Treze de Maio, 353 – Bela Vista
CEP 01327-000 – São Paulo – SP
Tel. (11) 3012-2403
www.alamedaeditorial.com.br

Sumário

Apresentação

Uma nação ordeira: a longa história da violência "pacificadora" no Brasil[1]

Adriana Barreto de Souza
Angela Moreira Domingues da Silva
Luís Edmundo de Souza Moraes
Maud Chirio

> Nós perguntamos: pacificar para quem? Porque quem está morrendo somos nós, quem está sendo enterrado ao longo da história somos nós. Estamos em nossa terra, trabalhando, e, quando menos esperamos, a polícia chega para nos expulsar. Nos últimos anos, a polícia tentou nos matar dezenas de vezes. Vejam a gravidade do que dizemos: nós não estamos nos referindo a ações de fazendeiros ou empresários; é o governo brasileiro, através de sua polícia, que vem tentando acabar com a comunidade a qualquer preço.
>
> (Rosivaldo Ferreira da Silva e Rosemiro Ferreira da Silva. Jornal *El País*, de 30/06/2016)

1 Agradecemos à Coordenação de Aperfeiçoamento de Pessoal de Nível Superior (Capes), cujo apoio foi fundamental para a realização do evento. Agradecemos, também, à Fundação Carlos Chagas Filho de amparo à Pesquisa do Estado do Rio de Janeiro (Faperj) pelo apoio à realização do evento e à publicação deste livro. Da mesma forma, agradecemos ao Centre de Recherches sur le Brésil Contemporain/ Mondes Américains (EHESS, França), cujo apoio financeiro foi essencial para a publicação desta obra.

O uso da ideia de "pacificação" tornou-se recorrente na grande imprensa nos últimos meses, tendo adquirido projeção ainda maior com o discurso proferido pelo presidente interino da República. Michel Temer, após sua posse, no dia 12 de maio, conclamou todos os brasileiros a colaborarem para "pacificar a nação e unificar o Brasil", apoiando um governo – como ele próprio o nomeia – de "salvação nacional". Para os cariocas, no entanto, o convívio com a palavra "pacificação" é mais antigo. Amplamente veiculada pela grande mídia, ela fundamenta o principal programa de segurança pública do estado do Rio de Janeiro, criado em 2008 e hoje composto – segundo dados oficiais – por 38 "Unidades de Polícia Pacificadora" (UPP).[2]

Mais que isto, foi sua celebração quase cotidiana como algo inovador pelo poder público do Rio de Janeiro que originou esse livro. Confrontados com nossas agendas de pesquisa e constatando a falta de novidade nos usos e no modo como a palavra circulava na sociedade, resolvemos organizar em 2014 um seminário que tinha como ponto de partida a inquietação reproduzida na epígrafe deste texto: pacificar para quem? A esta, somamos outra indagação que resultou no título do seminário: "Pacificação: o que é e a quem se destina?"

Fruto de uma parceria entre professores da Universidade Federal Rural do Rio de Janeiro (UFRRJ), da Escola de Ciências Sociais da Fundação Getulio Vargas (CPDOC/FGV) e da Université Paris-Est Marne-la-Vallée (UPEMLV), o seminário buscou reunir pesquisadores com formação e especialidades diversas, porém com pesquisas que abordassem políticas ou práticas nomeadas como "pacificadoras", para refletirem sobre esse fenômeno tão presente na história, especialmente na do Brasil.

Do evento resultou a percepção de que a adoção de práticas chamadas de "pacificadoras" acompanha toda nossa história. A ideia de pacificar povos, ou grupos considerados bárbaros, perigosos ou conflituosos, estruturou diversas políticas de conquista e ocupação de território. Tendo começado com a "pacificação" de indígenas no período colonial, a ideia se desenvolveu e se expandiu durante a primeira metade do século XIX, quando o Estado brasileiro instituiu verdadeiras "políticas de pacificação". E mais: visto que o modelo de Estado que se consolidou no Rio de Janeiro entre as décadas de 1830 e 1850 é o primeiro propriamente *brasileiro*, podemos afirmar que essas "práticas pacificadoras" ergueram e estruturaram o Estado brasileiro. O duque de Caxias, o "pacificador do Brasil", personagem central na construção desse Estado, foi monumentalizado

2 Dados disponíveis no site http://www.upprj.com/index.php/historico. Acesso em: 11/08/2016.

e transformado em patrono do Exército brasileiro pela República, o que é um sintoma claro, como destaca Adriana Barreto, não apenas da centralidade, mas também da recorrência dessas "práticas pacificadoras" em nossa vida política. Porém, como pensar essa permanência? Trata-se de uma multiplicidade de sentidos que variam no tempo e no espaço ou, ao contrário, trata-se de um termo que, ao ser usado na modernidade, expressa um sentido estável ao longo da história?

A pacificação se funda – essa é a chave de leitura que propomos – em uma lógica própria da guerra, modalidade particular de exercício de poder, na qual uma das partes em conflito submete a(s) outra(s) por meio do uso da violência. Contudo, o termo violência não deve ser entendido aqui de forma limitada, como uso exclusivo da força.

Em sua longa trajetória de investigações sobre as políticas indigenistas brasileiras, João Pacheco de Oliveira Filho e Antônio Carlos de Souza Lima apontam claramente que a ideia de *pacificação*, ainda que tenha se orientado no século XX por uma retórica da assistência e da proteção, sempre esteve fundada em uma estratégia de conquista. Ela é inseparável de um projeto que, por meio da atração e tutela, simultaneamente incorpora os povos nativos como populações rurais empobrecidas e libera, para a exploração privada, as terras por eles ocupadas.

Distanciando-se, como medida civilizatória, do propósito de necessariamente eliminar o inimigo, *pacificar* implica em sua *derrota* com vistas à sua submissão a um tipo de ordenamento social mais satisfatório ao *agente pacificador*, que a apresenta, no entanto, como a única possível, ou – o que é pior – como naturalmente legítima. Assim, em conjunturas e por meio de lógicas distintas, foram incorporados à ordem dominante – ou mesmo dela eliminados pelo emprego da violência – indígenas, "rebeldes", "comunistas" ou a população das periferias e favelas.

Esse é um ponto evidenciado por todos os artigos aqui apresentados sobre a questão indígena, independentemente do período abordado. Ainda que sempre sob a ameaça do poder militar, "pacificar" uma região, povo ou país exige também que se coloque em circulação práticas e discursos que reduzam o Outro à ordem do Eu. A "intervenção pacificadora", por ser civilizadora (termo acionado para nomear tanto a guerra contra as populações indígenas quanto a repressão aos movimentos insurrecionais do século XIX), é apresentada como legítima, ou seja, justa. É um confronto com vistas ao enquadramento. Como indica Cristina Pompa, o *outro*, a ser subsumido a uma ordem supostamente natural, o foi por ter sido útil ao projeto colonial português. Do mesmo modo – podemos acrescentar – que o foi ao projeto nacional conservador escravocrata do século XIX e mesmo ao projeto republicano autoritário e excludente que predominou no século XX.

Essa longuíssima continuidade não deve, porém, aplainar nuances e significados dados pela experiência histórica. Essa é uma primeira observação realizada a partir dessa reflexão coletiva, que julgamos importante. Ainda que apareça em documentos fundantes, como o Regimento Régio de 1548, que constituía uma espécie de "programa de ação" da Coroa portuguesa – como nos mostram João Pacheco e Vânia Losada neste livro – a palavra preferencial para definir a ação colonizadora em sua relação com as populações indígenas, mesmo durante o século XIX, é "civilizar". Ainda assim, a palavra "pacificação" e seus derivados eram, entre os séculos XVI e XVIII, pouco correntes e em alguns casos absolutamente ausentes da documentação até agora consultada para algumas regiões. Neste ponto, a crítica de Luís Edmundo de Souza Moraes é crucial. Analisando – em seu capítulo – a ação colonialista alemã no sudoeste da África, chama atenção para o fato de que foi no século XIX, no contexto do imperialismo europeu, que a palavra "pacificação" passou a ser mais largamente empregada. Em seguida, propõe que, ao invés de ser tomada como um conceito capaz de descrever conflitos ou modalidades de solução de conflito, a palavra "pacificação" seja vista como categoria nativa, que nos permite, sobretudo, classificar o "observador" e a forma como *este* considera um conflito e os tipos distintos de postura que daí derivam: quando agiu como *pacificador*, o colonizador empregou forças militares com o objetivo não de aniquilar, mas de sujeitar um povo, a fim de incorporá-lo como força de trabalho necessária para o futuro desenvolvimento do país.

A mudança de estatuto político do Brasil em 1822 colocava um problema novo e amplamente debatido na primeira metade do século XIX: como fazer de todos – brancos, negros libertos e indígenas – "um só corpo da nação"? Estas palavras de José Bonifácio, um contemporâneo de prestígio, e examinadas por Vânia Losada neste livro, explicita uma questão delicada para a elite política da época. Décadas mais tarde, Francisco Adolfo de Varnhagen, escrevendo a partir do Instituto Histórico e Geográfico Brasileiro (IHGB) – locus oficial de produção de uma história nacional –, retoma os métodos "severos" defendidos por D. João: "o índio 'bravo' deveria morrer e o 'manso' trabalhar compulsoriamente para 'cidadãos' honestos", incorporação à civilização que só seria alcançada por uma ação coativa externa.

Após a independência, no entanto, a adoção pública de uma posição como essa gera constrangimentos. Afinal, associa a elite, agora brasileira, à imagem do colonizador. O resultado - como conclui Losada - é o desaparecimento, ao longo do século XIX, do repertório vocabular da política indigenista colonial, o que não significa - como evidenciam os capítulos de Izabel Missagia e de Maria Luiza de Oliveira - o fim das práticas a ela associadas. Missagia examina táticas de guerra e de ocupação, que oscilavam entre o uso da força e o de uma "pedagogia da conversão". Ela nos mostra como, no Leste das Minas Gerais, ocorreram processos de apropriação do espaço, controle dos caminhos e instituição de uma ordem jurídica orquestrada pelo Estado Nacional, por meio de Divisões Militares. Estes militares podiam eliminar os índios resistentes, liberando suas terras, mas tinham todo interesse na imposição de processos de negociação, uma vez que os nativos podiam ser úteis para conquistar povos ainda "isolados" e estar aptos para a indústria movida a "braços aclimatados". No momento da retribuição, o pressuposto da inferioridade racial predominava, e a remuneração dos diferentes trabalhadores envolvidos nos projetos era desigual. A proposta da mestiçagem entre categorias subalternas da sociedade, nesses casos, avançou, desorganizando possíveis resistências e estabelecendo como padrão relações sociais e de trabalho marcadas por uma hierarquização de base racial.

A contrapartida do emprego pouco frequente de um repertório vocabular colonial na relação com os indígenas é o amplo alargamento do uso da palavra "pacificação" para nomear - como nos mostra Hendrik Kraay, em seu capítulo - a repressão a movimentos políticos que tomaram de assalto o Império do Brasil nas décadas de 1830 e 1840. De início, o debate também se instaura: qual era o limite, se é que deveria haver, da repressão? Explorando as variações de sentido no uso da palavra "pacificação" por conservadores e liberais, Kraay destaca as acusações, que circulavam à época, de condescendência dos liberais com as "revoltas de elite". O respeito à liberdade dos povos, princípio caro a esse grupo político, conhecia nítidas fronteiras sociais. Se aos farroupilhas, os liberais dirigiam "meios brandos" e propunham anistias, rebeliões populares eram reprimidas com extrema violência, como foi no Pará, onde promoveram um verdadeiro massacre.

Neste ponto, é possível recuperar o debate sobre o nacional - bastante em voga nesses anos. À questão tradicional posta pela historiografia, sobre quem integrava essa nação, acrescentaríamos uma outra: e como a integrava? Esse é um argumento importante dessa reflexão coletiva. O que se definia, em meio aos debates sobre a "pacificação do Império" - ainda segundo Kraay - eram projetos partidários e, se recuperamos aqui as reflexões de Adriana Barreto, poderíamos afirmar que, junto com os partidos políticos, definiam-se formas de se pensar a nação brasileira. O projeto vitorioso, após vinte anos de convulsão social, foi o do Partido Conservador. Explorando o "grande medo" liberal das revoltas populares, os conservadores afirmavam que a liberdade só estaria assegurada caso fosse subordinada à ordem ou – como gostavam de dizer – a uma "perfeita segurança".[3] Não à toa, o partido passou à história como Partido da Ordem. Em nome dela, foram desenhando um projeto de *pacificação* do Império, cujos princípios foram sintetizados nas ações do futuro duque de Caxias no Maranhão, como argumenta Adriana Barreto neste livro. O ponto de partida do pensamento conservador era o reconhecimento de que a população brasileira – diferentemente do que ocorria nas nações europeias – era composta por pessoas de "qualidades distintas", "matéria de difícil liga" e, em face disso, a ação pacificadora do Estado deveria ser, ela também, desigual.

A *pacificação* empreendida pelo futuro duque de Caxias se organizava em torno dessas ideias. Com os escravos, não havia negociação possível. Eram propriedade de particulares. Logo, uma vez presos eram enviados a seus senhores. Os caboclos, libertos e brancos pobres deveriam ser submetidos. Eliminados os mais resistentes, iniciavam-se as negociações de modo a devolvê-los a seu lugar social: de mão de obra reserva em um mundo escravocrata. Essa ação hierarquizada atravessava também o mundo das elites. A do Maranhão, que havia se associado no início da Balaiada a caboclos e quilombolas, não merecia o mesmo tratamento que os ricos estancieiros de uma região estratégica como o Rio Grande do Sul. Precisavam, eles também, ser educados para aprender qual era seu papel na preservação dessa ordem social desigual. À elite concentrada no Rio de Janeiro, sede da corte imperial, caberia ensinar às demais seu papel civilizatório.

Assim, especialmente após o golpe que antecipou a subida de d. Pedro II ao trono imperial, garantia-se a união, a paz e a concórdia da "grande família brasileira". Representada como tal, nessa nova grande nação, fundada no princípio da *integração*, havia espaço para todos, desde, é claro, que cada qual respeitasse as fronteiras dessa ordem social desigual, representada como necessária e consensual, como única forma de se assegurar a prosperidade econômica e a civilização.

A necessidade de preservar esse modelo de nação projeta o Exército como importante ator político, mesmo em tempo de paz, como mostra o capítulo de

3 MATTOS, Ilmar R. *O tempo Saquarema: formação do Estado Imperial.* São Paulo: Editora Hucitec, 1987. Capítulo 3: A direção Saquarema.

Maria Luiza de Oliveira. Contrariando a tese, corrente na historiografia, que preconiza a "morte da política" após 1850, quando o Estado teria, dada a calmaria interna, se dedicado à modernização do Brasil, Oliveira examina o debate que engendrou uma nova experiência colonizadora, a das colônias militares. A lei que, em 1850, autorizou a criação dessas colônias, respondia - como mostra a autora - a uma conjuntura bem específica. Procurava interferir em uma região delicada, entre Alagoas e Pernambuco, que abrigava líderes populares e chefes guerreiros desde 1835. O projeto atualizava a herança da colonização portuguesa por meio do estudo de experiências mais recentes - como as da Rússia, Áustria e Inglaterra - e dos intensos debates que corriam na imprensa da época sobre a pacificação da Argélia.

Essas colônias militares traziam à tona, mais uma vez, a dimensão colonizadora do processo de constituição da nação brasileira, transformando em certa medida - como afirma Oliveira - o ministério em metrópole, que precisava promover a conquista e a ocupação do território. Como afirmou, à época, um general em defesa das colônias: "não se trata de ir bater rebeldes, trata-se somente de lhes não deixar levantar a cabeça."

Não por acaso, malgrado toda a efervescência política e intelectual dos últimos anos monárquicos, a República nasce de um golpe militar, o primeiro da história do Brasil. O novo regime, instaurado em 1889, reabre a discussão sobre os contornos da nação brasileira, agora com os militares ocupando a centralidade do poder. Os primeiros anos republicanos foram acompanhados de inúmeros conflitos e, em meio à instabilidade, a antiga "política pacificadora" é retomada com a criação de novos "inimigos internos" e sua eliminação física ou sujeição simbólica. Nesse período, surge também a necessidade de "pacificação da nação e da família brasileiras", em busca de unidade, conciliação e coesão políticas. Se, no Império, o conceito de pacificação como política de Estado integrou o imaginário político dos anos 1830 em diante, desde o início do período republicano a retórica e a prática da "pacificação" encontraram linhas de continuidade, mas também se expandiram para abarcar uma pluralidade de experiências de enquadramento do *outro*.

Percorrendo as páginas do *Jornal do Brasil*, ao longo da década de 1890, por exemplo, salta aos olhos o uso frequente de expressões como "pacificação social", "pacificação da família brasileira", "pacificação nacional", "pacificação da República", "pacificação dos espíritos", "pacificação dos ânimos", entre outras. Neste momento, o termo e a prática da pacificação eram acionados para lidar com revoltas de contestação à nova ordem política, como greves de trabalhadores ou com edição de anistias políticas, por exemplo.

Apesar desses novos usos e discursos *pacificadores* proferidos na ainda jovem República, no início do século XX, os povos indígenas continuaram sendo colocados no lugar de *outros* a serem pacificados, por meio da institucionalização de uma "prática de poder", via atuação de um órgão estatal específico, como demonstra Antônio Carlos de Souza Lima, em seu capítulo. Com a criação, em 1910, do Serviço de Proteção aos Índios e Localização de Trabalhadores Nacionais (SPI), dirigido pelo tenente coronel Cândido Mariano da Silva Rondon, foi possível observar a organização de um conjunto de técnicas de poder – denominadas *pacificadoras* –, que visava a organização de um "esquema ideal de transformação dos indígenas em trabalhadores e cidadãos nacionais", ao longo das décadas seguintes. Nesse sentido, o reconhecimento dos indígenas como integrantes da nação pressupunha, portanto, sua conversão em "trabalhadores nacionais", inseridos no mercado de trabalho rural, sob tutela do SPI.

Simultaneamente a esse processo de pacificação de povos indígenas por meio de uma agência estatal, com atuação de militares, em 1930 o termo "pacificação" foi mobilizado com um sentido diretamente associado a uma *intervenção política militar*, como no denominado Movimento Pacificador – episódio ainda pouco estudado, segundo José Murilo de Carvalho –, responsável pela destituição do presidente Washington Luís. Com o final da ditadura do Estado Novo e a expectativa de transição para uma nova configuração política, que reintegrasse os inimigos varguistas, houve a organização de forte movimento da sociedade civil, em prol de anistia, que foi retórica e simbolicamente associada à "pacificação da família brasileira", como nos mostra Carla Rodeghero em seu capítulo.

A autora faz sua análise a partir de uma perspectiva comparada sobre o debate e a edição das anistias concedidas em 1945 e em 1979, que nos permite compreender que a ideia de pacificação "deve ser entendida como um elemento característico da nossa tradição política, próximo daquela de conciliação", ainda que essa visão não seja integralmente compartilhada por aqueles que deveriam ser "beneficiados" pela anistia. Em ambas as ocasiões, recorreu-se, seguidamente, à ideia moralizadora de "pacificação da família brasileira", que pode ser lida a partir de um duplo viés: considerando a unidade familiar, como alvo de ações de pacificação; e, na mesma medida, a partir de uma metáfora da "pacificação" do Brasil, pensado como uma grande família. Ressalta-se que, em ambos os cenários a serem "pacificados", o que está em jogo é a valorização de um imaginário de espaços sociais, nos quais não cabe conflito e menos ainda violência política, vistos como algo inadequado e desarmonioso.

Isto se fundamenta em uma imagem da sociedade harmonicamente estruturada e regulada por princípios e normas estabelecidos e resguardados pelo seu corpo dirigente (não raro identificado com o Estado). Ainda que a existência de grupos sociais não seja excluída, é o seu corpo dirigente que autoriza e estabelece os limites de seu funcionamento, e sempre em nome dos princípios pelos quais se pauta e que busca impor ao conjunto da sociedade. Neste terreno, é a ideia mesma de diversidade e, portanto, de "conflito" derivado da interação entre grupos diversos que é colocada fora do arco de possibilidades do desenvolvimento de um modelo de sociedade integrada desde cima.

Nas experiências brasileiras de fins de ditaduras, as anistias representaram tentativas para apagar os conflitos que geraram as operações de repressão política e violência física e se configuraram como a imposição de certa ordem simbólica, estando a "pacificação" associada à conciliação, como se observa nos processos de transição política da década de 1940 e de 1980. Essa perspectiva de conciliação, ensejada por uma transição negociada, traz consigo uma noção de silenciamento sobre as violências cometidas nos períodos autoritários, produzindo um apagamento das ações repressivas engendradas por agentes do Estado. Mariana Joffily e Maud Chirio apresentam um capitulo no qual estudam os perfis dos personagens agraciados com a *Medalha do Pacificador* durante a ditadura, dentre os quais agentes do aparelho repressivo que praticaram crimes de lesa-humanidade. A medalha, que funciona como "instrumento de retribuição simbólica para aqueles que atuaram na repressão" durante o regime ditatorial brasileiro, expressa de forma nítida a ideia de que, ao "comunista", inimigo por excelência na luta "anti-subversiva", percebido como inalcançável por ações de enquadramento no ordenamento proposto pelo regime, restam ações de neutralização e de eliminação.

São justamente estes crimes contra a humanidade que são tomados, no capítulo de Cecilia Maria Bouças Coimbra, como objeto de uma política de esquecimento levada a efeito a partir de finais do regime ditatorial. Ao avaliar as políticas de memória que têm lugar no Brasil com o fim da ditadura, a autora nos propõe que o regime que foi fundado no conflito e na ideia de exclusão e de eliminação do *outro*, do não-enquadrado, se encerra sob o manto de um projeto de futuro fundado em uma noção de "reconciliação". Partindo não do conteúdo da Lei de Anistia em si, mas da sua interpretação, Coimbra a vê como uma barreira para a apuração dos crimes de Estado perpetrados durante o regime ditatorial. A interpretação que se estabelece é expressão de uma política de memória, de uma "estratégia de silenciamento", que se mostra contínua até os dias de hoje. Os signos da *pacificação* e da *reconciliação* nacionais, que regem a partir de uma perspectiva estatal as operações de memória feitas desde então, materializam uma clara opção política de *promover o esquecimento* e o silenciamento sobre os crimes cometidos durante a ditadura, assim como favorecer a não responsabilização dos que praticaram violações de direitos humanos.

O enquadramento do outro a uma certa concepção de *ordem social* tem fornecido, também, o substrato para *ações de pacificação* na área da segurança pública, mais especificamente das UPPs e da *Força de Pacificação do Exército*. Questionando sobre "como e por que falar em 'pacificação' no contexto atual da questão urbana" do Rio de Janeiro, João Pacheco sustenta, em seu capítulo, que o uso atual da categoria "pacificação" como parte da intervenção urbana do poder público em favelas cariocas tem como objetivo enunciado "pretender restaurar o controle estatal (leia-se militar) sobre as favelas ocupadas pelo tráfico". Dessa operação, resulta a construção de um processo de "alteridade como inferioridade e suspeição" estabelecidas em práticas dos agentes do estado, que acabam produzindo uma ideia de morro como "espaço do inimigo". Somada a esse processo, a retórica da "pacificação", segundo Pacheco, acaba por mobilizar elementos próprios de uma "missão civilizatória da elite dirigente" frente à comunidade (a ser) pacificada. Uma das consequências dessa "operação pacificadora" é a ação policial recoberta de uma "superioridade moral" e de uma "ilimitada capacidade de submeter e punir".

De fato, o caráter tutelar empregado pelos militares, atuando como *Força de Pacificação do Exército* no complexo da Maré, a partir de 2010, nos permite associar a "pacificação" a uma espécie de "missão" das Forças Armadas, garantidoras constitucionais da "lei e a ordem", como aponta Angela Moreira, em seu capítulo. Por essa ótica, presume-se que o conceito e a prática da pacificação continuam relacionados a noções de *ordem* e *desordem*, aplicadas a bairros/populações considerados "violentos". A ação militar nas favelas cariocas resultou em desdobramentos judiciais sobre a natureza de supostos crimes cometidos contra militares em "ações de pacificação". As decisões do Supremo Tribunal Federal (STF) e do Superior Tribunal Militar (STM) sobre o julgamento de civis acusados de cometerem crimes militares durante as "ações de pacificação" do Exército, acabaram por definir a Justiça Militar como foro apto para processo e julgamento desses delitos. Ao determinar que os militares que integram a Força de Pacificação do Exército exercem "função tipicamente militar, relacionada à garantia da lei e da ordem", o STM ofereceu uma perspectiva militarizada da "pacificação" e da manutenção de uma noção de *ordem* com tons moralizadores e restritivos aos moradores das favelas. Essa visão resultou, por exemplo, na institucionalização do foro militar para processo e julgamento de civis que, supostamente, cometeram crimes militares, como o de desacato, por exemplo, contra militares atuando em ações pacificadoras.

A experiência chilena nos mostra a utilização de uma retórica da "paz" permeando políticas públicas de segurança voltadas para localidades nas quais vivem populações com recursos escassos e nas quais existem redes de crime organizado. Hugo Fruhling e María Victoria Corvalán, ao analisarem a elaboração e implementação do programa *Barrio en Paz Residencial*, na cidade de Santiago, fazem um histórico de programas voltados para a segurança pública chilena, no qual é possível identificar uma "alusão à guerra contra o delito e à batalha contra as drogas, pelo qual o papel pacificador do Estado tem fortes conotações coercitivas dirigidas a proporcionar tranquilidade (paz) às 'pessoas honestas', a saber, os *bons* cidadãos."

A fim de "descortinar as práticas de pacificação" do Estado e de conhecer a opinião das pessoas que deveriam, supostamente, ser "pacificadas" sob a atuação das UPPs, Ludmila Ribeiro e Márcio Grijó aplicaram um *survey* domiciliar em dez favelas cariocas. Trabalhando com a definição apresentada por Machado da Silva e Márcia Leite sobre as UPPs, os autores salientam a lógica militarizada na "manutenção da ordem pública", sendo que a categoria "pacificação" marca o discurso militar, assim como uma noção "reducionista do significado da 'segurança pública'". Levando em consideração as avaliações dos moradores de favelas sobre a ação policial e as formas de interação da polícia com a comunidade, Ribeiro e Grijó ressaltam os limites e possibilidades das UPPs como um "projeto de restauração do monopólio da violência em áreas de favela", inclusive para que não seja somente um projeto de proteção do Estado, em prejuízo da segurança e dos direitos do cidadão.

Apesar da grande variação dos contextos e dos usos, que configuram a historicidade do conceito de "pacificação", esse livro traça os contornos de algumas práticas e do papel do Estado brasileiro na implementação de *ações pacificadoras*, em gestação no período colonial, cristalizadas nos oitocentos e aprofundadas sob formas diversas no século XX: a imposição pela violência – em que as Forças

Armadas geralmente ocupam um papel central – de certa ordem social, naturalizada como a "paz civil", a "civilização" e a "conciliação" consubstanciais à própria existência da nação. Pretende-se, com essa publicação, estimular a realização de novas pesquisas sobre o tema, que forneçam mais subsídios para uma avaliação se de fato houve – e se continua em curso – um projeto de Estado brasileiro fundado e respaldado na organização e execução de *ações pacificadoras*.

Primeira Parte

Estado e pacificação indígena na formação do Brasil

A pacificação como prática de poder no contexto da criação do Serviço de Proteção aos Índios.

Antonio Carlos de Souza Lima

O objetivo deste texto é tratar a ideia de *pacificação* dos povos indígenas como uma prática de poder a partir do seu exercício no contexto das ações do Serviço de Proteção aos Índios e Localização de Trabalhadores Nacionais, criado em 1910, que a partir de 1918 perderia a função de localizar trabalhadores nacionais (notadamente aqueles percebidos como recém libertos da escravidão) ficando conhecido pela sua sigla - SPI. O SPI passou às páginas da história como obra de um indivíduo excepcional - o então Tenente Coronel Cândido Mariano da Silva Rondon - em larga medida em razão da ideia de que um serviço sob suas ordens e de acordo com seus planos de organização poderia superar as inúmeras situações de guerra abertas entre povos indígenas e frentes de expansão em diferentes pontos do país, sem recorrer ao uso do extermínio sistemático de indígenas enquanto política de Estado.[1]

---

1 Este texto é uma versão reelaborada de parte do capítulo 7 intitulado "Estratégias. Do reconhecimento do terreno às técnicas de pacificação" de SOUZA LIMA, Antonio Carlos de. *Um grande cerco de paz. Poder tutelar, indianidade e formação de Estado no Brasil.* Petrópolis: Vozes, 1985, p. 159-197. Livro que é uma versão reelaborada de minha tese de doutorado homônima, defendida em agosto de 1992. Ver também: *Idem, Aos fetichistas, Ordem e Progresso: um estudo do campo indigenista no seu estado de formação.* Dissertação de mestrado em Antropologia Social - MN/ PPGAS-UFRJ, Rio de Janeiro, 1985. 2 vol.; *Idem, Sobre indigenismo, autoritarismo e nacionalidade: considerações sobre a constituição do discurso e da prática da proteção fraternal na Primeira República.* In: PACHECO DE OLIVEIRA, João. *Sociedades indígenas e indigenismo no Brasil.* Rio de Janeiro, São Paulo: Ed. da UFRJ, Marco Zero, 1987, p. 149-204; *Idem*, "Os museus de história natural e a construção do indigenismo: Notas para uma sociologia das relações entre campo intelectual e campo político no Brasil". Rio de Janeiro, *Comunicação*, n. 13, 1989; ERTHAL, Regina Maria de Carvalho. *Atrair e Pacificar: A Estratégia da Conquista.* Dissertação de mestrado em Antropologia

Por outro lado, um serviço de Estado capaz de agir pondo fim ao conflito, estabelecendo a paz sem matar para isso, era uma suposta novidade, já que até então esse tipo de atuação dita pacífica (mas eivada de variadas formas de violência inclusive físicas) era apanágio da ação missionária. A jovem república, regada pelos princípios positivistas (sobretudo os do Apostolado Leigo), lançava-se assim como apta a substituir a base da burocracia local brasileira, que no período imperial era de responsabilidade da Igreja Católica, dado o instituto do Padroado Régio.

Não pretendo aqui recuperar nem a história do SPI, nem minha análise de seu funcionamento e daquilo que denominei de exercício do poder tutelar do Estado em trabalhos anteriores.[2] Quero focar apenas naquele que, num esquema ideal de transformação dos indígenas em trabalhadores e cidadãos nacionais, era apresentado como o seu ponto de início, em si uma fase e uma prática que reunia um conjunto de técnicas de poder: a *pacificação*. Em larga medida de origem missionária e colonial, as práticas postas em ação na *pacificação* foram praticadas

---

Social - PPGAS/ Museu Nacional/UFRJ, Rio de Janeiro, 1992; ROCHA FREIRE, Carlos Augusto. *Sagas sertanistas*. Tese de Doutorado em Antropologia Social - PPGAS/ Museu Nacional/UFRJ, Rio de Janeiro, 2004; *Idem* (org.). *Memória do SPI. Textos, imagens e documentos sobre o Serviço de Proteção aos Índios (1910-1967)*. Rio de Janeiro: Museu do Índio-Funai, 2011.

2 Delineei a ideia de poder tutelar como exercício de poder de um Estado Nacional em SOUZA LIMA, Antonio Carlos de. *Um grande cerco de paz. op. cit.* Retomei tais ideias em "O exercício da tutela sobre os povos indígenas no Brasil: um itinerário de pesquisa e algumas considerações sobre as políticas indigenistas no Brasil contemporâneo" In: *Idem*. *Tutela: Formação de Estado e tradições de gestão no Brasil*. Rio de Janeiro: E-papers, 2014, p. 53-88, no qual tive a Companhia, em outros capítulos da coletânea, de pesquisadores que abordaram a ideia de tutela em outros contextos. "Com a ideia de poder tutelar, busquei, portanto, descrever formas de ação que, se nem sempre estatais em sua origem histórica, num dado momento se concentraram sob o comando dos especialistas em imaginação de coletividades e de sua administração num centro social e geográfico de poder concebido como nacional. Tal exercício de poder estatizado sobre as ações dos povos indígenas e sobre seus territórios, no plano histórico, origina-se, em primeira instância, e guarda continuidades implícitas com as conquistas portuguesas e sua administração por dispositivos que visavam assegurar a soberania do monarca lusitano sobre territórios dispostos em variados continentes com um equipamento material e recursos humanos bastante reduzidos. É a modalidade de poder de uma comunidade política centralizada sob o poderio de um Estado dotado de um Exército profissional, tíbio e insuficiente, entendido aqui, num certo plano, como resultante e vetor dependente da articulação de amplas redes sociais dispostas ao longo de territórios, que se vinculam e se fazem Estado por mecanismos e em tempos diferenciados. Nesse movimento de centralização, concentração de recursos e hierarquização, as elites que compõem os estratos dominantes e os quadros administrativos das colônias e dos Estados nacionais nascentes mantêm a pretensão de abarcar e submeter a multiplicidade de comunidades étnicas distintas, dispostas num espaço apropriado sob a forma de território, realidade cuja pré-definição diante de outras comunidades políticas igualmente heteróclitas (Estados nacionais) é relativa e instável". *Idem*. "Sobre tutela e participação: povos indígenas e formas de governo no Brasil, séculos XX/XXI". *Mana*, Rio de Janeiro, vol. 21, 2015, p. 425-457.

sem o uso de violência física ostensiva também por outras comissões telegráficas ao longo do período imperial e no início da República, ainda que a *Comissão de Linhas Telegráficas Estratégicas do Mato Grosso ao Amazonas* (CLTEMGA), que ficaria conhecida como *Comissão Rondon*, tenha passado à história como a primeira a usá-la. Do mesmo modo Rondon passaria a ser tido como seu inventor, ainda que ele claramente creditasse o aprendizado de tais técnicas ao seu trabalho em comissões anteriores sob comando do então Major Antonio Ernesto Gomes Carneiro.[3]

Contra o extermínio; pela ação pacífica: as classificações administrativas para a ação.

Assim, em documento interno ao SPI, Cândido Rondon marcava sua interpretação da realidade dos povos indígenas:

> ... devo protestar, como conhecedor que sou de nossos indígenas, contra a divisão que se pretende fazer, classificando uns como incorporáveis à nossa sociedade e outros como completamente incapazes disso; os primeiros destinados a sobreviver aos processos industriais em voga, os segundos fadados, irremediavelmente, a sucumbir aos mesmos processos (...)
>
> O real é que existem indígenas em estado de guerra e outros que conosco entretêm aliança e amizade.
>
> A estes cumpre-nos tratar como amigos a quem devemos proteção, socorro e muita fraternidade; àqueles, preliminarmente, cumpre-nos levar a paz, com resignação e sofrimento de nossa parte, como expiação dos crimes e atentados que já sofreram de nossos antepassados, e ainda sofrem de nossos contemporâneos.[4]

Guerra ou aliança é a oposição fundante dessa taxionomia oriunda da administração portuguesa e reatualizada pela experiência da *Comissão Rondon* com os Povos Nambiquara e Pareci. Cândido Rondon se apresentava como detentor do capital simbólico, e da experiência no uso das tecnologias de poder ne-

---

3 Sobre a formação de Cândido Mariano da Silva Rondon como militar e o papel por ele atribuído ao General Gomes Carneio, ver VIVEIROS, Esther de. *Rondon conta sua vida*. Rio de Janeiro: Livraria José Olympio Editora, 1958.

4 RONDON, Cândido Mariano da Silva. "Relatório apresentado à Diretoria Geral dos Telégrafos e à Divisão Geral de Engenharia (G.5) do Departamento da Guerra, pelo Coronel... chefe da Comissão de Linhas Telegráficas Estratégicas do Mato Grosso ao Amazonas". Rio de Janeiro: Luiz Macedo & C., s/d., vol. 1, p. 31.

cessários a propor o modo de operação que dela derivaria: fôra capaz de "ganhar a guerra através da paz", abrindo territórios à administração, transformando inimigos em aliados sem usar de violência aberta. A forma mais circunscrita dessa classificação se explicitaria nas categorias do Decreto n. 5.484/1928, pelo qual se regulou pela primeira vez o exercício da tutela dos povos indígenas pelo SPI, particularmente no seu artigo segundo:

> Art. 2º. Para os efeitos da presente lei são classificados nas seguintes categorias os Índios do Brasil:
>
> 1º, índios nômades;
>
> 2º, índios arranchado ou aldeados;
>
> 3º, índios pertencentes a povoações indígenas;
>
> 4º, índios pertencentes a centros agrícolas ou que vivem promiscuamente com civilizados.[5]

O "destino final" da população indígena seria, pois, o mercado de trabalho rural, sob a rubrica de *trabalhador nacional*. Esta expressão encobria uma vasta gama de produtores diretos destituídos da propriedade da terra e vagamente identificados aos libertos da escravidão e seus descendentes ou dos surgidos de casamentos com nativos. Compunham o que a historiografia mais recente chamou de *pobres livres*, e a produção sociológica e etnológica denominou de *sertanejos*, *caipiras*, *roceiros* ou *caboclos*, contingentes percebidos como propensos a migrarem dos campos às cidades – dado muitas vezes tomado como um "traço cultural" de herança indígena, os *errantes* por natureza e estado – contribuindo para a situação extremamente tensa das maiores cidades da época. Evitar a migração para os centros urbanos (sobretudo para a conflituosa capital da República) era uma tarefa, como se verá, a inserir o *Serviço* num conjunto de aparelhos responsáveis pela (i)mobilização da mão-de-obra.

A *pacificação* era pensada e apresentada, portanto, como a porta de entrada dos povos indígenas em guerra com os não-índios nesse extenso proces-

5 No capítulo 9 de *Um grande Cerco de Paz*, intitulado "Táticas do poder tutelar II – a definição jurídica do índio" (SOUZA LIMA, Antonio Carlos, *op. cit.*, p. 198-225), procurei traçar como a relativa incapacidade do silvícola foi inscrita no artigo 6º da Lei n. 3.071, de 1º de janeiro de 1916, "Código Civil dos Estados Unidos do Brasil", e como simultaneamente se tramitou a legislação que regularia o exercício da tutela pelo SPI, que só se veria aprovado pelo Decreto n. 5484, de 27 de junho de 1928. Todo o corpo jurídico mencionado pode ser localizado em SOUZA LIMA, Antonio Carlos de. *As órbitas do sítio: subsídios para o estudo da política indigenista no Brasil*, 1910-1967. Rio de Janeiro: Contra Capa Livraria, 2009.

so que deveria redundar na sua transformação em trabalhadores rurais úteis ao patronato e à nação. Caso não estivessem em estado de franca hostilidade, os procedimentos configurariam a prática daquilo que se chamava de *atração*, ou seja, o deslocamento de povos dos territórios que habitavam para a proximidade de unidades de ação local do SPI – os *postos indígenas*. No caso dos que devessem ser pacificados, a *atração* era o passo seguinte e muitas vezes coetâneo à pacificação. Ambas implicavam não apenas formas de ação sobre as ações dos indígenas, mas também formas de intervenção no e de gestão do espaço.

Ainda que as práticas do SPI, e depois da Fundação Nacional do Índio (Funai), tenham sofrido muitas alterações ao longo do século XX, os trabalhos de atração e pacificação foram sempre monopolizados por um conjunto de funcionários que se especializariam nessas atividades, e que pelo meio do século XX já seriam chamados de *sertanistas*. Não tratarei nesse texto dessas mudanças nem do perfil desses profissionais, e nem do quanto se cruzam nas práticas de pacificação e de atração saberes reportáveis a tradições de gestão de populações de grande profundidade histórica.[6] Focarei na descrição, a partir do material remanescente da documentação das primeiras décadas de ação do SPI e de textos sobre *pacificações* específicas, dos procedimentos práticos adotados, na tentativa de evidenciar um "modelo histórico" da ação estatal sobre os povos indígenas já sob o período republicano.

Do reconhecimento do terreno às técnicas de pacificação.

Retomando-se esse esquema ideal das *fases* do trabalho do *Serviço*, e a classificação dos indígenas acima referida, cabe examinar de perto as passagens da guerra à paz, da dispersão até a captura dos povos indígenas por alguma unidade administrativa, do desconhecimento ao exercício do governo. A *pacificação*, estratégia referente à primeira *fase*, supunha o que chamarei aqui de índio *ideal*. Povos nativos em guerra eram, já naquela quadra histórica, os menos frequentes entre aqueles com que o SPI se defrontou. No entanto, em termos da retórica e do arquivo imaginário da *proteção*, o estado de guerra era o mais desejado: supõe-se as hostilidades como sinal de falta de relação ou apenas de violência aberta

---

6 Sobre as possíveis bases do sertanismo no Brasil, ver *Idem*. "Tradições de conhecimento na gestão colonial da desigualdade: reflexões a partir da administração indigenista no Brasil". In: BASTOS, Cristiana; ALMEIDA, Miguel Vale de; FELDMAN-BIANCO, Bela. (Org.). *Trânsitos coloniais: diálogos críticos luso-brasileiros*. 1ª ed. Lisboa: Imprensa de Ciências Sociais, 2002, p. 151-172. Também, ROCHA FREIRE, Carlos Augusto. *Sagas sertanistas*. Tese de Doutorado em Antropologia Social - PPGAS/ Museu Nacional/UFRJ, Rio de Janeiro: 2004.

entre civilizados e índios, isto permitindo inaugurar um trajeto sem os "vícios" dos povos já com relacionamentos "pacíficos" no período. Ou seja, esperava-se alcançar o índio puro. Toda a prática do governo dos índios sob o exercício do poder tutelar se via orientada pela suposição desse ponto zero de contato.

O material utilizado para essa análise constitui-se não apenas de textos gerais, constantes dos *Relatorios do Ministerio da Agricultura, Industria e Commercio* (RMAIC), mas também dos originados de uma situação específica: a *pacificação* dos Parintintin, realizada entre os anos de 1921-1925, um dos "casos exemplares" referidos pelos autores de textos de justificação da existência e eficácia do SPI, dentre eles Darcy Ribeiro.[7] O "caso" Parintintin tem a peculiaridade de ter contado com a participação de Curt Nimuendajú Unkel numa de suas muitas ações relacionadas ao *Serviço*. Nimuendajú participara da sempre invocada *pacificação* dos Kaingang em São Paulo, objeto de muita mitologia e de uma bibliografia razoável.[8] Não há para os Kaingang nenhum valor de precedência temporal no plano das técnicas: pode-se lembrar não só as pacificações dos Nambiquara e dos Pareci, verdadeiras "credenciais" de Rondon. Pode-se, também, retornar ao período colonial e ver os jesuítas agindo de modo muito semelhante. Tampouco é o caso de estudar o quanto o caso Kaingang servia ao *Serviço* para se construir como excepcionalidade, nem os lucros simbólicos auferidos do suposto debate entre *proteção* oficial ou *extermínio*. A pacificação dos Parintintin parece-me ser ideal: relatada pela argúcia de Nimuendajú, seus componentes perdem o teor semântico e ganham um sentido objetivo, menos adjetivado. Os aspectos gerais são os mais importantes para meus fins aqui e não as especificidades.

Algumas iniciativas de estabelecer a paz com os Parintintin já haviam sido intentadas sem sucesso. Isto está relatado em texto de Nimuendajú, datado de 1924, que pode ser cotejado ao de Joaquim Gondim.[9] Nimuendajú tinha – a época longo tempo de atuação em tarefas do *Serviço*, gozando de grande estima de seus principais dirigentes. Conta-se também, com boas fotos da sede do posto de

---

7 RIBEIRO, Darcy. *A política indigenista brasileira*. Rio de Janeiro: Serviço de Informação Agrícola/ Ministério da Agricultura, 1962, p. 67-80.

8 Ver ERTHAL, Regina Maria de Carvalho, *op. cit*; e sobre Curt Unkel Nimuendajú, ver WELPER, Elena Monteiro. "*Curt Unckel Nimuendajú: um capítulo alemão na tradição etnográfica brasileira*". Dissertação de mestrado em Antropologia Social – MN/PPGAS-UFRJ, Rio de Janeiro: 2002.

9 NIMUENDAJÚ, Curt. "Os índios Parintintin do Rio Madeira (1924)". In: *Idem*. *Textos indigenistas*. São Paulo: Ed. Loyola, 1982; GONDIM, Joaquim. *A pacificação dos Parintintin*. Manaus: Comissão Rondon, 1925.

pacificação, bastante significativas para a análise.[10] Para compor o quadro geral e decompor as técnicas de pacificar serão úteis também as narrativas contidas nos RMAIC quanto às primeiras expedições destinadas a realizarem o início da *pacificação* dos Urubu (no estado do Maranhão) e dos já citados Kaingang (no Oeste de São Paulo). Muitos outros casos consultados poderiam ser trabalhados, outras formas de construir relações pacíficas poderiam ser apontadas, mas o importante aqui é expor, a partir do material referido, aspectos gerais e recorrentes em outros processos históricos específicos.

AS EXPEDIÇÕES: DESCREVER, MAPEAR, RETRATAR.

Todo o trabalho do SPI, em uma região/local iniciava-se por uma *expedição*. O termo designava um modo de intervir sobre o espaço geográfico e as populações dele ocupantes de clara matriz militar, com o fim de proceder a um reconhecimento sobre o terreno (num sentido amplo) que seria matéria de trabalho. À *expedição* correspondia muitas vezes uma das formas de exercício do *Serviço*, a *inspetoria*, termo que designava nos primeiros tempos do SPI, simultaneamente: 1) um cargo de representação regional exercida por um funcionário público, 2) uma função de fiscalização *in loco* dos povos indígenas, de outras populações, e do próprio funcionamento do *Serviço*, podendo ser delegada a um funcionário comissionado ou a um contratado para tanto, 3) uma repartição pública com sede física numa capital de estado. Quando da instalação do *Serviço*, em 1910, a primeira tarefa da *Diretoria Geral* foi a preparação dos recursos necessários ao deslocamento dos *inspetores* para os estados em que atuariam com o fito de realizarem "... a primeira expedição destinada à visita das terras habitadas pelos índios e a uma inspeção geral".[11] O mesmo procedimento seria desenvolvido pelo engenheiro agrônomo Américo de Pinho Leonardo Pereira, para a escolha de terras onde seriam implantados *centros agrícolas* nos estados do nordeste do país. De acordo com as *Instruções Internas* do SPI, já redigidas à época e distribuídas aos Inspetores

> ... a primeira expedição tem por fim, em resumo: 1º instalar solenemente a sede da inspetoria; 2º iniciar relações amistosas com os índios; 3º colher informações sobre seu estado de adiantamento, situação e

10 RONDON, Candido Mariano da Silva. *Índios do Brasil*. Rio de Janeiro: Imprensa Nacional, 1946-53. 3 vol.

11 BRASIL. Ministério da Agricultura, Indústria e Comércio. Serviço de Proteção aos Índios e Localização de Trabalhadores Nacionais. Diretoria Geral. "Memorandum n. 36, 26/10/1910". Rio de Janeiro: Museu do Índio, Setor de Documentação, microfilme n. 334, fotograma 02.

> progresso; 4º informar-se sobre as relações que as diversas tribos mantêm com os civilizados e se as mesmas são cordiais ou não; 5º investigar os motivos das contendas existentes, quer dos índios entre si, quer entre esses e os civilizados; 6º propor medidas e expedientes conciliatórios e generosos, no sentido de ser restabelecida e mantida a paz; 7º organizar, com os dados reunidos, um relatório que deve ser dirigido à Diretoria Geral.[12]

Da intervenção local ao repasse de informações a um centro nacional, a *expedição* foi a forma de instalar o SPI, com mais serventia para o próprio que para os indígenas propriamente ditos. Uma análise sequenciada de fontes como os relatórios gerais do *Serviço* demonstra que esta atividade concentrou as forças do SPI em seus primeiros dois anos de existência, especialmente nos estados da região amazônica, no Maranhão e em Goiás. Os *RMAIC*, no período de 1910-1930, apresentam, na parte referente ao SPI, numerosas narrativas de *expedições*, bem como um mapeamento, ainda que superficial, dos possíveis problemas a serem enfrentados.

Produz-se um perfil, econômico, social e geográfico capaz de informar a ação futura; colige-se material para as prestações de conta da *Diretoria Geral* com fins de pedido de orçamento – principal objetivo dos *Relatórios* apresentados anualmente pelos ministérios ao Congresso Nacional –, registram-se dados de localização e acessibilidade e, em certos casos, prepara-se o início da instalação de um *posto*. Constrói-se, pois, um mapeamento tanto cartográfico, como sociológico, registrando de diversas formas a região e os seus habitantes.

No tangente ao trabalho de *pacificação*, note-se que seu começo está sempre em avaliar as vantagens possíveis de serem obtidas com a liberação da área, e em levantar os pontos geográficos para possível fixação de unidades locais (os postos) como base dos trabalhos. Do mesmo modo, o mapa social apresenta os possíveis aliados e antagonistas.

As *expedições* foram, portanto, os primeiros instrumentos de uma apreensão "nacional" da tarefa de gestão tutelar, fornecendo subsídios a um cálculo para a ação política, produzido desde o centro de poder na capital republicana, cujas decisões transcendiam a percepção dos agentes locais e mesmo de *inspetores*, também estes em luta por recursos na sua esfera de poder. Tais funcionários eram por vezes as únicas autoridades federais em rincões longínquos e afastados de qualquer forma de contato com a incipiente malha administrativa republi-

12 *Ibidem*, microfilme n. 334, fotograma 03.

cana, em unidades de ação muitas vezes confinantes a outros países. Sua mera presença acabava por materializar e presentificar o Estado Nacional, suposto ente capaz de agregar informações e estabelecer vigilância em escala local.

Das informações normalmente apresentadas aos RMAIC no período de 1911-1930, há um grande destaque para os diversos tipos de empecilhos ao trabalho dos funcionários. Assim, no relatório de 1930 encontram-se não só dados referentes ao estado dos postos, suas atividades, habitantes indígenas, como uma "relação de estabelecimentos", por *inspetoria*, onde, ao nome, seguem-se observações relativas aos povos com que interagem. Juntam-se sua localização quanto ao município e aos possíveis acidentes naturais capazes de localizá-los em mapa.[13] Além dessas informações gerais, constava ainda, para a "*Inspetoria do Estado do Amazonas e Território do Acre*", uma listagem por posto intitulada "Itinerários seguidos para atingir os Postos Indígenas partindo de Manaus", com informações pormenorizadas sobre o acesso às unidades locais à luz dos meios de transporte na região.[14]

Com base nesse material o SPI montou um mapa de suas unidades operacionais em 1930, cuja única cópia encontra-se no SEDOC/Museu do Índio.[15] O trabalho cartográfico integrou regimentalmente as atribuições da direção do SPI até a criação do Conselho Nacional de Proteção aos Índios (CNPI) em 1939, quando passou a ser feito por um profissional explicitamente designado, tanto para a plotagem de pequenas plantas das áreas indígenas medidas e demarcadas, quanto para a produção deste tipo de mapa generalizante ou de subsídios para uma *carta do Brasil*.[16]

O mapa de 1930 foi ao que parece a primeira carta de caráter nacional produzida pelo SPI.[17] Constituía-se em instrumento de controle e prospecção de ações, forma de dar suporte e de encenar (e assim objetificar) para o seu centro

13 Museu do Índio. Setor de Documentação, microfilme 340, fotogramas 66-86.

14 Museu do Índio. Setor de Documentação, microfilme 340, fotogramas 95-99.

15 SOUZA LIMA, Antonio Carlos de. As órbitas do sítio, *op. cit.*

16 Sobre o CNPI e suas relações (por vezes tensas) com o SPI, ver ROCHA FREIRE, Carlos Augusto da. "*Indigenismo e Antropologia* – O Conselho Nacional de Proteção aos Índios na gestão Rondon (1939-1955)". Dissertação de mestrado em Antropologia Social – PPGAS/MN-UFRJ, Rio de Janeiro, 1990.

17 Desde sua criação o SPI deveria participar da composição de uma carta itinerária do país, iniciativa na qual já se inseria a atividade cartográfica da CLTEMGA, reagrupada na Inspetoria de Fronteiras nas décadas de 20/30, da qual o SPI faria parte quando integrando o Ministério da Guerra. Para os mapas produzidos a partir do SPI, ver SOUZA LIMA, Antonio Carlos de. *As órbitas do sítio, op. cit.* p. 30-42. Ver também, ROCHA FREIRE, Carlos Augusto da. "A iconografia indigenista". In: *Idem* (org.). *Memória do SPI. op. cit.*, p. 144-146.

administrativo uma lógica de gestão das unidades locais do SPI de fato impossível de existir naquele momento histórico. Mais que rigor cartográfico, o importante era apresentar um mapa do que se podia dizer já ser conhecido. Na realidade os vínculos entre as unidades administrativas do SPI, suas instância regionais (inspetorias) e a sua diretoria geral eram tênues, tal como as mudanças advindas no pós-1930 o demonstrariam, em particular com a perda de autonomia administrativa das *inspetorias* e a subordinação de suas funções às *Inspetorias* do *Ministério do Trabalho, Indústria e Comércio.*

Tal carta representa, e apresenta àquele que a lê, a administração sobre os índios em si e não os povos indígenas eles próprios: não há nomes indígenas ou a marcação presumida de seus territórios, mas sim *postos*, *escolas*, *delegacias* e *zonas de ação*, esta última expressão designando o espaço sobre o qual uma unidade de ação consegue insinuar as técnicas de exercício do tutelar. Mas o mapa é também o instrumento necessário para planejar ações numa escala espacial só realizável do centro de gestão de um poder operante sobre todo o território delimitado e dito brasileiro. O cálculo que implica pode excluir a uns e incluir a outros, em função de demandas e lógicas extra-locais e mesmo extra-regionais, pois os desígnios da administração extrapolam qualquer realidade nativa.

Um outro subproduto das *expedições*, compilado desde a CLTEMGA, acrescido pela ação do SPI e depois pela atividade de *inspeção de fronteiras* é o material fotográfico, que ilustra livros e publicações do SPI e mais tarde também do CNPI, que publicou todo esse material gerado como parte das tarefas de extensão de linhas telegráficas e de proteção aos índios, já sob a Ditadura de Getúlio Vargas e mesmo depois. Na década de 1940 houve a menção e a discriminação específica no regimento do SPI dos trabalhos fotográficos e cinematográficos. Este gênero de fotografia administrativa, presente em boa parte das ações de governo que envolviam a penetração dos *sertões*, muitas delas em que ciência e "missão civilizatória" se pautava em ações sanitaristas, é um dos ítens fundamentais da encenação do controle estatal (logo, dos processos de formação e expansão de Estado) e da construção imagética de uma nação.[18] Produzia-se uma coleção (virtual) de imagens que passariam a representar o passado, o atraso, que precisava ser ultrapassado. À guisa de hipótese, seria possível pensar que se

18 Ver dentre outros, LIMA, Nísia Trindade. *Um Sertão Chamado Brasil: Intelectuais e Representação Geográfica da Identidade Nacional.* 2ª ed revista e ampliada. São Paulo: Hucitec, 2013. MELLO, Maria Teresa Villela Bandeira de; PIRES-ALVES, Fernando A. "Expedições científicas, fotografia e intenção documentária: as viagens do Instituto Oswaldo Cruz (1911-1913)". *Hist. cienc. saúde--Manguinhos*. Rio de Janeiro, vol. 16, 2009, suppl. 1, p. 139-179.

engrossava e se reconstruía um arquivo imagético devedor do passado colonial em especial no tocante aos povos indígenas, à luz do paradigma positivista que informava a percepção científica da época, capaz de dar vida aos enunciados relativos ao que fossem os sertões, seus habitantes e os destinos que deviam trilhar rumo à civilização e ao progresso.

O exemplo mais acessível e simbólico, por sua abrangência e composição, reside no álbum em três volumes intitulado Índios do Brasil, referido como de autoria de Cândido Rondon, cuja publicação iniciou-se em 1946, concluindo-se em 1953, conquanto as fotografias fossem em larga medida parte de um estoque que se acumularia desde a CLTEMGA e passou por todas as primeiras décadas do SPI, estando em parte presentes em seus relatórios.[19] Nele as fotografias estão dispostas pelas regiões do Brasil percorridas pelas iniciativas de Cândido Rondon logo, por critérios administrativos e não por qualquer coordenador etnológico (linguístico, tipo/área cultural, grau de aculturação etc). O nome de *Rondon* e a relação metonímica que mantém com o SPI e as ações de Estado para os indígenas oblitera sua parcialidade restrita às regiões efetivamente percorrida por ele e seus correligionários.

O álbum, pelo seu título tão abrangente e pela autoridade de seu suposto autor, deu a público o produto do labor expedicionário, fornecendo imagens de povos indígenas habitantes de boa parte do território definido como nacional, reconhecendo a certos povos a atribuição de indianidade e dela excluindo um conjunto significativo de outros, ainda que estes estivessem também sob a ação do *Serviço*, sobretudo os situados no nordeste e no sul do país. De qualquer forma, compunha-se um acervo referencial do índio genérico, numa unificação do heterogêneo produzida pelo olhar exógeno dos gestores do governo dos índios, pela ação do poder tutelar que os agrupa. Conquanto declarados os povos, com abundância de retratos individuais (como se a intenção fôra fotografar tipos humanos somaticamente distintos), as fotos demonstram sobretudo as ações do *Serviço*, servindo para documentá-lo, atestar suas ações, e enaltecê-lo, ainda que hoje possam servir para estudá-lo.

Junto a esse tipo de coleta e posterior apresentação de informações visuais e geográficas, recolhiam-se também informações etnográficas. Nos termos da época isto abrangia descrever caracteres somatológicos, os "costumes", traçar os

19 RONDON, Candido Mariano da Silva. Índios do Brasil, *op. cit.* Para uma análise cuidadosa da produção iconográfica do Serviço de proteção aos índios, ver ROCHA FREIRE, Carlos Augusto da. " A iconografia indigenista", art. cit, p. 17-153.

vínculos entre uma nomenclatura anteriormente conhecida e povos "desaparecidos", e formular listas vocabulares. Tal concedia ao SPI um conhecimento prático e assistemático, antes um repertório figurativo heterogêneo que um quadro organizado capaz de servir enquanto guia de intervenção, era contudo uma via de legitimação frente à Etnologia produzida por brasileiros, que custaria muito a "ir a campo".

Era também através de *expedições* que o SPI faria suas primeiras investidas contra possíveis concorrentes ao controle da mão-de-obra indígena (*caucheiros*, *aviadores*, *seringalistas*, e, de outro modo, *regatões*). Ao mesmo tempo, ao realizar a tarefa de *proteção* aos nativos, disseminava a notícia e uma certa imagem de um governo central, da autoridade federal, que se estendia aos confins do território juridicamente definido como brasileiro.

As *expedições*, em princípio técnica de levantamento das características do terreno e das forças do adversário, intervenção "policial" e divulgação de um nome - o do SPI Estado Nacional - teriam assim múltiplas funções e resultados. A *pacificação* e a *atração* eram suas decorrências frequentes e ideais num primeiro momento, para se desdobrarem depois em pontos fixos da administração de territórios e populações. Do reconhecimento à definição concreta de unidades, o *cerco de paz* se construía no plano simbólico e na materialidade dos *brindes* "doados" como parte das técnicas de trazer os índios à "civilização", bem como dos prédios de postos, escolas etc., numa espécie de coleção que dava *locus* e face aos procedimentos de figuração do Estado Nacional como um ente articulado, integrado, monolítico, dotado de uma consciência de si e de um "corpo" material disperso pela sempre mencionada "imensidão" do território nacional.

Pacificação: a conquista sublimada.

Com o estudo da *pacificação* reencontra-se o exercício do poder tutelar enquanto decorrência lógica (e histórica) das guerras de conquista. Da leitura de textos sobre e do *Serviço* fica-se com a impressão de que foram pacificados numerosos povos indígenas desde o início do século, e com a imagem de que esta foi a principal contribuição do Estado à sobrevivência física dos nativos no Brasil.[20] As *pacificações* são em geral apresentadas sob uma dimensão espetacular

20 STAUFFER, David Hall. "The origin and establishment of Brazil's Indian Service". Ph.D. Dissertation - University of Texas at Austin, Austin, 1955; RIBEIRO, Darcy. *A política indigenista brasileira*. Op.cit. Darcy Ribeiro, no entanto, também chamou atenção ao fato de que muitas pacificações realizadas pelo SPI redundaram em grandes dizimações de povos indígenas por epidemias contraídas

fundamental na constelação de temas político-administrativos enfeixados pelo poder tutelar.

Contudo, consultando-se a documentação existente, sem o olhar previamente definido de "simpatia" ou "antipatia" ao *Serviço*, constata-se que isto não é verdade para a maioria dos povos reconhecidos como indígenas no Brasil de hoje. Muitos deles tinham quando da criação do SPI muito maior tempo de relacionamento com a administração portuguesa e/ou brasileira, e mais ainda com distintas unidades sociais do povo conquistador e das elites crioulas. Tampouco a ideia vale para muitos dos que passaram a interagir com o SPI no período republicano, pois estes não se encontravam em estado de guerra, tendo sido na sua maioria somente objeto das táticas de *atração/agremiação*. Em muitos casos os próprios povos pacificados haviam mantido, inclusive, relacionamentos anteriores com os civilizados e muitas vezes na sua leitura dos processos de contato foram eles que "pacificaram os brancos".[21]

Sendo, porém, a *pacificação* o momento do desempenho dos atos heroicos, do "morrer se preciso for, matar nunca", e sendo os lucros simbólicos deles extraídos altíssimos, enfatizá-la é destacar a relevância e competência da *proteção fraternal* para atividades que, no discurso de legitimação do *Serviço*, só ele poderia realizar, tornando seus possíveis concorrentes incapacitados para o trabalho direto com as populações indígenas. Apesar do próprio Rondon apresentar a construção de uma genealogia para as técnicas pacificatórias e de um panteão de pacificadores – a incluir Nóbrega e Anchieta, José Bonifácio, o naturalista e botânico João Barbosa Rodrigues, o Major (depois General) Antonio Ernesto Gomes Carneiro, sob as ordens de quem serviu em sua primeira comissão telegráfica – a narrativa que se estendeu desde o Apostolado Positivista Ortodoxo lhe reivindica a especificidade da concepção desses procedimentos.[22] Veremos a seguir como Curt Nimuendajú, na década de 1920, estava em completa consonância com o imaginário e as ações anteriormente desenvolvidos pelo SPI.

---

nos primeiros momentos dos contatos, ainda que "pacíficos". Ver RIBEIRO, Darcy. Os índios e a civilização. 2ª ed. Petrópolis: Vozes, 1977.

21 ALBERT, Bruce; RAMOS, Alcida (org.). *Pacificando o Branco. Cosmologias do contato no Norte--Amazônico.* São Paulo: UNESP, 2002.

22 Sobre o positivismo ortodoxo, suas concepções e papel político social no Brasil, ver AZZI, Riolando. *A concepção da ordem social segundo o Positivismo Ortodoxo brasileiro.* São Paulo: Ed. Loyola, 1980; CARVALHO, José Murilo de. *A formação das almas.* São Paulo: Companhia das Letras, 1990.

Propus ler a *pacificação* como uma forma sublimada das guerras de conquista.[23] Isso significa percebê-la como estratégia montada sobre variadas técnicas semióticas. Inicia-se pela busca de sinais – *vestígios*, para usar os termos dos textos de época – da presença indígena em uma dada região para, através de sua adequada interpretação, conduzir um povo em estado de guerra a deixar de se defender e, sem atos de violência, aberta, estabelecer relações em que o conflito assuma outras formas que não a da violência física. Para tanto são também os sinais – desde a fala tentativamente emitida pelos *intérpretes* ao sistema de objetos exibido pelos *pacificadores* – os principais instrumentos na produção da mensagem básica emitida pelo *Serviço* que parecia querer dizer aos indígenas que a superioridade tecnológica do "branco" pode esmagá-los e se não o fazem é porque os amam; sendo, em qualidade, diferentes dos *civilizados* que antes os atingiram, vinham supostamente convidá-los a compartilharem do poder e da abastança que exibiam.

Naquele momento sabia-se já do poder dizimador das doenças transmitidas inintencionalmente nos primeiros contatos entre *civilizados* e *arredios*. Sabia-se que muito menos haveria a abastança e que nenhum poder seria concedido pela submissão ao *Serviço* ele próprio pouco poderoso. Tampouco se deve supor um "progresso" nas técnicas administrativas de governo das populações nativas, pois não se pode pensar teleologicamente tomando como parâmetro a proposição discursiva de genocídio: o que estava em jogo era uma nova definição dos termos do *problema indígena*, implícita na nova maneira de classificar os nativos. Nela o *continuum* guerra-aliança via-se pensado em termos de domínios diferenciados do espaço, perpassado por um gradiente de unidades administrativas, bem como no tempo: do local ao nacional, de *postos* a *povoações* nas quais se implementariam técnicas distintas e orientadas para a construção de um *trabalhador nacional*, do *hostil/selvagem* ao *manso/civilizado*. A mudança de atitude do nativo era concebida como função apenas das diretrizes do pacificador, sendo estratégico considerar qualquer indígena como *nacional*, ainda que apenas potencialmente: num período em que se disputava ainda faixas de fronteira na Amazônia, dizer que os índios eram brasileiros era o mesmo que assegurar espaço nacional a ideia de que o indígena era um ser transitório

23 Em Um grande cerco de paz, procurei desenvolver a concepção da conquista como modalidade de guerra em que procedimentos semióticos são largamente utilizados, apoiando-me em grande medida em TODOROV, Tzvetan. A conquista da América. A questão do outro. 2ª ed. São Paulo: Martins Fontes, 1988.

Mas porque e como se detona uma *pacificação*? Como ela é conduzida? Quais seus resultados mais imediatos?

As *expedições*, realizadas ao interior dos estados, a locais onde se sabia, por informações anteriores, da existência de povos em luta pela defesa contra a invasão de seus territórios, acabavam por trazer um conjunto de dados capaz de levar à decisão de proceder às *pacificações*. Isto é, toda *pacificação* envolve um conhecimento anterior sobre o povo a ser abordado, o que implica num conjunto prévio de alianças e antagonismos. Implica também em avaliar as possíveis vantagens políticas e simbólicas que traria ao *Serviço* face à montagem do *grande cerco de paz*. No caso dos Parintintin, que usarei aqui para falar da pacificação como prática de poder estratégica, Nimuendajú e Gondim relataram as tentativas prévias de ação administrativa, as alianças com os seringalistas locais, que já haviam intentado liberar as terras necessárias para a extração da borracha pelo contato menos violento com o grupo.[24]

Se num plano original as *expedições* acusariam os principais pontos à intervenção do aparelho, a concisão de verbas conduziria a priorizar as situações capazes de conferir maior visibilidade positiva pelos aparelhos de poder de Estado para uma "opinião pública internacional" (notadamente a que poderia impedir uma redução do afluxo da mão-de-obra imigrante). Outro critério de escolha eram as alianças previamente construídas com indíos e não índios nos diversos estados da União, parte dos mecanismos capazes de manterem a existência do SPI.

Nimuendajú expressou, em linguagem bastante clara, o modelo subjacente às descrições de muitas outras *pacificações*, nas quais a crítica a iniciativas mais próximas às incursões dos missionários está implícita:

> É um conceito muito vulgar, mas completamente errado, ser o melhor meio de pacificar uma tribo hostil fazer uma expedição pacífica às suas malocas. Com tais entradas nunca se realizará a pacificação de uma tribo intratável, como a dos Parintintin. O pacificador tem de estabelecer-se permanentemente no território dela e obrigá-la com esta medida a entender-se pouco a pouco com ele, depois de ter se convencido da inexpugnabilidade da sua posição e das vantagens que a permanência dele traz para a sua tribo toda. A escolha de lugar para um posto de pacificação deve satisfazer às três condições seguintes:

24 Ver NIMUENDAJÚ, Curt, *op. cit.*, 1982, p. 8; GONDIM, Joaquim, *op. cit.*, 1925.

> 1 - Ser o posto estabelecido tão longe da zona povoada que se destaque dela à primeira vista e que a sua guarnição seja facilmente distinguida pelos índios dos outros moradores, geralmente seus inimigos.
>
> 2 - Estar situado nas terras permanentemente habitadas pelos índios, mas não perto demais das suas malocas, para não causar o abandono delas, por medo de alguma surpresa.
>
> 3 - Ficar ligado à zona do comércio por uma via de comunicação, a mais fácil possível e que seja transitável durante todo o ano...[25]

Com base nestes supostos ele reprovaria a iniciativa de pacificação anterior do capitão de engenharia E. S. Amarante, um dos genros de Rondon, de fundação de um posto no Baixo Maicy, entre os Mura-Pirahã, inimigos dos Parintintin, que deveriam apoiá-los no estabelecimento de "relações pacíficas". Tratava-se de, desde o plano espacial, construir a cena de um terceiro poder, de uma potência estrangeira capaz de minimamente mediar, senão arbitrar, uma guerra que lhe pré-existia. Isto significava expressar uma força capaz de se impor, pela capacidade de resistência, a todo o engenho militar e tecnológico dos nativos, pela ameaça surda de transformar a resistência em ataque, polarizando a vida daquele povo até ser insuportável não interagir. Nimuendajú era consciente do quanto havia de encenação no trabalho dos pacificadores, mas era também cioso de sua base logística: estar próximo às vias de acesso ao comércio implicava em ter sempre prontos os suprimentos capazes de assegurar a impressão de abundância, de manutenção de uma troca desequilibrada pela quantidade e pela qualidade (que deveria ser afirmada pouco a pouco como diferencial) dos bens permutados, fato denunciado pela suposta *ganância* dos Parintintin, para usar o termo de Gondim. As técnicas de intervenção sobre o espaço nos casos dos Kaingang de São Paulo e Urubu não seriam muito distintas: invadir o território indígena, sem tentar chegar às aldeias, evitando a fuga ou um ataque desesperado, fixando-se em um centro e, partindo dele, realizar uma série de incursões pelas terras que bordejassem as aldeias, "minando" todo o terreno com *brindes*, a principal arma da "paz" e de seu engodo, realizando uma tentativa empírica de produzir o *grande cerco de paz* no nível local.[26] Com presentes (nos diversos

25 NIMUENDAJÚ, Curt, *op. cit*, 1982, p. 59.

26 Sobre essas pacificações, ver BRASIL. Ministério da Agricultura, Indústria e Comércio. Diretoria do Serviço de Proteção aos Índios e Localização de Trabalhadores Nacionais. "O Serviço de Proteção aos Índios e Localização de Trabalhadores Nacionais". In: *Relatórios do Ministério da Agricultura, Indústria e Comércio,* 1912.

sentidos do termo) deixados em todos os quadrantes, os pacificadores esperavam docilizar a violência do embate. Era frequente que os estrepes deixados pelos nativos fossem ornados com *brindes*, numa demonstração clara homologia que os pacificadores estabeleciam entre as armas indígenas e os presentes. Para os Kaingang de São Paulo, disse-se que o plano de *pacificação* foi traçado por Cândido Rondon, num óbvio expediente para enfatizar sua exemplaridade e superinvestir simbolicamente a direção do *Serviço*, pois entre o início e os fins da *pacificação* muito se passaria.[27]

Os brindes estavam postos como signos e instrumentos de uma tecnologia que se pretendia e se apresentava como muito superior à dos indígenas no concernente ao poder de destruição e de resistência militar. São parte também da tática de atração, destinada aos povos indígenas que, sem um contato sequenciado com segmentos que se podem reportar à administração de Estado, e ocupando partes amplas do território, não estavam em guerra aberta: dádivas para o domínio, são oferecidas a cada ataque dos nativos, depositados a cada vestígio de presença indígena, na beira de rios, de acampamentos, nas pontas das flechas atiradas, numa encenação de simultâneas generosidade, bondade e desprezo por seu poder de morte. A virtude deveria ser, na intenção do pacificador, demonstrar sua boa vontade, quebrando as resistências à sua aceitação na qualidade de aliado superior, conduzindo ao abandono dos meios técnicos e costumes nativos. Criticando a atividade de um dos auxiliares que o substituiu por breve período, por ter dado caminho a uma cordialidade que lhe parecia excessiva, Nimuendajú explicitaria com clareza os desdobramentos da *pacificação*:

> Seguramente a questão de mais importância para nós não era esta de alcançar a maior intimidade possível no trato com estes índios, como parece ter sido o ideal dos meus substitutos, e sim esta de constituirmos uma autoridade para esta tribo, à qual ela se podia dirigir confiantemente, mas que também a atendesse e que seus maus elementos temessem. Só assim se podia dar cabo às guerras e tirar da pacificação dos Parintintin as últimas consequências.[28]

Mas se considerar que o espaço era parte do cálculo estratégico, havia também uma dimensão logística disposta no tempo. Avaliava-se o montante de custos, a disposição cronologicamente ideal dos investimentos, finalidade dos

27 ERTHAL, Regina Maria de Carvalho, *op. cit.*

28 NIMUENDAJÚ, Curt, *op. cit*, p. 65-66.

gastos com os bens (sobretudo alimentos) a serem doados, supondo-se um modelo ideal de transcurso dos trabalhos de *pacificação*, e claro, sua eficácia numa idealizada mudança da vida indígena.

A cada recuo dos recursos orçamentários do SPI, como o do período relativo à crise que afetou a administração pública brasileira durante os anos da chamada Primeira Guerra Mundial, recuariam também as iniciativas pacificatórias. Elas dependiam largamente da possibilidade de alimentar a construção do clientelismo e da disponibilidade econômico-tecnológica induzidos desde os primeiros contatos entre o Serviço e os nativos.

É impossível não ressaltar o engano a que o deslanchamento de qualquer processo de *pacificação* conduziria. A tecnologia e as formas de relacionamento implementadas implicavam na criação de uma dependência conscientemente induzida a modos de ser alienígenas: o que hoje é chamado de *paternalismo* pelo senso comum dos "amigos dos índios" (com um nível de positivação, por ser "bem intencionado"), atitude que se aponta, inclusive, como um vício absorvido pelos nativos, é oriundo das técnicas de indução ao poder tutelar. Dentre estas, é importante destacar a exibição de superioridade tecnológica e de intentos "pacíficos" que não poderiam estar melhor encenadas senão na música de *gramophone*, tocada nos acampamentos da CLTEMGA, para demonstração aos Nambiquara hostis, ou mais tarde aos Parintintin, frente aos quais Nimuendajú faria construir um verdadeiro fortim de zinco em meio à selva.[29] Nele a estratégia de conquista combina, no plano arquitetônico, a hospitalidade de uma porta aberta, à resistência de uma cerca de arame farpado:

> O posto consiste num limpo na margem do rio, cercado com arame farpado, com uma porteira permanentemente aberta. A casa, toda feita de chapas de ferro zincado, se ergue perto do barranco e contém três quartos, a cozinha e uma varanda que cerca a casa por detrás e por um dos lados. Todas as portas dão para esta varanda. A frente virada para o mato está construída de uma forma que entre o telhado saliente e a beira superior da parede fica um vão de 80 cm de largura, de maneira que, em caso de um ataque, as flechas só podem alcançar o telhado ou a parede já abaixo do vão, pelo qual se pode observar comodamente os assaltantes e também ser visto por eles quando se lhes queria fazer alguma demonstração.

29 Essas fotos estão disponíveis em RONDON, Candido Mariano da Silva. Índios do Brasil, *op. cit.*, fotos n. 307, 308, 309, 313.

> A 28 de Abril deu-se o segundo, a 4 de maio o terceiro ataque: as pontas de taquara das flechas se despedaçavam nas chapas de metal e ninguém reagiu.[30]

Em todas as situações de ataque dos nativos deixa-se patente, pela passividade e por condições de proteção superiores, a impotência das armas indígenas para atingirem os invasores. Ao mesmo tempo estes procuram crescer em ousadia, em suas demonstrações de interesse por uma interação não violenta com os indígenas através de reiteradas doações. Nestes momentos de "ataque" sublimado sob a forma de resistência, de invasão defletida em salvamento, os *intérpretes* desempenham seu papel central: dos cantos de paz de Vanuíre diante dos Kaingang, ao conhecimento linguístico do próprio Nimuendajú - primeiro demonstrado através da língua geral, depois do idioma Guarani - sua tarefa é, em meio a flechas, reiterar as afirmativas de intenções pacíficas, veicular modos de testar a aceitação das imagens emitidas pelos pacificadores, como, p.ex., a troca de pequenas bandeiras do Brasil entre os Urubu e seus "amansadores", gesto simbólico de extensão da *ordem* e do *progresso* aos *sertões.*[31] O *intérprete* permite ainda que o conquistador seja superior em compreensão, entendendo sem ser entendido.

O adestramento a uma lógica outra que não a de sua própria defesa, a quebra de um *ethos* guerreiro, a sedução e demanda pela tecnologia do conquistador,

30 NIMUENDAJÚ, Curt, *op. cit.*, p. 61-62.

31 Sobre Vanuíre diz-se que "No início do século XX, a marcha do café para o oeste de São Paulo trouxe consequências violentas para os Kaingang que ocupavam esse território. Ocorriam constantes chacinas de aldeias inteiras e grande divulgação negativa dos Kaingang por meio da imprensa, com o objetivo de desvalorização das terras dominadas pelos indígenas, para posterior valorização para aqueles que as compraram. O extermínio não se completou graças à ação do SPI - Serviço de Proteção aos Índios. Desde então, a índia Vanuíre faz parte do imaginário da população da região, sendo considerada uma heroína. De acordo com a lenda, Vanuíre subia em um jequitibá de dez metros de altura, onde permanecia do nascer do dia ao cair da tarde entoando cânticos de paz. De fato, Vanuíre foi uma Kaingang trazida do Paraná pelo SPI, como estratégia de atração dos Kaingang da região para que fossem aldeados. Assim, ela atuou como intérprete, como outros. Ela simboliza o fim dos conflitos, em 1912, que resultou no aldeamento dos Kaingang em duas áreas restritas, hoje as Terras Indígenas Vanuíre e Icatu, localizadas respectivamente em Arco-Íris e Braúna (SP). A índia Vanuíre faleceu em 1918 em Icatu, onde viveu seus últimos dias. Vanuíre é considerada por muitos como a grande "pacificadora", imagem que o museu quer desconstruir, pois reforça a visão negativa dos Kaingang implantada há um século. O museu respeita o simbolismo que envolve essa personagem, mas atua critica e historicamente." Disponível em: http://www.museuindiavanuire.org.br/india-vanuire. Acesso em 18/05/2016. Sobre a pacificação dos Urubu ver BRASIL. Ministério da Agricultura, Indústria e Comércio. Diretoria do Serviço de Proteção aos Índios e Localização de Trabalhadores Nacionais. "O Serviço de Proteção aos Índios e Localização de Trabalhadores Nacionais". In: Relatórios do Ministério da Agricultura, Indústria e Comércio, 1916.

seriam idealmente conseguidas com atos cênicos nos quais a impressão emitida e planejada deveria ser a da diferença frente aos outros civilizados até então conhecidos. Por fim, se todo o "espetáculo" e a capacidade de resistência intrínseca aos meios materiais do conquistador não os convencessem de sua superior bondade, caberia lembrar a possibilidade de uso da violência aberta, por meio dos principais instrumentos da *pacificação*, conquanto implícito e deslocado. Em momentos distintos as duas séries de procedimentos poderiam ser atualizadas:

> Como fuzilaria estavam as suas flechadas nas chapas das paredes, e debaixo de gritos furiosos eles avançaram ao longo da cerca em rumo da porteira. Era exatamente o que eu queria, imediatamente gritei-lhes na Língua Geral, convidando-os a entrar. Pela sua experiência guerreira eles deviam ter esperado neste momento tudo menos um convite e, perplexos, pareciam prestar-me atenção por um momento. Mas logo redobraram a sua gritaria selvagem e, brandindo [sic] as armas, desapareceram pelo trilho por onde tinham saído.[32]

> No dia 20 de julho apresentou-se um bando de trinta e tantos homens, também desarmados. Mas logo que entraram no posto tornaram-se insolentes, saqueando a cozinha, tentando penetrar na varanda, demolindo a cerca e tratando de roubar as embarcações que estavam no porto. Só se retiraram um pouco quando Amaro mandou fazer uma descarga para o ar, mas durante horas ainda rodearam o posto, uns procurando aproximar-se outra vez pacificamente, enquanto outros atiravam flechas.[33]

O texto de Gondim, estendendo-se a um período posterior ao acompanhado por Nimuendajú, mostra ainda que na *pacificação*, como em toda conquista, a técnica de divisão do povo invadido joga um papel decisivo, atuando desde as clivagens pré-existentes que, uma vez conhecidas, podiam ser instrumentalizadas, até as divergências passíveis de serem geradas pela ação do conquistador. Do nível mais estratégico, no qual se passa da "guerra à paz", à sua dimensão tática, o *grande cerco de paz* se alimenta e estende pela assimetria e disseminação/aceitação da imagem de superioridade – da qual o conquistador é sempre autoconsciente –, pela demanda de um outro modo de ser, pela ideia de pertencimento não mais a uma unidade relacionalmente diferenciada, mas de subsunção a poderes que os transcendem e abarcam enquanto povos e territórios

32 NIMUENDAJÚ, Curt, *op. cit.*, p. 62.
33 *Ibidem*, p. 65.

distintos e independentes, liberdade a ser quebrada para nunca ser recuperada. Claro está que tais concepções estão nas ideias e pretensões que orientam as ações do conquistador, sendo estas interpretadas de forma radicalmente distintas a partir de diferentes tradições culturais indígenas.

O poder estatizado não demanda mais reações atomizadas, cabíveis contra os caucheiros, seringalistas, outros povos indígenas etc. Põe em cena um inimigo inexpugnável: é preciso representar, com um número razoável de participantes na equipe pacificadora, um poderio inexistente de fato, incapaz de assistir e proteger, cuja imagem, notadamente na Amazônia da época, dependeria muito das alianças com patrões de seringais e outros interessados nos fatores de produção indígenas. A imagem do *cerco* encontrar-se-ia, sem dúvida, personificada em Rondon: como a bandeira nacional, um retrato a estar presente em todo posto indígena, signo desta outra totalidade que transcende a experiência imediata e as nada tem a ver com as cosmologias e modos de vida dos nativos e das populações locais, potência ilusória que se oferece como a única alternativa ao conflito ou à total escravidão em muitos casos.[34]

A longa citação abaixo apresenta o entrelaçamento de todas estas técnicas, seus pressupostos e destino final:

> Antes de tudo expliquei aos índios que nós não formávamos uma empresa particular, avulsa, mas que havia atrás de nós um poderoso chefe cujas ordens cumpríamos e que era senhor de todas estas coisas que eles das nossas mãos estavam recebendo, e de muito mais ainda, e que este chefe não queria que fizéssemos guerra uns aos outros.(...) Eles ouviram tudo com a maior atenção: um moço de nome Hoboakari estava com as mãos apoiadas nos meus joelhos e olhava atentamente para minha boca para não perder palavra alguma, e depois eles prometeram solenemente: Acabou-se a nossa guerra contra vós! - Com grande rapidez a notícia percorreu a tribo toda. Índios que eu nunca tinha visto chegavam no posto, levavam-me para o terreiro e diante de todos pediam: conta do Nosso Chefe! Tu mesmo falaste com ele? O que foi que ele te disse? O que ele manda dizer a nós?
>
> De outro lado reprimi todos os excessos que os incorrigíveis da tribo tentavam ainda contra a ordem do posto. No dia 12 de janeiro de 1923, achando-se no posto diversos índios de maus precedentes que

34 Para uma análise exemplar da ação do SPI no plano local, ponto de partida para meus estudos do exercício tutelar, com ênfase nas interpretações indígenas divergentes das ações tutelares daquelas dos tutores ver OLIVEIRA, João Pacheco de. *O 'nosso governo': os Ticuna e o regime tutelar.* São Paulo, Brasília: Marco Zero, CNPq, 1988.

> eu tinha corrigido alguns dias antes, um deles levantou uma questão com o cozinheiro do posto que lhes era antipático por causa de sua cor escura. Reuniu em torno de si uma dúzia de rapazes e alguns homens, e de súbito, todos se apresentaram no canto da cerca, chamando para sair o cozinheiro, debaixo de gritos e flechadas. Garcia e eu saímos, gritando-lhes que deixassem de atirar e que viessem para dentro, e de fato dois homens atenderam ao chamado nosso, abandonaram o grupo hostil, vieram para o nosso lado e ali se deixaram ficar. Vendo que os outros não me atendiam e que continuavam a desafiar-nos, atirando flechas e demolindo parte da cerca, mandei fazer uma descarga por cima das suas cabeças e ao mesmo tempo avançar de dois lados contra eles, de maneira que, como não estivessem esperando por tal, mal tiveram o tempo para se precipitarem para dentro do igapó, a fim de não serem agarrados, abandonando as suas armas que caíram em poder nosso. A um deles que, algumas horas depois, se apresentou de novo no posto, desarmado e sem cuidado como se nada tivesse havido, eu demonstrei o efeito das balas de rifle numa barrica vazia, com o que ficou apavorado. Por fim ele me pediu alguma farinha para levar a seus filhinhos que se achavam do outro lado do igarapé.
>
> Tudo isso demonstra que os Parintintin não podem mais reunir os elementos necessários para um combate em regra ao posto, como dantes; o entusiasmo para tais empresas já não é mais tão geral dentre eles, e tudo não passou de uma provocação grosseira de alguns valentões.[35]

Em nome do humanitarismo o *Serviço* continuaria a intervir pacificando, mesmo se reconhecendo incapaz de impedir o esbulho subsequente à desmobilização guerreira de um povo indígena. Salva, por vezes (mas nem sempre) vidas humanas e contribui, na prática, para o crescimento de populações rurais empobrecidas, porém submissas a poderes de Estado e integrantes de variados modos de dominação. Na visão ideal do SPI:

> Os índios, embora não abandonem os seus hábitos nômades caçadores, vão, no entanto, contínua e rapidamente restringindo a amplitude de suas excursões, de modo a nunca se afastarem muito do acampamento ou posto pacificador, onde sabem que jamais lhes faltará o acolhimento afetuoso, o alimento, os instrumentos de ferro, a roupa, o fósforo e os meios de satisfazerem as necessidades de novos hábitos que insensivelmente vão contraindo, tais como o uso do sal, o da gordura e o das armas de fogo, pelas quais depressa abandonam os seus

35 NIMUENDAJÚ, Curt, *op. cit.*, p. 66-67.

> arcos e flechas. As demoras dos grupos em visita ao posto de pacificação, dilatam-se cada vez mais; as ausências escasseiam. Não tarda que alguns indivíduos e famílias fixem moradia entre os nossos, façam as suas roças de milho e de feijão, e ajudem-nos nas lavouras maiores donde o Serviço tira os mantimentos e frutas com que a todos atrai, agrada e serve.[36]

No tocante às terras, a estratégia de *pacificação* - como também a tática de *atração* dos índios arredios - foi, sem sombra de dúvida, de enorme utilidade à criação de espaços livres para a empresa privada. As situações localizadas dos Krenak, em Minas Gerais, e dos próprios Kaingang bem o demonstram nas primeiras décadas de existência do *Serviço* e foram frequentemente citadas em relatórios e outros documentos.

A ambiguidade da retórica, ora regozijo ora queixume, apontava para o interesse primordial do *Serviço*: fazer-se tutor dos índios, assim acessando espaços por eles habitados; controlar as terras não liberadas às iniciativas particulares de ocupação. Ao mesmo tempo "pacificariam" populações não nativas, não submetidas a poderes estatizados (e estatizantes) ainda que isto não signifique governo central forte, administração altamente racionalizada e códigos de reconhecimento e aplicação universal. Como sinaliza Michael Pollack, pode-se interpretar a ambiguidade dentro dos quadros de processos de longo prazo de construção do Estado, pois, enquanto parte do trabalho político de dissimulação, sendo o discurso ambíguo uma das formas por excelência dessa atividade.[37]

REFERÊNCIAS BIBLIOGRÁFICAS

ALBERT, Bruce; RAMOS, Alcida (org.). *Pacificando o Branco: Cosmologias do contato no Norte-Amazônico*. São Paulo: UNESP, 2002.

AZZI, Riolando. *A concepção da ordem social segundo o Positivismo Ortodoxo brasileiro*. São Paulo: Ed. Loyola, 1980.

BRASIL. Ministério da Agricultura e Comércio. Serviço de Proteção aos Índios e Localização de trabalhadores Nacionais. "Relatório anual da Diretoria/1918", p. 7. Rio de Janeiro: Museu do Índio. Setor de Documentação, microfilme n. 380, fotograma 1229.

36 BRASIL. Ministério da Agricultura e Comercio. Serviço de Proteção aos Índios e Localização de trabalhadores Nacionais. "Relatório anual da Diretoria/1918", p. 7. Museu do Índio. Setor de Documentação, microfilme n. 380, fotograma 1229.

37 POLLACK, Michael. "Des mots qui tuent". *Actes de la recherche en sciences sociales*, Paris, n°41, 1982, p. 29-45.

BRASIL. Ministério da Agricultura, Indústria e Comércio. Diretoria do Serviço de Proteção aos Índios e Localização de Trabalhadores Nacionais. "O Serviço de Proteção aos Índios e Localização de Trabalhadores Nacionais". In: *Relatórios do Ministério da Agricultura, Indústria e Comércio,* 1912.

BRASIL. Ministério da Agricultura, Indústria e Comércio. Diretoria do Serviço de Proteção aos Índios e Localização de Trabalhadores Nacionais. "O Serviço de Proteção aos Índios e Localização de Trabalhadores Nacionais". In: *Relatórios do Ministério da Agricultura, Indústria e Comércio,* 1916.

BRASIL. Ministério da Agricultura, Indústria e Comércio. Serviço de Proteção aos Índios e Localização de Trabalhadores Nacionais. Diretoria Geral. "Memorandum n. 36, 26/10/1910". Rio de Janeiro: Museu do Índio, Setor de Documentação, microfilme n. 334, fotograma 02.

CARVALHO, José Murilo de. *A formação das almas.* São Paulo: Companhia das Letras, 1990.

ERTHAL, Regina Maria de Carvalho. *Atrair e Pacificar: A Estratégia da Conquista.* Dissertação de mestrado em Antropologia Social – PPGAS/Museu Nacional/UFRJ, Rio de Janeiro, 1992.

GONDIM, Joaquim. *A pacificação dos Parintintin.* Manaus: Comissão Rondon, 1925.

LIMA, Nísia Trindade. *Um Sertão Chamado Brasil: Intelectuais e Representação Geográfica da Identidade Nacional.* 2ª ed revista e ampliada. São Paulo: Hucitec, 2013.

MELLO, Maria Teresa Villela Bandeira de; PIRES-ALVES, Fernando A. "Expedições científicas, fotografia e intenção documentária: as viagens do Instituto Oswaldo Cruz (1911-1913)". *Hist. cienc. saúde-Manguinhos.* Rio de Janeiro, vol. 16, suppl. 1, 2009, p. 139-179.

NIMUENDAJÚ, Curt. "Os índios Parintintin do Rio Madeira (1924)". In: *Idem. Textos indigenistas.* São Paulo: Ed. Loyola, 1982.

PACHECO DE OLIVEIRA, João. *O 'nosso governo': os Ticuna e o regime tutelar.* São Paulo, Brasília: Marco Zero; CNPq, 1988.

POLLACK, Michael. "Des mots qui tuent". *Actes de la recherche en sciences sociales,* Paris, n°41, 1982, p. 29-45.

RIBEIRO, Darcy. *A política indigenista brasileira.* Rio de Janeiro: Serviço de Informação Agrícola/Ministério da Agricultura, 1962.

RIBEIRO, Darcy. *Os índios e a civilização.* 2ª ed. Petrópolis: Vozes, 1977.

ROCHA FREIRE, Carlos Augusto da. *Indigenismo e Antropologia - O Conselho Nacional de Proteção aos Índios na gestão Rondon (1939-1955)*. Dissertação de mestrado em Antropologia Social. Rio de Janeiro: PPGAS/MN-UFRJ, 1990.

ROCHA FREIRE, Carlos Augusto (org.). *Memória do SPI. Textos, imagens e documentos sobre o Serviço de Proteção aos Índios (1910-1967)*. Rio de Janeiro: Museu do Índio-Funai, 2011.

ROCHA FREIRE, Carlos Augusto. *Sagas sertanistas*. Tese de Doutorado em Antropologia Social - PPGAS/ Museu Nacional/UFRJ, Rio de Janeiro, 2004.

RONDON, Cândido Mariano da Silva, Cel. *Relatório apresentado à Diretoria Geral dos Telégrafos e à Divisão Geral de Engenharia (G.5) do Departamento da Guerra, pelo Coronel... chefe da Comissão de Linhas Telegráficas Estratégicas do Mato Grosso ao Amazonas*. Rio de Janeiro: Luiz Macedo & C., s/d.

RONDON, Candido Mariano da Silva. *Índios do Brasil*. Rio de Janeiro: Imprensa Nacional, 1946-53. 3 vol.

SOUZA LIMA, Antonio Carlos de Souza. *Aos fetichistas, Ordem e Progresso: um estudo do campo indigenista no seu estado de formação*. Dissertação de mestrado em Antropologia Social - MN/PPGAS-UFRJ, Rio de Janeiro, 1985. 2 vol.

SOUZA LIMA, Antonio Carlos de Souza."Sobre indigenismo, autoritarismo e nacionalidade: considerações sobre a constituição do discurso e da prática da proteção fraternal na Primeira República". In: OLIVEIRA, João Pacheco de. *Sociedades indígenas e indigenismo no Brasil*. Rio de Janeiro, São Paulo: Ed. da UFRJ, Marco Zero, 1987.

SOUZA LIMA, Antonio Carlos de. "O exercício da tutela sobre os povos indígenas no Brasil: um itinerário de pesquisa e algumas considerações sobre as políticas indigenistas no Brasil contemporâneo" In: *Idem*, (org.). *Tutela. Formação de Estado e tradições de gestão no Brasil*. Rio de Janeiro: E-papers, 2014.

SOUZA LIMA, Antonio Carlos de. "Os museus de história natural e a construção do indigenismo: Notas para uma sociologia das relações entre campo intelectual e campo político no Brasil". Rio de Janeiro, *Comunicação*, n. 13, MN/PPGAS, 1989.

SOUZA LIMA, Antonio Carlos de. "Sobre tutela e participação: povos indigenas e formas de governo no Brasil, séculos XX/XXI". Rio de Janeiro: *Mana*, vol. 21, 2015, p. 425-457.

SOUZA LIMA, Antonio Carlos de. "Tradições de conhecimento na gestão colonial da desigualdade: reflexões a partir da administração indigenista no Brasil". In: BASTOS, Cristiana; ALMEIDA, Miguel Vale de; FELDMAN-BIANCO, Bela (org.). *Trânsitos coloniais: diálogos críticos luso-brasileiros.* Lisboa: Imprensa de Ciências Sociais, 2002.

SOUZA LIMA, Antonio Carlos de. *As órbitas do sítio: subsídios para o estudo da política indigenista no Brasil, 1910-1967.* Rio de Janeiro: Contra Capa Livraria, 2009.

SOUZA LIMA, Antonio Carlos de. *Um grande cerco de paz. Poder tutelar, indianidade e formação de Estado no Brasil.* Petrópolis: Vozes, 1985.

STAUFFER, David Hall. "The origin and establishment of Brazil›s Indian Service". Ph.D. Dissertation - University of Texas, Austin, 1955

TODOROV, Tzvetan. *A conquista da América: a questão do outro.* 2ª ed. São Paulo, Martins Fontes, 1988.

VIVEIROS, Esther de. *Rondon conta sua vida.* Rio de Janeiro: Livraria José Olympio Editora, 1958.

WELPER, Elena Monteiro. *Curt Unckel Nimuendajú: um capítulo alemão na tradição etnográfica brasileira.* Dissertação de mestrado em Antropologia Social - MN/PPGAS-UFRJ, Rio de Janeiro, 2002.

Uma guerra sem fim: a retórica da 'pacificação' e práticas institucionalizadas de produção da desigualdade

João Pacheco de Oliveira

Introdução

O uso constante e cotidiano da categoria "pacificação", referida exclusivamente ao seu contexto atual, naturaliza uma parte importante de seus significados. Por mais que aqueles que a empregam afirmem restringir os seus sentidos ao tempo presente, tais usos, como resultado do trabalho da memória,[1] estão indelevelmente marcados por atitudes e crenças apenas compreensíveis quando remetidas a práticas e expectativas do passado colonial e a contextos anteriores da vida nacional. Este artigo, ao se propor aqui a refletir sobre alguns usos presentes e passados desta categoria, pretende promover comparações etnográficas que destaquem aspectos pouco considerados em cada um destes contextos históricos de sua utilização, explicitando hipóteses para a pesquisa e a investigação sistemática.

A governança,[2] bem como o próprio exercício regular e organizado da dominação, supõe a construção de um "outro" por meio da inculcação de categorias e práticas, que logo se tornam amplamente conhecidas, partilhadas e utilizadas pelos atores sociais ali presentes. É com base nisso que se dá a instituição de uma unidade social imaginada como relativamente consensual. São tais processos de classificação social, normatização e imposição de práticas que vamos conside-

1 LE GOFF, Jacques. História e memória. Campinas: Editora da Unicamp, 2003; RICOEUR, Paul. Tempo e narrativa. Campinas: Papirus, 1994.

2 FOUCAULT, Michel. A microfísica do poder. 2ª ed. Rio de Janeiro: Graal, 1979; e ________. Em defesa da sociedade. São Paulo: Martins Fontes, 2005.

rar a seguir, focalizando comparativamente contextos e segmentos em princípio absolutamente divergentes e distintos na formação da sociedade brasileira, propondo ao fim uma chave interpretativa para a compreensão dos múltiplos usos desta categoria e as razões para a sua escolha e adoção em contextos específicos.

O uso atual da categoria pacificação

Embora em muitos relatos da mídia as favelas sejam tratadas como uma espécie de "quartier rouge" (zona vermelha) do universo urbano, isto é, algumas ruas ou quadras reservadas ao exercício das atividades ilícitas, é preciso deixar claro que isto não corresponde às representações do passado nem se aplica de maneira alguma a situação atual das favelas cariocas. Segundo o censo de 2010, ali habitam 1,4 milhão de pessoas, ou seja, 22% da população do município! Trata-se assim de uma nova política para a questão urbana, impactando diretamente um extenso segmento da população municipal.

A intervenção do poder público recupera uma categoria – a de "pacificação" – nunca antes utilizada no planejamento urbano, em ações de segurança, nem sequer em quaisquer outras ações voltadas para segmentos da sociedade nacional. Trata-se de uma categoria central e que atravessou cinco séculos, da história colonial ao Brasil republicano, até então unicamente utilizada para a população autóctone, que por suposto seria regida por valores e padrões de comportamento absolutamente diversos dos ocidentais. Povos que, por suposto, desconheciam a religião cristã, e possuíam praticas culturais (como a poligamia, a feitiçaria e a antropofagia) que ofenderiam frontalmente os padrões morais dos europeus (assim fomos levados a acreditar pela história oficial). As expressões utilizadas pelos governos para dar conta de segmentos marginalizados nunca destacaram de forma tão radical e acentuada uma alteridade – desta feita aplicada a grupos sociais que existem no interior de uma mesma nação.

Nas últimas décadas vimos, ao contrário, generalizar-se a expressão "inclusão social", as políticas públicas buscando cuidadosamente evitar preconceitos anteriores e apostar em soluções discriminatórias e repressivas. Também as políticas dirigidas no passado para os imigrantes, seguindo o modelo norte-americano, falavam em "assimilação" e "aculturação" (frequentemente pensadas como "espontâneas") ou em mecanismos rituais e administrativos de "nacionalização". Mesmo hoje, com a importância e a complexidade que a presença de imigrantes do terceiro mundo tem representado na Europa Ocidental, as políticas públicas propõem-se em geral a promover uma melhor "integração" desses setores na sociedade nacional.

Como e por que falar em "pacificação" no contexto atual da questão urbana? Compreender as razões da emergência e da proliferação desta categoria na existência contemporânea da cidade do Rio de Janeiro é o objetivo desta comunicação, propiciando-nos uma chave para analisar como operam as ideologias de exclusão e de tutela dentro da sociedade brasileira.

Pacificar como civilizar e incluir

É muito difundida uma representação idílica sobre o Brasil, pensado como produto de um grande "melting pot", um caldeirão que cozinha, assimila e unifica uma enorme diversidade étnica, racial e regional, dissolvendo contrastes inquietantes e transformando sua história em uma sucessão de conciliações e compromissos, sem rebeliões e revoluções sangrentas, sem rupturas violentas. No caso dos indígenas, a sua fonte de inspiração é a célebre carta escrita por Pero Vaz de Caminha, escrivão da frota de Cabral, responsável pelo registro da primeira passagem de uma frota portuguesa pelas terras do que seria chamado de "mundo novo". Um texto escrito alias em linguagem jornalística e literariamente sedutora.[3]

Não há ali conflitos entre os nativos e os portugueses. É que estes apenas buscam abastecer-se de água e víveres, encantando os primeiros com os seus rituais cívico-religiosos, as suas roupas e embarcações. Aos portugueses os indígenas revelaram-se gente de boa saúde e aparência, gentil e acolhedora, que parece até assistir com fascínio à missa celebrada em terra firme (a qual, no entanto, sabe-se, integra o auto de posse dessa terra em nome do rei de Portugal).[4] Muito pouco lhes faltava, conclui Caminha, para "tornarem-se bons cristãos e súditos de sua majestade". A conversão seria, ele opina, a "grande e benemérita obra" que, sem altos custos nem esforços, podia-se desde já antecipar para o que viria a ser a América portuguesa.

Esta carta, que Capistrano de Abreu intitulou de "certidão de batismo" do Brasil,[5] teve poucos impactos no período colonial, pois foi logo recolhida aos

3 CASTRO, Sílvio (org.). A Carta de Pero Vaz de Caminha. Descobrimento do Brasil. Introdução, atualização e notas de S. Castro. Porto Alegre: L&PM, 1995.

4 Vide SEED, Patricia. Cerimônias de posse na conquista europeia do novo mundo (1492-1640). São Paulo, UNESP, 1999.

5 CAPISTRANO DE ABREU, João. "Prefácio à história do Brasil". In: Ensaios e estudos (crítica e história). Rio de Janeiro: Livraria Briguiet. 1932, p. 173-199.

arquivos de Lisboa, onde passou séculos desaparecida. Antes da Independência ela foi reencontrada e largamente utilizada, tornando-se uma importante fonte de inspiração para as representações românticas do país. Desempenhou um papel essencial no surgimento de uma ideologia nativista, que celebrava os valores e as virtudes do Brasil anteriores ao surgimento da colonização portuguesa. O "indianismo"[6] tornou-se um padrão estético dominante no século XIX, em concomitância com a consolidação do Brasil como unidade política e administrativa, baseada numa estrutura social caracterizada pela grande propriedade fundiária e pela escravidão negra.

Os primeiros habitantes da ex-colônia portuguesa, sempre descritos unicamente em sua forma anterior à colonização, eram celebrados na literatura, na poesia, na pintura, na escultura e na música como portadores de sentimentos nobres e valores elevados. Contra eles os governos não deviam mais praticar o confronto direto, nem promover a "guerra justa", mas sim tratá-los com procedimentos "brandos e suasórios",[7] deixando a sua administração regular a cargo de religiosos (os quais, em função do instituto do real padroado, mantinham fortes relações com o governo).[8]

No século XX, o indigenismo republicano tomou como sua forma típica de atuação junto aos povos indígenas a chamada "pacificação" de tribos isoladas, que supostamente entravam em contato pela primeira vez com as frentes de expansão da economia nacional e estavam ameaçadas de extermínio. O Serviço de Proteção aos Índios (SPI) consolidou uma modalidade bem definida de intervenção estatal e laica, caracterizada por uma atitude de tutela e proteção dos nativos em face de terceiros, sem impor aos indígenas, portanto, padrões religiosos ou práticas econômicas usuais na sociedade nacional.

6 PACHECO DE OLIVEIRA. "As mortes do indígena no império do Brasil: o indianismo, a formação da nacionalidade e seus esquecimentos". In: AZEVEDO, Cecília; ROLLEMBERG, Denise; KNAUSS, Paulo; BICALHO, Maria Fernanda; QUADRAT, Samantha Viz (orgs.). Cultura política, memória e historiografia. Rio de Janeiro: FGV, 2009.

7 José Bonifácio de Andrade e Silva em "Apontamentos sobre os índios bravos". *Apud* CALDEIRA, Jorge. "Apontamentos para a civilização dos índios bravos do Império do Brasil". In: CALDEIRA, Jorge (org.). José Bonifácio de Andrada e Silva. São Paulo: Ed. 34, 2002, p. 183-199.

8 A assistência aos indígenas fornecida pelos missionários no século XIX, à diferença do que ocorria nos séculos anteriores, nunca incluía um projeto próprio de uso e controle da mão de obra nativa, os religiosos, ao contrário, estimulando a participação dos indígenas em empreendimentos econômicos desenvolvidos pelos fazendeiros e proprietários de terras. Vide ALMEIDA, Maria Regina Celestino de. "Quando é preciso ser índio: identidade étnica como força política nas aldeias do Rio de Janeiro". In: REIS, Daniel Aarão; MATTOS, Hebe; OLIVEIRA, João Pacheco de; MORAES, Luis Edmundo de Souza; RIDENTI, Marcelo (orgs.). Tradições e modernidades. Rio de Janeiro: FGV Editora, 2010, p. 47-60.

Os processos de "pacificação" passaram desde então a ser a marca distintiva do indigenismo brasileiro, símbolo de um tratamento fraterno dado às populações mais primitivas ainda existentes no país. Rondon adotava como lema para as colunas que avançavam pelo sertão contatando índios bravos "morrer se preciso for, matar nunca", buscando evitar que seus comandados repetissem as experiências funestas do passado.

A sua postura humanitária e fraterna foi tomada por Darcy Ribeiro e seus seguidores[9] como exemplar para a compreensão da estrutura e dos objetivos da agência indigenista[10] e para justificar a concessão aos indígenas de direitos diferenciais. Estes lhes assegurariam a preservação de seus usos e costumes primitivos, desde que vivendo sob a proteção dos agentes do Estado brasileiro, no interior de terras de domínio público, que lhes eram reservadas em usufruto exclusivo. Tal assistência deveria durar enquanto sobrevivessem como culturas distintas da sociedade nacional.

As razões para a escolha do termo "pacificação" para descrever as ações atuais nas favelas de início não ficam claras. A mídia, no entanto, operando através de registros fotográficos, veio a conferir às ações da Polícia Militar a mesma qualidade cívica e intenção humanitária atribuídas, nas autorrepresentações do Brasil, às atividades de Rondon e de seus sertanistas, tratados como heróis e benfeitores.

9 Para uma crítica aprofundada ao indigenismo, vide: PACHECO DE OLIVEIRA, João (org.). Indigenismo e territorialização: poderes, rotinas e saberes coloniais no Brasil contemporâneo. Rio de Janeiro: Contra Capa, 1998. Uma crítica pioneira à ideologia do indigenismo e sua continuada presença na antropologia brasileira foi formulada em PACHECO DE OLIVEIRA, João; SOUZA LIMA, Antonio Carlos de. "Os muitos fôlegos do indigenismo". Anuário Antropológico, n. 81, 1982, p. 277-290.

10 Para um estudo do SPI segundo outra perspectiva, uma leitura imprescindível para a história das relações entre povos indígenas e Estado no Brasil é SOUZA LIMA, Antonio Carlos de. Um grande cerco de paz. Poder tutelar, indianidade e formação do Estado no Brasil. Petrópolis: Vozes/ANPOCS, 1995.

Genocídio e pacificação: a dinâmica real do mundo colonial

Para compreender o sentido da incorporação dessa categoria linguística e histórica ao mundo urbano contemporâneo é preciso ir além das narrativas e das imagens celebradas nas artes e reproduzida na história oficial, para numa perspectiva crítica compreender a história dos indígenas dentro de um processo mais geral de formação da nação brasileira baseada em matrizes étnico-raciais, no trabalho escravo e na grande propriedade.[11]

O documento que nos remete a uma compreensão mais profunda da história de construção deste país, longe de ser a carta de Caminha, é o Regimento dado em Lisboa, em 1548, a Tomé de Souza, primeiro governador-geral do Brasil.[12] A principal finalidade deste Regimento é a fortificação da capital e dos núcleos coloniais, propiciando às autoridades vencerem a guerra decretada contra os Tupinambás e outros futuros índios ditos "rebelados". Em contraste com a carta de Caminha, os Regimentos eram programas de ação atribuídos pelo Rei a cada governador-geral por ocasião de sua designação. Documentos que, ao invés de raros, se repetiam sempre (com pequenas variações). Longe de permanecerem perdidos nos arquivos, o seu fiel cumprimento e execução era minuciosamente acompanhado pela Coroa através de relatórios periódicos.

Neste primeiro Regimento já eram enunciados claramente os princípios da colonização portuguesa na América. Tratava-se de promover uma guerra

11 Apoio-me extensamente, nesta parte, em pesquisa histórica anterior, de que resultaram dois trabalhos escritos: PACHECO DE OLIVEIRA, João, "O nascimento do Brasil: a revisão de um paradigma historiográfico". Anuário Antropológico, vol. 1, 2010, p. 11-40. PACHECO DE OLIVEIRA, João. "Os indígenas na fundação da colônia: uma abordagem crítica". In: FRAGOSO, João; GOUVÊA, Maria de Fátima (orgs.). O Brasil Colonial – vol. 1: 1443-1580. Rio de Janeiro: Civilização Brasileira, 2014, p. 167-228.

12 *PACHECO DE OLIVEIRA*, *op. cit.*, 2010, p. 29.

de conquista contra as "nações indígenas", submetendo as populações e as autoridades autóctones ao exclusivo comando de El Rey, transformando as suas terras efetivamente em território português. Isto criaria inclusive as condições necessárias para impedir possíveis assentamentos de seus competidores europeus (franceses, sobretudo). O objetivo militar - a conquista e a submissão dos indígenas - era precondição para a incorporação da população nativa (batismo e catequização) e para o posterior desenvolvimento de uma atividade econômica permanente (com o plantio da cana e a produção do açúcar), primordialmente voltada para o comércio exterior, que logo viria a se configurar como o modo de produção dominante na colônia.

A instituição jurídica que dirigia e legitimava todo o processo era a chamada "guerra justa", baseada nos procedimentos usados desde o século XIII na península Ibérica contra os califados muçulmanos. Na América, os inimigos ("infiéis") não eram mais os "mouros", mas sim "os índios bravos", as populações autóctones que resistiam à autoridade portuguesa e ao batismo. O Regimento já enunciava claramente o primeiro nome que assumiriam esses povos, supostamente ferozes e persistentes no paganismo - eram os "temíveis" Tupinambás da Bahia, cujas aldeias se estendiam por centenas de quilômetros na região em torno da recém-fundada capital, Salvador.

Expedições militares promoviam o "descimento" de famílias e coletividades indígenas das áreas em que habitavam para as proximidades do núcleo colonial, onde eram assentadas sob a supervisão e a tutela[13] de missionários, que os batizavam, ensinavam a língua e os costumes dos colonizadores, preparando-os para o trabalho nas próprias missões, em plantações, engenhos e cidades, bem como para uma disciplinada convivência com os colonos e as autoridades portuguesas.

Tal forma de dominação é caracterizada pelo chamado paradoxo da tutela,[14] a qual implica em um exercício de mediação regido por princípios contraditórios e que envolvem sempre aspectos de proteção e de repressão, aciona-

13 A categoria de tutela é central para a compreensão da incorporação dos indígenas à sociedade brasileira, devendo ser pensada não como um instituto jurídico do século XX, restrito ao indigenismo republicano, mas como um modo de dominação instituído na colônia e que busca perpetuar-se assumindo formas diferentes e sendo operado por agentes distintos. Ver *PACHECO DE OLIVEIRA* (Org.). Indigenismo e territorialização: poderes, rotinas e saberes coloniais no Brasil contemporâneo. Rio de Janeiro: Contra Capa, 1998.

14 Vide o paradoxo da tutela, em: PACHECO DE OLIVEIRA, *op. cit.*, 1988. Ver, também: PACHECO DE OLIVEIRA, João. "O paradoxo da tutela e a produção da indianidade: ação indigenista no Alto Solimões (1920-1970)": In: FREIRE, Carlos Augusto da Rocha (org.). Memória do SPI. Rio de

dos alternativamente ou de forma combinada segundo os diferentes contextos e os distintos interlocutores. É esta tensão constitutiva, plena de ambiguidades e portadora de sentidos em aparência opostos, que lhe permite importantes jogos políticos e ideológicos que acompanharam todo o processo de formação nacional, da aldeia missionária à dominação patrimonial no Brasil Rural e Urbano, propiciando o florescimento do paternalismo e de um racismo eufemizado (em que não se fala em "raça", mas em "cor", que não opera por polaridades estáticas, mas por um *gradient*).[15]

Os missionários, à diferença dos colonos, não defendiam a pura e simples escravização dos indígenas. Por um lado, obedeciam à Bula Papal, que dizia que os nativos do novo mundo efetivamente possuíam alma e não deveriam ser transformados em escravos; por outro lado, consideravam os autóctones como a mão de obra fundamental para a riqueza e o desenvolvimento da colônia. Isto exigia um controle rígido sobre eles, incluindo o aprendizado de novas técnicas e habilidades, as quais lhes permitiriam servir e, com um mínimo tolerável de atritos, conviver e servir aos portugueses.

Logo, porém, os missionários perceberam que, se os nativos ouviam com curiosidade e pareciam aceitar sem grande resistência os ensinamentos cristãos, uma vez distantes dos olhares de seus predecessores e retornados à aldeia, reincidiam em práticas pagãs. Não bastava, portanto, recolher os jovens, como se fossem órfãos, aos seminários e dar-lhes formação religiosa, esperando que se transformassem em arautos do cristianismo (como foi a tentativa inicial dos jesuítas, ao fundarem um colégio em Salvador). Era preciso colocá-los em aldeias sob o comando direto dos missionários, gerindo a sua existência social e política, fiscalizando as suas práticas cotidianas. Instaurar um permanente controle das ações, dos pensamentos e desejos dos nativos era julgado como absolutamente necessário para não permitir que eles recaíssem nos seus "antigos vícios".

Tais objetivos, porém, nunca se cumpriram de acordo com o projetado. Os índios cedidos por períodos limitados aos colonos para os trabalhos em suas

---

Janeiro: Museu do Índio-Funai, 2011, p. 427-439. Cabe lembrar também a discussão sobre "poder tutelar, proposta por Souza LIMA, *op. cit,* 1995.

15 A tutela religiosa nunca esteve separada das intervenções militares: "é preciso sair de um formalismo jurídico, que pensa o Estado como produto de um contrato social resultante da produção de um consenso entre as partes que o integram. As estruturas políticas da colônia nascente evidenciam-se como violentas, montadas sobre a exclusão e o arbítrio, produtoras por sua vez de novos conflitos e desigualdades. [...] A justificativa permanente e o valor supremo são de 'civilizá-las', construindo sobre elas uma representação profundamente negativa, reprimindo suas línguas e culturas." Ver PACHECO DE OLIVEIRA, *op. cit,* 2010, p. 29.

fazendas e casas, raramente eram "devolvidos" às missões, tornando-se dependentes de seus patrões ou sendo mesmo transformados em escravos. Surgiam também contínuos conflitos entre índios e missionários e entre os próprios indígenas aldeados, levando a constantes fugas e abandono temporário das aldeias. A redução do contingente de indígenas articulados com a implantação da colônia apontava uma crise (crônica) deste projeto de gestão de território e de populações. Todas as ações de resistência movidas pelos indígenas nunca foram consideradas como decorrentes do fracasso desse modelo civilizatório, mas sim indicativos da constante e perversa inspiração do demônio.[16]

A incorporação de indígenas às primeiras missões resultou de várias expedições militares realizadas contra os Tupinambás entre 1554 e 1558. Na última campanha foram queimadas e destruídas cerca de 180 aldeias e executados alguns de seus principais líderes – que em termos legais eram classificados como "rebeldes" e "traidores" e assim, anonimamente, entraram para a história nacional. Após o término de cada campanha, o governador anunciava ao Rei de Portugal uma completa e definitiva "pacificação" dos Tupinambás.

A pretensão das autoridades era estar alterando radicalmente a condição sociocultural e econômica dos nativos, instaurando uma outra ordem normativa e impedindo que os autóctones regressassem às suas crenças e práticas anteriores. Isto não acontecia, porém – o qualificativo de "pacificado" não indicava uma mudança mais profunda de costumes, mas apenas designava comunidades que haviam sido vencidas militarmente e que aceitavam temporariamente o sistema missionário. Com frequência, mal passados alguns anos, as mesmas comunidades e famílias voltavam a confrontar-se com os agentes econômicos ou com a atividade de catequese. Uma nova "pacificação" era então empreendida pelos agentes do Estado, sempre em articulação com as demandas dos colonos e justificada por razões religiosas. Os inimigos, os "índios bravos" ou "rebelados", eram vistos como seres de uma natureza mais fraca e ambígua do que a dos europeus, e mais receptivos, portanto, "às artes do demônio" e às suas reiteradas investidas.

Apesar do fracasso das "pacificações", os portugueses mantinham a expansão militar e econômica pelas terras da sua colônia atlântica no novo mundo. Em pouco mais de uma década, as aldeias missionárias, sempre estrategicamente situadas junto aos engenhos, de maneira a servir-lhes como uma generosa reser-

16 NÓBREGA, Manoel da. Diálogo sobre a conversão do gentio. Lisboa: Ministério dos Negócios Estrangeiros, 1954.

va de força de trabalho, cresciam sem parar. Em 1590 os engenhos já montavam a 50 e se dispunham em um arco de 180 km em torno de Salvador.

O modelo de colonização estava baseado na conquista de novos territórios, na expropriação das terras ocupadas pelas populações autóctones e no assentamento destas em núcleos de povoamento sob o comando de missionários. Ali, a mão de obra indígena poderia ser requisitada a eles pelos colonos e pelo próprio governo a custos muito inferiores àqueles do trabalho livre ou do trabalho escravo. Os grandes lucros auferidos pelos comerciantes e pela própria Coroa no tráfico de escravos africanos, somados às incertezas e às flutuações derivadas da presença política dos missionários nesse mercado de trabalho indígena, vieram a consolidar no século XVII o mercado de escravos negros como a principal fonte de abastecimento de trabalhadores para o plantio, o preparo e a exportação do açúcar, empreendimento hegemônico na colônia. Assim, progressivamente, os indígenas passaram a integrar um mercado suplementar de trabalho,[17] não direcionado para o modo de produção dominante, mas para outras atividades menos valorizadas e lucrativas, bem como para os serviços de interesse das autoridades. Todo um conjunto de estereótipos e preconceitos lhes foi aplicado para justificar o uso permanente de práticas coercitivas e as baixas remunerações ali vigentes.

Nas décadas seguintes outros nomes de povos indígenas – Caetés, Aimorés, Tamoios, Potiguaras – apareceriam como inimigos da consolidação do domínio português na América Meridional – e seriam vítimas de ações semelhantes àquelas realizadas contra os Tupinambás. Vários deles logo seriam tidos como "extintos". Embora o padrão de colonização utilizado não preconizasse o genocídio, este foi em inúmeros casos o resultado concreto desse modo de gestão de territórios e populações.

Nos próximos séculos, o processo de expansão de novas terras e de consolidação da colônia e depois do Brasil independente iria abranger outras regiões, como os sertões do Nordeste e Centro-Oeste e a Amazônia. Outras denominações de índios – Tapuias, Carijós, Manaós, Muras, Botocudos etc. – seriam novamente declarados como inimigos, ferozmente combatidos, expropriados de seus territórios, "pacificados" e distribuídos como escravos temporários e/ou colocados em aldeamentos. O instrumento fundamental e constante para a existência

---

17 Noção desenvolvida em conjunto com a ideia de pensar a "acumulação primitiva" como uma dimensão permanente da expansão do capitalismo. Ver MEILLASSOUX, Claude. Femmes, gréniers & capitaux. Paris: Maspero, 1975.

e a continuidade da colônia foi a extensão espacial e temporal de uma espécie de "acumulação primitiva" que, associada à criação de um mercado suplementar e desvalorizado de trabalho, nunca prescindiu efetivamente das guerras e das pilhagens, do genocídio e do uso sistemático de um sistema de discriminação e preconceitos que opera à semelhança de qualquer racismo.

Controlar e excluir no contexto urbano do Rio de Janeiro

Com a abolição da escravatura, nos campos e nas cidades veio a constituir-se uma massa empobrecida, sem terras, lar ou arrimo. Tal contingente somou-se ao grande número de famílias expulsas do meio rural (sobretudo no nordeste e no leste) pela estrutura agrária concentradora e pela pressão do fenômeno (social e climático) das secas. Tal população, acentuadamente negra e mestiça, instalou-se a princípio em precários e superpovoados cortiços,[18] localizados principalmente no centro da cidade, mais tarde fixando-se em terrenos desocupados nas encostas dos morros. Em sua maioria ela não se incorporou ao proletariado, constituído em grande parte por imigrantes europeus com alguma formação técnica e com alguns segmentos bastante politizados. Transformou-se, ao contrário, em um contingente de reserva de força de trabalho para os múltiplos e mais desvalorizados serviços urbanos, sem vínculos contratuais definidos, regidos por relações clientelísticas, como as vigentes nas áreas rurais.

As favelas começaram a surgir[19] na cidade do Rio de Janeiro na última década do século XIX.[20] Com a campanha contra os cortiços na década de 1890 e as

---

18 No século XIX eram os cortiços que representavam a habitação popular no Rio de Janeiro. Segundo uma estimativa da Inspetoria Geral de Higiene, a população ali residente teria duplicado entre 1888 e 1890, ultrapassando os 100 mil habitantes. Com a legitimação científica do "higienismo" (ver CHALOUB, Sidney. Cidade febril: cortiços e epidemias na corte imperial. São Paulo: Companhia das Letras, 1996; e SCHWARCZ, Lilia Moritz. O espetáculo das raças. Cientistas, instituições e pensamento racial no Brasil: 1870-1930. São Paulo: Companhia das Letras, 1993), que associava as epidemias à insalubridade da cidade e aos miasmas de pântanos e rios, foi desencadeada uma campanha de erradicação dos cortiços e drenagem de certas partes da cidade. Em 1904 o engenheiro Everardo Backheuser, em relatório para o Ministério da Justiça, avaliava em mais de 600 as habitações coletivas fechadas pela Saúde Pública, que davam alojamento a mais de 13 mil pessoas (Ver ABREU, Maurício de Almeida. "Reconstruindo uma história esquecida: origem e expansão inicial das favelas do Rio de Janeiro". Espaço & Debate, São Paulo, vol. 14, n. 37, 1994, p. 13-46).

19 ABREU, Mauricio de Almeida. Evolução urbana do Rio de Janeiro. Rio de Janeiro: IPLANRIO, 1997. VALADARES, Lícia do Prado. A invenção da favela: do mito de origem à favela.com. Rio de Janeiro: Editora da FGV, 2005. ZALUAR, Alba; ALVITO, Marcos (Orgs.). Um século de favela. Rio de Janeiro: Editora da FGV, 1998.

20 Há notícias anteriores sobre a construção de habitações em morros, mas apenas como fatos isolados e temporários. Foi com o problema do alojamento de famílias de soldados que participaram das campanhas contra Canudos e a Revolta da Armada de 1894 que isso mudou, sendo concedida

demolições trazidas pelas reformas urbanas da primeira década do século XIX, muitas famílias, ao invés de rumarem para os subúrbios, preferiram instalar-se nas encostas do centro da cidade, em áreas já conhecidas e próximas ao seu local de comércio ou trabalho. A expansão das favelas, iniciada no centro (Providência e Santo Antônio), priorizou a zona norte (Salgueiro, 1909; Mangueira, 1910; São Carlos, 1912; Catumbi, 1915), mas logo se voltou também para a zona sul (Babilônia, 1907; Cabritos, 1915; Botafogo e Morro do Pasmado, 1915; Lagoa e Leblon, em seguida).[21]

Em um artigo intitulado "Onde moram os pobres", datado de 1905, Everardo Backhauser faz uma avaliação mais equilibrada sobre as favelas, indicando, no pomposo linguajar da época, até possíveis vantagens dessa forma de habitação: "ali não moram apenas os desordeiros e os facínoras, moram também operários laboriosos, que a falta ou a carestia dos cômodos atira para esses lugares altos onde se goza de uma barateza relativa e de uma suave viração que sopra continuamente, dulcificando a rudeza da habitação".[22] No geral, contudo, essas áreas eram tratadas com enormes preconceitos, sendo identificadas com algumas práticas que eram sistematicamente perseguidas e criminalizadas pela polícia (como as rodas de capoeira e os terreiros de candomblé).[23]

A proximidade espacial entre as favelas e os bairros de classe média tornou-se uma característica da cidade do Rio de Janeiro. Nas favelas residia a grande maioria dos trabalhadores informais que prestavam serviço nas residências, no comércio, na construção civil e em obras públicas. Nas décadas seguintes, as favelas começaram a ser vistas também como lócus de manifestações culturais, como o samba, que logo se tornariam emblemáticas da cidade, algumas de suas cenas e personagens sendo registradas na literatura, na pintura e no cinema.[24] As favelas também foram pensadas, dado ao grande contingente de eleitores que abrigavam, como um local de instalação e manutenção possível de redes de clien-

---

permissão para o seu estabelecimento nas encostas dos morros Santo Antônio e da Providência. O termo favela, que era aplicado apenas ao Morro da Providência, posteriormente passou a ser utilizado de forma genérica para as novas ocupações nos morros.

21 *ZALUAR & ALVITO, op. cit., 1998; VALADARES, op. cit, 2005.*

22 *Apud ABREU, op. cit, 1994, p. 40.*

23 Para uma análise de como o preconceito e a discriminação se manifestam em relação aos jovens pobres nesse período, vide VIANNA, Adriana R. B. *O mal que se adivinha: polícia e menoridade no Rio de Janeiro, 1910-1920*. Rio de Janeiro: Arquivo Nacional, 1999.

24 KNAUSS, Paulo; BRUM, Mario Sérgio. "Encontro marcado: a favela como objeto de pesquisa histórica". In: MELLO, Marco Antonio da Silva; MACHADO DA SILVA, Luiz Antonio; FREIRE, Leticia de Luna; SIMÕES, Soraya Silveira (orgs.). Favelas cariocas. Ontem e hoje. Rio de Janeiro: Garamond, 2012, p. 121-140.

tela e dependência com finalidades eleitorais. Cabe notar, porém, que em certos contextos o voto dos moradores das favelas foi decisivo para a vitória de candidatos associados à esquerda.[25]

O primeiro recenseamento das favelas, realizado em 1947, indicava a existência no Rio, naquele momento, de 119 favelas, 70.605 casebres e uma população de 283.390 moradores, o que já correspondia a aproximadamente 14% da população total da cidade. As autoridades, porém, tal como alguns estudos sociológicos, continuavam a ver com inquietação que estas áreas se configurassem em territórios virtualmente alheios à soberania estatal. Diversas tentativas de remoção de grandes favelas foram realizadas, sobretudo da zona mais rica da cidade. Em seguida ao golpe militar de 1964, as grandes favelas da zona sul, como a Praia do Pinto e a Catacumba, foram extintas e as famílias que ali habitavam foram transferidas para grandes conjuntos residenciais (a Cidade de Deus e a Vila Kennedy) na zona norte e no subúrbio. Os terrenos que antes haviam ocupado foram destinados a prédios de luxo e a associações recreativas da elite. A arbitrariedade com que tais processos foram conduzidos geraram críticas e foram noticiados pela imprensa. A extensão atingida por essa política, no entanto só veio a ser revelada em um levantamento conduzido por Lícia do Prado Valadares: entre 1962 e 1974, no Rio de Janeiro, foram total ou parcialmente removidas 80 favelas, sendo destruídos mais de 26 mil barracos e retiradas quase 140 mil pessoas.[26]

Nas últimas décadas grupos ligados ao varejo do tráfico de drogas instalaram-se nas favelas e assumiram progressivamente o controle armado dessas áreas, exercendo um crescente domínio sobre as atividades cotidianas e o deslocamento de pessoas no interior desses territórios.[27] Apoiadas em estatísticas sobre o aumento da criminalidade na cidade, extensamente propaladas pela imprensa, as autoridades investiram cada vez mais em ações repressivas, realizadas dentro e no entorno das favelas.[28] Os jornais, por outro lado, espelhavam o temor da classe média de que "a favela tomasse conta do asfalto" e paralelamente manifestavam

---

25 Assim ocorreu, por exemplo, nas eleições de 1947 (com a surpreendente votação obtida por candidatos do PCB) e nas eleições de 1962, 1965 e 1982, entre outras, por políticos identificados com o trabalhismo.

26 *VALADARES, op. cit., 2005.*

27 *ZALUAR & ALVITO, op. cit., 1998.* Para uma avaliação do superdimensionamento disto nas políticas urbanas, ver HAESBAERT, Rogério. "O território (do narcotráfico) no seu devido lugar". Geografando, 2010. Disponível em: http://geomundo.zip.net/. Acesso em: 05/11/2013.

28 MACHADO DA SILVA, Luiz Antonio (org.). Vida sob cerco: violência e rotina nas favelas do Rio de Janeiro. Rio de Janeiro: Faperj/ Nova Fronteira, 2008.

uma completa indiferença quanto às precárias condições de vida e aos direitos mais elementares dos que ali habitavam.[29]

Desde os anos 90 as favelas deixaram de ser identificadas como "o berço do samba" ou como úteis "currais eleitorais", para serem associadas pela mídia exclusivamente a territórios controlados por traficantes e apontados como causa da violência e da insegurança observadas na cidade. A imagem da cidade irremediavelmente partida passou a ser usada de maneira corriqueira, funcionando como justificativa para a metáfora da guerra,[30] a ser levada a cabo por unidades especializadas, com treinamento e equipamentos militares. No período de 1995 a 1997, sob a inspiração tardia da Doutrina da Segurança Nacional, a "polícia carioca matou mais do que a soma de todas as polícias nos EUA", sendo responsável por cerca de 10% dos homicídios ocorridos na cidade.[31]

O ponto alto disso, contudo, foi a criação de um batalhão especializado em operações militares nas favelas o BOPE,[32] célebre pela truculência com que realiza incursões no interior das áreas de moradia em favelas, empregando técnicas militares de assalto a terrenos inimigos, secundada por armamentos pesados e veículos blindados (os chamados "caveirões"). Tal tropa foi intensamente temida e odiada pela população que residia nas favelas. O número de mortos, presos e feridos nessas comunidades atingiu cifras impressionantes, superiores às de outras regiões do mundo onde ocorriam guerras e processos traumáticos de ocupação de território. Se no ano de 1998 as mortes por operações policiais nas favelas eram de 20 pessoas por mês, em 2007 essas mortes chegaram a cerca de 1.300.[33]

---

29 Ver BATISTA, Vera Malaguti. O medo na cidade do Rio de Janeiro. Dois tempos de uma história. Rio de Janeiro: Revan, 2003; SOARES, Luiz Eduardo; BATISTA, André ; PIMENTEL, Rodrigo. Elite da tropa. Rio de Janeiro: Objetiva, 2006.

30 Para a discussão desta metáfora e para uma análise crítica da ideia de "cidade partida", ver LEITE, Márcia Pereira. "Da 'metáfora da guerra' ao projeto de 'pacificação': favelas e políticas de segurança pública no Rio de Janeiro". Revista Brasileira de Segurança Pública, vol. 6, n. 2, 2012, p. 374-389.

31 "A premiação por bravura e a gratificação por mérito [...], no período de 1995 até 1997, promoveu o acobertamento dos crimes cometidos por agentes do Estado". Ver COIMBRA, Cecília Maria Bouças; NASCIMENTO, Maria Lívia do, "Jovens pobres: o mito da periculosidade". In: FRAGA, Paulo César Pontes; LULIANELLI, Jorge Atílio Silva (orgs.). Jovens em tempo real. Rio de Janeiro: DP&A, 2003, p. 19-37.

32 Ver SOARES, Luis Eduardo; FERRAZ, Cláudio. Elite da tropa 2. Rio de Janeiro: Editora Nova Fronteira, 2010.

33 RIBEIRO, Camilla; DIAS, Rafael; CARVALHO, Sandra. "Discursos e práticas na construção de uma política de segurança: o caso do governo Sérgio Cabral Filho (2007-2008)". In: JUSTIÇA GLOBAL (org.). Segurança, tráfico e milícias. Rio de Janeiro: Fundação Heinrich Boll, 2008, p. 6-16.

As ações do BOPE, no entanto, não conseguiram apresentar resultados significativos no controle do tráfico nem na insegurança urbana. Os integrantes dos grupos criminosos foram mortos ou presos, mas a imposição cotidiana da ordem ficou nas mãos das chamadas "milícias", organizações paramilitares lideradas por ex-soldados e policiais, explorando atividades diversas (legais e ilegais).[34] Um estudioso da temática destaca o caráter letal de tais organizações: "a milícia é totalizante, ela não se impõe como um negócio específico, para viabilizar a circulação de mercadorias de um certo tipo no varejo [...] a milícia se impõe para dominar completamente todas as dinâmicas econômicas, comerciais, financeiras, imobiliárias, promovendo migrações internas para negociar com terras públicas, deslocando populações, obtendo votos, se impondo através de candidaturas que formam um cinturão ligado a certos territórios da cidade."[35]

As UPPs foram pensadas como uma tentativa de corrigir os erros de ações puramente repressivas, representando um esforço para a transformação nas unidades policiais que iriam atuar nas favelas.[36] As UPPs deveriam ser compostas unicamente por policiais novos (objetivando assim que não tivessem sido mal formados por experiências anteriores) e o seu comando deveria ser exercido por um oficial superior. Nos planos originais, a instalação das UPPs seria seguida pela criação de uma "UPP social", que se ocuparia com a identificação de prioridades e a superação dos problemas vividos pela comunidade. Nesse sentido, as equipes de pesquisadores (incluindo pessoas das comunidades) procurariam realizar uma "escuta forte", construir mapas participativos dos chamados "Territórios da Paz", estabelecer prioridades e articular as atividades a serem executadas pelas diferentes secretarias de governo.[37]

---

34 CANO, Ignacio. "Seis por meia dúzia? Um estudo exploratório do fenômeno das chamadas 'milícias' no Rio de Janeiro". In: JUSTIÇA GLOBAL, *op.cit.*, p. 48-103.

35 SOARES, Luis Eduardo. "Acabou o sossego para as elites brancas brasileiras", 2014. Disponível em: http://www.viomundo.com.br/entrevistas/luiz-eduardo-soares-desmilitarizar-a-pm-legado-historico-do-escravagismo-que-matou-9-646-pessoas-em-dez-anos-no-rio.html. Acesso em: 10/03/2014.

36 A ideia de criar uma modalidade de policiamento que esteja mais bem associada à vida comunitária tem sido perseguida em vários países, sobretudo em grandes cidades norte-americanas, que enfrentaram fortes distúrbios raciais, envolvendo imigrantes e a formação de poderosos cartéis de criminosos. No Rio de Janeiro existiram no passado algumas iniciativas nessa direção, como o Centro Integrado de Policiamento Comunitário/CIPOC e os Centros Comunitários de Defesa da Cidadania/CCDC, iniciativas logo abandonadas. Ver RODRIGUES, Eduardo de Oliveira. Um "campo de pacificação"? Algumas considerações sobre o programa das Unidades de Polícia Pacificadora (UPPs) no Rio de Janeiro. Dissertação de Mestrado - IGEO/UFRJ, Rio de Janeiro, 2013.

37 *RODRIGUES, op. cit., p. 161-171.*

Sem dúvida, as expectativas de que a cidade nos anos seguintes hospedaria muitos megaeventos colaborou com a decisão de modificar os padrões de atuação nas favelas.[38] As UPPs tiveram amplo apoio da população ali residente (que não possuía nenhuma outra alternativa), dos bairros do entorno (que assistiram à rápida valorização de seus imóveis) e foram comemoradas pela mídia como uma nova epopeia civilizatória.[39]

A ocupação do Santa Marta foi seguida por iniciativas semelhantes em outros morros. Em 2010 todas as favelas da zona sul do Rio de Janeiro, em número de 45, já eram consideradas "pacificadas", abrigando ali uma população de cerca de 400 mil moradores. Trazendo substantivos ganhos eleitorais, o processo foi estendido. O governo estadual hoje, em matérias de natureza propagandística, fala em 231 "comunidades pacificadas" (evitando falar em "favelas") e estima em 1,5 milhão a população ali residente.

A alteridade como inferioridade e suspeição

Algumas práticas instituídas como rotinas nas últimas décadas pelos agentes do Estado constituem verdadeiros rituais de construção da alteridade enquanto inferioridade e suspeição, formas de intervenção estatal que exacerbam as diferenças entre os moradores das favelas e os demais brasileiros, instituindo uma assustadora clivagem na população urbana.

O primeiro aspecto a destacar é a permanente e ostensiva vigilância que sobre os moradores das favelas deva supostamente ser exercida, pouco importando os meios para isso utilizados. Se as rondas e as revistas policiais são procedimentos preventivos utilizados em qualquer parte do mundo, a sua atualização no contexto brasileiro corresponde a um ritual de humilhação e desqualificação, que conscientemente ignora e viola os direitos mais elementares dos cidadãos. As técnicas de proteção ao policial e ao próprio preso, como o uso de algemas, a leitura de um auto de infração e a indicação de direitos do detido são substituídas por uma abordagem grosseira e assimétrica, notoriamente racista, que frequen-

38 PORTO-GONÇALVES, Carlos Walter. "Sobre o Rio 2010, 2014, 2016". ALAI, América Latina en Movimiento, 27/11/2011. Disponível em: http://alainet.org/active/ 42596&lang=es. Acesso em 31/10/2013.

39 MACHADO DA SILVA, Luiz Antonio; LEITE, Marcia Pereira & FRIDMAN, Luís Carlos. "Matar, morrer, civilizar: o problema da 'segurança pública'". Mapas: monitoramento ativo da participação da sociedade. Rio de Janeiro: IBASE/ Action Aid/ Ford Foundation, 2005. Disponível em: http://www.ipardes.gov.br/pdf/cursos_eventos/governanca_2006/gover_2006_01_matar_morrer_civilizar_luiz_silva.pdf.

temente está associada a uma direta e reiterada atribuição de culpa e ao uso de castigos corporais e violência.

Nessas ocasiões, não é à autoridade policial que cabe fundamentar as razões para exame ou detenção de alguém que considere "suspeito", mas sim, inversamente, a este de exibir as provas inquestionáveis de sua inocência. Na impossibilidade de demonstrá-las, a detenção (ou não) torna-se objeto exclusivamente de uma avaliação subjetiva e fortuita do policial. Em função de este estar exercendo uma condição extrema de poder, a única postura adequada para aquele que é posto na posição de subalterno é instaurar com ele uma relação de aparente obediência e passividade, da qual está obviamente excluída a hipótese de tentar fazer valerem os seus próprios direitos. O preço de um questionamento é muito alto e a reiteração do arbítrio transforma-se no caminho para a inculcação forçada de uma condição inferior, no limite, num verdadeiro ritual de naturalização de uma subcidadania.

As abruptas e injustificadas invasões de casas de moradores por ocasião de operações policiais de busca constituem uma outra modalidade de ritual de sujeição e naturalização dessa inferioridade legal, só que agora aplicada não ao indivíduo, mas ao seu lar e a sua família, cujas autonomia e intimidade são sistematicamente negadas e desrespeitadas. As agressões e as arbitrariedades contra as mulheres são comuns e exacerbadas. Neste contexto, as memórias, as falas e as reações por parte de pessoas da comunidade acabam por produzir personagens políticos centrais (as "mães") na luta das comunidades.[40] As habitações na favela são em sua maioria qualificadas pela polícia como "barracos" e não como domicílios, podendo ser vasculhados sem a apresentação de um mandato judicial. O preconceito se expressa também fortemente no próprio recenseamento nacional, no qual as favelas são ainda chamadas pelo Censo de 2010 como "aglomerados subnormais" (assim identificadas em função da ilegalidade de sua posse, por não acompanharem os padrões urbanos e por não disporem de serviços básicos).

O segundo aspecto é a instauração de um medo doentio e a atribuição de uma extrema periculosidade às favelas, e não só aos criminosos. Das favelas a mídia limita-se a apresentar os traficantes exibindo armamentos pesados (de uso restrito, aliás, das forças armadas) e equipamentos importados e modernos. Os confrontos entre quadrilhas e a execução sumária de rivais, com marcas de extrema crueldade, e a exposição pública e exemplar de suas vítimas são fatores que

40 VIANNA, Adriana; FARIAS, Juliana. "A guerra das mães: dor e política em situações de violência institucional". Cadernos Pagu, n. 37, 2011, p. 79-116.

alimentam o medo da comunidade local e, usados de forma sensacionalista, estimulam o horror na própria cidade. Mas raramente é lembrado que tais violências são táticas características de grupos criminosos por todo o mundo, que nada têm a ver especificamente com a favela e suas peculiaridades históricas e culturais.

O desconhecimento dos policiais sobre o local em que se movem nas favelas os expõe a situações de risco e a uma grande tensão. Isto, associado à sua incapacidade de distinguir entre moradores e traficantes, faz com que pensem aquele meio social como uma unidade simples e homogênea, que veem com aversão e preconceito. Há notícias de um elevado índice de distúrbios psicológicos entre os integrantes das equipes policiais, levadas a agir com extrema violência e racismo contra um meio social muitas vezes semelhante àquele de onde suas próprias famílias são originárias.

Mesmo fora das favelas, em outros espaços urbanos, os policiais continuam a conceber como potencialmente perigosa toda e qualquer pessoa que seja identificada – sempre por critérios preconceituosos (raciais e sociais) – como moradora de favela. A mídia, operando habitualmente de forma sensacionalista, alimenta aquilo que Porto-Gonçalves & Torquato da Silva chamaram de "a cultura do pavor",[41] que faz com que julgamentos racionais e a atenção aos direitos humanos sejam colocados de lado e substituídos por atitudes etnocêntricas, violentas e flagrantemente ilegais. Na mesma direção Hermano Vianna,[42] baseando-se em estudos e reflexões que realizara anteriormente sobre o fenômeno das "galeras", aponta o equívoco da construção midiática e policial sobre os chamados "arrastões".

O terceiro aspecto é a transformação das favelas em *ghetos* cujos limites só devem ser ultrapassados sob risco de incômodos e retaliações. A cidade é conceituada como dividida em múltiplos territórios, com pessoas em condições radicalmente diferenciadas de cidadania. A circulação dos moradores de uma área discriminada por outros espaços urbanos necessariamente implicará a potencialização dos riscos e a aberta manifestação de estigmas e estereótipos. A realização ostensiva de revistas, sobretudo dos jovens negros e de moradores de favelas, tem a função de frear a livre circulação destes pelos espaços urbanos e instaurar barreiras sociais bastante eficientes.

---

41 PORTO-GONÇALVES, Carlos Walter; TORQUATO DA SILVA, Rodrigo. "Da lógica do favor à lógica do pavor: um ensaio sobre a geografia da violência na cidade do Rio de Janeiro". Polis. Revista de la Universidad Bolivariana, vol. 10, n. 38, 2011, p. 323-356.

42 VIANNA, Hermano. "O espectro do arrastão". O Globo, Segundo Caderno, p. 02, 06/12/2013.

Também a desconfiança e a hostilidade dos que residem nos bairros de classe média faz com que os jovens moradores das favelas muitas vezes evitem a circulação por determinados espaços urbanos e acabem por ter uma experiência muito limitada e setorizada de várias áreas de sua própria cidade. Como dizia um entrevistado da pesquisa realizada por Leite e Machado Silva: "Há lugares que são só para brancos, só falta estampar... (Só não o fazem porque) isso seria contra a lei".[43]

O quarto aspecto é a naturalização do aprisionamento e da morte. Como comentado anteriormente, as operações policiais em favelas têm implicado em índices muito elevados de mortes de pessoas ali residentes. No caso das prisões, há ainda um processo formal de acusação e julgamento, com a intervenção de juízes, promotores e advogados, bem como a discussão de provas. Quando se trata, no entanto, de mortes, o relatório policial, com o chamado "auto de resistência", é a palavra única e final. Todos os mortos são automaticamente classificados como "traficantes" e "criminosos" e a imprensa apenas chancela e naturaliza tal procedimento. Em 2007 a Polícia Militar registrou 1.330 autos de resistência, o que representa 18% do número total de homicídios no Rio de Janeiro.[44] A relação entre policiais mortos e supostos criminosos (ou simplesmente "suspeitos") é muito elevada, de 1 para 57. As estatísticas da Polícia Militar do Rio de Janeiro apontavam em 2008 uma pessoa morta em 23 detenções realizadas, o que é um índice assustadoramente elevado (nos Estados Unidos é de um caso para 37 mil detenções).[45]

Tal como no período colonial, durante a "pacificação" de "índios bravos", não há jamais vítimas. Erros não são investigados e punidos, os desmandos são maquiados e esquecidos pela corporação, a sensação de desvalia e o ressentimento dos moradores muito raramente chegam aos jornais e a opinião pública. As favelas, como espaço urbano e superpovoado, parecem hoje substituir os distantes e ditos ermos sertões, "infestados de índios", que supostamente desafiavam as autoridades coloniais e as elites dirigentes dos séculos XIX e XX em sua cruzada civilizatória.

---

43 LEITE, Márcia Pereira; MACHADO DA SILVA, Luís Antonio. "Circulação e fronteiras no Rio de Janeiro: a experiência urbana de jovens moradores de favelas em contextos de pacificação". In: CUNHA, Neiva Vieira; FELTRAN, Gabriel de Sanctis (Org.). Sobre periferias: novos conflitos no Brasil contemporâneo. Rio de Janeiro: Lamparina/ Faperj, 2013, p. 146-158.

44 *RIBEIRO; DIAS; CARVALHO, op. cit.*

45 ASHCROFT, Patrick. "History of Rio de Janeiro's Military Police". Part 2: "From dictatorship to drug war". *Rio on Watch*. 2014. Disponível em: http//:rioonwatch.org/?p=13724. Acesso em: 06/03/2014.

"Uma missão civilizatória"

No período colonial a "pacificação" designava uma transformação profunda sofrida por uma população etnicamente distinta, cujos componentes "pagãos, imorais e anárquicos" deveriam ser substituídos por uma condição supostamente nova e mais elevada, propícia à sua participação na sociedade colonizadora. Os aspectos militares e repressivos eram remetidos ao esquecimento, o que se celebrava era o surgimento de um novo índio, cristão e súdito fiel do Rei de Portugal.[46]

No contexto colonial ninguém pranteava os indígenas mortos, nem as fontes históricas, nem mesmo os poetas. "O Uraguay" (1769), poema épico de José Basílio da Gama, frequentemente citado como um precursor do indianismo do século XIX, foi dedicado, com palavras de profunda admiração, a Gomes Freire de Andrade, comandante geral das tropas portuguesas que venceram os espanhóis e destruíram as reduções guaraníticas dos Sete Povos das Missões. A coragem e as qualidades morais de alguns indígenas compunham apenas um pano de fundo poético que em nada afetava a compreensão do fato histórico. Só no século XIX, com a Independência e um outro modo de conceber e falar sobre a população nativa, é que a morte dos indígenas seria lamentada e assumida como fato central da formação da nacionalidade.[47]

A representação romântica do século XIX sobre os autóctones foi retomada por Rondon e seus seguidores. Como positivistas, eles viam, porém, os indígenas como exemplares do estágio mais primitivo da humanidade, com formas sociais simples, o animismo e tecnologia rudimentar. Largados à sua própria conta pelo interior do país, não conseguiriam sobreviver aos avanços da sociedade moderna nem escapar do extermínio. Era uma obrigação moral do Estado, portanto, protegê-los das frentes de expansão e permitir que lentamente se adaptassem ao mundo contemporâneo, de vez que tais populações teriam que fazer apenas em algumas gerações o percurso que a humanidade percorrera em milhares de anos.

No indigenismo republicano a categoria "pacificação" descrevia um processo dito humanitário exercido pelo Estado no sentido de proteger uma população altamente vulnerável e desfavorecida, agora a ser contatada sem o exercí-

---

46 *PACHECO DE OLIVEIRA, op. cit., 2009.*

47 Há nesse sentido um interessante paralelismo entre o tema da morte do indígena no Império do Brasil (conforme desenvolvido em *PACHECO DE OLIVEIRA, op. cit.*, 2009) e a análise proposta por Claudio Lomnitz sobre a importância da ideia de morte na formação histórica do México (ver LOMNITZ, Claudio. Death and the idea of Mexico. New York: Zone Books, 2007).

cio da violência. O que, contudo, as autorrepresentações da elite dirigente não explicitaram nesta narrativa é que as "pacificações" visavam de fato insular os indígenas em pequenas faixas de terras, liberando paralelamente vastos espaços para serem apropriados por interesses privados. A população nativa, quer fosse moradora em aldeias ou habitasse o sertão, era vista como uma reserva virtual de trabalhadores a serem acionados para múltiplos serviços, sempre com baixa remuneração e desprovidos de garantias legais.[48] A atuação tutelar e pacificadora do SPI levou ao vertiginoso aumento do valor da terra em todas as regiões em que o órgão assim atuou.[49] Com a instituição de um mercado de terras naquelas regiões antes dominadas pelos indígenas, era assegurada a expansão da economia mercantil sem uma paralela elevação tecnológica e de produtividade, configurando uma modalidade extensiva e predatória que Otavio Velho conceituou como "capitalismo autoritário".[50]

Ao que visam as "ações pacificadoras" no contexto atual do Rio de Janeiro? Afirmam pretender restaurar o controle estatal (leia-se militar) sobre as favelas ocupadas pelo tráfico. "A ideia é simples. Recuperar para o Estado territórios empobrecidos e dominados por grupos criminosos armados. Tais grupos, na disputa de espaço com seus rivais, entraram numa corrida armamentista nas últimas décadas [...] Decidimos então pôr em prática uma nova ferramenta para acabar com os confrontos" (José Mariano Beltrame - Coluna "Palavra do Secretário", de 10/09/2009).[51] Há aqui uma clara analogia com as "pacificações" coloniais, dirigidas contra as aldeias dos autóctones que não se submetiam voluntariamente às autoridades administrativas e religiosas da época.

Os executores da política de segurança e os policiais em geral imaginam os morros usualmente como "o espaço do inimigo". Os habitantes das favelas,

---

48 *PACHECO DE OLIVEIRA, op. cit., 1998.*

49 É o que nos mostram de forma inquestionável a dissertação de Regina Erthal (Atrair e pacificar: a estratégia da conquista. Dissertação de Mestrado em Antropologia Social - PPGAS/Museu Nacional/UFRJ, 1992) e a Tese de Doutoramento, depois transformada em livro, de SOUZA LIMA (*op. cit., 1995)*

50 VELHO, Otávio Guilherme. Capitalismo autoritário e campesinato. Rio de Janeiro: Zahar, 1976.

51 Coluna "Palavra do Secretário" disponível em: http://upprj.com/wp/?p=175. Em um outro artigo, mostro como tais finalidades não são de modo algum atingidas pela intervenção policial: frequentemente as UPPs limitam-se a criar "ilhas" de aparente ordem nas favelas, enquanto o controle real continua a ser exercido por paramilitares (as "milícias") ou por outras facções criminosas; o varejo de drogas ilícitas continua; com a deterioração dos padrões de ação das UPPs regressaram os casos de arbitrariedades, torturas e mortes de moradores; aumentam também as reclamações quanto à ausência de ações assistenciais (a "UPP social"). Ver PACHECO DE OLIVEIRA, João. "Pacificação e tutela militar na gestão de populações e territórios". Mana, vol. 20, n. 1, 2014, p. 125-161.

à diferença dos demais cidadãos, são vistos como colaboradores em relação ao seu próprio mal, portadores de uma permissividade ou insuficiência moral que não os distingue suficientemente do crime organizado. Neste sentido, há uma perversa e perigosa ambiguidade no tratamento dado aos moradores, algumas vezes ditos como "reféns" dos traficantes, mas em muitas outras ocasiões tratados como seus "cúmplices"[52] ou mesmo como seus parceiros. Longe de ser um mero executor das leis, o policial, no processo de "pacificação", ostenta uma superioridade moral e uma ilimitada capacidade de submeter e punir.

Tal como no caso dos indígenas nos aldeamentos missionários, é necessário fazer crer que os tutores impõem aos tutelados uma moralidade (da qual pretensamente estes estariam desprovidos), que os permitiria afinal resistir às investidas sedutoras do paganismo ou a riqueza fácil dos traficantes. Esta pedagogia colonial, religiosa e que se serve de meios abertamente repressivos é aplicada de maneira direta e chocante ao mundo contemporâneo, dessacralizado e globalizado, habituado à retórica do multiculturalismo, da participação e dos direitos dos cidadãos. A "comunidade pacificada", na visão dos planejadores e nas representações da mídia, não é só aquela onde se desenrolou uma ação militar para desalojar o controle do crime organizado, mas aquela em que os moradores e as condições de vida teriam passado por uma modificação completa, fruto de uma ação supostamente de natureza civilizatória.[53]

O uso da categoria "pacificação" na contemporaneidade para referir-se à intervenção dos poderes públicos nas favelas, antes áreas que virtualmente escapavam ao seu domínio, recupera a retórica da missão civilizatória da elite dirigente e dos agentes do Estado. "Pacificação e civilização são faces distintas de um mesmo processo, que tiveram/têm como finalidade a perda de autonomia e a introdução de dependências da coletividade indígena em relação a bens e serviços sob controle exterior, tornando-as sujeitas ao exercício de um mandato tutelar."[54]

A alteridade no contexto urbano atual é dramatizada ao extremo, como se fosse referenciada a um conjunto de pessoas que não são reconhecidas como membros da mesma sociedade. A retórica da pacificação, ao enunciar através de práticas institucionalizadas que os direitos estabelecidos na lei não são automaticamente aplicáveis a qualquer um, instaura uma modalidade de sub-cidadania para os moradores das favelas. Estes, como um "outro" contemporâneo, que não

52 *LEITE, op. cit., 2012, p. 379.*

53 Vide as análises realizadas por *MACHADO DA SILVA; LEITE; FRIDMAN, op. cit.*

54 *PACHECO DE OLIVEIRA, op. cit., 2010, p. 31.*

partilha de uma experiência primária de classe (sociabilidade, moradia e padrões culturais de consumo), é imaginado como tão diferente e externo aos "nossos" usos e costumes, tão imprevisível e perigoso quanto era pensado pelos missionários e pelas autoridades coloniais o "índio bravo". Com tais jogos ideológicos, construindo no presente uma alteridade assustadora e criminalizante, os governos e a opinião pública justificam uma guerra permanente e interminável contra um "outro interno" e reduzem a responsabilidade pública ao exercício de uma tutela militar.

REFERÊNCIAS BIBLIOGRÁFICAS

ABREU, Maurício de Almeida. "Reconstruindo uma história esquecida: origem e expansão inicial das favelas do Rio de Janeiro". Espaço & Debate, n. 87, 1994, p. 34-46.

________. Evolução urbana do Rio de Janeiro. Rio de Janeiro: IPLANRIO, 1997.

ALMEIDA, Maria Regina Celestino de. "Quando é preciso ser índio: identidade étnica como força política nas aldeias do Rio de Janeiro". In: REIS, Daniel Aarão; MATTOS, Hebe; OLIVEIRA, João Pacheco de; MORAES, Luis Edmundo de Souza; RIDENTI, Marcelo (orgs.). Tradições e modernidades. Rio de Janeiro: FGV Editora, 2010, p. 47-60.

ASHCROFT, Patrick. "History of Rio de Janeiro's Military Police". Part 2: "From dictatorship to drug war". Rio on Watch. 2014. Disponível em: http//:rioonwatch.org/?p=13724. Acesso em: 06/03/2014.

BATISTA, Vera Malaguti. O medo na cidade do Rio de Janeiro. Dois tempos de uma história. Rio de Janeiro: Revan, 2003.

BIRMAN, Patrícia. "Favela é comunidade?". In: MACHADO DA SILVA, Luiz Antonio (org.). Vida sob cerco: violência e rotina nas favelas do Rio de Janeiro. Rio de Janeiro: Faperj/ Nova Fronteira, 2008, p. 99-114.

CALDEIRA, Jorge. "Apontamentos para a civilização dos índios bravos do Império do Brasil". In: CALDEIRA, Jorge (org.). José Bonifácio de Andrada e Silva. São Paulo: Ed. 34, 2002, p. 183-199.

CANO, Ignacio. "Execuções sumárias no Brasil: o uso da força pelos agentes do Estado". In: CARVALHO, Sandra (org.). Execuções sumárias no Brasil – 1997/2003. Rio de Janeiro: Justiça Global/ Núcleo de Estudos Negros, 2003, p. 11-21.

________. "Seis por meia dúzia? Um estudo exploratório do fenômeno das chamadas 'milícias' no Rio de Janeiro". In: JUSTIÇA GLOBAL (org.). Segurança, tráfico e milícias. Rio de Janeiro: Fundação Heinrich Boll, 2008, p. 48-103.

________ (org.). "Os donos do morro: uma avaliação exploratória do impacto das Unidades de Polícia Pacificadora (UPPs) no Rio de Janeiro". Fórum Brasileiro de Segurança Pública, 2012. Disponível em: http://www.lav.uerj.br/docs/rel/2012/RelatUP.pdf. Acesso em: 25/10/2013.

CAPISTRANO DE ABREU, João. "Prefácio à história do Brasil". In: Ensaios e estudos (crítica e história). Rio de Janeiro: Livraria Briguiet, 1932, p. 173-199.

CASTRO, João Paulo Macedo e. A invenção da juventude violenta. Análise da elaboração de uma política pública. Rio de Janeiro: LACED/ E-papers, 2009.

CASTRO, Sílvio (org.). A Carta de Pero Vaz de Caminha. Descobrimento do Brasil. Introdução, atualização e notas de S. Castro. Porto Alegre: L&PM, 1995.

CAVALLIERI, Fernando; VIAL, Adriana. Favelas na cidade do Rio de Janeiro: o quadro populacional com base no Censo 2010. Coleção Estudos Cariocas. Rio de Janeiro: IPP/ Prefeitura do Rio de Janeiro, 2012.

CHALOUB, Sidney. Cidade febril: cortiços e epidemias na corte imperial. São Paulo: Companhia das Letras, 1996.

COIMBRA, Cecília Maria Bouças; NASCIMENTO, Maria Lívia do, "Jovens pobres: o mito da periculosidade". In: FRAGA, Paulo César Pontes; LULIANELLI, Jorge Atílio Silva . (orgs.). Jovens em tempo real. Rio de Janeiro: DP&A, 2003, p. 19-37.

DE CERTEAU, Michel. A escrita da história. Rio de Janeiro: Forense, 2010.

ERTHAL, Regina. Atrair e pacificar: a estratégia da conquista. Dissertação de Mestrado em Antropologia Social - PPGAS/Museu Nacional/UFRJ, 1992.

FACINA, Adriana. "'Vou te dar um papo reto': linguagem e questões metodológicas para uma etnografia do funk carioca". Encontro Nacional de Linguagem e Identidade. Anais. Campinas: Instituto de Estudos da Linguagem, IEL-Unicamp, 2008.

________. "Consumo favela". In: DANTAS, Aline; MELLO, Marisa S.; PASSOS, Pâmela (orgs.). Política cultural com as periferias: Práticas e indagações de uma problemática contemporânea. Rio de Janeiro: UFRJ, 2013, p. 21-43.

FARIAS, Juliana. "Quando a exceção vira regra: os favelados como população 'matável' e sua luta por sobrevivência". Teoria & Sociedade, vol. 2, n. 15, 2008, p. 138-171.

________. Governo de mortes: uma etnografia da gestão de populações de favelas no Rio de Janeiro. Tese de Doutorado - PPGSA/UFRJ, Rio de Janeiro, 2014.

FERREIRA, Letícia. "Apenas preencher papel: reflexões sobre registros policiais de desaparecimento de pessoas e outros documentos". Mana. Estudos de Antropologia Social, vol. 19, n. 1, 2013, p. 39-68.

FOUCAULT, Michel. A microfísica do poder. 2ª. ed. Rio de Janeiro: Graal, 1979.

________. Em defesa da sociedade. São Paulo: Martins Fontes, 2005.

GONÇALVES, Rafael Soares. "Da política de contenção à remoção: aspectos jurídicos das favelas cariocas". In: MELLO, Marco Antonio da Silva; MACHADO DA SILVA, Luiz Antonio; FREIRE, Leticia de Luna; SIMÕES, Soraya Silveira (orgs.). Favelas cariocas. Ontem e hoje. Rio de Janeiro: Garamond, 2012, p. 253-278.

HAESBAERT, Rogério. "O território (do narcotráfico) no seu devido lugar". Geografando. 2010. Disponível em: http://geomundo.zip.net/. Acesso em: 05/11/2013.

KNAUSS, P.; BRUM, M.S. "Encontro marcado: a favela como objeto de pesquisa histórica". In: MELLO, Marco Antonio da Silva; MACHADO DA SILVA, Luiz Antonio; FREIRE, Leticia de Luna; SIMÕES, Soraya Silveira (orgs.). Favelas cariocas. Ontem e hoje. Rio de Janeiro: Garamond, 2012, p. 121-140.

LE GOFF, Jacques. História e memória. Campinas: Editora da Unicamp, 2003.

LEITE, Márcia Pereira. "Da 'metáfora da guerra' ao projeto de 'pacificação': favelas e políticas de segurança pública no Rio de Janeiro". Revista Brasileira de Segurança Pública, vol. 6, n. 2, 2012, p. 374-389.

________; MACHADO DA SILVA, Luís Antonio. "Circulação e fronteiras no Rio de Janeiro: a experiência urbana de jovens moradores de favelas em contextos de pacificação". In: CUNHA, Neiva Vieira; FELTRAN, Gabriel de Sanctis (Org.). Sobre periferias: novos conflitos no Brasil contemporâneo. Rio de Janeiro: Lamparina/ Faperj, 2013, p. 146-158.

MACHADO DA SILVA, Luiz Antonio (org.). Vida sob cerco: violência e rotina nas favelas do Rio de Janeiro. Rio de Janeiro: Faperj/ Nova Fronteira, 2008.

________; LEITE, Márcia. "Crime e polícia: o que os favelados dizem quando falam desses temas?". In: MACHADO DA SILVA, Luiz Antonio (org.). Vida sob cerco: violência e rotina nas favelas do Rio de Janeiro. Rio de Janeiro: Faperj/ Nova Fronteira, 2008, p. 47-76.

________; LEITE, Márcia; FRIDMAN, Luís Carlos. "Matar, morrer, civilizar: o problema da 'segurança pública'". Mapas: monitoramento ativo da participação da sociedade. Rio de Janeiro: IBASE/ Action Aid/ Ford Foundation, 2005. Disponível em: http://www.ipardes.gov.br/pdf/cursos_eventos/governanca_2006/gover_2006_01_matar_morrer_civilizar_luiz_silva.pdf

MEILLASSOUX, Claude. Femmes, gréniers & capitaux. Paris: Maspero, 1975.

NÓBREGA, Manoel da. Diálogo sobre a conversão do gentio. Lisboa: Ministério dos Negócios Estrangeiros, 1954.

PACHECO DE OLIVEIRA, João. "O paradoxo da tutela". In: "O nosso governo". Os Ticunas e o regime tutelar. São Paulo/ Brasília: Marco Zero/ CNPq, 1988. p. 222-235.

________ (Org.). Indigenismo e territorialização: poderes, rotinas e saberes coloniais no Brasil contemporâneo. Rio de Janeiro: Contra Capa, 1998.

________. "Sem a tutela, uma nova moldura de nação". In: OLIVEN, Ruben; RIDENTI, Marcelo & BRANDÃO, Gildo Marçal (orgs.). 20 anos da Constituição Federal. São Paulo: ANPOCS, 2008, p. 251-275.

________. "As mortes do indígena no império do Brasil: o indianismo, a formação da nacionalidade e seus esquecimentos". In: AZEVEDO, Cecília; ROLLEMBERG, Denise; KNAUSS, Paulo; BICALHO, Maria Fernanda; QUADRAT, Samantha Viz (orgs.). Cultura política, memória e historiografia. Rio de Janeiro: FGV, 2009.

________. "O nascimento do Brasil: a revisão de um paradigma historiográfico". Anuário Antropológico, 2009, nº 1, p. 11-40.

________. "O paradoxo da tutela e a produção da indianidade: ação indigenista no Alto Solimões (1920-1970)": In: FREIRE, Carlos Augusto da Rocha (org.). Memória do SPI. Rio de Janeiro: Museu do Índio-Funai, 2011, p. 427-439.

________. "Os indígenas na fundação da colônia: uma abordagem crítica". In: FRAGOSO, João; GOUVÊA, Maria de Fátima (orgs.). O Brasil Colonial – vol. 1: 1443-1580. Rio de Janeiro: Civilização Brasileira, 2014, p. 167-228.

________. "Pacificação e tutela militar na gestão de populações e territórios". Mana, Rio de Janeiro, vol. 20, n. 1, 2014, p. 125-161.

________; SOUZA LIMA, Antonio Carlos. "Os muitos fôlegos do indigenismo". Anuário Antropológico, n. 81, 1982, p. 277-290.

PORTO-GONÇALVES, Carlos Walter. "Sobre o Rio 2010, 2014, 2016". ALAI, América Latina en Movimiento, 27/11/2011. Disponível em: http://alainet.org/active/ 42596&lang=es. Acesso em 31/10/2013.

________; TORQUATO DA SILVA, Rodrigo. "Da lógica do favor à lógica do pavor: um ensaio sobre a geografia da violência na cidade do Rio de Janeiro". Polis. Revista de la Universidad Bolivariana, vol. 10, n. 38, 2011, p. 323-356.

RIBEIRO, Camilla; DIAS, Rafael; CARVALHO, Sandra. "Discursos e práticas na construção de uma política de segurança: o caso do governo Sérgio Cabral Filho (2007-2008)". In: JUSTIÇA GLOBAL (org.). Segurança, tráfico e milícias. Rio de Janeiro: Fundação Heinrich Boll, 2008, p. 6-16.

RICOEUR, Paul. Tempo e narrativa. Campinas: Papirus, 1994.

RODRIGUES, André; MENDONÇA, Raíza. "Unidades de Polícia Pacificadora: debates e reflexões". Comunicações do ISER, n. 6, 2012, p. 9-51.

RODRIGUES, Eduardo de Oliveira. Um "campo de pacificação"? Algumas considerações sobre o programa das Unidades de Polícia Pacificadora (UPPs) no Rio de Janeiro. Dissertação de Mestrado – IGEO/UFRJ, Rio de Janeiro, 2013.

SAID, Edward. "Permission to narrate". Journal of Palestine Studies, vol. 13, n. 3, 1984, p. 27-48. Disponível em http://www.jstor.org/stable/2536688. Acesso em: 02/05/2014.

SCHWARCZ, Lilia Moritz. O espetáculo das raças. Cientistas, instituições e pensamento racial no Brasil: 1870-1930. São Paulo: Companhia das Letras, 1993.

SEED, Patricia. Cerimônias de posse na conquista europeia do novo mundo (1492-1640). São Paulo: Unesp, 1999.

SIMMEL, Georg. Conflict. Glencoe (Illinois): The Free Press, 1964.

SOARES, Luiz Eduardo; BATISTA, André ; PIMENTEL, Rodrigo. Elite da tropa. Rio de Janeiro: Objetiva, 2006.

SOARES, Luis Eduardo; FERRAZ, C. Elite da tropa 2. Rio de Janeiro: Editora Nova Fronteira, 2010.

SOARES, Barbara; LEMGRUBER, Julita; MUSUMECI, Leonarda; RAMOS, Sílvia. "O que pensam os policiais das UPPs?". Ciência Hoje, vol. 49, n., 2010, p. 34-39.

SOARES, Luís Eduardo. "A crise no Rio e o pastiche midiático". 2010. Disponível em: http://luizeduardosoares.blogspot.com.br/2010/11/crise-no-rio-e-o-pastiche-midiatico.html. Acesso em: 05/11/2013.

_________. "Acabou o sossego para as elites brancas brasileiras". 2014. Disponível em: http://www.viomundo.com.br/entrevistas/luiz-eduardo-soares--desmilitarizar-a-pm-legado-historico-do-escravagismo-que-matou-9--646-pessoas-em-dez-anos-no-rio.html. Acesso em: 10/03/2014.

SOUZA LIMA, Antonio Carlos de Souza. Um grande cerco de paz. Poder tutelar, indianidade e formação do Estado no Brasil. Petrópolis: Vozes/ANPOCS, 1995.LOMNITZ, Claudio. Death and the idea of Mexico. New York: Zone Books, 2007.

SOUZA, Marcelo Lopes de. "A 'reconquista do território' ou: um novo capítulo na militarização da questão urbana". Passa Palavra, 03/12/2010. Disponível em: http://passapalavra.info/ 2010/12/32598. Acesso em: 24/12/2013.

SPIVAK, Gayatri Chakravorty. Pode o subalterno falar? Belo Horizonte: Editora da UFMG, 2010.

TEIXEIRA, Eduardo Tomazine. "Unidades de Polícia Pacificadora: o que são, a que anseios respondem e quais desafios colocam aos ativismos urbanos?". Passa Palavra, 25/06/010. (1ª e 2ª. partes). Disponível em: http://passapalavra.info/2010/06/ 25554. Acesso em: 27/12/2013.

VALADARES, Lícia do Prado. A invenção da favela: do mito de origem à favela.com. Rio de Janeiro: Editora da FGV, 2005.

VELHO, Otávio Guilherme. Capitalismo autoritário e campesinato. Rio de Janeiro: Zahar, 1976.

VIANNA, Adriana R. B. O mal que se adivinha: polícia e menoridade no Rio de Janeiro, 1910-1920. Rio de Janeiro: Arquivo Nacional, 1999.

_________; FARIAS, Juliana. "A guerra das mães: dor e política em situações de violência institucional". Cadernos Pagu, n. 37, 2011, p. 79-116.

VIANNA, Hermano. Galeras cariocas. Rio de Janeiro: UFRJ, 1997.

_________. "O espectro do arrastão". O Globo, Segundo Caderno, p. 02, 06/12/2013.

VIEIRA DA CUNHA, Neiva; FELTRAN, Gabriel de Santis (orgs.). Sobre periferias: novos conflitos no Brasil contemporâneo. Rio de Janeiro: Lamparina/ Faperj, 2013.

ZALUAR, Alba; CONCEIÇÃO, Isabel Siqueira "Favelas sob o controle das milícias no Rio de Janeiro: que paz?". São Paulo em Perspectiva, vol. 21, n. 2, 2007, p. 89-101.

_________.; ALVITO, Marcos (Orgs.). Um século de favela. Rio de Janeiro: Editora da FGV, 1998.

GUERRA E PAZ NOS SERTÕES: O PROTAGONISMO INDÍGENA NO NORDESTE COLONIAL

Cristina Pompa - Unifesp[1]

A proposta deste artigo é trazer alguns elementos de profundidade histórica para a reflexão sobre os processos de "pacificação" no Brasil, ou seja, as práticas e os discursos voltados à redução do Outro à ordem do Eu, pensada como a única possível e natural. Se, como foi observado em muitos artigos deste livro, é necessário construir um "inimigo" supostamente contrário à ordem certa do Estado e do Mundo, antes de levar contra ele uma guerra "pacificadora", pode ser pertinente uma análise histórica dos primeiros momentos deste processo no Brasil, frente aos obstáculos que o estabelecimento da ordem colonial na América Portuguesa encontrava em seu caminho.

Para tanto vou propor, em primeiro lugar, uma reflexão, a partir da análise do próprio termo *pacificação*, sobre que tipo de paz era aquela que as chamadas "guerras justas" contra os povos indígenas estavam querendo implantar e qual era o papel, político mas também simbólico, dos "inimigos" indígenas, selvagens e rebeldes por um lado, mas também "guerreiros valentes", úteis e necessários ao projeto colonial, por outro. Em segundo lugar, proponho uma inversão de perspectivas, tentando ultrapassar a visão da história indígena vista apenas como uma crônica de extermínio e mostrar como, ao contrário, mesmo na situação de desequilíbrio de forças impostas pela colônia, os povos indígenas foram também capazes de repensar sua própria história e reconstruí-la, mediante sua inserção

1 A pesquisa que se encontra à base deste artigo foi financiada pela Fapesp - Fundação de Amparo à Pesquisa do Estado de São Paulo.

no mundo colonial,[2] negociando os termos e, às vezes, conseguindo impor suas próprias condições de "pacificação".

De saída, se impõe uma questão terminológica, que revela um problema conceitual mais profundo. É bom lembrar que o termo "pacificação" não aparece nas fontes relativas ao processo de conquista, bem como à redução dos povos indígenas à condição de escravos nos séculos XVI e XVII, pelo menos nas fontes relativas ao Nordeste, que vou utilizar aqui. Porém – e significativamente – o termo "pacificação" é reiteradamente utilizado nas leituras feitas destas fontes a partir do século XIX – principalmente nas páginas da Revista do Instituto Histórico e Geográfico Brasileiro e das Revistas dos Institutos Históricos regionais (Bahia, Ceará e Pernambuco).

A título de exemplo, podemos citar o caso do jesuíta Francisco Pinto, figura emblemática da evangelização e da conquista dos índios de Pernambuco e Ceará no final do século XVI, já muito estudada pela Antropologia e pela História Cultural.[3] O martírio do padre pelos "ferozes" Tarairiú, em 1607, constitui um *topos* narrativo na historiografia regional, da qual é um exemplo o barão de Studart, que publicou em 1903 a relação do jesuíta Luis Figueira, companheiro do padre Pinto, escrita em 1608, como "o documento mais antigo sobre a história do Ceará".[4] Da mesma forma, a historiografia jesuítica não deixa de apresentar a figura do padre como um exemplo paradigmático de martírio pela fé, como faz Serafim Leite, num dos volumes de sua monumental história da Companhia de Jesus no Brasil[5].

---

2 Uma historiografia mais recente segue este caminho a partir da ideia de "índio colonial", cunhada originalmente por Karen Spalding e difundida por Serge Gruzinski. No Brasil, John M. Monteiro, em seus estudos sobre a presença indígena da história do Brasil, tem dado início a uma linha de pesquisa sobre o papel ativo dos índios inseridos nas dinâmicas coloniais, transformando práticas sociais em função de sua afirmação política.

3 CARNEIRO DA CUNHA, Manuela "Da guerra das relíquias ao Quinto Império. Importação e exportação da história no Brasil". Novos Estudos Cebrap, São Paulo, vol. 44, 1996, p. 73-87. CASTELNAU-L'ESTOILE, Charlotte. "Un maître de la parole indienne. Francisco Pinto (1552-1608) missionnaire jésuite au Brésil". Arquivos do Centro Cultural Calouste Gulbenkian, Lisboa, vol. 39, 2000, p. 46-60. POMPA, Cristina. "Leituras e traduções: o padre Francisco Pinto na serra de Ibiapaba". Ilha, Revista de Ciências Sociais. Florianópolis, vol. 1, n. 1, 2, 1999. RAMINELLI, Ronald. Imagens da colonização. A representação do índio de Caminha a Vieira. Rio de Janeiro: Zahar; São Paulo: Edusp, 1996.

4 STUDART, Guilherme. Comemorando o tricentenário do Ceará: Francisco Pinto e Luis Figueira. O mais antigo documento existente sobre a história do Ceará. Fortaleza: Instituto do Ceará. 1903.

5 LEITE, Serafim S. J. História da Companhia de Jesus no Brasil. vol. V. Lisboa: Livraria Portugália – Rio de Janeiro: Civilização Brasileira, 1945.

Ambos os autores, evidentemente interessados numa sorte de "fundação mítica", do Ceará, por um lado, e da presença jesuítica no Brasil, por outro, definem o padre Francisco Pinto como "pacificador dos Potiguaras", termo ausente nas fontes da época, mas significativo de um processo de legitimação, a posteriori, que se dá a partir da "pacificação", ou seja, da absorção da alteridade indígena numa ordem legítima, à custa, evidentemente, de um martírio. Não por acaso, os ossos do padre se tornaram relíquias e objetos de culto.[6] A pacificação dos índios parece tornar-se, assim, simbolicamente, a contrapartida indígena do sacrifício prototípico do mártir.

Ao ler as crônicas jesuíticas, inclusive a do próprio padre Figueira, porém, esse processo de "pacificação" dos Potiguaras mostra muito mais o caráter de escolha indígena, fruto de uma série de arranjos políticos entre diversos grupos e o Governo de Duarte Coelho, do que o de uma rendição incondicional à ordem colonial. A guerra, a "guerra justa" na terminologia da época, foi desencadeada, de fato, após a morte do próprio padre Pinto, pelos índios Tarairiú (que, como veremos, são os Janduí, protagonistas das guerras batavas e da chamada "Guerra dos Bárbaros", décadas depois), narrada em termos de martírio.

A história do Padre Francisco Pinto é um exemplo, entre muitos, do fato de que "pacificação" parece ter sido menos um conceito utilizado no contexto dos acontecimentos do que a categoria privilegiada, *a posteriori*, no trabalho de sistematização histórica, quando estava concluído o processo de consolidação da ideia de pacificação como instrumento legítimo de reestabelecimento de uma ordem "natural", supostamente quebrada pela ação indevida de elementos "estranhos" a esta.

Na época e no contexto que nos interessa aqui, que são os primeiros séculos do estabelecimento da ordem colonial nos sertões do nordeste, as categorias mais utilizadas para marcar a relação com os povos indígenas, em termos de sua submissão a esta ordem, são as de "redução" ou "descimento".

Muito tem se discutido a respeito da noção jesuítica de "redução", enquanto alteração profunda da espacialidade entendida como lugar do ser indígena, enquanto ajuste de ordem política, policiamento dos costumes "bárbaros" realizado mediante a imposição de uma nova organização social e linguística no mundo indígena, ou enquanto realização da utopia missionária da cidade de Deus na terra, a partir do duplo sentido latim de *reducere*, "conduzir" – para a humanidade civil – e "retirar", "afastar" – do convívio com outros homens, os colonos. O que

6 CARNEIRO DA CUNHA, Manuela, *op.cit.*

importa observar aqui é que o processo de "redução", ou seja, a instituição das aldeias missionárias, verdadeira invenção jesuítica no Brasil, tem sua justificativa teológica (e política) no *Diálogo sobre a conversão do gentio* (1556) e no chamado *Plano civilizador* (1558), de Nóbrega.[7]

Este projeto, todo contido na perspectiva missionária, realiza-se, porém, paralelo à ideia – esta não só jesuítica – do "descimento" que tem, por um lado, o caráter prático de aproximar a mão-de-obra indígena das plantações e das moradias dos colonos e, por outro lado, o valor simbólico do abandono da "serra", do "mato", do "sertão", domínio do desconhecido e do diabólico. Com efeito, o descimento, realizado pelos jesuítas com o necessário auxílio militar, ou por moradores com a presença missionária,[8] significava a aproximação dos índios para o litoral, as fazendas, a organização social imposta pela colônia que os colocava em posição de subalternidade em troca da salvação da alma e da civilização, conforme o Plano Civilizador de Nóbrega. Mas o descimento significava também a própria construção da colônia, pautada pela ideia do "controle" dos inimigos, como adverte o documento jesuítico *Algumas advertências para a província do Brasil*, de 1609. Longe do tom burocrático da correspondência administrativa entre Brasil e Roma, as *Advertências* resumem as implicações políticas e econômicas da instituição das aldeias, revelando o quanto, apesar da proibição de Roma, os jesuítas estão envolvidos no sistema colonial, mantendo um difícil equilíbrio entre as forças sociais que nele interagem:

---

7 NÓBREGA, Manoel. "Diálogo sobre a conversão do gentio". In: LEITE, Serafim (org.). Cartas dos primeiros Jesuítas do Brasil. São Paulo: Comissão do IV Centenário, vol. II, 1954, p. 339-340 e NOBREGA, Manoel. "Plano Civilizador. Carta do Padre Manoel da Nóbrega ao Padre Miguel Torres, Lisboa. In: LEITE, Serafim (org.). Cartas do Brasil e mais escritos. Coimbra: Universidade de Coimbra. 1955, p. 277-293. Sobre a "redução" como alteração do espaço nativo, ver MELIÁ, Bartomeu. El Guaraní conquistado e reducido. Asunción: Biblioteca Paraguaya de Antropologia, 1988. Para a questão linguística, cf. AGNOLIN, Adone. Jesuítas e Selvagens: negociação da Fé no encontro catequético-ritual americano-tupi (Séculos XVI-XVII). São Paulo: Humanitas, 2007. Para uma discussão sobre a "utopia" missionária das reduções ver, entre outros, POMPA, Cristina. "O lugar da Utopia: os jesuítas e a catequese indígena". Novos Estudos Cebrap, São Paulo, vol. 64, 2002, p. 83-95. Para um aprofundamento da relação entre os textos de Nóbrega e a prática da redução cf. CASTELNEAU-L'ESTOILE, Charlotte. Les ouvriers d'une vigne stérile. Les jésuites et la conversion des Indiens au Brésil. 1580-1620. Lisboa, Paris: Centre Culturel Calouste Gulbenkian, 2000 e EISENBERG, José. As missões jesuíticas e o pensamento político moderno: encontros culturais, aventuras teóricas. Belo Horizonte: Ed. UFMG, 2000.

8 A obrigatoriedade da presença missionária foi expressamente estabelecida já em 1587, como forma de deslocar as populações indígenas para aldeias mais próximas dos estabelecimentos portugueses Cf. PERRONE-MOISÉS, Beatriz. "Índios livres e índios escravos: os princípios da legislação indigenista do período colonial (séculos XVI a XVIII)". In CARNEIRO DA CUNHA, Manuela (org.). História dos índios no Brasil, São Paulo: Companhia das Letras, 1992, p. 118.

> A conservação do Brasil se pode dizer que depende da conservação das aldeias; donde se entenderá quão necessário são as missões para se refazerem[9], porque elas assombram aos inimigos estrangeiros, fazem rosto aos aimorés, refocão (sic) aos negros de Guiné que se não levantem, e aos salteadores de caminhos e fugitivos tomam e prendem e os entregam aos seus senhores.[10]

"Redução" e "Descimento" implicam a ideia de um deslocamento espacial para lugares mais controláveis pela colônia, obedecendo portanto a uma ordem que é político-jurídica e econômica, mas também espacial, ou seja, uma ordem cósmica. Curiosamente, este deslocamento espacial tem como contrapartida conceitual (mas também prática) o processo de "territorialização".[11] Se, por um lado, os índios são deslocados de um lugar para outro nos processo de "descimento" que juntam num único grupo famílias pertencentes a etnias ou linhagens distintas, frequentemente dizimadas pelas guerras em andamento, esses mesmos grupos adquirem, por outro lado, a identificação com um determinado território, sobrepondo-se assim, num processo já colonial, a noção de território a uma sorte de proto-etnicidade. É esse tipo de "saber colonial", podemos notar, que ainda hoje é o critério que informa o reconhecimento do direito dos índios à demarcação de terras.

A categoria ativada nos casos de resistência indígena a entrar nesta nova ordem política e cósmica é a de "rebelião". Pelo menos nas fontes que se referem em boa parte ao contexto de guerras permanentes, que é o sertão do nordeste no século XVII, a distinção radical entre os índios é entre aliados e rebeldes. Contra estes últimos, se aplica a guerra justa, fundamentada basicamente em dois pontos: a prática de atos hostis contra vassalos da Coroa portuguesa e o impedimento da pregação do Evangelho.[12]

É consenso na literatura que a construção da ideia da guerra contra os índios como meio justo e necessário para manter a paz e a ordem da civilização se realiza colada à construção destes em termos de selvageria e barbárie, ameaça

9 As missões, neste caso, são as entradas que uma lei de 1596, promulgada por Felipe II, entregara aos jesuítas. Estas eram o único meio para recompor as aldeias, cujo número de habitantes diminuía constantemente por causa das fugas e das epidemias.

10 "Algumas advertências para a Província do Brasil". Biblioteca Nazionale Vittorio Emmanuele, Fondo Gesuitico, 1255 (38) *apud CASTELNAU-L'ESTOILE, Charlotte, op. cit. p. 317.*

11 OLIVEIRA FILHO, João Pacheco (Org.). Indigenismo e territorialização. Poderes, rotinas e saberes coloniais no Brasil contemporâneo. Rio de Janeiro: Contra Capa, 1998.

12 PERRONE-MOISÉS, Beatriz, *op. cit. Idem.* "A Guerra Justa e m Portugal no Séc. XVI". Revista da Sociedade Brasileira de Pesquisa Histórica, São Paulo, n. 5, 1990, p. 5-10.

constante a esta ordem. Paz, portanto, é a "redução" do outro à ordem do eu, em oposição à des-ordem, conceptualizada como "guerra". Não por um acaso as fontes frisam a hostilidade permanente que caracteriza as relações dos grupos indígenas entre si, hostilidade à qual a intervenção civilizadora ("pacificadora", em épocas mais recentes) colocaria um fim. A guerra movida pelo civilizador contra o bárbaro é legítima, ou seja, "justa". Concordando com esta leitura, gostaria de chamar, porém, a atenção para a contrapartida conceitual dessa construção. Por bárbaro e selvagem que seja, o Outro a ser reduzido à ordem colonial, e não simplesmente eliminado dela, pertence, pelo menos em perspectiva, a esta mesma ordem e é necessário para sua realização. Isso tem consequências conceituais e políticas. Conceituais, porque a alteridade não pode ser sempre pensada (construída) em termos de oposição absoluta, pena a impossibilidade de recuperá-la ao projeto colonial. Políticas, porque destas possibilidades de mediação, simbólicas e concretas, muitos líderes indígenas tiveram plena consciência, construindo nesta base suas estratégias de sobrevivência e de afirmação na situação colonial.

O que gostaria de apresentar aqui, para além do reconhecimento de que a conquista e a destruição dos povos indígenas foram uma política sistemática no Brasil colonial, é que este processo, sucessivamente definido pela historiografia em termos de "pacificação", não se deu sem resistência, sem negociações, sem rearticulações de práticas e de sentidos. Se, por um lado, a guerra se justificava pela necessidade de dominar os índios "rebeldes" à ordem colonial, por outro lado, a própria habilidade bélica dos índios, frequentemente frisada nas fontes, os tornava às vezes desejáveis aliados.

Isso já introduz o tema do protagonismo indígena, protagonismo esquecido ou decididamente encoberto seja por uma historiografia celebrativa da construção da nação,[13] seja por uma antropologia ou uma historiografia marcadas pelo paradigma da aculturação,[14] seja, finalmente, por uma "lenda negra" da fundação da supremacia europeia nas Américas à custa da destruição das populações indígenas.[15] Os exemplos que vou trazer mostram a criatividade indígena

13 É o caso de Adolfo de Varnhagen, por exemplo, para quem "os povos da infância", como ele os definia, eram possíveis objetos de etnografia, nunca de história.

14 É o caso das grandes obras de John Hemming, ou de Darcy Ribeiro. HEMMING, John. Red gold. The Conquest of the Brazilian Indians. Cambridge: Harvard University Press, 1978. RIBEIRO, Darcy. Os índios e a civilização. Petrópolis: Vozes, 1970.

15 Para uma discussão sobre esta narrativa historiográfica fundadora, cf. MONTEIRO, John M. Tupi, Tapuia e Historiadores. Tese de livre-docência. Instituto de Filosofia e Ciências Humanas da Universidade de Campinas. Campinas, 2001. Disponível em http://www.ifch.unicamp.br/ihb/estudos/TupiTapuia.pdf. Acessado em: 30 nov. 2015.

em repensar continuamente sua posição no mundo colonial, ao invés do que propõe o modelo, tão difundido junto a uma certa historiografia, de mártires da resistência e da conservação da imutável tradição ancestral.

A questão da ambiguidade da legislação colonial relativa aos índios, entre reconhecimento formal de seus direitos (à liberdade e à terra) e sua sistemática violação de fato ou até negação jurídica, é muito debatida na história e na antropologia. Vista tradicionalmente como uma luta entre interesses conflitantes, entre os quais se destacavam, positivamente, os missionários, defensores da liberdade dos índios, e, negativamente, os colonos, interessados na exploração brutal da mão-de-obra para a lavoura, a questão está sendo mais recentemente colocada em perspectiva. Ao analisar mais detalhadamente esta aparente contradição, Beatriz Perrone-Moisés mostra que o pressuposto da legislação é a distinção radical entre os índios "aliados" (e aldeados) e os" inimigos", o "gentio bravo"; o reconhecimento dos direito pertence apenas aos primeiros, enquanto aos outros, ameaça constante da ordem colonial e cósmica, se aplica legitimamente, a "guerra justa".[16]

Ironicamente, Perrone-Moisés nota, em outro trabalho, que a aceitação de "descimento" por parte dos índios que se tornam, assim, aliados e aldeados, implica *ipso facto* a perda do direito à terra que a legislação reconhece, já que esta terra, ao ser abandonada, torna-se devoluta. Por outro lado, a terra dos aldeamentos é terra da Coroa dada em sesmaria para o sustento dos índios, desde que eles se tornem cristãos. Assim,

> A colonização, ao avançar, foi produzindo, por assim dizer, "terras devolutas" quando promovia o abandono das terras indígenas por seus "senhores primários, e naturais' por meios pacíficos ou violentos. O resultado, favorável à Coroa, e à colonização, foi, para os índios, a perda de suas terra.[17]

Coloca-se, então, a distinção entre um fora e um dentro, um lá e um aqui, uma desordem e uma ordem, um litoral e um sertão, que funda o próprio processo civilizatório na medida em que não se trata de polaridades irredutíveis, mas de uma oposição que sempre deixa aberta a possibilidade de uma mediação. O processo de construção da Colônia e, sucessivamente, do Estado, se dará exatamente a partir desta ideia da possibilidade de "reduzir" a diferença, incorporando-a

16 PERRONE-MOISÉS, Beatriz. "Índios livres e índios escravos: os princípios da legislação indigenista do período colonial (séculos XVI a XVIII)". In: CARNEIRO DA CUNHA, Manuela (org). História dos índios no Brasil. São Paulo: Companhia das Letras, 1992.

17 PERRONE-MOISÉS, Beatriz. "A Guerra Justa e m Portugal no Séc. XVI". Revista da Sociedade Brasileira de Pesquisa Histórica. São Paulo, n. 5, 1990, p. 118.

em posição de subalternidade social e política.[18] Neste processo, porém, o "diferente", no caso, os povos indígenas, soube utilizar-se dos instrumentos de poder do colonizador para significar a realidade e construir sua própria história, num mundo que não era mais o mesmo de antes.

Na documentação relativa ao nordeste colonial, a conceptualização do índio apresenta uma oscilação permanente entre alteridade irredutível e possibilidade de recuperação no plano da humanidade e da civilização. Isso acontece com os costumes, com a moradia, com a religião e, também, com a guerra. O habitante do sertão é o feroz Tapuia: antes uma categoria colonial do que propriamente um etnônimo, já que arrola sob uma única rubrica dezenas de grupos diversos. Trata-se dos mesmos índios que, como veremos, foram "os Bárbaros" na guerra homônima.

Desde os primeiros relatos coloniais, a categoria *tapuia* construiu-se colada à noção de *sertão,* espaço do imaginário em que se movia a alteridade bárbara que a conquista e a colonização iam incorporando, em posição subalterna, ao mundo colonial. Os agentes sociais da colónia construíram o espaço móvel do sertão, em que a fronteira entre a Civilização e a Barbárie se deslocava acompanhando o movimento das boiadas, das expedições de apresamento, das entradas missionárias e militares. Ao mesmo tempo, a narrativa colonial cristalizava enquanto conceito o sertão e seus habitantes, os selvagens "Tapuia". Desde o relato de Gabriel Soares de Sousa, ambos são móveis e ferozes, constituindo um desafio à colônia.[19]

Todos os códigos utilizados nas descrições do "Tapuia" o caracterizam pelo excesso ou pelo defeito, definindo uma alteridade radical, uma imagem em negativo, uma não-civilização, tendo como pano de fundo a oposição litoral/sertão, tão usada e abusada nos séculos sucessivos, para a construção da civilização brasileira. No plano da linguagem, ele fala "com papo tremendo", como diz Gabriel Soares de Souza, ou tem a língua "travada", como dizem os jesuítas. No plano da moradia, ele é nômade, ou mora em lugares inacessíveis, ("nas brenhas do centro dos sertões" diz Jaboatão). No plano alimentar, ele pode comer quanto quatro homens, ou pode ficar dias sem se alimentar (como um animal), ele come seus mortos, ele é antropófago.

---

18 OLIVEIRA FILHO, João Pacheco. "Pacificação e tutela militar na gestão de populações e territórios". Mana, Rio de Janeiro, vol. 20, n. 1, 2014, p. 125-161. Disponível em <http://www.scielo.br/scielo.php?script=sci_arttext&pid=S0104-93132014000100005&lng=en&nrm=iso>.Acessado em: 30 nov. 2015.

19 Cf. POMPA, Cristina. Religião como Tradução: missionários, Tupi e Tapuia no Brasil colonial. Bauru: Edusc, 2003, p. 119.

Outras descrições, porém (principalmente as holandesas, mas também algumas vozes missionárias - jesuíticas e capuchinhas, descrevendo os resultados milagrosos da palavras de Deus junto às almas dos índios, certamente selvagem mas, de uma certa maneira, "puros") mostram uma outra leitura dos indígenas, bárbaros sem dúvida, mas - a seu modo - humanos. É nesta oscilação constante entre alteridade absoluta e possibilidade de recuperação no plano da humanidade e da civilização que se joga a construção do "Tapuia" nas fontes e seu deslocamento no sertão, espaço vazio, à espera de um "preenchimento" civilizatório. A ordem colonial, por um lado, se afirma em contraposição a uma alteridade não-civilizada e, por outro lado, legitima seu projeto incorporando esta mesma alteridade, ora iluminada pela verdadeira fé e submissa aos desenhos divinos da construção da colônia. Para tanto, a alteridade não pode ser absoluta, mas sim deve apresentar alguns sinais de redutibilidade à dimensão humana.

A oscilação entre irredutibilidade e redutibilidade se dá, por exemplo, no plano da religião, entre uma brutalidade absoluta e impenetrável ao cristianismo (por causa o senhorio do demônio sobre as almas selvagens) e a possibilidade da catequese, a partir de um "não conhecimento" ou de uma "noção natural" de Deus.[20]

A mesma oscilação se dá no plano do código militar. Com efeito, desde o texto fundador de Gabriel Soares de Souza, em 1587, as descrições dos Tapuia (no caso, os Aimoré) apontam para sua absoluta ferocidade:

> Vivem estes bárbaros de saltear toda a sorte de gentio que encontram, e nunca se viram juntos mais que vinte até trinta flecheiros; não pelejam com ninguém de rosto a rosto; *toda a sua briga é atraiçoada* [...] e se lhes fazem rosto, logo fogem [...] *Comem estes selvagens carne humana por mantimento*, o que não tem o outro gentio que a não come senão por vingança de suas brigas e antiguidade de seu ódio.[21]

Selvagem por excelência, o Tapuia é inimigo de todos, porque é "o" inimigo. Para Anchieta o termo *tapuia* significava "escravos, porque todos os que não são de sua nação têm por tais e com todos têm guerra".[22] Luis Figueira, sobrevivente do

---

20 *Cf. POMPA, Cristina. op. cit.* Cf. também POMPA, Cristina, "Conversões indígenas: Poder simbólico e razão prática no sertão colonial". In: AGNOLIN, Adone; WISSEMBACH, Maria Cristina Cortez ; SOUZA. Marina de Mello e; ZERON, Carlos Alberto (Orgs.). Contextos Missionários: Religião e Política no Império Português. São Paulo: Hucitec, 2011, p. 86-109.

21 SOUZA, Gabriel Soares de. Tratado descritivo do Brasil em 1587. São Paulo: Companhia Editora Nacional, 1971 (1825), p. 78-79.

22 ANCHIETA, José de. "Enformação do Brasil e de suas capitanias. 1584". Revista do Instituto Histórico e Geográfico Brasileiro, n. VI, 1844, p. 413.

massacre da Serra de Ibiapaba no qual se consagrou o martírio do Padre F. Pinto, anota, em sua Relação:

> e nada lhe pode escapar; e a ninguem perdoão a vida por cousa alguma, nem admittem pases cõ ninguem como todos nos informarão, e nos bem experimentamos, matando a meu companheiro e buscando-me a mim.[23]

Na *Crônica* de Simão de Vasconcelos, se lê:

> são inimigos conhecidos de todas as mais nações de índios: com estas, e ainda com algumas das suas, trazem guerras contínuas. E desta tão conhecida inimizade lhe veio o nome de tapuia, que vale o mesmo que de contrários, ou inimigos.[24]

Nos *Diálogos das grandezas do Brasil* de Ambrósio Fernandes Brandão, a descrição dos "Tapuia" encontra-se na última página do texto, em que Brandônio descreve a ferocidade que constitui o *topos* narrativo dos Tapuia desde Gabriel Soares. Entretanto, entre o horror e o espanto, o autor deixa transparecer uma clara admiração pela habilidade dos guerreiros :

> porque a sua frecha é o seu verdadeiro arado e enxada, a qual também não usam, juntamente com o arco, como faz o demais gentio; porque com ella tomada sobre mão, com a enxaixarem (*sic*) em uns canudos que no dedo trazem, fazem tiros tão certeiros e com tanta força que causa espanto, de modo que case nunca se lhe vai a caça, a que lançam a frecha por esta via. E eu vi os dias passados a um deste fazer um tiro sem arco, que alem de dar no alvo a que atirara, passou por uma grossa porta. (...) com serem geralmente tão temidos de todo o mais gentio que é bastante um só Tapuia para fazer fugir muitos; e assim entram mui poucos por grandes aldeias mui confiados e dellas tomam tudo o que querem, sem ninguém lhes vir a mão; e ainda as próprias mulheres lhes deixam levar, tão grandíssimo medo lhes têm cobrado.[25]

---

23 FIGUEIRA, Luiz. "Dificuldades da missão do Maranhão (26/8/1609)". In LEITE, Serafim. Luiz Figueira: a sua vida heroica e a sua obra literária. *Op. cit.*

24 VASCONCELOS, Simão de. Crônica da Companhia de Jesus. 2 Vols. Petrópolis: Vozes, 1977 (1663), p. 109.

25 BRANDÃO, Ambrósio Fernandes. Diálogos das grandezas do Brasil. Introdução de Capistrano de Abreu e notas de Rodolpho Garcia. Rio de Janeiro: Oficina Industrial Graphica, 1930 (1618), p. 288-289.

A mesma admiração, misturada ao medo, ecoa nas páginas que descrevem os Orizes-Procazes, protagonistas de alguns dos incontáveis episódios da "Guerra dos Bárbaros" que veremos adiante:

> N'esta nova Batueca, praça de armas que fabricou e defende a natureza, buscaram segurança contra as invasões dos seus contrários os indômitos Orizes Procazes, povos da nação Tapuya, primitivos povoadores e vagabundos habitantes da província da Bahia, idolatras nos ritos, bárbaros nos costumes, extraordinariamente forçosos, destríssimos no expedir as settas, e por natureza intrépidos e guerreiros. Cevam-se na carne humana como na de qualquer rez: A maior paixão de seu animo é o ódio; porque, passando com o desejo da vingança além dos limites da morte, despedaçam e devoram os mesmos inimigos que matam.[26]

As fontes não deixam de mostrar admiração pela extraordinária habilidade de guerreira desses índios, apesar de achar incompreensível sua tática de guerra. Como não poderia deixar de ser, considerada a posição que os "Tapuia" Janduí virão a ter no quadro das alianças dos flamengos, o texto de Elias Herckman, governador da Paraíba entre 1636 e 1644, põe grande atenção nas armas, táticas de guerra e hierarquias deste índios:

> Esta nação é muy submissa ao seu chefe e inteiramente obediente às suas ordens, sobretudo quando saem com elle a combater o inimigo; então o rei deve ir adeante e tem grande autoridade, mas quando se acha em casa ou longe dos inimigos não é tão honrado. (...) Esta gente é mui propria para perseguir o inimigo em fuga, pois todos sem distincção são mui fortes para correr, venceriam um cavalo; e na ocasião da victoria são mui propensos a matar indistinctamente. Usam uma arma feita de pau-brazil, plana e aguda de ambos os lados, no meio um pouco grossa e levantada, na frente tem a largura de uma mão grande e é mui penetrante. (...) Usam tambem de arco e setas e geralmente de azagaias. Usam ainda de uns pequenos machados de mão com uns cabos compridos. (...) Não marcham em ordem e sim correndo em confusão. Comtudo, sabem por as suas imboscadas, donde fazem muito mal a seus inimigos o que os nossos soldados dão testemunho de ter visto várias vezes praticado por elles.[27]

---

26 MASCARENHAS, Jose Freire de Monterroyo. "Os Orizes conquistados (1716)". Revista do Instituto Histórico e Geográfico Brasileiro, Rio de Janeiro, vol. 8, 1846, p. 497-499.

27 HERCKMAN, Elias. "Descrição Geral da Capitania da Parahyba". Revista do Instituto Arqueológico e Geográfico Pernambucano, Recife, vol. 31,1886 (1639), p. 281.

Vários autores têm sublinhado a "dimensão atlântica" da história dos índios no Brasil Holandês.[28] A política de Maurício de Nassau procurou manter boas relações com os indígenas, proibindo logo sua escravização e promulgando leis que, fossem ou não respeitadas, colocavam estes últimos num plano de paridade com os holandeses. E este "olhar paritário" se reflete nas descrições dos índios presentes nas fontes holandesas, sejam eles Tupi (ou, como aparece nas antigas traduções dos documentos holandeses, "Brasilianos", de fato, basicamente os Potiguaras de Rio Grande do Norte) ou "Tapuia". O próprio conde de Nassau afirmava em relatório de 1644 que da amizade dos índios dependia a conservação da colônia no Brasil. No mesmo ano, foi redigida a lei de liberdade dos índios, Tupi e "Tapuia". Na base deste documento, em 1645, os índios realizaram uma grande assembleia de Tapissirica, em que apresentaram ao governo holandês várias propostas de lei relativas à administração das aldeias, à instrução e ao culto. Nesta ocasião em que foram escolhidos os "regidores" dos índios entre os chefes potiguara: Antonio Paraupaba nas aldeias do Rio Grande, Pedro Poti nas da Paraíba.[29]

Paraupaba e Poti, levados a Holanda e lá convertidos à fé reformada, foram líderes das tropas indígenas do lado holandês e inimigos de seu "primo", Felipe Camarão, católico, campeão indígena do lado português. As cartas trocadas entre esses índios são um exemplo raro e extraordinário da inserção dos índios no mundo colonial em condições de igualdade política. É evidente aqui que, para a manutenção de suas terras e sua autonomia, os indígenas utilizaram-se de todas as práticas dos invasores: as armas, a fé, a escrita e até os diversos estilos retóricos, redundante e barroco no caso de Camarão, a exemplo dos portugueses, mais enxuto e objetivo, no modelo holandês, nas cartas de Pedro Poti e Antonio Paraupaba.

O que interessa, para os fins deste artigo, é que, assim como os Potiguaras, também os ferozes "tapuia" Janduí, que a etnografia do século XX identificou com os Tarairiú (os mesmos que martirizaram o Padre Pinto na Serra de Ibiapa-

28 Cf., por exemplo, FRANCOZO, Mariana. De Olinda a Holanda: o gabinete de curiosidades de Nassau. Campinas: Editora da Unicamp, 2014. HULSMAN, Lodewijk. "Índios Brasileiros na República dos Países Baixos: As Representações de Antônio Paraupaba para os Estados Gerais em 1654 e 1656." Revista de História, São Paulo, vol. 154, p. 37-69; MEUWESE, Mark. "Powerless yet Resourceful: Brazilian Indians as Political Refugees in the Dutch Republic, 1654-1657". In BROOS, Ton J., BRUYN LACY, Margriet ; SHANNON, Thomas F. (orgs.). In the Low Countries: Crossroads of Cultures. Muenster: Nodus Publikationen, 2006, p. 83-92.

29 MELLO, José Antônio Gonçalves. Tempo dos Flamengos: Influência da ocupação holandesa na vida e na cultura do Norte do Brasil. Recife: Fundação Joaquim Nabuco, Editora Massangana, 1987, p. 204.

ba), aliaram-se em várias ocasiões com os Holandeses contra os Portugueses, já que "à força de armas defendem os indígenas do sertão as suas terras contra os portugueses".[30]

O texto de Roulox Baro, *Relação da viagem ao país dos Tapuia*, escrita em 1647, é um bom exemplo do poder de negociação do "rei" Jandui com os holandeses bem como com os portugueses. Suas palavras, transcritas por Baro, mostram também a nova configuração da rede de relações entre vários grupos "tapuia" produzida pela presença dos colonizadores:

> Eis aqui os presentes que me enviaram ("gente de Camarão") há pouco, convidando-me para seguir o seu partido contra vós outros, holandeses, prometendo-me mandar muitos outros (...) A menor peça vale mais do que tudo aquilo que os vossos senhores holandeses jamais me enviaram' (...) Nunca vi coisas tão desprezíveis. Eu estava acostumado a receber antigamente de vossa gente belas trombetas, grandes alabardas, belos espelhos, lindos copos e belas taças, que guardo em minha taba para mostrá-los a outros tapuias que me vêm visitar, dizendo--lhes: um certo senhor holandês me enviou isso...[31]

Com a restauração de Pernambuco, muitos dos antigos aliados dos holandeses fugiram, por medo da revanche portuguesa, para o sertão, principalmente para a Serra de Ibiapaba, aquela que em sua *Relação* da década de 1650, padre Vieira chamaria "Genebra dos Sertões", nos deixando uma viva descrição das articulações políticas e simbólicas das quais esses índios foram protagonistas neste período:

> Ficou Ibiapaba verdadeiramente a Genebra de todos os sertões do Brasil, porque muitos dos índios pernambucanos foram nascidos e criados entre os holandeses, sem outro exemplo nem conhecimento da verdadeira religião. Os outros militavam debaixo de suas bandeiras com a disciplina de seus regimentos, que pela maior parte são formados da gente mais perdida e corrupta de todas as nações da Europa. ... e o que tinham aprendido nesta escola do inferno é o que os fugitivos de Pernambuco trouxeram, e vieram ensinar à serra, onde, por muitos dêles saberem ler, e trazerem consigo alguns livros, foram recebidos e

30 BARLÉU, Gaspar. História dos feitos recentes praticados durante oito anos no Brasil. São Paulo: Edusp; Belo Horizonte: Itatiaia, 1974 (1647), p. 25.

31 BARO, Roulox. Relação da Viagem ao país dos Tapuias. São Paulo: Edusp, Belo Horizonte: Itatiaia, 1979 (1651), p. 98.

> venerados dos tobajarás como homens letrados e sábios, e criam déles, como de oráculo, quanto lhes queriam meter em cabeça.[32]

Podemos observar aqui que arte da guerra (na modalidade das guerras "europeias"), religião (calvinista ou católica) e escrita, adquiridas no convívio mais ou menos forçado com os colonizadores, constituem outros tantos instrumentos simbólicos e, por isso, eficazes, de afirmação de poder entre e sobre outros índios.

Os Tapuia mantiveram a fama de rebeldes e irredutíveis. Sobretudo porque, depois da expulsão dos holandeses houve uma reordenação da economia e da política das alianças que resultaram num aumento dos conflitos entre índios e colonos e um incentivo à missionação no sertão, que acompanhou a expansão da pecuária com a necessidade de instituir aldeias de índios "aliados", conforme a lógica apontada acima. Eliminados os perigos externos, permaneciam os inimigos "internos" que, neste momento, na segunda metade do século XVII, eram dois: os negros dos Palmares ao sul e os Tapuias ao norte. Deste contexto faz parte a chamada "Guerra dos Bárbaros", expressão que indica os incontáveis episódios bélicos que envolveram índios, colonos, tropas coloniais e bandeiras paulistas e que interessou a vasta região semiárida entre o leste do Maranhão e o norte da Bahia, compreendendo parte do Ceará, do Piauí, do Rio Grande do Norte, da Paraíba e de Pernambuco.

Os "bárbaros" em questão pertencem a muitos grupos étnicos, principalmente os Tarairiú Janduí, que vimos como "aliados infernais" dos holandeses,[33] junto com os Ariú, os Icó, os Payayá, Paiacú e outros, mas em geral as fontes oficiais se referem a eles apenas como "Tapuia". Até pouco tempo atrás, este episódio da história do nordeste era denominado geralmente "Levante Geral dos Tapuias", ou "Confederação dos Cariri", já que a ideia de que todos os "bárbaros" fossem Kariri foi bastante difundida na historiografia, de Von Martius a Capistrano de Abreu. Pedro Puntoni mostra claramente que a famosa Confederação é mais um mito historiográfico do que uma realidade histórica, um pouco no estilo da "Confederação dos Tamoios". A noção de uma guerra geral dos índios "bárbaros" contra o império, ou seja, de uma luta deste contra nações com interesses e objetivos militares definidos segundo uma estratégia consciente, era produto do

---

32 VIERA, Antônio. "Relação da missão da Serra de Ibiapaba". Revista Trimestral do Instituto do Ceará, Fortaleza, Anno XVIII, 1904, p. 94.

33 BOOGAART, Ernst van den. "Infernal Allies.The Dutch West India and the Tarairiu 1630-1654". In: BOOGAART, E. (org.). Johan Maurits van Nassau-Siegen 1604-1679. Essays on the occasion of the tercentenary of his death. The Hague: The Johan Maurits van Nassau Stichting, p. 519-538.

olhar europeu e aparece, portanto, no bojo da documentação colonial.[34] Poderíamos acrescentar que, como no caso dos Tamoios, verdadeiro "mito de fundação da nação",[35] exatamente esta definição confere dignidade de adversário em pé de igualdade ao próprio inimigo, sobretudo quando este é capaz, como nos caso Tamoio e Tapuia, de manter em cheque o exército colonial - constituído em sua maior parte, porém, por índios vassalos - e, mais ainda, impedir o processo de expansão e consolidação da Colônia.

Todas as expedições contaram com a ajuda dos "índios aliados", muitos dos quais fornecidos pelas aldeias missionárias, tanto as jesuíticas, como as das Jacobinas (Bahia), do Rio Grande do Norte e do Ceará (como a grande aldeia de Ibiapaba), quanto as capuchinhas do São Francisco, elemento essencial do projeto colonial de construção de uma barreira de aldeias de "índios mansos" e de controle - através dos descimentos e dos aldeamentos - dos "Tapuia" rendidos. Os missionários deixaram muitos documentos que relatam o cotidiano desta guerra que, para além de massacres e destruições, evidenciam a definição e redefinição permanente das estratégias nativas que, frequentemente, ressignificavam e rearticulavam alianças e inimizades tradicionais no interior da relação aliado/inimigo dos portugueses, como no caso dos Paiacu e dos Janduí.

Os documentos mostram, também, características especificamente militares da atuação indígena, o que, mais uma vez, repropõe a aparente contradição entre a negação absoluta de humanidade aos índios (sua "barbárie") e a admiração por sua habilidade em combate. Afinal, uma vez "pacificados", para usar o termo que discutimos no começo deste trabalho, cristianizados e aldeados, os mesmos bárbaros poderiam tornar-se aliados preciosos contra outros Tapuia bravos no processo de ocupação dos sertões. Assim, o capitão Gregório Varela de Berredo Pereira, não sem ressentir um pouco dos esquemas conceituais criados por Gabriel Soares de Sousa a respeito dos Aimoré, declara:

> ...na guerra não dão quartel a ninguém, nem apresentam batalhas a cara descoberta, senão com súbitas avançadas e depois por detrás das árvores fazem os seus tiros; usam muito de gritaria para meterem medo.[36]

---

34 PUNTONI, Pedro. A Guerra dos Bárbaros: povos indígenas e a colonização do sertão nordeste do Brasil, 1650-1720. São Paulo: Hucitec/Fapesp, 2000, p. 79.

35 Cf. PERRONE-MOISÉS, Beatriz, SZTUTMAN, Renato. Notícias de uma certa confederação Tamoio. Mana, Rio de Janeiro, vol. 16, n. 2, p. 401-433.

36 BERREDO PEREIRA, Gregorio Varela. "Breve compendio do que vai obrando neste governo de Pernambuco o senhor governador Antonio Luís Gonçalves da Camara Coutinho". Revista do Instituto Arqueológico e Geográfico Pernambucano, Recife, vol. 51, 1979 (1690), p. 266.

Contudo, esta tática de "guerrilha" coloca em cheque o exército português, junto com outros elementos da arte da guerra que os "aliados infernais" dos holandeses aprenderam destes últimos. Finalmente, temos aqui a noção precisa da inserção dos "Tapuia" neste contexto bélico, mudando profundamente seu sistema tradicional e rearticulando as relações com os europeus: "não sabiam atirar com espingardas, mas hoje fazem melhor do que nós e trazem muitas dos vaqueiros que tomaram e algumas prezas mais que tiveram".[37] Além das armas de fogo, os Janduí adotaram o uso do cavalo[38], o que tornou muito mais eficazes seus assaltos. Para resolver a guerra, o governo recorreu a uma ajuda externa, com a costumeira promessa de cativos ao declarar a "guerra justa": o sertão se encheu de companhias de paulistas, como Matias Cardoso de Almeida ou o próprio Domingos Jorge Velho, capitão da campanha contra os Palmares.

Foi justamente o paulista quem conseguiu derrotar uma primeira vez, em 1689, os Janduí de Canindé, na ribeira do Seridó, matando muitos guerreiros e levando prisioneiros para Recife, mulheres e crianças, além de vários principais. Nesta ocasião nasceu uma complexa controvérsia sobre a legitimidade deste cativeiro, tanto que em 1691 uma carta régia revogou a guerra justa. Domingos Jorge Velho devolveu a liberdade ao principal janduí, Canindé, que tinha conseguido capturar.[39]

A paz, ou seja, a rendição de Canindé foi selada em 10 de abril de 1692. O "Termo de Capitulação entre o Governador Geral do Brasil Antonio Luis Gonçalves da Camara Coutinho e Canindé, rei dos Janduins", é de enorme interesse, já que se trata de um dos pouquíssimos documentos desse teor em colônias lusitanas, o que era, pelo contrário, frequente nos territórios holandeses. O documento tem sido objeto de leituras diferentes por parte dos historiadores. John Hemming, por exemplo, vê neste termo um episódio praticamente único na história das guerras indígenas no Brasil colonial, posto que o reconhecimento do valor militar dos índios levou o governo de Portugal a considerá-los nesta ocasião um reino autônomo. Já Pedro Puntoni frisa o caráter meramente formal do tratado que, na realidade, constituiu uma capitulação de obediência, visto que, como sempre em ocasiões análogas, os termos da paz não foram cumpridos.

---

37 *Ibidem.*

38 Ainda no período holandês, o relato de Roulox Baro descreve os cavalheiros enviados por Janduí ao seu encontro: "Aí encontrei quatro homens a cavalo, que Janduí despachara ao meu encontro...". *BARO, Roulox, op. cit. p. 97.*

39 *PUNTONI, Pedro, op. cit.* p. 155. HEMMING, John. Red gold. The Conquest of the Brazilian Indians. Cambridge: Harvard University Press, 1978, p. 370.

Para os fins da reflexão apresentada aqui, porém, justamente esta "formalidade" merece análise, já que é simbolicamente relevante. O documento mostra, mais uma vez, que entre os grupos "Tapuia", os Janduí foram os que mais se adaptaram à realidade colonial, não nos termos de "perda" de seus traços culturais (a "aculturação"), mas como releitura e reelaboração destes traços para participar em posição de sujeito político no processo de colonização, desempenhando o papel do "inimigo derrotado" que se torna "aliado fiel". Já vimos as relações dos Janduí com os holandeses e seu poder de contratação; nesta ocasião, justamente em razão dos antecedentes holandeses, não resta dúvida de que o "rei Canindé" e seus súditos, mesmo vencidos, não são na retórica colonial aqueles "selvagens Tapuia" dos quais se pedia, naqueles anos, a total destruição.

> Chegaram a esta cidade da Bahya Joseph de Abreu Vidal, tio de Canindé Rey dos Janduins, Mayoral de tres Aldeas sugeitas ao mesmo Rey; e Miguel Pereira Gaurejú Pequeno, Mayoral de tres Aldeas sugeitas também ao mesmo Canindé; e com elles o capitão João Paes Floriam Portuguez[40], em nome de seu sogro putativo, chamado Nheongugê; Mayoral da sua Aldea sucurû da mesma nação Janduim, e cunhado recíproco do dito Rey Canindê, a cuja obediência e poder absoluto está sujeita toda a nação Janduim, dividida em vinte e duas Aldeas; sitas no certão que sobre as capitanias de Pernambuco, Itamaraca, Parahiba, e Rio Grande; nas quaes há treze para quatorze mil almas, e sinco mil homés de arcos, destros nas armas de fogo. [41]

O simples fato de Canindé enviar outros chefes "tapuia", e até um português, para concluir a paz, o coloca formalmente no mesmo plano do rei de Portugal, representado na ocasião pelo governador. Este português, do qual nada sabemos além do nome, é, para Hemming, o autor da ideia do tratado. No meu entender, a "autoria" da ideia do tratado repousa muito mais na reelaboração indígena do ideário holandês a respeito da maneira de tratar os inimigos do que da iniciativa de uma única pessoa. De qualquer maneira, o fato de um português representar o "rei" Canindé enquanto seu parente diz muita coisa sobre as relações – inclusive, de parentesco – estabelecidas entre os atores sociais da colônia.

---

40 A presença deste genro português representado um chefe "tapuia", até pouco tempo aliado dos holandeses, mostra a complexidade das relações sociais no Brasil colonial.

41 "Termo de Capitulação entre o Governador Geral do Brasil Antonio Luis Gonçalves da Camara Coutinho e Canindé, rei dos Janduins". In ENNES, Ernesto. A guerra dos Palmares. São Paulo: Companhia Editora Nacional, 1938, p. 422.

Os embaixadores, vindos a pedir, em nome do rei Canindé, "uma paz perpetua para viver a sua nação e a Portuguesa como amigas", oferecem as condições de paz de Canindé que, ao se colocar no papel do inimigo vencido, negocia a liberdade dos Janduí enquanto vassalos, o que os livraria do perigo da escravidão consequente da "guerra justa". A sanção sacramental do tratado é a conversão dos Janduí à fé católica:

> Primeiramente, que o dito Rey Canindé, e os tres Mayoraes (...) em seu nome, reconhecem ao Sr. Rey de Portugal Dom Pedro Nosso Senhor, por seu Rey natural e Senhor de todo o Brasil, e das terras que as ditas vinte e duas Aldeas ocupavão; e lhe promettem humildemente vassallagem, e obediência para sempre (...)
>
> Que o dito Sr. Rey Dom Pedro, e seus sucessores seram obrigados aguardarlhe, e fazerlhe guardar por seus Governadores e Capitaens geraes, a liberdade natural em q. nasceram, e em que por direito das gentes devem ser mantidos, como os mais vassallos Portugueses : e do mesmo modo a liberdade das suas Aldeas: e que nunque em tempo algum, possa ser pessoa algúa de qualquer sexo, mayor ou menor da nação Janduim, escrava, nem vendida por qualquer titulo, motivo ou occasião que seja, passada, presente ou futura. (...)
>
> Que elle dito Rey Canindé e todos os Principaes de sua naçao, e gente de todas as ditas Aldeas, desejam ser batisados e seguir a ley christam dos Portugueses; sendo para esse fim tratados como gente Livre, e nam opprimidos contra sua vontade.[42]

Finalmente, a "condição" principal negociada pelos Janduí: o direito à terra.

> declarão que sempre ficaram reservadas, para o sustento, e conservação de cada Aldea dos Janduins, por serem muito populosas, e as terras muito largas, dez leguas de terra de cada banda, ainda que nellas entrem as ditas sesmarias concedidas ate o presente: e as que daqui por diante se concederem, leuaram a clausula, e condição de não prejudicarem a dita terra reservada a cada Aldea.[43]

Em princípio, a extensão da terra pertencente às aldeias é muito maior do que a "légua em quadra" que será concedida às Missões pelo Alvará de 23 de novembro de 1700, no sertão que, no momento, já está pontilhado de sesmarias. As

42 *Ibidem*, p. 423.

43 *Ibidem*, p. 424.

condições de paz do lado português estão claras: direito de exploração das minas e obrigação dos "cinco mil homens de arcos" janduí a defender seu senhor, o rei de Portugal, contra qualquer inimigo.

Os termos da capitulação não foram cumpridos e a terra não foi demarcada mas esta não é prerrogativa apenas do governo do Brasil do final do século XVII. Os levantes continuaram até a década de 1720, quando desaparecem as menções aos Tapuia nas fontes militares. Os Janduí e os outros protagonistas da Guerra dos Bárbaros aparecem agora nos documentos missionários como moradores das aldeias jesuíticas e capuchinhas, às quais o Alvará de 1700 concedia uma légua em quadra para seu sustento. Com a expulsão dos padres e a elevação das aldeias à categoria de vila, pelo Diretório Pombalino, inicia-se o processo de "desaparecimento", ou seja, de perda de visibilidade dos índios do sertão, aparentemente diluídos na população cabocla.[44] Contudo, até o século XIX a documentação oficial apresenta cartas, ofícios e queixas de e contra a população indígena, que nunca deixou de reivindicar, contra as usurpações dos colonos, seu direito à terra, enquanto índios cristianizados das antigas missões.

Os dados apresentados permitem utilizar, para os "Tapuia" do sertão, a qualificação de "índios coloniais", não apenas porque a própria categoria "Tapuia" foi uma construção colonial, mas - sobretudo - porque desta qualificação os grupos indígenas souberam, durante muito tempo, aproveitar. O que resta claro pelos documentos é o fato de que os "Tapuia" abriram continuamente espaços de negociação social e simbólica com os agentes coloniais para garantir sua sobrevivência, nem que fosse na qualidade de "inimigo derrotado" (mas reconhecido juridicamente), ou de "súdito fiel", ou, finalmente de "bom cristão".

Os documentos de várias origens relativos aos diferentes episódios lançam luz sobre um quadro complexo de contínuas rearticulações de relações econômicas e de poder, entre grupos inimigos, entre índios e colonos, entre curraleiros e missionários, tropas regulares e paulistas. No processo de avanços e recuos da "Região colonial" sertão adentro, os "Tapuia" não foram apenas vítimas de extermínio ou de "aculturação", ou protagonistas de uma cega quanto inútil "resistência", mas souberam também - ou, pelo menos, tentaram - se inserir nas contingências históricas em função de seus interesses. Nas condições de desequilíbrio de forças impostas pela colônia, os índios do sertão foram também capazes de

44 PORTO ALEGRE, Maria Sylvia, "Cultura e história. Sobre o desaparecimento dos povos indígenas do Nordeste." Revista de Ciências Sociais, Fortaleza, Universidade Federal do Ceará, vol. 23-24, 1992/1993, p. 213-225.

repensar sua própria história e reconstruí-la, mediante sua inserção no mundo colonial, chegando, às vezes, a impor suas próprias condições de "pacificação".

Referências bibliográficas

ANCHIETA, José de. "Enformação do Brasil e de suas capitanias. 1584". Revista do Instituto Histórico e Geográfico Brasileiro, Rio de Janeiro, VI, 1844, p. 412-444.

AGNOLIN, Adone. Jesuítas e Selvagens. A negociação da Fé no encontro catequético-ritual americano-tupi (Séculos XVI-XVII). São Paulo: Humanitas, 2007.

BARLÉU, Gaspar. História dos feitos recentes praticados durante oito anos no Brasil. São Paulo: Edusp, Belo Horizonte: Itatiaia, 1974 (1647).

BARO, Roulox. Relação da Viagem ao país dos Tapuias. São Paulo: Edusp, Belo Horizonte: Itatiaia, 1979 (1651).

BERREDO PEREIRA, Gregorio Varela. "Breve compendio do que vai obrando neste governo de Pernambuco o senhor governador Antonio Luís Gonçalves da Camara Coutinho". Revista do Instituto Arqueológico e Geográfico Pernambucano, Recife, vol. 51, 1979.

BOOGAART, Ernst van den. "Infernal Allies.The Dutch West India and the Tarairiu 1630-1654" In: BOOGAART, E. (org.). Johan Maurits van Nassau-Siegen 1604-1679. Essays on the occasion of the tercentenary of his death. The Hague: The Johan Maurits van Nassau Stichting, p. 519-538.

BRANDÃO, Ambrósio Fernandes. Diálogos das grandezas do Brasil. Introdução de Capistrano de Abreu e notas de Rodolpho Garcia. Rio de Janeiro: Oficina Industrial Graphica, 1930 (1618).

CARNEIRO DA CUNHA, Manuela. "Da guerra das relíquias ao Quinto Império. Importação e exportação da história no Brasil", Novos Estudos Cebrap, São Paulo, vol. 44, 1996, p. 73-87.

CASTELNAU-L'ESTOILE, Charlotte. Les ouvriers d'une vigne stérile. Les jésuites et la conversion des Indiens au Brésil. 1580-1620. Lisboa, Paris: Centre Culturel Calouste Gulbenkian, 2000.

______. "Un maître de la parole indienne. Francisco Pinto (1552-1608) missionnaire jésuite au Brésil". Arquivos do Centro Cultural Calouste Gulbenkian, Lisboa, vol. 39, 2000, p. 46-60.

______. "Le partage des reliques. Tupinamba et jésuites face aux os d'un mis- sionnaire chaman (Brésil, début du XVIIe siècle)". In: BOUTRY Philippe, FABRE Pierre-Antoine, JULIA Dominique (orgs.), Reliques modernes. Cultes et usages chrétiens des corps saints des Réformes aux révolutions, vol. 2, Paris: EHESS, 2009, p. 751-775.

ENNES, Ernesto. A guerra dos Palmares. São Paulo: Companhia Editora Nacional, 1938.

FIGUEIRA, Luiz . "Dificuldades da missão do Maranhão (26/8/1609)". In: LEITE, Serafim: Luiz Figueira: a sua vida heroica e a sua obra literária. Lisboa: Agência Geral das Colônias, 1940.

FRANCOZO, Mariana. De Olinda a Holanda: O gabinete de curiosidades de Nassau. Campinas: Editora da Unicamp, 2014.

HEMMING, John. Red gold. The Conquest of the Brazilian Indians. Cambridge: Harvard University Press, 1978.

HERCKMAN, Elias. "Descrição Geral da Capitania da Parahyba". Revista do Instituto Arqueológico e Geográfico Pernambucano,Recife, vol. 31,1886, p. 239-288.

HULSMAN, Lodewijk. 2006. "Índios Brasileiros na República dos Países Baixos: As Representações de Antônio Paraupaba para os Estados Gerais em 1654 e 1656". Revista de História, São Paulo, vol. 154, p. 37-69.

LEITE, Serafim, S. J. História da companhia de jesus no brasil. vol. V. Lisboa: Livraria Portugália. Rio de janeiro: Civilização Brasileira, 1945.

MASCARENHAS, Jose Freire de Monterroyo: "Os Orizes conquistados (1716)". Revista do Instituto Histórico e Geográfico Brasileiro, Rio de Janeiro, vol. 8, 1846, p. 494-512.

MELIÁ, Bartomeu. El guaraní conquistado e reducido. Asunción: Biblioteca Paraguaya de Antropologia, 1988.

MEUWESE, Mark. "Powerless yet Resourceful: Brazilian Indians as Political Refugees in the Dutch Republic, 1654-1657". In: BROOS, T.J., BRUYN LACY, M. and SHANNON, T. F. (orgs.). In the Low Countries: Crossroads of Cultures. Muenster: Nodus Publikationen, 2006, p. 83-92.

MONTEIRO, John M. Tupi, Tapuia e Historiadores. Tese de Livre-Docência. Instituto de Filosofia e Ciências Humanas da Universidade de Campinas. Campinas, 2001. Disponível em http://www.ifch.unicamp.br/ihb/estudos/TupiTapuia.pdf.

OLIVEIRA FILHO João Pacheco (Org.). Indigenismo e territorialização. Poderes, rotinas e saberes coloniais no Brasil contemporâneo. Rio de Janeiro: Contra Capa, 1998.

______. "Pacificação e tutela militar na gestão de populações e territórios". Mana, Rio de Janeiro, vol. 20, n. 1, 2014, p. 125-161.

PERRONE-MOISÉS, Beatriz. "Índios livres e índios escravos: os princípios da legislação indigenista do período colonial (séculos XVI a XVIII)". In: CARNEIRO DA CUNHA, Manuela (org). História dos índios no Brasil. São Paulo: Companhia das Letras, 1992

_____. "A Guerra Justa em Portugal no Séc. XVI". Revista da Sociedade Brasileira de Pesquisa Histórica. São Paulo, n. 5, 1990, p. 5-10.

_____. SZTUTMAN, Renato. "Notícias de uma certa confederação Tamoio". Mana, Rio de Janeiro, vol. 16, n. 2, p. 401-433.

POMPA, Cristina. Leituras e traduções: o padre Francisco Pinto na serra de Ibiapaba. Ilha, Revista de Ciências Sociais. Florianópolis, v. 1, n. 1, 2, 1999, p. 139-167.

_____. Religião como Tradução. Missionários, Tupi e Tapuia no Brasil Colonial. Bauru: Edusc, 2003.

_____. "Conversões indígenas: Poder simbólico e razão prática no sertão colonial". In: AGNOLIN, Adone; WISSEMBACH, Maria Cristina Cortez ; SOUZA. Marina de Mello e; ZERON, Carlos Alberto (Org.). Contextos Missionários: Religião e Política no Império Português. São Paulo: Hucitec, 2011, p. 86-109.

PORTO ALEGRE, Maria Sylvia. "Cultura e história. Sobre o desaparecimento dos povos indígenas do Nordeste". Revista de Ciências Sociais, Fortaleza, Universidade Federal do Ceará, vol. 23-24, 1992, p. 213-225.

PUNTONI, Pedro. A Guerra dos Bárbaros: povos indígenas e a colonização do sertão nordeste do Brasil, 1650-1720. São Paulo: Hucitec/Fapesp, 2000.

RAMINELLI, Ronald. Imagens da colonização. A representação do índio de Caminha a Vieira. Rio de Janeiro: Zahar – São Paulo: Edusp, 1996.

RIBEIRO, Darcy. Os índios e a civilização. Petrópolis: Vozes, 1982 (1ª ed. 1970).

SOUSA, Gabriel Soares de. Tratado descritivo do Brasil em 1587. São Paulo, Companhia Editora nacional, 1971 (1825).

SPALDING, Karen. "The Colonial Indian: Past and Future Research Perspectives". Latin American Research Review, Austin, v. 7, n. 1, 1972, p. 47-76.

STUDART Guilherme, Barão de. Comemorando o tricentenário do Ceará: Francisco Pinto e Luis Figueira. O mais antigo documento existente sobre a história do Ceará, Fortaleza: Instituto do Ceará. 1903.

VASCONCELOS, Simão de. Crônica da Companhia de Jesus. Petrópolis: Vozes, 1977 (1663).

VIERA, Antônio. "Relação da missão da Serra de Ibiapaba". Revista Trimestral do Instituto do Ceará, Fortaleza, Anno XVIII, 1904, p. 94.

Pacificação dos Indígenas nas Minas Oitocentistas e seus significados para a nacionalidade brasileira em formação: uma abordagem comparativa

Izabel Missagia de Mattos

Ao longo do século XIX, nações latino-americanas foram concebidas e consolidadas em meio a ideários republicanos. No caso do Brasil, no entanto, os sentidos de pertencimento à nacionalidade brasileira foram construídos no decorrer do período imperial por meio da elaboração de alguns de seus principais mitos fundacionais, para os quais contribuíram reflexões de caráter historiográfico e literário - cujos interesses recaíam com frequência sobre o interior do país e suas populações desconhecidas - que passaram,[1] inclusive, a buscar nos sertões as bases de uma brasilidade autêntica e capaz de conferir identidade ao nacional.[2]

A proposta aqui desenvolvida consiste na abordagem da temática da "pacificação" dos indígenas na história por meio do contraste entre os processos de

1 A criação, em 1838, do Instituto Histórico e Geográfico Brasileiro (IHGB) está relacionada à necessidade de "delineamento de um perfil para a 'Nação brasileira', capaz de lhe garantir uma identidade própria no conjunto mais amplo das 'Nações', de acordo com os novos princípios organizadores da vida social do século XIX. Entretanto, a gestação de um projeto nacional para uma sociedade marcada pelo trabalho escravo e pela existência de populações indígenas envolvia dificuldades específicas, para as quais já alertava José Bonifácio em 1813: '... amalgamação muito difícil será a liga de tanto metal heterogêneo, como brancos, mulatos, pretos livres e escravos, índios etc. etc. etc., em um corpo sólido e político'". GUIMARÃES, Manoel Luis Salgado. "Nação e Civilização nos Trópicos: O Instituto Histórico e Geográfico Brasileiro e o Projeto de uma História Nacional." Estudos Históricos, Rio de Janeiro, n°1, 1988, p. 5-27.

2 GONTIJO, Rebecca. "Na Trilha de Capistrano de Abreu (1853-1927): índios, história e formação do Brasil". In: OLIVEIRA, João Pacheco de (org.). A Presença Indígena no Nordeste. Rio de Janeiro: Contra- capa, 2011, p. 608.

negociação de paz com os *Botocudos*[3] nas Minas Oitocentistas e os *tratados de paz* celebrados pelos militares ao longo das campanhas de *conquista do deserto* a partir de meados do século XIX na região pampeana (Argentina e Uruguai).[4] Por lançarem luz sobre os diferentes projetos de nação, ancorados em imagens sobre os indígenas ao longo dos processos de expansão nacional nas regiões de fronteira, as comparações das relações entre políticas indígenas e estatais na América espanhola e portuguesa tornaram evidentes os profundos significados conferidos aos eventos aqui abordados como de "pacificação" enquanto processos de larga duração, dada a propagação de seu conteúdo ideológico, constantemente reeditado como verdadeiros mitos de fundação de nacionalidades nas narrativas sobre os países enfocados.

Etnógrafos interessados em compreender processos de "pacificação", sobretudo no mundo contemporâneo, vêm enfocando as tecnologias de poder por meio das quais os Estados tentam "manejar" e "pacificar" populações "rebeldes", transformando em "sujeitos legais do estado" aqueles sujeitos situados em suas margens, seja por meio da força ou da "pedagogia da conversão".[5] Ao longo dos processos de "pacificação" dos povos indígenas nas Minas Oitocentistas, acom-

3 Assim denominados pelos portugueses por causa do adorno labial característico, o *imató*, disco de madeira leve comparada ao "botoque" utilizado como rolha das garrafas de cachaça. A autodesignação deste povo para si, mas extensível para todos os ameríndios, na língua originária é *Borum*, que significa "gente". Ainda que esses povos tenham se tornado célebres na História e na Etnologia por meio do etnônimo Botocudo, assim eram referidos apenas na forma literária, posto que na prática dos sertões o epíteto de "bugres" foi usualmente adotado pela população regional. Em sua viagem pelo rio Doce, Paul Ehrencheich esclarece que enquanto o primeiro nome, Botocudo, "parece advir da referência aos discos de madeira leve usados como adornos pelos indígenas, parecidos com as rolhas de tonel dos portugueses (botoques), o nome bugre deve referir-se ao vocábulo *bougre*, que significa herético". EHRENREICH, Paul. Índios botocudos do Espírito Santo no século XIX. Vitória: IHGES, 2004 [1887], p. 47-48.

4 Ainda que esta proposta se restrinja a examinar contextos referentes ao século XIX, é bom lembrar que a celebração de tratados de paz possui larga memória na colonização espanhola, tendo sido sistematicamente adotados ao longo dos três séculos de colonização nas regiões da Araucania e Pampas (Cone Sul). Ritualmente celebrados por meio de longos discursos, troca de presentes e confraternização abundamente regada a vinho ou aguardente, tais tratados consistiam em uma espécie de pactos diplomáticos entre indígenas e um representante direto da coroa espanhola, pelo qual passavam a ser oficialmente reconhecidos seus direitos sobre determinados territórios. Segundo o historiador chileno S. Villalobos, o primeiro destes tratados foi celebrado ainda em 1641. A partir de então passaram a ser esporadicamente realizadas reuniões (ou parlamentos), intercalados por perídodos de violência interétnica. VILLALOBOS, Sergio. La Vida Fronteriza en Chile. Madrid: MAPFRE, 1992.

5 DAS, Veena; POOLE, Deborah. "El estado y sus márgenes. Etnografias comparadas". Cuadernos de Antropologia Social, Buenos Aires, N° 27, 2008, p. 24.

panhados a seguir, o uso combinado de violência militar e pedagogia de conversão será largamente observado.

O foco deste capítulo recaía originalmente sobre os contextos de celebração de "tratados de paz" entre povos indígenas e o estado no Brasil imperial, tendo como principais fontes os relatos do político mineiro Teófilo Benedito Otoni- que concebeu e dirigiu a Companhia de Comércio, Navegação e Colonização do Mucuri (1847-1861) guiado por um ideário liberal de instauração de novas relações de liberdade no processo de conquista do "centro da mata", onde ele fundaria sua Filadélfia (atual cidade de Teófilo Otoni, Minas Gerais).[6] No entanto, em que pese a excepcionalidade dos relatos em tela, tais contextos ofereceram possibilidades comparativas com os "tratados de paz" congêneres na América espanhola, seja no período colonial ou republicano – sobre os quais abundam referências em fontes diversificadas,[7] diversamente da América portuguesa, sobretudo no período imperial.

A partir das décadas finais dos Setecentos, as "bandeiras" palmilharam aquela região e forneceram importantes elementos para as representações sobre os indígenas e o território de fronteira a ser conquistado,[8] considerado – tal como o deserto argentino – antítese da civilização, e por isso *vazio*.[9] O alargamento da escala temporal deste estudo para períodos anteriores aos trabalhos da Companhia do Mucuri pareceu essencial para que as narrativas sobre os indígenas *mansos* ou *selvagens* ganhassem um contexto mais ampliado, tornando-se mais

6 Teophilo Benedicto Ottoni nasceu em Serro, Minas Gerais (1807), e faleceu no Rio de Janeiro (1869). Filho de comerciante, Ottoni frequentou a Academia de Marinha do Rio de Janeiro, tendo sido eleito deputado pela Província de Minas em 1835 e deputado geral na quarta, quinta e sétima legislaturas. Em 1842 foi preso e acusado como um dos chefes da Revolta Liberal.

7 As principais fontes citadas por pesquisadores argentinos encontram-se depositadas no Serviço Histórico do Exército e nas Memórias do Ministério da Guerra e Marinha, no Arquivo Geral da Nação. DE JONG, Ingrid. "Acuerdos y Desacuerdos: las políticas indígenas en la incorporación a la frontera bonarense (1856-1866)". In MANDRINI, Raul *et alli* (eds.). Sociedades en Movimiento. Los pueblos indígenas de América Latina en el siglo XIX. Tandil: IEHS, 2007.

8 A raciologia que dominou o discurso científico nos Oitocentos atribuía aos Botocudos um caráter quase animalesco, tendo sido, por isso, diversos indígenas da região enviados a diversos países da Europa e aos Estados Unidos como exemplares vivos a serem examinados por cientistas, bem como lucrativamente exibidos a curiosos. MONTEIRO, John Manuel. "As 'raças' indígenas no pensamento brasileiro do Império". In VENTURA, Ricardo et. alli (orgs.). Raça, Ciência e Sociedade. Rio de Janeiro: Fiocruz/CCBB, 1996.

9 O "deserto" argentino, situado ao sul da fronteira traçada pelo rio Salado na província de Buenos Aires abrigava cerca de trinta mil indígenas, miscigenados há séculos com os Araucanos originários do Chile, de quem herdaram a estrutura social marcada pelo cacicado – sistema pelo qual um grande cacique liderava uma confederação de caciques intermediários, responsáveis por milhares de indígenas. DE JONG, I, *op cit.*, 2007a.

eloquentes sobre os diferentes projetos de nação em jogo nas concepções sobre "pacificação" dos indígenas.

A retórica do indigenismo na história iberoamericana, de fato, configurou a imagem do *índio* relativamente às sociedades nacionais – na medida em que dela se aproxima ou se afasta –, seja como elemento necessário para "resgatar" de forma romântica um passado supostamente "original" e alijado das potências colonizadoras europeias, seja para construir distâncias entre o "índio ideal" – no bojo da nova e distinta nacionalidade – e o "índio real" – para ser combatido ou absorvido.

Tal binômio classificatório pode ser considerado como dispositivos do saber e poder do indigenismo, implicando, por exemplo, na categorização e atribuição de etnônimos e lugares para os indígenas. Sob a égide de tais classificações operadas pelo indigenismo nos espaços e *complexos fronteiriços* configurados nas margens do Império – onde grupos diversos estabeleceram entre si relações relativamente estáveis, ainda que sob um contexto de lutas – passaram a ser produzidos "efeitos de etnificação e territorialização",[10] de certa forma coincidentes com o conceito de "pacificação indígena" aqui desenvolvido.

Focando e contrastando os processos de guerra e negociação de paz nas fronteiras denominadas Sertões do Leste, em Minas, ao longo do Século XIX, e o ocorrido na região pampeana no mesmo período, os significados das violentas campanhas contra os indígenas, bem como a negociação de alianças pacíficas celebradas com o intermédio de algumas de suas lideranças, evidenciam *processos de territorialização* concebidos, no âmbito das políticas coloniais, como apropriação do espaço, controle dos caminhos e estabelecimento de uma ordem jurídica orquestrada pelo Estado nacional.

A seguir serão examinadas as táticas de guerra e ocupação da região conhecida como *sertões do leste,*[11] passando pelos processos de mediação e mestiçagens entre indígenas e colonizadores, detendo principalmente sobre as detalha-

10 BOCCARA, Guillaume. "Génesis y estrutura de los complejos fonterizos euro-indígenas. Repensando los márgenes americanos a partir (y más allá) de la obra de Nathan Wachtel". Memoria Americana, Buenos Aires, n°13, 2005, p. 21-52/p. 47.

11 Nos tempos coloniais estes sertões eram considerados pela Coroa "terra proibida, tendo sua "abertura" impedida para fins de inibir o contrabando do ouro. Com o declínio da mineração ocorrido sobretudo a partir de meados dos Setecentos, passou a ser ressignificada enquanto um Eldorado capaz de atrair diversos fluxos migratórios e colonizadores. ANGFUR, Hal L. The Forbidden Lands: frontier settlers, slaves, and Indians in Minas Gerais, Brazil, 1760-1830. Tese Ph.D – University of Texas-Austin, EUA, 1999.

das descrições legadas por Guido Tomás Marlière,[12] Teófilo Benedito Otoni e Frei Ângelo de Sassoferrato,[13] respectivos diretores das principais instituições de fronteira ali estabelecidas, a saber: as Divisões Militares do Rio Doce (1808-1839); a Companhia de Comércio, Navegação e Colonização do Mucuri (1847-1861) e o Aldeamento Missionário Nossa Senhora dos Anjos do Itambacuri (1873-1911). Para fins de comparação, abordaremos ainda alguns aspectos das campanhas de *conquista do deserto*, no que diz respeito ao ideário nacional na Argentina, bem como na guerra contra os *charruas*, no Uruguai, para, em seguida, tecermos algumas considerações finais.

A Guerra Ofensiva aos "Botocudos antropófagos" dos Sertões do Leste

O século XIX no Brasil pode ser caracterizado por sua diversidade: em primeiro lugar, por ter sido palco de três regimes políticos distintos, uma vez que teve início na Colônia (até 1822) e terminou na República (1889), tendo ainda passado pelo Império em sua na maior parte. Em segundo lugar devido ao contraste entre áreas de colonização mais antigas com frentes de expansão novas, como foi o caso da região enfocada neste capítulo. Sendo assim, a relação dos povos indígenas com o Estado, por meio das políticas indigenistas, não poderia deixar de refletir, todas estas disparidades.

Vários argumentos jurídicos foram utilizados para que o príncipe regente D. João VI, no mesmo ano em que desembarcou com a Corte portuguesa no Brasil, viesse a decretar a Guerra Justa (1808-1831) contra os "botocudos antropófagos" dos Sertões do Rio Doce.

O que poderia justificar esse tipo de guerra contra os indígenas, se eram considerados seres humanos como os demais em seus direitos? Para o jurista espanhol Luís de Molina (1535-1600), o argumento residiria na própria injustiça das guerras já cometidas entre si pelos "bárbaros", como a antropofagia.[14] Segundo ele,

---

12 Guido Marlière (1768) nasceu na França e morreu em sua fazenda em Guidoval (1836), tendo se alistado ainda adolescente no Exército. Em 1797, emigrou para Portugal, passando a relacionar-se à Corte Portuguesa por meio de sua esposa, franco-portuguesa. Alistou-se nas forças militares portuguesas em 1802 e, por isso, viajou com D. João VI e sua comitiva em 1807 rumo ao Brasil.

13 Frei Ângelo de Sassoferrato (1864-1926) – batizado Afonso Censi – e Frei Serafim de Gorízia (1829-1918) – ou Janez Madon – eram missionários capuchinhos italianos e fundadores do aldeamento missionário do Itambacuri (respectivamente, vice-diretor e diretor), o mais duradouro estabelecimento missionário do período imperial, onde ambos vieram a falecer.

14 Tanto observadores coevos (EHRENREICH, *op. cit.*) quanto estudiosos mais recentes (NIMUENDAJÚ, Carl. "Social Organization and Beliefs of the Botocudo of Eastern Brazil". Southwestern Journal of Anthropology, Albuquerque (New Mexico, EUA, vol. 2, no. 1) parecem ter descartado a antropofagia como prática ritual dos Botocudos.

este tipo de declaração de guerra era considerada legítima em casos como as das comunidades africanas por ele apresentados, nas quais os reis seriam "tirânicos, governando com trapaças e não admitindo recurso judicial das suas decisões".[15]

Considerando a tese do historiador português A. Hespanha, a justiça real não poderia disciplinar os conflitos em todos os domínios coloniais portugueses, bastando, para isso, "intervir o suficiente para lembrar a todos que, lá no alto, meio adormecida mas sempre latente, estava a *suprema puniva potestas* do rei. Tal como o Supremo Juiz, o rei devolvia aos equilíbrios naturais da sociedade o encargo de instauração da ordem social".[16] Sendo assim, como refletiu V. Moreira, a Guerra Justa serviria ao Império Ultramarino "para lembrar a todos – portugueses, luso-brasileiros, escravos, libertos, índios, pardos, mestiços, pobres e ricos – a potência do poder real".[17]

Por outro lado, a noção de uma *autoridade negociada*, introduzida por Jack Greene[18] para referir-se às permanentes negociações necessárias entre o poder central e os locais na América Inglesa capazes de viabilizar a governação do reino, também parece iluminar o contexto e a oportunidade do decreto de Guerra Ofensiva contra os Botocudos antropófagos,[19] se tivermos em mente que *entradas* e *bandeiras* ocorriam espontaneamente, sem a existência do decreto, de acordo com os interesses dos potentados locais.[20] Segundo a argumentação de Greene, o poder local passaria a tecer a autoridade real nos espaços periféricos, na medida em que – por meio de um pacto tecido pela negociação – tornava-se seu representante.

O decreto de Guerra constituía também uma Junta de Conquista e Civilização dos Índios e da Navegação do Rio Doce, ficando a ocupação daqueles *sertões* ordenada por meio de Divisões Militares, as quais – devido às escassas possibilidades de comunicação com o comando central – viriam a constituir unidades táticas com relativa autonomia para a organização de *bandeiras* de combate aos

15 HESPANHA, António Manuel de. As bem-aventuranças da inferioridade nas sociedades de Antigo Regime. São Paulo: Annablume, 2010, p. 229.

16 HESPANHA *apud* MOREIRA, V.M.L., *op. cit.*, p. 18.

17 MOREIRA, Vânia Maria Losada. 1808: a guerra contra os botocudos e a recomposição do império português nos trópicos em CARDOSO, José Luis et. al. (orgs.). Portugal, Brasil e a Europa Napoleónica. Lisboa: Imprensa de Ciências Sociais, 2010.

18 GREENE, Jack P. Negotiated Authorities. Essays in Colonial Political and Constitutional History. Virginia: The University Press of Virginia, 1994.

19 *Leis Históricas*: Carta Régia de 13 de maio de 1808. Disponível em: http://www.planalto.gov.br/ccivil_03/revista/Rev_18/CartaRegia_1305.htm. Acesso em: 09 de abril de 2015.

20 LANGFUR, *op. cit.*

indígenas. Para estimular o cumprimento daquela missão, foram oferecidas honrarias e gratificações aos que apresentassem melhores resultados em termos de mortes e capturas. O restabelecimento da servidão indígena também passou a ser previsto e legalizado pelo decreto.

Para os novos centros de povoação e "civilização" estabelecidos naqueles sertões - também conhecidos como presídios - seriam levados criminosos, degredados e tipos aventureiros com interesse em explorar as riquezas e a mão-de--obra indígena. Segundo o historiador H. Espíndola, que estudou detidamente facetas da economia e da política envolvidas na conquista dos sertões do Rio Doce, "oportunistas de todo tipo, jagunços, garimpeiros, prostitutas, fabricantes de aguardente, taberneiros, canoeiros do comércio de sal, tropeiros", passaram a penetrar aqueles sertões".[21]

Os processos de negociação com os indígenas levados a cabo por gente tão "bárbara" - como chegou a denunciar um dos governadores da capitania de Minas, Diogo de Vasconcelos - com os povos genericamente chamados de Botocudos no rio Doce, coincide com o processo de fixação e sedentarização dos indígenas conhecido, segundo os termos coevos, como de seu "aterramento". São esses processos de negociação que interessam à presente investigação, uma vez que podem ser concebidos como proposta e prática de "pacificação" dos indígenas, e que passaremos a enfocar.

Pacificação, mediação e mestiçagens nos sertões

Em outubro de 1812 circulavam na imprensa da Corte resultados das medidas adotadas para a "civilização" dos indígenas do Rio Doce. O Jornal *O Investigador Portuguez em Inglaterra* ou *Jornal Literário, Político etc.* publicou um excerto destas notícias com o seguinte preâmbulo:

> Os artigos seguintes, que extrahimos das Gazetas do Rio de Janeiro Nos. 100, e 101, mostrão o feliz rezultado das providencias decretadas por S.A.R. o Principe Regente Nosso Senher para a civilização dos índios, e quanto o Governo do Brazil se empenha e no promover a prosperidade daquelles vastos Estados.[22]

---

21 ESPÍNDOLA, Haruf Salmen. Territorialidade em Minas Gerais Durante a Crise do Sistema Colonial. III ENCONTRO DA ANPPAS. Brasília: 2006, p. 12.

22 Ver: *O Investigador portuguez em Inglaterra; ou, Jornal literário, político etc.* V. 3. 1812. Londres, Impresso por T. C. Hansard [etc.]. Este jornal mensal - que tinha entre seus editores o embaixador de Portugal em Londres, o médico Bernardo José de Abrantes e Castro e era patrocinado pela Coroa Portuguesa, p. 464.

Esta notícia, além de defender a Guerra Ofensiva, ironizava, ainda, o "systema de brandura, de soffrimento, e de humildade", que "por affectaçao de princípios Philantropicos" teriam causado grandes despesas da Real Fazenda e... sacrifício das vidas e das culturas dos Vassalos de S.A.R". Além disso, reconhecia "o grande proveito que se tem colhido das Sabias, Luminosas, e Paternaes Providencias de S.A.R. a bem da Civilisaçao dos índios, com o estabelecimento das Divisoens Militares em todo o immenso terreno occupado por Naçoens Salvagens, que unicamente se occupavao em destruir nossas culturas, em assassinar, e devorar nosso compatriotas...[23]

O "systema adoptado na Carta Régia de 13 de Maio de 1808" passaria, então, a ser exaltado em seus resultados relativos à pacificação por meio da alusão aos novos estabelecimentos levantados "nestes vastos Sertões: abrem-se estradas para a communicaçao dos povos; apparece a barbara Nação dos índios Xamixunas pedindo a paz, e sujeitando-se a viverem em Aldeas debaixo de nossas Leis".[24]

Os termos das negociações dos termos de "pacificação" (ou rendição) dos indígenas em suas relações junto às Divisões Militares do Rio Doce, passarão a ser aqui examinados sobretudo por meio dos escritos do francês Guido Tomás Marlière (1767-1836).

Após ter sido revogado o decreto de Guerra em 1831 – cujo período foi marcado por ações declaradamente genocida –, as negociações de pacificação dos indígenas refugiados nas matas do Mucuri seriam retomadas pelo politico de ideias republicanos Teófilo Benedito Otoni, por ocasião da implantação de sua Companhia de Comércio, Navegação e Colonização do Mucuri (1847-1862).

Talvez por ter sido acusado em 1811 – ainda que posteriormente inocentado – de ser espião de Napoleão Bonaparte, ou quem sabe ainda por seu declarado anticlericalismo, Marlière aceitou ser transferido em 1813 para o presídio de São João Batista, nos *sertões* do rio Pomba, em missão de pacificar conflitos entre índios e fazendeiros. Experiências como essa, acumuladas ao longo de uma década, acabaram por lhe valer a nomeação para inspetor de todas as Divisões Militares do Rio Doce (DMRD). Entre 1824 e 1829 foi o comandante-geral das DMRD e diretor-geral dos índios de Minas Gerais.[25]

---

23 *Ibidem*, p. 464

24 Xamixuna seria um povo indígena extinto, da mesma família linguística dos Puris e Coroados. O *Investigador portuguez*, p. 465.

25 JOSÉ, Oiliam. Marlière, o civilizador. Esboço biográfico. Belo Horizonte: Editora Itatiaia, 1958, p. 38-39.

Com sua nomeação, a "civilização" dos indígenas enquanto política pública em Minas passaria finalmente a ser pautada nos trâmites institucionais - ainda que apenas concebida unicamente por meio da convivência forçada com os "brasileiros", proposta como medida capaz de promover sua sedentarização (ou "aterramento").

Na passagem abaixo, Marlière revela como naquela guerra foram adotadas práticas fratricidas, na medida em que foram abrigados, nos quarteis, tropas de soldados indígenas que passavam a atacar povos inimigos, liberando, assim os territórios para os colonos interessados em povoar aquela zona de fronteira.

> ... levarão a vingança à hum exesso q' não esperava: mataram o Chefe dos Puris chamado Igir, e me trosuserã os despojos delle, e vários pares d'Orelhas do inimigo vencido - intentando eu por fim à essa Guerra desastroza, e repugnante - mandei Offerecer a paz aos Puris pelo modo usitado entr'os Índios, o qual he pendurar nas suas picadas mallócas de Espigas de Milho: quando o que quer a paz come o Milho, então ella está feita; aliás o deixa ficar... [26]

Por meio das Divisões Militares foram exercidas a tutela dos índios e a função de polícia, a edificação de capelas e cemitérios, além da concessão de sesmarias e arruamentos das povoações. Cada guarnição estava obrigada a abrir clareiras e fazer grandes plantações em locais estratégicos, estabelecendo e controlando novos pontos de colonização e rotas de circulação. Os aldeamentos, assim estabelecidos nos quartéis ou presídios, não eram concebidos como "reservas indígenas", mas como estágio do processo de atrair e *aterrar* o índio. Marlière afirmava que era preciso "renunciar absolutamente ao projeto de estabelecer populações inteiramente compostas de índios".[27]

Ao longo de todo o período em que esteve no comando das Divisões Militares do Rio Doce - entre 1824 e 1829 foi Diretor Geral dos índios de Minas Gerais –, Marlière defendeu a ideia que os índios não deviam ser combatidos por chumbo mas com "grãos de milho".[28] Sendo assim, o militar insistiu na política de fazer daqueles postos de fronteira, centros de provisão de alimento para os índios onde haveria roças, sobretudo de milho e mandioca.

26 Revista do Arquivo Público Mineiro (daqui para frente RAPM). Ano XII, 1907/1908, p. 526-7.

27 Carta de Marlière ao Cel. João José Lopes, deputado à Assembleia, de 11 de julho de 1825, p. 613.

28 RIBEIRO, Darcy. Os Índios e a Civilização: a integração das populações indígenas no Brasil moderno. Petrópolis: Vozes, 1977, p. 95.

Com efeito, segundo aponta A. Bushnell,[29] a segurança alimentar constitui um dos principais pilares da garantia de autonomia política dos povos em região de fronteiras. Aquela zona de espessas florestas – da qual os ameríndios foram não apenas exímios conhecedores, atribuindo-lhes significados capazes de alimentar tanto sua vida social como simbólica –, aos poucos tornara-se insuficiente para suprir os povos que lá habitavam, sendo frequentes os relatos sobre a situação de fome que padeciam. Além disso, represálias dos colonos, que entravam "nos matos" para "caçarem", eram armadas sob alegação dos "roubos" efetuados pelos indígenas em suas plantações e animais.[30]

Como consta na correspondência oficial de Marlière, tanto quanto em seus artigos amiúde publicados no Jornal *O Abelha* de Ouro Preto, além de promover o aldeamento dos indígenas atraídos pelas roças de milho e mandioca, o militar francês denunciava o uso indiscriminado de aguardente que agravava seriamente as condições dos indígenas sob o jugo militar. Na passagem abaixo, Marlière disserta sobre o caráter etnocida deste método amplamente adotado na "pacificação" dos indígenas nos aldeamentos sob o jugo militar.

> Hé a peste das Aldeias, o meio infallivel de introduzir os Índios a todo equaq. exesso de se matarem huns aos outros q, estão to m inebriados, e de perderem o resp. e subordinação a q. os governa. São tos immensos os exemplos dos funestos eff. desta perniciosa droga. — Os Índios a troca della dão mulheres, e filhas aos indignos Contractadores. (...) p. experiência própria, visto 30 Índios Jornaleiros meus, largarem oa te ' Serviço p. irem beber agoar. em Caza de hum viz.o, q. a vendia te r clandestiname., isto não sem prejuízo delles, e meu; p. q.' não tendo dinhr.o, vendem p. beber as ferramentas próprias, e as alheias, o q.'tudo se lhes aceita, e se esconde. Em os Arraiaes frequentados pelos Índios naturaes da paragem como Prezidio de S. João Bap., e Pomba, a duas Sodomas, q.' vivem de roubos feitos aos Índios, q.' p. satisfazer aos preceitos da Religião, em os dias festivos bem vestidos, e sahem nus despidos pelos Taverneiros, q,' são hum em cada caza, e

29 BUSHNELL, Amy Turner. "'None of these wandering nations has ever been reduced to the faith': Missions and Mobility on the Spanish-American Frontier". In: MULDOON, James (org.). The Spiritual Conversion of the Americas. Gainesville: University of Florida Press, 2004.

30 Vasta documentação reportando tais conflitos depositadas no Arquivo Estadual do Espírito Santo foi levantada por MARINATO, Francieli Aparecida. Índios Imperiais: os Botocudos, os Militares e a Colonização do Rio Doce (Espírito Santo, 1824-1845). Dissertação de Mestrado – UFES, Espírito Santo, 2007, p. 181.

> os lanção depois de bêbados na rua aonde morrem apopleticos, ou esmagados pelos Carros, e Cavallos dos passageiros... [31]

A relação entre pacificação e administração de bebidas alcóolicas nos aldeamentos entre os Botocudos pode ser observada até mesmo na segunda metade dos Oitocentos na administração dos missionários capuchinhos ali estabelecidos na década de 1870. Na missão do Itambacuri, com efeito, seriam aplicadas diversas das práticas "leigas" aprendidas com os sertanistas experientes nas relações com os Botocudos para "amansá-los", tais como a mestiçagem mais facilmente combinada com o esbulho de terras. O termo "amansador de índios" ainda encontra-se presente na memória indígena da região para referir-se ao trabalho dos primeiros intérpretes (os "línguas").

A ideia e a prática da "pacificação" dos Botocudos do rio Doce, embasadas nas concepções coevas de mistura de "raças", se expressaram na efetiva política de "aterramento", que promoveu territorialização e reconfiguração identitária naquela região.

Com efeito, esforços governamentais/coloniais para controlar e administrar povos de origens diversificadas, atribuindo-lhes etnônimos e territórios, podem ser observados na documentação da Secretaria de Governo - onde se instalava a Diretoria Geral dos Índios da Província de Minas - bem como na dos missionários responsáveis pela catequese aos seus superiores.[32]

Instituições de fronteira - como foram as Divisões Militares do Rio Doce - podem surgir de "imposições arbitrárias". No entanto, por intermédio delas, sujeitos históricos passaram a estabelecer, concretamente, uma gama diversa de relações. Na prática, configuraram espaços onde os poderes também precisavam ser negociados, assim como leis e regras, e onde mestiçagens ocorreram em dimensões culturais e políticas, econômicas e "étnicas".

Importante ressaltar que nesses locais surgiriam diversos núcleos sociais que se transformaram em cidades nos estados de Minas e Espírito Santo. Nos relatos de origem de tais cidades é comum a presença de figuras memoráveis de indígenas, celebrizados por suas demonstrações exemplares de "pacificação", verdadeiros ícones da mestiçagem enquanto fundamento da nacionalidade brasileira. Ainda que as evidentes origens indígenas dessas localidades tenham sido banidas das narrativas oficiais ao longo da história, observa-se hoje tentativas de

---

31 MARLIÈRE, G. RAPM. Ano XI, Fascículo I, 1906, p. 81.

32 MISSAGIA DE MATTOS, Isabel. "Os Etnônimos e a 'descanibalização' dos Botocudos". Estudios Latinoamericanos. Varsóvia-Poznan (Polonia), 25(2). jul-dez 2005.

reconstrução dos relatos acerca de alguns personagens indígenas locais e memoráveis. Tais narrativas contemporâneas têm a dizer sobre alguns dos mitos que fundamentaram ideias sobre a nacionalidade brasileira.

As peculiaridades da organização militar nas Minas Gerais do período oferecem oportunidades para perceber como os indígenas e mestiços ali inseridos nos baixos níveis de hierarquia não viveram apenas a experiência de uma instituição punitiva, já que as possibilidades oferecidas no interior de sua rede abria possibilidades para o exercício de agenciamentos tanto individual quanto coletivo de seus poderes subalternos[33]. A questão da chefia entre os indígenas em relação às forças militares também não é sem importância. Esta relação foi especialmente enfocada por De Jong (2007) ao longo da experiencia da "conquista do deserto" na Argentina. Em uma carta redigida em 1863 por um tenente coronel do Exército, encarregado da Campanha contra os Índios, ao Ministro de Guerra, a tática de celebração de acordos com cada "cacique", separadamente, é defendida como método eficaz para a conquista territorial da região ao sul do rio Salado, Província de Buenos Aires. "É de se presumir" – dizia então ao Sr. Ministro – "que da primeira impressão se terá em vista os enormes gastos ... que nada serão em comparação do que se ganha celebrando a paz enquanto se vai conquistando a terra, que será útil para formar povoados e aumentar a riqueza del país".

Para isso importava, segundo o tenente coronel, reconhecer a separação e independência de cada um dos caciques do "Chefe principal, seja Calfucurá ou outro para os atrair como súditos do Governo nacional, ainda que para isso seja preciso fazer alguns gastos a mais dos que já são feitos.[34]

Ainda que, no caso ameríndio, o papel do líder político se encontre frequentemente relacionado a uma série de outros elementos simbólicos e sociais, uma vez envolvido em situações de aldeamento militar, no entanto, este líder passaria a receber a alcunha de "capitão", transformado em uma espécie de mediador oficial entre os mundos indígenas e o Estado. Nos quartéis, técnicas disciplinadoras como o tronco e a palmatória – abertamente defendidas por G. Marlière, eram utilizadas principalmente para inculcação – tanto nos soldados como nos capitães indígenas – do sentido de subordinação e hierarquia.

---

33 Ver, para isso, BEATTIE, Peter M. The Tribute of Blood.: Army, Honor, Race, and Nation in Brazil, 1864-1945. Durham (NC, EUA): Duke University Press, 2001; and KRAAY, Hendrik. Race State and Armed Forces in Independence-Era Brazil: Bahia, 1790s-1840s. Stanford: Stanford University Press, 2001.

34 Carta de Juan Cornell ao ministro de Guerra Juan Andrés Gelly y Obes, 10/11/1863, SHE, Campaña contra los Indios, Frontera sur, caja 12, No 699 (*apud.* DE JONG, *op. cit.* 2007, p. 05).

Segundo a correspondência de Marlière, esses capitães - a despeito de não usarem roupas e desconhecerem o dinheiro - recebiam soldos, títulos de terra e outros documentos em seus nomes. Eram de muita serventia para conquistar povos ainda "isolados" nas matas e alguns deles ficaram célebres, como Pokrane, afilhado de Guido Marlière. Ainda assim, diversos casos de indisciplina foram reportados por Marlière, quando seus soldados refluíam para as matas levando armamentos e equipamentos, passando a guerrear com outros grupos e raptar crianças para o tráfico.

Podemos observar nessa zona fronteiriça os processos de mestiçagem e interpenetração de interesses e práticas, bem como perspectivas cotidianas dos próprios sujeitos - colocados, de um lado, em situação inóspita com o próprio ambiente dos presídios e, de outro lado, populações retiradas de seu ambiente cultural e inseridas em uma relação de dependência - de melhorarem suas condições de vida e trabalho. Importante ressaltar que ao longo desse processo e nesses locais híbridos surgiram diversos núcleos sociais transformados em cidades ao longo do Rio Doce e Jequitinhonha, nos atuais Estados de Minas Gerais e Espírito Santo.

Em um interessante ensaio que examina a figura de tais mediadores que atuaram, inclusive, como agentes na representação de interesses indígenas no âmbito da Corte, J. Bieber acompanha trajetórias como as do soldado indígena Inocêncio - investido "capitão dos índios Maxakali" em sua primeira visita à Corte, no ano de 1920, pelo próprio monarca D. Pedro - e seu irmão Felipe, ambos servindo na Sétima Divisão, sediada em Minas Novas; além dos soldados falantes da língua botocuda Simplício, Norberto e José, situados na Quinta Divisão.[35] A autora destacou a visibilidade conferida ao papel dos intermediários indígenas nos registros documentais do período que estariam relacionados ao contexto da independência, uma vez que a efetiva liderança de tais representantes indígenas nos sertões passaria a representar ameaça de instabilidade política.

A trajetória mais bem documentada acompanhada em sua investigação foi a do Maxakali Inocêncio, que chegou a redigir uma longa e surpreendente petição, que angariou apoiadores importantes, em prol da demissão do alferes Julião Fernandes Leão da direção da Sétima Divisão Militar do Rio Doce,[36] na

---

35 BIEBER, Judy. "Mediation Through Militarization: indigenous soldiers and transcultural middlemen of the Rio Doce Divisions, Minas Gerais, Brazil, 1808-1850". The Americas, vol. 71, n° 2, Outubro 2014. Tradução própria.

36 A petição em questão constitui um dos raros documentos de autoria indígena neste período. Não é improvável, no entanto, que tenha sido redigida por terceiros. O documento foi endossado por

qual o acusava de "Leão carniceiro" e de "trabalhos diabólicos". Ao final, Inocêncio lograria seu intento, tendo sido Julião Fernandes Leão, inclusive, transferido para o Espírito Santo.[37]

Pouco após a independência, em 1824, Inocêncio e seu irmão Filipe seriam acusados de insubordinados e desertores, tendo sido presos a mando de Marlière, que sobre ele escreveu que era "Inocêncio, mas nada inocente".[38]

O mesmo ocorreria com Simplício e Norberto, importantes intermediários entre o Estado e os índios. Chegaram a ser presos algumas vezes pela mesma acusação de insubordinação e deserção, porém sempre retornaram a seus postos nos quartéis militares, quiçá por suas imprescindíveis habilidades linguísticas e culturais no comando das divisões militares.

O Mucuri no "Centro da Mata"

Após a devastação dos vales do Jequitinhonha e Doce – inseridos na região mais ampliada denominada Sertões do Leste – ocorrida pela ocupação militarizada, o vale do Mucuri – que não havia passado pelo "aterramento" do indígena promovido pelos destacamentos militares – permaneceria como a última fronteira. Além dos povos de fala Maxakali e Botocudo, o Mucuri passou a receber um fluxo constante de lavradores pobres e ex-escravos deslocados de outras regiões da Província ou mesmo do nordeste do país, movidos pela valorização da terra e sua ressemantização enquanto lugar de promissoras riquezas.[39] Inúmeros foram os relatos sobre indígenas que se associaram aos pioneiros em empreendimentos diversos, como o de aberturas de matas e estabelecimento de povoações. A associação de um grupo Botocudo denominado Aranã a uma família de pioneiros, conhecida como Pêgo, foi bastante registrada por sua resistência ao aldeamento oficial, militar ou religioso.[40]

---

importantes colonizadores da região, encontra-se depositado no Arquivo Nacional (MN, s/d [ca. 1820–21], AN IG1 204 *apud.* BIEBER, *op. cit.*).

37 BIEBER, *op. cit.*, p. 235. Segundo MARINATO (*op. cit.*, p. 88), em 1822, já no Espírito Santo, Julião Leão seria nomeado Inspetor do Corpo de Pedestres. Em 1822 passaria a assumir o Comando das Armas da Província, de onde passou a liderar um pequeno motim contra o Governo da Junta Provisória, tendo sido, por isso, levado preso para o Rio de Janeiro. No entanto, em 1824, ele assumiria o posto de Diretor de Índio no Rio Doce, iniciando a formação do aldeamento de São Pedro de Alcântara. Finalmente, passaria a se estabelecer na fazenda em Regência, tendo, para isso, assenhorado-se de escravos negros e índios.

38 *RAPM* 10 (1905), p. 563.

39 LANGFUR, *op. cit.*

40 MISSAGIA DE MATTOS, I. *op. cit.* 2005.

Em sua chegada àquela zona, em 1838, Teófilo Otoni descreve sua primeira tentativa "humanitária" de estabelecer a paz com os Botocudos, após descrever as barbaridades protagonizadas pelos soldados (inclusive indígenas) sob o comando das divisões militares.

> A principal difficuldade para a execução, ou ao menos ensaio deste systema, estava em chamar á pratica e convivencia os filhos das selvas, e em convencel-os de que havia com effeito um novo processo de catbequese que não empregava a polvora e bala, nem tinha por fim roubar-lhes os filhus.[41]

Uma ocasião na qual os indígenas resolveram, finalmente, "capitular" foi atribuída por Otoni apenas ao medo que sentiam dos soldados que o acompanhavam em sua "bandeira". Para demonstrar que estavam dispostos à conversa, passaram a entregar seus filhos aos integrantes da bandeira. Apesar da disposição "amigável" do político, este encontro somente ocorreria passados cinco anos do início das atividades da Companhia do Mucuri, quando ele dizia reconhecer que "era habitado o paiz" atravessado pela Companhia".[42]

O estabelecimento de relação de amizade com os Giporoks nesta ocasião – em que ele considerou tratar-se de um "tratado de paz" possibilitaria os estudos do terreno entre Santa Clara e Filadélfia. "Quando eu lhe recommendei que não fizesse mal aos christãos e que ficasse manso" – disse Ottoni, então, a Gyporok – "respondeo-me com emphase — Fiquem mansos vocês que nós estamos tão mansos como kagados".[43]

O reconhecimento de estar invandindo um "paiz alheio" tomou parte, inclusive judicialmente, dos termos de autorização com os indígenas para a fundação da Companhia naquele território onde ele fundaria sua Filadélfia (hoje cidade de Teófilo Otoni), em um claro sinal de reconhecimento e admiração aos tratados de paz celebrados entre os primeiros habitantes da Pensilvânia e os indígenas existentes quando de sua fundação, no século XVIII.

---

41 OTTONI, Teófio Benedito. Noticia sobre os selvagens do Mucury: em uma carta dirigida pelo Sr. Theophilo Benedicto Ottoni ao senhor Dr. Joaquim Manoel de Macedo Revista do Instituto Historico e Geographico Brasileiro. Rio de Janeiro: Typographia Brasiliense de Maximiliano Gomes Ribeiro, 1858, p. 200.

42 *Ibidem*, p. 189.

43 *Ibidem*, p. 203.

> As primeiras conferencias entre mim e os Nacknenukes tiverão lugar no dia 4 de Agosto de 1852, no mesmo lugar que hoje occupa a minha querida Philadelphia
>
> ...
>
> Os primeiros cumprimentos que fiz aos Nacknenukes forão uma larga distribuição de toucinho, farinha e rapaduras.
>
> Os Nacknenukes acharão-se em força de mais de 100 arcos. Um dos presentes era Poton – cacique de uma das tribus que occupão o ribeirão do Poton, legoa e meia abaixo de Philadelphia. Estavão tambem Ninkate e Timotheo caciques de uma mesma tribu que habita no Santo Antonio.[44]
>
> ...
>
> Timotheo, Ninkate, Poté, Poton, Chrispim, Krakatan, ínhome, Filippe, etc, são caciques das diversas tribos da confederação dos Nacknenukes que occupão os valles do alto Todos os Santos, Mucury do Krakatan, Poté, e Mucury do fóra. É gente que já está toda fixada no solo em que foi encontrada em 1852[45].
>
> ...
>
> Para acautelar o futuro desta pobre gente o Sr. A. Ottoni na qualidade do Director dos Índios, registrou-lhes as posses que elles occupavão, e entre outras a de um dos principaes confluentes do Poton, onde existia o aldeamento. Os selvagens ficarão sabendo que era aquelle confluente do Poton, que lhes ficava exclusivamente pertencendo.[46]

Sobre o destino das terras concedidas aos indígenas e seus descendentes mestiços, o caso descrito por D. Joaquim Silvério de Souza, em 1902, parece exemplar. Em seu relatório das "visitas pastorais" realizadas entre 1902 e 1907, há uma interessante nota acerca do surgimento do povoado de Malacacheta, que toca às suas origens indígenas. A passagem abaixo aborda o destino de uma aldeia indígena conhecida como Pontarat, dos Macuni, na região de Alto dos Bois, revelando mecanismos que redundaram no desaparecimento da terra indígena nos oitocentos:

> A padroeira tem *patrimônio doado por um índio, Domingos Felisberto* (era mestiço). O documento que dá fé deste patrimônio está no arquivo eclesiástico de Capelinha. Ainda vive o índio doador. ... Estive

44 *Ibidem*, p. 210

45 *Ibidem*, p. 211.

46 *Ibidem*, p. 212.

> com este índio mestiço, já de barba branca, mas cabelos bem negros. Facilmente se reconhece nele a origem indiana.[47]

Em outubro de 1850, o ministro e secretário de Estado responsável pela "catequese e civilização" dos índios enviou a todos os diretores gerais dos índios um ofício circular, no qual, além de remeter exemplares da Lei de Terras, esclarecia sobre a conduta recomendada para o destino das terras indígenas. Datam, com efeito, de 1850, tanto o fim do tráfico negreiro como a Lei de Terras, que passou a considerar "devolutas" todas as terras que não se encontrassem tituladas por particulares e/ou sem uso reconhecido como público. O pressuposto de inferioridade racial do indígena e do mestiço seria expresso na distribuição desigual das terras, considerando que uma política imigratória consistente era inaugurada sob a Lei de Terras. De acordo com G. Seyferth,[48] a partir de então, os imigrantes estrangeiros, considerados mais aptos para a colonização do país, ocupariam as terras "devolutas" expropriadas dos ocupantes tradicionais, permanecendo os "índios civilizados" à margem do processo de colonização.[49] No âmbito político e acadêmico, as principais discussões sobre a história ou sobre o futuro da nação passariam a circular em torno da temática central da mestiçagem e seus efeitos.

A estratégia da mestiçagem "racial", para "amansar" o temperamento indígena e promover a construção de uma nação "mestiça" e apta para a indústria movida por "braços aclimatados" (e não mais por escravos negros), seria abertamente adotada pelos missionários diretores do Aldeamento Central Nossa Senhora dos Anjos do Itambacuri.

É preciso ressaltar, no entanto, que o projeto de "pacificação pela mestiçagem" concebido e levado a cabo pelas autoridades políticas e militares da nação, trouxe, em seu bojo, malogros observáveis em situações e práticas dos aldeamentos indígenas, nos quais, com frequência, eclodiram episódios de fugas e "rebeldias" por meio de estratégias não raramente "mestiças" no que diz respeito às múltiplas possibilidades de interpretações e sentidos conferidos pelos indígenas à sua situação histórica.

O discurso catequético revela, no fundo, a impraticabilidade da conversão dos Botocudos, considerados "incorrigíveis" em seu pensamento "supersticioso".

47 D. Joaquim Silvério de Souza. Livro de visita pastoral (1902-1907). Cx. 49. Arquivo Eclesiástico da Arquidiocese de Diamantina.

48 SEYFERTH, Giralda. "A Invenção da Raça e o Poder Discricionário dos Estereótipos". Anuário Antro- pológico, Rio de Janeiro, n°93, 1995, p. 175-203.

49 *Idem*, "La inmigracion alemana y la politica brasileña de colonizacion". Estudios Migratorios Latinoamericanos, Buenos Aires, 10 (29), 1995a, p. 60.

O "amor pela vida errante" e "aversão ao trabalho fixo" por parte dos indígenas, levavam os diretores do Itambacuri a afirmar que "enquanto houvesse mata haveriam correrias de índios", sendo sua civilização dependente do completo "descortínio" da floresta. A entrada de "brasileiros" no territorio nunca demarcado da missão tornou-se, assim, estratégica, cabendo aos "caboclos pioneiros", com seu "trabalho mestiço", a responsabilidade pela abertura de novas áreas agricultáveis na região.

Os Tratados de Paz e a Conquista do Deserto.

Interessante perceber como os contextos independentistas - podemos considerar Marlière e Teófilo Otoni imbuídos de valores claramente republicanos - iriam influenciar, também no sul Argentina, o processo de nomeação de líderes indígenas para a negociação de tratados de paz com os povos "confederados".

A temática da conquista do deserto tornou-se célebre nos mitos da nacionalidade, vinculada à memória dos indígenas na região do pampa. Porém, nesse caso, apenas a derrota dos indígenas passou a ser celebrada e mitificada, para que a nação argentina passasse a ser concebida como branca, civilizada e livre dos "malones" - que eram os assaltos praticados pelos indígenas nos assentamentos dos primeiros povoadores da região do pampa - tanto na Argentina quanto no Uruguai -, nos quais se abasteciam de mercadorias e, com alguma frequência, também raptavam mulheres. Sem dúvida, uma narrativa cheia de simbolismo civilizacional.

A narrativa nacional no Uruguai, por sua vez, como mostra S. Merenson,[50] é marcada por sua suposta "excepcionalidade" na América Latina. O relato do país como a "Suíça da América" indica uma superioridade no contraste com os demais países latinoamericanos considerados "atrasados" pela presença de indígenas e outros problemas relacionados à pobreza e marginalidades socioculturais. No entanto, se tomarmos alguns exemplos historiográficos, como a "Matança de Salsipuedes", de 1831 - considerado um verdadeiro genocídio - percebemos a extrema violência estrategicamente assumida em campanhas militares movidas pelos caudilhos contra os povos denominados Charrúasno Uruguai.[51] Naque-

50 MERENSON, Silvina. "Cuando ser Indio no Rinde: sociedad política, particularismo y excepción en las narrativas nacionales del Uruguay". Espaço Ameríndio, Porto Alegre: vol. 4, n. 2, jul./dez. 2010, p. 172-190.

51 Charruas e minuanos resistiram por séculos ao domínio colonial, por meio de migrações desde a Patagônia e recomposições mestiças, encontrando-se no início do século XIX na parte oriental do Uruguai, uma pequena parte da Argentina e o sul e sudoeste do atual estado do Rio Grande do Sul, onde passaram a viver da "preia" do gado. Os minuanos tornaram-se também excelentes cavaleiros,

la ocasião, por já terem estabelecido boas relações com o presidente Fructuoso Rivera, os caciques Charrua como Venado, Polidoro, Rondeau e Juan Pedro foram convocados para auxiliar na organização da defesa das fronteiras do novo país. Compareceram com sus mulheres e crianças à reunião convocada nas proximidades do rio Salcipuedes. Tratou-se, no entanto, de um embuste, tendo sido mortos todos os homens, e aprisionados e enviados a Montevidéu como escravos suas as mulheres e crianças.[52]

Apesar da resistência e "garra charrúa" integrar a lista dos signos diacríticos da "uruguaidade", o texto fundacional da nação, o romance *Tabaré*, de Juan Zorrilla de San Martín (1888), marca bem a "raça branca" que permaneceria viva sobre o cadáver do charrúa".[53] Como esclarece S. Merenson, trata-se de uma novela cujo personagem principal é um líder indígena que não chegou a integrar-se à nacionalidade em formação, personificando uma "extirpe morta" que, no entanto, legaria aos uruguaios uma "indomável bravura e valentía". Outro legado deste romance seria, segundo a autora, a imagem de decadência do mundo indígena, no qual "orgias e violações, em uma eterna indolência improdutiva, como um 'obscuro ninho de cobras'" que ataca mulheres espanholas,[54] que comporiam uma "raça de virgens tão pálidas como a flor do lírio".[55] Esta obra, ao marginalizar os indígenas do ideal da integração nacional, passa a validar, também, sua opção branca, eurocêntrica e cristã.

Já o carácter sistemático de política de tratados de paz na Argentina durante a segunda metade do Século XIX, segundo De Jong, muito longe de responder a um projeto para a incorporação social daqueles grupos, estava dirigido a criar as condições para o avanço das fronteiras, mantendo a lógica de "negociar

caçando éguas e potros bravos nos campos. O avanço das fronteiras estatais ao longo dos processos de independência iriam gerar violentos embates com os colonizadores, ainda que por vezes tivessem estabelecido alianças – tanto do lado dos espanhóis contra os portugueses como o contrário. No século XIX, os charruas e minuanos que sobreviveram às guerras e à repressão somavam mais de mil indivíduos, porém seu território passou a ser ocupado pelas estâncias. Após a criação da República Oriental do Uruguai (1828) os indígenas continuaram a ser alvo de campanhas governamentais que defenderam seu extermínio, dizimando-os quase que completamente. SOSA, Rodolfo Maruca. La Nacion Charrua. Montevidéu: Ed. Letras, 1957.

52 Em 2009 passou a celebrar-se feriado no Uruguai no dia 11 de abril, dedicado à Nação Charrúa e a Identidade Indígena, em reconhecimento aos fatos ocorridos em 1831. Além de proclamar póstumamente uma justiça, esta rememoração homenageia os charrúas por suas virtudes de resistência por séculos a fio de dominação por invasores espanhóis. https://globalvoicesonline.org/2010/04/14/uruguay-new-holiday-commemorates-charrua-massacre/

53 ZORRILLA DE SAN MARTÍN, Juan. Tabaré. Montevideo: Porrúa, 2004 [1888], p. 9.

54 *Ibidem*, p. 172.

55 *Ibidem*.

para fazer a guerra", que seria oposta à lógica indígena, que era de "fazer guerra para negociar".[56]

A. Roca, por sua vez, demonstra como, no caso argentino, "o desaparecimento do índio ... foi tecnicamente parte do processo natural e necessário para a construção do Estado Nacional". Nesse caso – segundo a autora – os povos indígenas foram considerados "comunidades políticas inimaginadas"[57] que permaneceram fora do projeto totalizante da história nacional até os dias de hoje, nas narrativas contemporâneas sobre a nação.[58]

Considerações finais

No interior do quadro beligerante e violento que marcou o alvorecer do século XIX para os povos dos Rios Doce, Mucuri e Jequitinhonha, em que pese a relação de semelhança das experiências de "pacificação" ocorridas nas Minas Gerais Oitocentistas e o processo congênere protagonizado pelos militares na região do pampa tanto na Argentina quanto no Uruguai em meados do século XIX – uma vez que ambas permaneceram nos imaginários nacionais em uma escala de longa duração por meio da construção de narrativas sobre as nacionalidades em formação –, a proeminência do papel da "mestiçagem" para a ideia de Brasil – ao contrário da Argentina, que consagrou o extermínio dos indígenas enquanto fundamento de uma nacionalidade branca e civilizada – entreteceu não apenas as pautas de uma política civilizacional nos sertões como marcou também a própria experiência dos povos indígenas inseridos naquele cenário de expansão de fronteiras.

Para contrastar as narrativas uruguaias e argentinas sobre a formação das nacionalidades às do Brasil, cito um exemplo recente de memoria indígena na região do Mucuri, relativamente a uma liderança reconhecida por sua atuação no Quartel de Água Branca, hoje cidade de Joaíma, assim denominada em homenagem à sua memória.

A passagem abaixo se encontra no sítio eletrônico da cidade e demonstra a presença da mestiçagem do indígena no processo de formação nacional, como fundamento das narrativas locais e nacionais:

---

56 DE JONG, *op. cit.*

57 THURNER, Mark. "'Republicanos' y 'la Comunidad de Peruanos': Comunidades políticas inimaginadas en el Perú postcolonial". Histórica, Lima (Peru), vol. 20, N° 1, 1996.

58 ROCA, A.C. Os sertões e o deserto: imagens da 'nacionalização' dos índios no Brasil e na Argentina na obra do artista-viajante. Tese de doutorado – Museu Nacional – UFRJ, Rio de Janeiro, 2010, p. 328.

> Joahyma instala sua nova taba no local posteriormente chamado barro Vermelho. Hoje, São Paulino. Dali, ele opunha resistência aos soldados de Julião que também instalou um quartel Militar do outro lado do rio.
>
> Após duras batalhas, nas quais se destacou também, o cacique Ari-Ari aceita a rendição negociada diante da superioridade militar de Julião, dando mostras de grandeza e de sabedoria.
>
> E, ao selar a paz com Julião, Joahyma passa a merecer o título de Grande Chefe, aquele que deve ser seguido e imitado.
>
> Para selar a paz, o cacique ofereceu uma de suas filhas ao alferes como sua mulher e reinou harmonia entre as partes. A partir daí, ocorreu o processo de miscigenação das raças e os costumes dos civilizados foram assimilados pelos conquistados.[59]

J. Barr intitulou sugestivamente seu livro sobre as relações entre indígenas e espanhóis nas fronteiras do Texas de Peace came in the Form of a Woman.60 No caso dos indígenas do Rio Doce, percebemos também como a presença da mulher indígena nas negociações de paz parecia selar o acordo definitivo da conquista e pacificação.

O Capitão-Mor o diretor do aldeamento dos Tocoiós, J. P. F de Moura, atribuiu à recusa das mulheres o não aldeamento do grupo Botocudo que "veio à fala" no ano de 1799: "sem duvida eles se virião arranchar na nossa vizinhança" – dizia o diretor –, "se lhes fosse possivel reduzir as suas mulheres, q' erão m.to bravas, e temião q' os matassem, e comessem".[61]

O próprio alferes Julião Fernandes Leão, diretor da Sétima Divisão do Rio Doce – contra o qual Inocêncio, o "capitão dos índios Maxakali", redigiria sua petição – escreve sobre as "Botecudas",[62] que, ao terem aparecido pela primeira vez

59 Texto inspirado na descrição de Joaíma por A. Saint-Hilaire, quando em visita ao Quartel da Sétima Divisão, publicado por ocasião do bicentenario da cidade de Joaíma, MG (2011), quando foi lançado o "Memorial do Cacique Joaíma", onde a cena citada foi esculpida por um artista local http://imagensjoaima.blogspot.com.br/2011/08/lendaria-figura-do-cacique-joahyma.html. Acesso em 25 de junho de 2015.

60 BARR, Juliana. Peace Came in the Form of a Woman: Indians and Spaniards in the Texas Borderlands. Chapel Hill: University of North Carolina Press, 2007.

61 MOURA, J. P, 1897 [1809]. Botocudos e Aymorés. *RAPM* XI, Ano II, p, 28-36. http://www.siaapm.cultura.mg.gov.br/modules/rapm/brtcervo.php?cid=42. Acesso em 23 de junho de 2013, p. 31.

62 Para uma análise da importância do agência feminina na organização política dos Botocudos, ver MISSAGIA DE MATTOS, Isabel. "Considerações sobre política e parentesco entre os Botocudos (Borún) do século XIX: uma interpretação da articulação de uma rede social e simbólica". R@U. Revista de Antropologia da UFSCAR, São Carlos, vol. 5, n°1, janeiro – junho de 2013. https://sites.google.com/site/raufscar/v5n1. Acesso em 25 de junho de 2015.

no quartel da Sétima Divisão, do qual era diretor, "dao mostras de reconhecerem a nossa superioridade, e de quererem nossa amizade". Ao prosseguir em seu relato, Julião passa a citar o próprio José Pereira Freire de Moura que, em uma sua carta particular, teria dito que: "O Alferes Juliao, em fim, conseguio, o que nunca pude, pois ao seu Quartel de S. Miguel tem vindo as Botecudas, e eu aqui as espero brevemente: eu tenho grandes esperanças de se verem os Botecudos aldeados, e será isto huma novidade guardada para illustrar o Governo".[63]

Vale ainda, para concluir, ressaltar a reflexão sobre a retórica "erótico-patriótica" subjante às narrativas sobre a pacificação dos indígenas e suas diferenciadas relações com a formação das identidades nacionais, tal como observou por M. C. Burgeño para o Uruguai. Segundo a autora, a base desta retórica erótico-patriótica apresenta a nação uruguaia como uma "grande família patriarcal", sendo, portanto, "funcional ao processo de disciplinamento iniciado por um Estado que busca consolidar-se".[64] A reflexão de M. C. Burgeño – por sua vez baseada na tese de M. I. Torres[65] – aponta para a gênese do processo de "produção civilizada" própria das nacionalidades latinoamericanas enfocadas, impulsionadas por um sentido de família patriarcal. Sendo sempre as figuras femininas emblemáticas dos projetos de nação almejados, podemos cotejar a idealizada figura de Trinidad Salcedo – cativa sequestrada pelos "bárbaros" na Argentina, heroicamente resgatada no combate aos indígenas para consolidação de uma matriz nacional –, com a imagem da filha do cacique Joaíma, um "botocudo antropófago", oferecida ao alferes e diretor de índios Julião Fernandes Leão como sinal de "pacificação", tal qual a clássica figura de Malinche, amante do conquistador espanhol H. Cortéz – considerada na narrativa mexicana como mãe de todos os nacionais, idealmente concebidos como os filhos mestiços que, de fato, ela teve com o conquistador.[66]

Nos meandres dos registros histórico e/ou míticos relativos à vida amorosa do alferes Julião Fernandes Leão, além de sabermos que teria recebido, como

---

63 *O Investigador portuguez em Inglaterra; ou, Jornal literário, político etc.* V. 3. 1812. Londres, Impresso por T. C. Hansard [etc.]. Este jornal mensal – que tinha entre seus editores o embaixador de Portugal em Londres, o médico Bernardo José de Abrantes e Castro e era patrocinado pela Coroa Portuguesa. http://bdigital.sib.uc.pt/hc/UCSIB-VT-22-2-1/UCSIB-VT-22-2-11/UCSIB-VT-22-2-11_item2/index.html. Acesso em 20 de junho de 2015.

64 BURGEÑO, Maria Cristina. El Imaginario Nacional Uruguayo: textos, rescates y olvidos hasta el 1900. Dissertation – University of Ohio, Ohio, 1996, p. 124.

65 TORRES, Maria Inés. ¿La nacion tiene cara de mujer? Mujeres y nación en el imaginario letrado del siglo XIX. Montevideo: Arca, 1995.

66 Ver, entre outros: GAINES, Ruth. Lucita: a child's story of Old Mexico. Chicago: The Rand McNellys Press, 1932.

prova de pacificação, a filha do cacique Joaíma como esposa, sabemos também que, em virtude de sua cor, teve recusado o pedido de casamento com uma das filhas do Capitão-Mor José Freire de Moura.[67] Assim percebemos como a proposta ideológica da mestiçagem enquanto pacificação no bojo de um projeto de nacionalidade de fato parece ter se adequado, naquele contexto, de modo a desmantelar possíveis resistências, considerando apenas, no entanto, uniões que passaram a ser estabelecidas entre categorias subalternas - como observado nos processos congêneres promovidos posteriormente pelos missionários na catequese de Itambacuri.[68]

REFERÊNCIAS BIBLIOGRÁFICAS

AGUIAR, José O. "Os Ecos Autoritários da Marselhesa: Guido Thomaz Marlière e a colonização dos sertões do rio Doce (Minas Gerais)". Fênix: Revista de História e Estudos Culturais. Vol 4 Ano IV n. 3, 2007. http://www.revistafenix.pro.br/vol12JOtavio.php acesso em 10/9/2008

BARR, Juliana. Peace Came in the Form of a Woman: Indians and Spaniards in the Texas Borderlands. Chapel Hill: University of North Carolina Press, 2007.

BEATTIE, Peter M. The Tribute of Blood: Army, Honor, Race, and Nation in Brazil, 1864–1945. Durham (NC, EUA): Duke University Press, 2001.

BIEBER, Judy. Mediation Through Militarization: indigenous soldiers and transcultural middlemen of the Rio Doce Divisions, Minas Gerais, Brazil, 1808-1850. The Americas, Volume 71, Number 2, October 2014, p. 227-254.

BOCCARA, Guillaume. "Génesis y estructura de los complejos fronterizos euro-indígenas. Repensando los márgenes americanos a partir (y más allá) de la obra de Nathan Wachtel". Memoria Americana, n°13, 2005, p. 21-52.

BOCCARA, Guillaume. "Poder colonial e etnicidade no Chile: territorialização e reestruturação entre os Mapuche da época colonial". *Tempo,* vol. 12, n. 23. Niterói, 2007, p. 56-72.

BOCCARA, Guillaume, 2001. "Mundos Novos en las Fronteras del Nuevo Mundo: relectura de los processos coloniales de etnogênesis, etnificación y mestizaje en tiempos de globalización". *Nuevo Mundo Mundos Nuevos,* Débats, février 2005. URL : http://nuevomundo.revues.org/426.

67 BIEBER, *op. cit.*, 2014, p. 236

68 MISSAGIA DE MATTOS, *op. cit.* 2004.

BURGEÑO, Maria Cristina. El Imaginario Nacional Uruguayo: textos, rescates y olvidos hasta el 1900, Ph.D - University of Ohio, 1996.

BUSHNELL, Amy Turner "'None of these wandering nations has ever been reduced to the faith': Missions and Mobility on the Spanish-American Frontier". In: MULDOON, James (ed.), The Spiritual Conversion of the Americas. Gainesville: University of Florida Press, 2004.

CARDOSO, José Luís; MONTEIRO, Nuno Gonçalo; SERRÃO, José Vicente (orgs.), Portugal, Brasil e a Europa Napoleónica. Lisboa: Imprensa de Ciências Sociais, 2010.

CARNEIRO DA CUNHA, Manuela. *Legislação Indigenista no século XIX*. São Paulo: Edusp/Comissão Pró-Índio, 1992.

DAS, Veena & POOLE, Deborah. "El estado y sus márgenes. Etnografias comparadas". *Cuadernos de Antropologia Social*, n. 27, 2008, p. 19-52.

DE JONG, Ingrid. "Políticas Indígenas y Estatales en Pampa y Patagonia (1850-1880)". Habitus, vol. 5, No 2, 2007a.

DE JONG, Ingrid. "Acuerdos y Desacuerdos: las políticas indígenas en la incorporación a la frontera bonarense (1856-1866)". In MANDRINI, Raúl *et alli* (eds.). Sociedades en Movimiento. Los pueblos indígenas de América Latina en el siglo XIX.Tandil: IEHS/FCH/ UNCPA, 2007, p. 47-62.

EHRENREICH, Paul. Índios Botocudos do Espírito Santo no Século XIX. Vitória: Ed. IHGES. 2004 (1887).

ESPÍNDOLA, Haruf Salmem. Sertão do Rio Doce. Bauru: Edusc /Univale/Instituto Terra, 2005.

ESPÍNDOLA, Haruf Salmem. "A navegação do Rio Doce: 1800-1850". Navigator, v. 3, n. 5, 2007, p. 50-72.

ESPÍNDOLA, Haruf Salmen. "Territorialidade em Minas Gerais Durante a Crise do Sistema Colonial". III ENCONTRO DAANPPAS. Brasília. 2006

GONTIJO, Rebeca. "Na Trilha de Capistrano de Abreu (1853-1927): índios, história e *formação* do Brasil". *In*: PACHECO DE OLIVEIRA, João (org.) A Presença Indígena no Nordeste. Rio de Janeiro: Ed. Contra-capa, 2011.

GOMES, José Cândido. Relatório da Comissão Liquidadora da Companhia do Mucuri, Rio de Janeiro: Tipografia Nacional, 1862.

GREENE, Jack P. Negotiated Authorities. Essays in Colonial Political and Constitutional History. Charlottesville/London: The University Press of Virginia, 1994.

GRUZINSKI, Serge. O Pensamento Mestiço. São Paulo: Cia das Letras, 2001.

GUIMARÃES, Manoel Luis Lima Salgado. "Nação e Civilização nos Trópicos: O Instituto Histórico e Geográfico Brasileiro e o Projeto de uma História Nacional". Estudos Históricos 1(1), 1988, p. 5-27.

HESPANHA, Antonio Manuel. Imbecillitas. As bem-aventuranças da inferioridade nas sociedades de Antigo Regime. São Paulo: Annablume, 2010.

JOSÉ, Oilam. Marlière, o civilizador. Esboço biográfico. Belo Horizonte: Editora Itatiaia Limi- tada, 1958

KRAAY, Hendrik Race, State and Armed Forces in Independence-Era Brazil: Bahia, 1790s–1840s. Stanford: Stanford University Press, 2001.

LANGFUR, Hal Lawrence. The Forbidden Lands: frontier settlers, slaves, and Indians in Minas Gerais, Brazil, 1760-1830. Tese Ph.D – University of Texas-Austin (EUA), 1999.

MAIO, Marcos Chor e SANTOS, Ricardo Ventura (orgs.), Raça, Ciência e Sociedade, Rio de Janeiro: Fiocruz/CCBB, 1996.

MANDRINI, Raul *et alli* (eds.). Sociedades en Movimiento. Los pueblos indígenas de América Latina en el siglo XIX. Tandil: IEHS, 2007.

MARINATO, Francieli Aparecida. Índios Imperiais: os Botocudos, os Militares e a Colonização do Rio Doce (Espírito Santo, 1824-1845). Dissertação de Mestrado – UFES, 2007.

MARLIÈRE, Guido Thomaz. "Ofícios". *RAPM* X, p. 382-668, 1906.

MARLIÈRE, Guido Thomaz. *RAPM* XI, Fascículo I, p. 81, 1906.

MERENSON, Silvina. "Cuando ser Indio no Rinde: sociedad política, particularismo y excepción en las narrativas nacionales del Uruguay". Espaço Ameríndio, Porto Alegre, vol. 4, n. 2, jul./dez. 2010, p. 172-190.

MISSAGIA DE MATTOS, Izabel, Civilização e Revolta: os Botocudos e a catequese na Província de Minas. Bauru: Edusc/Anpocs, 2004.

MISSAGIA DE MATTOS, Izabel. "Os Etnônimos e a 'descanibalização' dos Botocudos". Estudios Latinoamericanos. Varsóvia-Poznan (Polonia): Sociedad Polaca de Estudios Latinoamericanos. 2005, p. 103-132

MISSAGIA DE MATTOS, Izabel, "Da Etnoarqueologia à História Indígena: os Botocudos em seus processos identitários (Século XIX ao XXI)". Habitus. Goiânia, vol. 7, n. 1/2, jan./dez. 2009, p. 75-97. file:///Users/belmissagia/Downloads/2009-6058-1-PB%20(1).pdf. Acesso em 25 de junho de 2015.

MISSAGIA DE MATTOS, Izabel. "Considerações sobre política e parentesco entre os Botocudos (Borún) do século XIX: uma interpretação da articulação de uma rede social e simbólica". R@U. Revista de Antropologia da UFS-

CAR. volume 5, número 1 | janeiro - junho de 2013 https://sites.google.com/site/raufscar/v5n1. Acesso em 25 de junho de 2015.

MONTEIRO, John M. Tupis, Tapuias e Historiadores. Tese de Livre-Docência - IFCH/Unicamp. 2001.

MONTEIRO, John Manuel. "As 'raças' indígenas no pensamento brasileiro do Império". *In*: MAIO, Marcos Chor e SANTOS, Ricardo Ventura (orgs.), Raça, Ciência e Sociedade, Rio de Janeiro: Fiocruz/CCBB, 1996.

MOREIRA, Vânia Maria Losada, "1808: a guerra contra os botocudos e a recomposição do império português nos trópicos". *In*: CARDOSO, José Luís; MONTEIRO, Nuno Gonçalo; SERRÃO, José Vicente (orgs.), *Portugal, Brasil e a Europa Napoleónica*. Lisboa, Imprensa de Ciências Sociais, 2010, p. 391-413.

MOREL, Marco. "Independência, vida e morte: os contatos com os Botocudos durante o Primeiro Reinado". Dimensões. Revista de História da Ufes, Vitória, vol. 14, n. 1, 2002, p. 91-115.

MORENO, Cezar, A Colonização e o Povoamento do Baixo Jequitinhonha: a guerra contra os índios. Belo Horizonte: Canoa das Letras, 2001.

MOURA, José Pereira F. de, "Botocudos e Aymorés". *RAPM* XI, Ano II, 1897 [1809], p. 28-36. http://www.siaapm.cultura.mg.gov.br/modules/rapm/brtacervo.php?cid=42. Acesso em 23 de junho de 2013

NACUZZI, Lidia & LUCAIOLI, Carina P. (orgs). Fronteras: espacios de interacción ela las tierras bajas del sur de América. Buenos Aires: Sociedad Argentina de Antropologia, 2010.

NIMUENDAJÚ, Curt. "Social Organization and Beliefs of the Botocudo of Eastern Brazil". Southwestern Journal of Anthropology, vol. 2, No. 1. University of New Mexico, 1946, p. 93-115.

OTTONI, Theophilo Benedicto. "Noticia sobre os selvagens do Mucury: em uma carta dirigida pelo Sr. Theophilo Benedicto Ottoni ao senhor Dr. Joaquim Manoel de Macedo". Revista do Instituto Histórico e Geográfico Brasileiro (RIHGB), Rio de Janeiro, tomo XXI, 1858, p. 191-238. Disponível em: http://www.ihgb.org.br/rihgb.php?s=19. Acesso em: 19 de junho de 2015.

PACÓ, Domingos Ramos, "Hámbric anhamprán ti mattâ nhiñchopón? 1918". In: RIBEIRO, Eduardo, org. Lembranças da Terra: histórias do Mucuri e Jequitinhonha. Contagem: Cedefes, 1996 (1918), p. 198-211.

PACHECO DE OLIVEIRA, João (org.). A Presença Indígena no Nordeste. Rio de Janeiro: Ed. Contra-capa, 2011.

PALAZZOLO, Jacinto de. Nas Selvas dos Vales do Mucuri e do Rio Doce. Como surgiu a cidade de Itambacuri, fundada por Frei Serafim de Gorizia, Missionário Capuchinho (1873-1952). São Paulo: Companhia Editora Nacional, 1973 [1954].

PÔRTO, Reinaldo Otoni. Notas Históricas do Município de Teófilo Otoni. vol. I. Teófilo Otoni, 1928.

RIBEIRO, Darcy. Os Índios e a Civilização: a integração das populações indígenas no Brasil moderno. Petrópolis: Editora Vozes, 1977.

RIBEIRO, Eduardo. Lembranças da Terra: histórias do Mucuri e Jequitinhonha. Belo Horizonte: Sebrac, 1996.

ROCA, Andrea Claudia Marcela. Os sertões e o deserto: imagens da 'nacionalização' dos índios no Brasil e na Argentina na obra do artista-viajante. Tese de doutorado em Antropologia - Museu Nacional/UFRJ, 2010.

SCHINDLER, Helmut. "Rugendas y los Araucanos: apuntes etnográficos". In: SCHINDLER, Helmut, Rugendas. América de punta a cabo. Santiago de Chile: Editorial Aleda, 1992, p. 71-107.

SEYFERTH, Giralda. "A Invenção da Raça e o Poder Discricionário dos Estereótipos". Anuário Antropológico 93, 1995, p. 175-203.

SEYFERTH, Giralda. "La inmigracion alemana y la politica brasileña de colonizacion". Estudios Migratorios Latinoamericanos, 10 (29), 1995a, p. 53-75.

SOSA, Rodolfo Maruca. La Nacion Charrua. Montevidéu: Ed. Letras, 1957.

THURNER, Mark. "'Republicanos' y 'la Comunidad de Peruanos': Comunidades políticas inimaginadas en el Perú postcolonial". Histórica, vol. 20, n. 1, 1996, p. 93-130.

VASCONCELOS, Diogo L. A, *História Antiga das Minas Gerais*. vol. I. Rio de Janeiro: Imprensa Nacional, 1948.

VILLALOBOS, Sergio. La Vida Fronteriza en Chile. Madrid: Ed. MAPFRE, 1992.

WIED NEUWIED, Maximiliano de. Viagem ao Brasil. Coleção Brasiliana. São Paulo: Companhia Ed. Nacional, 1958 [1823].

Guerra, pacificação e sujeição: O nascimento da "escola severa" de "civilização" dos índios

Vânia Maria Losada Moreira[1]

O termo *pacificar* aparece muito cedo na documentação colonial que testemunha as relações luso-indígenas e, inicialmente, esteve claramente vinculado ao contexto da guerra de conquista instituída pelos portugueses no Novo Mundo. No regimento de 1548, que o governador-geral Tomé de Souza trouxe para o Brasil, por exemplo, prescreve-se a necessidade de cultivar a paz e realizar alianças com os índios que aceitassem a presença dos cristãos; e de mover "guerra", "castigar" e "pacificar" as linhagens e grupos indígenas "alevantados", que punham em risco a vida dos colonos e impediam os projetos e interesses coloniais.[2]

Nos termos do regimento, o processo de pacificação e castigo dos índios considerados inimigos e resistentes deveria ser feito por meio da guerra e da matança de caráter exemplar, impondo ainda o cativeiro aos sobreviventes e outras obrigações, como a cessão de alimentos.[3] Com o mesmo sentido de garantir a permanência dos cristãos no Novo Mundo, a paz a ser conservada com os índios tidos como amigos e aliados estava subordinada aos termos e exigências econômicas, militares, culturais e religiosas do conquistador. Esperava-se, por isso mesmo, ajuda dos povos e grupos amigos e aliados e que parte deles aceitasse, o quanto antes,

1 Universidade Federal Rural do Rio de Janeiro. O artigo baseia-se em pesquisa financiada pelo CNPq – Conselho Nacional de Desenvolvimento Científico e Tecnológico, no âmbito do programa Bolsa Produtividade em Pesquisa. Gostaria de agradecer aos organizadores pelo convite a participar da reflexão sobre o conceito "pacificação", que terminou dando origem a esse texto.

2 Regimento. In: MENDONÇA, Marcos Carneiro de. *Raízes da formação administrativa do Brasil.* Rio de Janeiro: IHGB/CFC, 1972, p. 35-51, §17, p. 41.

3 *Ibidem*, § 5, p. 36.

o descimento de suas aldeias originais, o aldeamento (redução) na costa atlântica, perto dos enclaves lusitanos, e a conversão ao cristianismo católico.[4]

No regimento de 1548, além disso, a principal justificava para a presença lusitana no Novo Mundo era a suposta missão evangelizadora de Portugal e de seu povo.[5] Desse ponto de vista, a guerra (conquista militar) e a catequese (conquista espiritual) eram faces diversas de uma mesma moeda e, como bem notou padre Francisco Pires, no Brasil uma não existia sem a outra: "[...] sempre me pareceu impossível nestas partes se fazer fruito sem uma de duas, *scilicet*: ou pela misericórdia do Senhor ou por sua justiça, mas elle, como quem é, usa de ambas [...]".[6]

Mais de dois séculos depois, a Carta Régia de 13 de maio de 1808 testemunha que a política colonialista de mover guerra aos índios resistentes e de avassalar amigos, aliados e rendidos reproduziu-se, com breves interrupções, até o fim do regime colonial. Nela o príncipe regente d. João decretou "guerra ofensiva" aos índios Botocudos do rio Doce, recomendando rigor e prometendo prêmios aos soldados que matassem mais índios e impedissem violências contra a vida e os negócios dos colonos.[7] Com essa medida, reintroduziu-se no cenário da América portuguesa um princípio que, às duras penas, havia sido abolido da legislação pelas reformas pombalinas: a legalidade da pena de cativeiro aos sobreviventes de guerras consideradas justas. Assim, em 1808, foi autorizado pelo poder régio que crianças, mulheres e homens das linhagens conhecidas pela alcunha de "Botocudos" permanecessem no cativeiro por dez anos ou enquanto durasse sua "fereza".[8]

Inicialmente associado ao campo semântico das ações que envolviam a guerra de conquista, o verbo pacificar sofreu um deslocamento significativo durante o período joanino, quando o binômio guerra/pacificação passou a integrar o campo semântico dos métodos e técnicas de administração de povos independentes considerados "bárbaros", influenciando, além disso, a política indigenista propriamente nacional, *i.e.*, posterior ao processo de independência. Neste texto, procurar-se-á analisar esse processo de deslocamento de significado que deu ori-

4 *Ibidem*, § 45, p. 51.

5 *Ibidem*, § 23, p. 43

6 Carta do padre Francisco Pires para o Padre Doutor. 2 de outubro de 1559. In: *Annais da Biblioteca Nacional do Rio de Janeiro*. Rio de Janeiro: Officina Ttpografia da Biblioteca Nacional, 1905, vol. XXVII, p. 250-252, p. 251.

7 13/05/1808: Carta Régia ao Governador e Capitão General da capitania de Minas Gerais sobre a guerra aos Índios Botecudos. In: Cunha, Manuela Carneiro da (org.). *Legislação Indigenista no Século XIX: Uma Compilação (1808-1889)*. São Paulo: Edusp, 1992, p. 57-60.

8 *Ibidem*.

gem a "escola severa" de "civilização" dos índios, em que a violência foi legitimada como método de ressocialização de indivíduos e grupos resistentes à dominação colonialista, mas que não representavam uma ameaça radical ao projeto colonial. Para isso, explorar-se-á algumas experiências de avassalamento de povos e grupos indígenas na região onde se instalou a capitania do Espírito Santo.

Guerra de conquista e pacificação: os Tupiniquim

Os primeiros testemunhos sobre a formação da capitania do Espírito Santo são uníssonos em afirmar que a região era densamente povoada, quando ali chegaram os primeiros portugueses. Em carta escrita em 1551, padre Afonso Brás afirmou: "São tantos e é a terra tão grande, e vão em tanto crescimento que, si não tivessem continua guerra, e si não se comessem uns aos outros, não poderia caber."[9] Sabe-se também, por fontes coevas, que a capitania de Vasco Fernandes Coutinho começou a ser construída na confluência de povos então classificados como "Tapuias" e "Tupis", *i.e.*, entre povos falantes da língua tupi-guarani e não falantes desse idioma. Os não falantes do tupi-guarani foram considerados, pelos missionários, como povos de "língua travada" e chamados de "Tapuias" que, em tupi, significava "bárbaros".[10]

Os Guarani[11] estavam localizados na bacia do Paraná-Paraguai e se estendiam, pelo litoral, da Lagoa dos Patos até Cananeia, em São Paulo. Os Tupi viviam no litoral, entre Iguape e a costa do Ceará. Para Carlos Fausto, este:

> "[...] *continuum* tupi-guarani só era interrompido em alguns pontos do litoral: próximo ao estuário do Prata pelos Charrua, na foz do rio Paraíba, pelos Goitacá, pelos Aimoré no sul da Bahia e norte do Espírito Santo, e pelos Tremembé na faixa entre o Ceará e Maranhão".[12]

Nas fontes coloniais, o termo tupinambá aparece segundo duas acepções diversas, podendo indicar vários povos Tupi que, em comum, diferenciavam-se

9 NAVARRO, Azpilcueta e outros. *Cartas Jesuíticas 2. Cartas Avulsas.* Belo Horizonte: Itatiaia; São Paulo: Editora da Universidade de São Paulo, 1988, p. 114.

10 ALMEIDA, Maria Regina Celestino de. *Metamorfoses indígenas:* identidade e cultura nas aldeias coloniais do Rio de Janeiro. Rio de Janeiro: Arquivo Nacional, 2003, p. 47.

11 Nesse texto, os etnônimos para se referir aos grupos étnicos serão grafados segundo a convenção assinada pela Associação Brasileira de Antropologia, em 1953, que prescreve o uso de maiúscula, sem flexão de gênero e número, a não ser que sejam de origem portuguesa.

12 FAUSTO, Carlos. "Fragmentos de história e cultura Tupinambá. Da etnologia como instrumento de conhecimento etno-históricao". In: CARNEIRO DA CUNHA, Manuela (org.). *História dos índios no Brasil.* São Paulo: Companhia das Letras/Secretaria Municipal de Cultura/ Fapesp, 1992, p. 381-396, p. 382.

dos Guarani; ou designar grupos bem específicos, como os Tamoio no Rio de Janeiro e os Tupinambá da Bahia.[13] Observando-se a localização dos diferentes povos indígenas primeiramente encontrados pelos portugueses, nota-se que a capitania do Espírito Santo foi fundada justamente em uma zona de confluência de povos Tapuia e Tupi. Os Tupiniquim viviam em parte do atual litoral do Espírito Santo, estendendo-se da foz do Cricaré, em São Mateus, até Ilhéus. Faziam parte do povo Tupinambá no sentido mais geral do termo. Os Goitacá se estendiam do litoral do Espírito Santo até Cabo Frio, no Rio de Janeiro, onde faziam fronteira com os Tamoio. Eles também ocupavam a parte baixa do rio Paraíba do Sul, onde disputavam o território com os Temiminó, que estavam em guerra com os Tamoio. Temiminó e Tamoio eram grupos Tupinambá. Quanto aos Aimoré, eles viviam em vastas regiões do interior, localizando-se em partes do Espírito Santo, Minas Gerais e Bahia e consta que eles foram expulsos do litoral pelos Tupinambá.

Os Goitacá e os Aimoré eram tribos consideradas tapuias por falarem "língua travada" e hoje são classificados como povos do tronco linguístico macro-je. Nos cronistas e nos documentos coloniais, eles foram representados como povos extremamente rústicos e primitivos, por possuírem uma cultura material mais simples do que a dos Tupinambá que moravam na costa, sem a presença de cerâmicas e tecelagem, por exemplo.[14] No século XIX, abundam menções sobre índios Puri, Coropó e Coroados vivendo nos sertões anexos ao Espírito Santo, Rio de Janeiro e Minas Gerais que, na avaliação de Berta Ribeiro, são os descendentes dos Goitacá. A partir da segunda metade do século XVIII, também existem muitas referências aos chamados índios Botocudos, palavra portuguesa e de uso genérico para indicar grupos indígenas que usavam adereços labiais e auriculares de formato arredondado. Aplicados aos habitantes do Espírito Santo, Minas Gerais e Bahia, o termo designa, segundo a mesma autora, índios descendentes dos Aimoré.[15] Os Botocudos também são conhecidos como Grén, Krén, Borum, sua autodenominação, e são falantes da língua borum, pertencente ao tronco macro-jê.[16]

As guerras dos Tupinambá causaram estranhamento entre os primeiros europeus que entraram em contato com eles. Em coro, salientaram dois aspec-

13 ALMEIDA, Maria Regina Celestino de, *op. cit.*, p. 47

14 RIBEIRO, Berta. *O índio na história do Brasil.* São Paulo: Global, 2001, p. 23.

15 *Ibidem*, p. 24.

16 Cf. Verbete Krenak. In: ISA – Instituto sócio Ambiental. Povos Indígenas no Brasil. Disponível em:http://pib.socioambiental.org/pt/povo/krenak. Acesso em 19 out. 2015.

tos: primeiro, a ausência de interesses econômicos e territoriais nas guerras que travavam entre si, pois, segundo os cronistas, as motivações eram fundamentalmente a vingança e a captura de prisioneiros. Em segundo lugar, espantaram-se com o destino dado aos prisioneiros capturados: a morte ritual no terreiro da aldeia, seguido pelo festim antropofágico, quando todos os membros da aldeia e seus aliados consumiam a carne, as vísceras e o sangue das vítimas. Só não comia um pouco do morto o próprio guerreiro matador. Depois de desferir o golpe fatal no crânio do inimigo, ele ganhava um nome, marcava na própria pele um sinal de seu grande feito e recolhia-se:

> [...] a quebra do crânio do primeiro inimigo lhe permitirá aceder à condição plena de homem: primeira vingança, primeira renomeação, primeiro acesso a uma mulher fértil, a um verdadeiro casamento, primeira paternidade. Todo filho era filho de um matador, e as mulheres recusavam-se a quem não houvesse matado.[17]

A centralidade da vingança e da guerra para a organização social Tupinambá é bem aceita nos debates históricos e etnológicos. Varia-se, contudo, a interpretação acerca de seu significado. Para Viveiros de Castro e Manuela Carneiro da Cunha, nos rituais de antropofagia, onde todos participavam - homens, mulheres, crianças e aliados –, constituía-se os nexos da sociedade Tupinambá no tempo e no espaço, por meio da transmissão de uma memória comum, centrada na ideia e na práxis da vingança e na alteridade em relação ao inimigo.[18] Desse ponto de vista, a memória Tupinambá não se construía por meio do culto aos antepassados, honrados por meio da guerra e da vingança. Essa hipótese foi sugerida por Florestan Fernandes, mas contestada por Alfred Metraux, que salientou inexistir nas fontes coloniais referências ao culto aos antepassados entre os Tupinambá.[19] Ao contrário, o que se transmitia e assegurava-se nos rituais antropofágicos era a própria "memória da vingança" e da alteridade em relação ao inimigo devorado. Era a vingança que, segundo Carneiro da Cunha, conectava as gerações, criando uma temporalidade contínua entre presente-passado-futuro.[20]

Em contraste com o mundo Tupinambá, a guerra dos portugueses era movida por interesses econômicos e territoriais e, de acordo com os propósitos ge-

---

17 CARNEIRO DA CUNHA, Manuela. "Vingança e temporalidade: os Tupinambá". In: CARNEIRO DA CUNHA, Manuela. *Cultura com aspas*. São Paulo: Cosac Nayfe, 2009, p. 82.

18 *Ibidem*, p. 88.

19 *Ibidem*, p. 92.

20 *Ibidem*, p. 90.

opolíticos lusitanos, os índios foram divididos em três categorias fundamentais: inimigos, índios de paz e aliados; e em relação aos inimigos, a Coroa prescreveu a chamada "guerra justa".[21] No regimento de 1548, trazido pelo governador-geral Tomé de Souza, a guerra estava no centro das preocupações pois, por toda a costa, os índios estavam "alevantados" contra os portugueses. Padre Manoel da Nóbrega, relatando à Tomé de Souza suas experiências no Brasil, considerou os cristãos do Espírito Santo particularmente "pecadores" em razão das muitas iniquidades e violências que praticavam contra os índios, movendo guerras contra eles e ensinando-os a atacarem outras nações ou grupos para vender os prisioneiros como escravos aos portugueses.[22]

À prática de comprar os prisioneiros de guerra dos próprios índios dava-se o nome de "resgate". Argumentava-se, então, que ao comprar e resgatar índios salvava-se não apenas a vida dos prisioneiros, mas também as almas dos capturadores, que, em vez de cometer o pecado de matar e comer seus prisioneiros, os vendiam para os cristãos. Nóbrega, contudo, denunciava ao governador-geral as perversões existentes por trás dos regates. Para ele, os índios estavam muito ameaçados pelos cristãos e cheios de "cobiça" pelos resgates. Em razão disso, começaram a "[...] furtarem-se a si mesmo e venderem-se como escravos. Este costume, mais que em nenhuma capitania, achei no Espírito Santo, capitania de Vasco Fernandes, e por haver mais disto se tinha por melhor capitania".[23] Enquanto no Espírito Santo os índios vendiam-se a si mesmo, *i.e.*, capturavam e vendiam pessoas proveniente de sua própria "nação" e que estavam mais vulneráveis e desamparadas, em Porto Seguro e Ilhéus os índios "nunca se venderam" e completou:

> [...] mas os Christãos lhes ensinaram que aos do sertão, que vinham fazer sal ao mar, o salteassem e os vendessem, e assim se pratica lá os do mar venderem aos do sertão quando podem, porque lhes parece bem a rapina que os Christãos lhes ensinaram [...].[24]

Os testemunhos de Nóbrega e de outros cronistas demonstram, portanto, que o processo de conquista transformou profundamente os valores que pre-

21 PERRONE-MOISÉS, Beatriz. Índios livres e índios escravos. Os princípios da legislação indigenista no período colonial (séculos XVI a XVIII). In: CARNEIRO DA CUNHA, Manuela (org.). *História dos índios no Brasil*. São Paulo: Companhia das Letras: Secretaria Municipal de Cultura: FAPESP, p. 115-132.

22 NOBREGA, Manuel. *Cartas do Brasil*. Belo Horizonte/São Paulo: Itatiaia/ Editora da Universidade de São Paulo, 1988, p. 197.

23 *Ibidem*, p. 197.

24 *Ibidem*, p. 198.

sidiam a guerra ameríndia, substituindo a dinâmica da vingança, antropofagia e honra pela lógica do medo, cobiça e comércio. Com isso, foi impondo-se os resgates, massificando-se a escravização dos índios e aumentando sensivelmente a belicosidade dos índios entre si e deles contra os conquistadores europeus. Por isso mesmo, toda a região da costa estava muito "travada" com guerras. De Ilhéus ao Espírito Santo, os índios estavam "alevantados" contra os colonos e, em razão disso, a repressão portuguesa foi particularmente violenta na região. Durante o governo-geral de Mem de Sá (1558-1572), as guerras luso-indígenas ocorreram em diferentes partes do Brasil, dentre elas Ilhéus, Espírito Santo, Rio de Janeiro, Bahia, e São Vicente. Essas guerras, além de intensas e sangrentas, foram copiosamente registradas no *Instrumento dos Serviços de Mem de Sá*:

> [...] como o gentio topenequim da capitania de Jlheos se allevantara e tinha mortos mujtos cristãos e distroidos e queimados todos os emgenhos dasuquares e os moradores estauão serquados e não comião jaa senão llaramjaas [...] distroy e matej todos os que quiserão Resistjr e a vimda vim queimando e distroindo todas as aldejas [...] de maneira que que nenhum topenequim ficou viuo e todos os troxerão a terra os poserão ao longo da praya por ordem que tomavão hos corpos perto de uma legoa [...] e constramgidos da necessidade vierão pedir mizericodia e lhes dei pazes com condição que avião de ser vassalos de sua alteza e pagar tributo e tornar a fazer os emgenhos tudo aseitarão e fizeram e ficou a terra pasifiqua [...].[25]

Terra "pacífica" era terra conquistada pela guerra, com seus moradores (gentios) sobreviventes subjugados aos interesses e ordens colonialistas. Na citação, além disso, o cenário é Ilhéus e os índios afetados pela guerra, os Tupiniquim. O objetivo da guerra contra os Tupiniquim era, em primeiro lugar, garantir a vida e a permanência dos cristãos em Ilhéus e no Espírito Santo. Cumprindo-se esse objetivo vital, tratou o governador de conceder a paz aos índios que suplicaram por "misericórdia", selando um acordo tácito de rendição em que os Tupiniquim se tornavam vassalos da Coroa, com a obrigação de pagarem tributo e de trabalharem compulsoriamente para os colonos na reconstrução de seus engenhos.

25 Annais da Biblioteca Nacional do Rio de Janeiro (ABNRJ). 1905. Rio de Janeiro: Officina Typographica da Biblioteca Nacional, 1906, vol. XXVII, p. 129-218, p. 133.

Negociação política e aliança: os Temiminó

Enquanto alguns povos eram conquistados e pacificados pela guerra, outros tornavam-se vassalos por meio de acordos políticos, selados, contudo, em um ambiente contaminado por guerras, pestilências e necessidades. No Espírito Santo, as guerras luso-indígenas só começaram a ser lentamente e parcialmente controlada a partir de 1555, ou seja, 20 anos depois do desembarque dos primeiros colonos. Para isso, foi fundamental a aliança que Vasco Fernandes Coutinho selou com o grande chefe Temiminó Maracaiá-Guaçu (Maracajaguaçu; Maracaiaguaçu; ou Maracayá-guaçu), o Gato Grande.[26] A aliança só foi possível porque no Rio de Janeiro os Tupinambá estavam em guerra e divididos, comendo-se uns aos outros, segundo o relato do jesuíta Simão de Vasconcelos. Padre Luís da Grã, percebendo que os Temiminó estavam em pior circunstância na guerra que travam contra os Tamoio, intermediou o acordo e, pouco depois, Maracaiá-Guaçu migrou para o Espírito Santo, trazendo consigo numerosa parentela que foi aldeada na região.[27]

A importância da aliança política e militar que Vasco Fernandes Coutinho selou com os Temiminó pode ser auferida na preocupação do donatário em realizá-la observando-se as formalidades e rituais prescritos e reservados às pessoas de maior condição social, *i.e.*, maior "qualidade".[28] Padre Francisco Pires deixou testemunho detalhado sobre isso, ao narrar o enterramento do filho de Maracaiá-Guaçu na capitania e a cerimônia de batismo dele, pouco tempo depois. Morto pela epidemia de varíola que varreu a região, vitimando grande número de índios livres e escravos, o filho de Maracaiá-Guaçu recebeu uma cerimônia conduzida com "grande pompa e solenidade".[29] As solenidades continuaram na festa do Espírito Santo, quando Maracaiá-Guaçu e sua mulher foram batizados e casados. Nesse momento, Vasco Fernandes Coutinho deu ao chefe indígena grande festa. Para demonstrar seu apreço e consideração, fez questão que ele recebesse seu próprio nome, a sua esposa o nome de sua mãe e seus filhos

26 OLIVEIRA, José Teixeira de. *História do Estado do Espírito Santo*. 3 ed. Vitória: APEES, 2008, p. 87.

27 ALMEIDA, Maria Regina Celestino de, *op. cit.*, p. 45; OLIVEIRA, José Teixeira de, *op. cit.*, p. 87.

28 Sobre o sistema classificatório colonial baseado na ideia de qualidade, ver RAPPAPORT, Joanne. Quién es mestizo? Decifrando la mezcla racial en El Nuevo Reino de Granada, siglos XVI y XVII. *Varia História*. vol. 25, n. 41, jan./jun. 2009, p. 43-60. Como observa a autora, a noção de qualidade envolve um conjunto variado de atributos: linhagem, legitimidade do nascimento, religião, condição social, local de residência, vestimentas, cor, profissão etc.

29 NAVARRO, Azpilcueta e outros, *op. cit.*, p. 221.

os nomes de seus próprios filhos. Assim, Gato Grande ficou também conhecido como Vasco Fernandes, o Gato.[30]

Grandes guerreiros eram também grandes matadores e, por isso mesmo, tinham muitos nomes.[31] O batismo e a aliança com Vasco Fernandes rendeu a Maracaiá-Guaçú mais um nome e, por volta de 1584, a aldeia de Vasco Fernandes, o Gato, aparece na documentação jesuítica como a mais importante da capitania do Espírito Santo, recebendo o orago de Nossa Senhora da Conceição. Além dela, duas outras foram fundadas, reunindo-se índios Temiminó e Tupiniquim: a aldeia de São João, fundada por volta de 1562, tendo à frente o grande chefe Temiminó Arariboia; e a aldeia de Cão Grande, irmão de Maracaiá-Guaçu, que ficou conhecida pelo nome de Guaraparim.[32]

CONQUISTA ESPIRITUAL E REDUÇÃO: OS PARANAUBI

A instalação dos jesuítas na capitania para evangelizar os índios é outro fator importante para explicar o gradual estabelecimento dos colonos em bases mais sólidas e seguras na região. Os primeiros jesuítas chegaram ao Brasil com o padre Manoel da Nóbrega, em 1549, e tinham ordens expressas de conquistar o "gentio" para a fé católica. Pouco depois, em 1551, inauguraram a catequese em terras de Vasco Fernandes Coutinho, por meio da ação missionária de padre Afonso Brás e do irmão Simão Gonçalves.[33]

Inicialmente, a evangelização dirigia-se especialmente aos índios escravizados pelos colonos. De acordo com o padre Afonso Brás: "Fazemos cada dia doutrina aos escravos desta villa, que são muitos. Não ouso aqui bautizar estes Gentios tão facilmente, ainda que pedem muitas vezes, porque me temo de sua inconstância e pouca firmeza [...]".[34] Pouco depois, os jesuítas passaram a evangelizar os índios em suas própria aldeias, em um trabalho itinerante; e, finalmente, terminaram criando aldeias permanentes de catequese para os índios, onde passaram a residir de modo fixo, mantendo maior controle sobre eles e seu modo de vida.

No Espírito Santo, foi importante o papel de José de Anchieta no processo de descimento e redução dos índios em aldeias administradas por missionários.

30 NAVARRO, Azpilcueta e outros, *op. cit.*, p. 222.

31 CARNEIRO DA CUNHA, Manuela, *op. cit.*, p. 80.

32 LEITE, Serafim. *História da Companhia de Jesus no Brasil.* Belo Horizonte: Itatiaia, v. 1 , l. 3, 2006, p. 244.

33 OLIVEIRA, José Teixeira de, *op. cit.*, p. 78.

34 NAVARRO, Azpilcueta e outros, *op. cit.*, p. 181-264.

Conhecido como "grande língua", *i.e.*, como homem conhecedor do idioma dos índios; e como missionário muito respeitado pelos nativos, que o tinham como um grande pajé, foi justamente quando ele ocupou o cargo de provincial (1578-1586), depois o de superior no Espírito Santo (1588-1592) e, enfim, residiu na missão de Nossa Senhora de Reritiba, onde terminou falecendo, que os aldeamentos prosperam e se consolidaram na capitania.[35] Em 1581, Anchieta afirmou existir na capitania 10 aldeias, sendo que duas estavam sob a administração direta dos missionários. Em 1584, por ocasião da visitação de padre Cristóvão Gouveia ao Espírito Santo, menciona-se a existência de oito aldeias e, dentre elas, duas funcionando como residência fixa dos padres.[36]

Ao longo do tempo, várias entradas nos sertões foram realizadas com o objetivo de descer novos grupos e povos indígenas para as aldeias da capitania. Em Reis Magos, aldeia de residência fixa dos jesuítas desde o fim do século XVI, ocorreram muitos descimentos e aldeamentos (reduções). Arco Grande – também conhecido como Miguel de Azeredo – e Inácio de Azeredo eram dois principais Tupiniquim que viviam na aldeia dos Reis Magos e, juntamente com outros 30 índios cristãos, lideraram uma entrada em 1598, que visava descer parentes fugidos do litoral, por conta das guerras e perseguições portuguesas. Passados seis meses e depois de vários encontros com aldeias de parentes e de guerras travadas contra índios de tribos inimigas, a comitiva chegou à aldeia dos Reis Magos, trazendo os novos índios. De acordo com a narrativa do padre Pero Rodrigues:

> [...] chegaram os Índios novos por esta ordem: vinham adiante os meninos com seus arcos e frechas, em uma mão, e na outra seus bordões; após eles se seguiam as mulheres, trazendo algumas delas as crianças às costas; seguia-se depois a gente de guerra, e, no cabo, vinha o principal, todo empenado a seu modo, com uma pedra verde muito fina no beiço [...].[37]

Junto com esse povo ainda veio outro principal, representando quatro aldeias. Chamava-se Jaguaraba, ou Cabelo de Cão. Sua função era claramente investigativa e diplomática. Visava verificar as condições locais e levar informações que ajudassem as quatro aldeias de seu povo a decidir sobre a conveniência ou

35 SALETO, Nara. *Donatários, colonos, índios e jesuítas: o início da colonização do Espírito Santo.* Vitória: Arquivo Público do Estado do Espírito Santo, 1998, p. 130.

36 LEITE, Serafim, *op. cit.*, V. 1, T. 1, L. 3, p. 230.

37 *Apud* LEITE, Serafim, *op. cit.*, V. 1, T. 1, L. 3, p. 245.

não de descerem dos sertões para viver junto com os missionários. Depois de seis meses morando na aldeia dos Reis Magos, Jaguaraba foi buscar sua gente que, efetivamente, terminou descendo para morar na aldeia. Além dos Tupiniquim, a aldeia de Reis Magos incorporou outras "castas" de índios: os Aimoré (Gaimoré) foram contatados, descidos e aldeados em 1619 e os Paranaubi (ou Mares Verdes), depois de várias tentativas, em 1624. Foram ainda contatadas outros grupos Tupiniquim e ainda os Pataxó. Em relação aos Pataxó, contatados em 1693, os padres escreveram que eram pessoas extremamente "rudes e silvestres"; e que não se sujeitavam "a cultivar a terra para se alimentar, nem viver vida social em Aldeias. Como aves de arribação de-repente levantam voo para onde lhes parece".[38] Esse relato demonstra que os jesuítas observavam atentamente os índios "gentios", procurando povos agricultores ou aqueles mais inclinados a praticar a agricultura e a aceitar a tutela civil e religiosa deles, pois seria sobretudo com essa "casta" de índios que eles esperavam fazer prosperar suas aldeias e missões.

Em relação aos Paranaubi, descidos e aldeados em 1624, os padres escreveram registros preciosos, definindo-os como "gente bárbara e selvagem, cuja glória toda está posta em matar e comer seus inimigos, um dos quais eram os nossos Índios".[39] Pela descrição, eram Tupinambá e, como dito pelos padres, os Paranaubi eram inimigos dos índios aldeados que, em sua maioria, eram formados por diferentes "castas" de índios, sobressaindo-se os Tupiniquim.

O sistema de contato, convencimento, descimento e redução (aldeamento) realizado pelos jesuítas é tido pela historiografia como o meio mais brando de avassalamento de povos indígenas realizado pelos conquistadores portugueses e isso fica particularmente em evidência no caso dos Paranaubi. De acordo com Serafim Leite, que analisou a narrativa missionária, a decisão de deixarem suas aldeias originais e aceitarem a nova vida entre os padres deu-se pelo receio da guerra e do cativeiro imposto pelos brancos:

> Depois de se juntarem todos, lhes explicou então o Padre o fim da sua vinda, e que viera mais de pressa do que lhes dito a primeira vez, por se arrecear dos Brancos que queriam busca-los para os cativarem; propôs então o Padre ao principal se lembrasse da palavra que lhe ti-

38 LEITE, Serafim, *op. cit.*, V. 5, T. 6, L. 2, p. 177.

39 LEITE, Serafim, *op. cit.*, V. 5, T. 6, L. 2, p. 168.

> nham dado de lhe entregar a Aldeia se viesse ele a buscá-los e não mandassem Brancos.[40]

Em outras palavras, os Paranaubi preferiram reconstruir sua vida familiar e comunitária perto dos inacianos e, naturalmente, ficar sob o controle e cerceamento deles, do que serem capturados e repartidos pelos moradores, e viver a vida dos escravizados. Além disso, na longa duração das relações luso-indígenas coloniais, a historiografia confirma que os aldeamentos dirigidos por missionários tornaram-se uma das melhores opções do mundo colonial para grupos, parentelas ou indivíduos que não tinham mais como se manter de forma autônoma em seus territórios. Perrone-Moisés argumenta, por exemplo, que terminou existindo uma "identificação entre aldeamento e liberdade" no mundo colonial;[41] enquanto Fátima Martins Lopes considera que a liberdade dos índios na colônia transformou-se, de fato, em um direito que estava especialmente reconhecido e garantido aos índios aldeados. Trava-se de "uma liberdade dentro dos limites dos aldeamentos".[42]

O nascimento da escola severa: os Botocudos e Kaigang

As informações e evidências demonstram que a construção da capitania do Espírito Santo foi feita na base da guerra de conquista e mantida e ampliada por meio de alianças e do aldeamento dos índios. Mostram ainda que os aldeamentos da capitania foram criados e reproduzidos com graus variados de violência e negociação, mas sempre tendo como pano de fundo a ameaça da guerra de conquista e da escravização dos sobreviventes. As aldeias podiam originar-se de guerras, impondo o descimento e o aldeamento aos índios vencidos; de processos mais negociados, quando violências e mortes de ambos os lados eram perdoadas e ofertado terra e proteção aos que aceitassem o descimento; ou até mesmo pela decisão dos próprios índios que, movidos por prementes necessidades e cálculos políticos e militares, terminavam por optar pelo descimento e redução voluntária, como parece ter sido o caso de Jaguaraba e seu povo e, anos mais tarde, dos Paranaubi ou Mares Verdes.

A década de 1750 marca, contudo, uma importante virada nas relações luso-indígenas na América portuguesa. Por um lado, porque Pombal reformulou

---

40 LEITE, Serafim, *op. cit.*, V. 5, T. 6, L. 2, p. 168,

41 PERRONE-MOISÉS, Beatriz, *op. cit.*, p. 123.

42 LOPES, Fátima Martins. *Em nome da liberdade:* as vilas de índios do Rio Grande do Norte sob o Diretório pombalino no século XVIII. Tese (Doutorado em História) – Universidade Federal de Pernambuco, Recife, 2005, p. 45.

a política indigenista da Coroa, editando novas leis sobre a governança, os direitos e as obrigações dos índios; por outro, porque expulsou os jesuítas da colônia, em 1759-1760, tirando dos índios seu mais forte interlocutor e aliado colonial. A ausência dos jesuítas mediando o contato e descimento de povos que ainda viviam de modo independente nos sertões ficou particularmente visível quando a Coroa ordenou a conquista e colonização dos sertões do rio Doce. Para orientar o então governador do Espírito Santo nessa tarefa, foi-lhe enviada uma cópia da carta régia de 12 de maio de 1798, para ser aplicada na capitania em tudo que ele julgasse cabível.[43]

A Carta Régia de 1798 foi especialmente expedida ao governador e capitão geral do estado do Pará e tornou-se mais conhecida na historiografia como o instrumento legal que, durante o reinado de d. Maria I, aboliu o *Diretório que se deve observar nas povoações dos índios do Pará e Maranhão, enquanto Sua Majestade não mandar ao contrário.* O Diretório entrou em vigor primeiro no Grão--Pará e Maranhão, em 1757, sendo estendido no ano seguinte também aos índios do Estado do Brasil. Foi instituído pouco antes da expulsão dos jesuítas do Brasil, substituindo o Regimento das Missões de 1686, até então em vigor, *i.e.*, o *Regimento, e Leis sobre as Missões do Estado do Maranhão, e Pará, e sobre a Liberdade dos Índios.* Em 1798, contudo, o Diretório foi abolido, segundo a justificativa de que os diretores de índios cometiam muitos abusos e excessos contra os índios.[44]

A Carta Régia de 1798 era absolutamente taxativa no que se referia ao uso da violência contra os indígenas, proibindo expressamente a realização de guerra ofensiva ou outras formas de hostilidades contra os índios que estavam nas matas. Uma década depois, contudo, a política indigenista mudou radicalmente em relação aos índios do rio Doce de Minas Gerais e do Espírito Santo, pois o príncipe regente d. João, assim que chegou ao Brasil, publicou a Carta Régia de 13 de maio 1808, deflagrando "guerra ofensiva" contra os Botocudos do rio Doce e autorizando o cativeiro dos prisioneiros por dez anos ou enquanto durasse sua "ferocidade".[45]

As razões para a decretação da guerra apresentadas textualmente no corpo da lei foram as supostas "invasões" que os índios praticavam contra as fazendas do moradores de Minas Gerais, especialmente dos que viviam no rio Doce e seus

43 MOREIRA, Vânia Maria Losada. "1808: a guerra contra os botocudos e a recomposição do império português nos trópicos". In: CARDOSO, José Luís, MONTEIRO, Nuno Gonçalo, SERRÃO, José Vicente (orgs.). *Portugal, Brasil e a Europa Napoleónica.* Lisboa: Imprensa de Ciências Sociais, 2010, p. 391-413.

44 Sobre a legislação indigenista citada, ver LOPES, Fátima Martins, *op. cit.*, cap. 2.

45 MOREIRA, Vânia Maria Losada Moreira, *op. cit.*

afluentes. Para o príncipe, o "justo terror" apresentava-se como o único método de persuasão realmente eficiente para lidar com povos considerados "bárbaros", segundo a justificativa de que as ações humanitárias e a guerra defensiva foram inúteis e incapazes de submetê-los à jurisdição portuguesa. A ação armada visava a "pacificação", "civilização" e "aldeação" dos índios, pré-requisito indispensável ao desenvolvimento da agricultura, mineração, comércio e navegação no rio Doce. A expectativa era de que:

> [...] movidos do justo terror [...] peçam a paz e sujeitando-se ao doce jugo das Leis e promettendo viver em sociedade, possam vir a ser vassallos uteis, como já o são as immensas variedades de Indios que nestes meus vastos Estados do Brazil se acham aldeados e gozam da felicidade que é consequencia necessaria do estado social [...].[46]

Analisando a situação social e econômica prevalecente no palco da guerra, representado pelos sertões de Minas Gerais e do Espírito Santo, nota-se que a guerra não era vital para os processos de conquista e ocupação regional. As bandeiras contra os índios do sertão do leste de Minas Gerais começaram a partir da segunda metade do século XVIII e demonstram que a guerra velada já estava em curso naquele território.[47] Nesse contexto, a decretação da guerra ofensiva, em 1808, apenas sancionava e incentivava o aumento das violências e das crueldades contra os índios, além de reintroduzir o direito de reduzir ao cativeiro os prisioneiros de guerra. O processo de colonização dos sertões da capitania do Espírito Santo também termina por demonstrar a mesma pouca utilidade da guerra. A população era diminuta e a capacidade de crescimento e desenvolvimento econômico interno da capitania bastante limitada, e, nesse contexto, capitania mais sofreu com a guerra do que tirou benefícios dela.[48]

Mas a guerra contra os Botocudos do rio Doce não respondia apenas aos interesses econômicos do período e pode ser melhor entendida no cenário mais amplo da monarquia lusitana, que demonstrava claros sinais de decadência e fraqueza política. O príncipe regente d. João deixou Lisboa e os súditos portugueses ao arbítrio da política napoleônica; e levou consigo uma Corte temerosa das consequências físicas e morais de viver nos trópicos coloniais, em meio a uma popu-

46 Carta Régia de 13/05/1808. In: CARNEIRO DA CUNHA, Manuela (org.). *Legislação indigenista no século XIX. Uma compilação* (1808-1889). São Paulo: EDUSP, 1992, p. 57-61.

47 RESENDE, Maria Leônia Chaves; LANGFUR, Hal. Minas Gerais indígena: resistência dos índios nos sertões e nas vilas de El-Rei. *Tempo*, Niterói, n. 23, 2007, p. 15-32.

48 MOREIRA, Vânia Maria Losada, *op. cit.*, p. 391-413.

lação multiétnica de africanos, a maior parte escravizados, e de diferentes castas de índios e mestiços.[49] Nesse contexto, desde que partiram de Lisboa, os transmigrados mitigaram a fuga e o desterro reencenando as grandezas das conquistas de Portugal: comparavam a viagem que faziam com as grandes navegações e conquistas de Vasco da Gama; e o monarca que possuíam com rei d. Manuel, um dos maiores responsáveis pela construção do império colonial português.[50] Consonante com o espírito de pastiche então em voga, o príncipe regente procurou demonstrar poder, potência e capacidade administrativa: decretou guerra justa, impondo a morte aos "bárbaros" e o cativeiro aos índios conquistados. Com a medida, procurou ainda traçar limites mais nítidos e precisos entre a "civilização" e a "barbárie" no Brasil, punindo regiamente a suposta "'barbárie" e "fereza" que prevalecia no Brasil, resumida e representada pelos Botocudos, em resposta aos medos e receios dos transmigrados.[51]

Poucos meses depois da decretação de guerra ofensiva contra os índios do rio Doce, a guerra foi estendida aos índios "Bugres" dos campos de Curitiba e Guarapuava, *i.e.*, os Kaigang, graças a Carta Régia de 5 de novembro de 1808. Nesse documento sobrepuja o interesse econômico da operação de guerra: trata-se fundamentalmente de abrir os campos de Guarapuava à colonização, pois eram terras regadas por "infinitos rios", férteis e muito próprias ao cultivo de trigo, cevada, milho, e outros cereais, e ainda possuía muitos metais preciosos.[52] É bastante frisado, além disso, o acerto de usar a violência conta povos indígenas ainda não avassalados. Referindo-se aos "louváveis frutos" que a guerra ofensiva contra aos Botocudos estava proporcionando no rio Doce, autorizou-se também a guerra ofensiva contra os Kaigang:

> [...] sendo-me também igualmente presente os louvaveis fructos que tem resultado das providencias dadas contra os Botocudos, e fasendo-se a cada dia mais evidente que não há meio algum de civilizar povos bárbaros, senão ligando-os a uma escola severa, que por alguns anos os force a deixar e esquecer-se de sua natural rudeza e lhes faça conhecer os bens da sociedade [...] deveis considerar como principiada a guerra contra estes bárbaros índios.[53]

49 SCHULTZ, Kirsten. *Versalhes Tropical.* Rio de Janeiro: Civilização Brasileira, 2008, p. 72.

50 *Ibidem*, p. 125.

51 MOREIRA, Vânia Maria Losada, *op. cit.*

52 11 nov. 1808: Carta Régia sobre os índios Botocudos, cultura e povoação dos campos geraes de Coritiba e guarapuava. In: CARNEIRO DA CUNHA, Manuela, *op. cit.*, p. 62-64.

53 *Ibidem.*

O conceito "escola severa" surge por primeira vez nesse documento e, desse ponto de vista, a Carta Régia de 5 de novembro de 1808 pode ser considerada a certidão de nascimento da "escola severa" de "civilização" de índios considerados "bárbaros" e que se interpunham ao rápido e pleno aproveitamento econômico de novas terras e regiões. Escola severa é um eufemismo para os conceitos de guerra ofensiva, guerra justa, justo terror e imposição do cativeiro aos sobreviventes da guerra. No entanto, a emergência do eufemismo na Carta Regia que deflagrou guerra contra os Kaigangs assina as dificuldades políticas e ideológicas de continuar usando, de modo intensivo, o vocabulário da guerra contra pequenos povos independentes, mais ou menos indefesos contra a superioridade bélica luso-brasileira. Os tempos eram de avanço das ideias liberais e democráticas e o "justo terror" contra os Botocudos do rio Doce, por mais que tenha alimentado o espírito de pastiche de uma Corte em fuga para o Brasil, era um arcaísmo e, como tal, foi substituído pelo conceito de escola severa.

A despeito da modernização léxica, a política indigenista de d. João era um retrocesso frente ao indigenismo ilustrado característico do período pombalino e que, até então, prevalecia como perspectiva oficial da Coroa. Dentre outras medidas, a política indigenista pombalina procurou equiparar índios e portugueses em termos direitos e distinção social, garantindo a liberdade dos índios em relação à suas pessoas, bens e comércio e proibindo qualquer artifício para reduzi-los ao cativeiro. Negando a eficiência dos parâmetros ilustrados e "humanitários", a escola severa apresentou-se e definiu-se como alternativa administrativa mais eficiente e adequada para lidar com os índios e povos indígenas independentes e passou a ser aplicada nas principais frentes de expansão da economia e da população colonial do período. Além disso, angariou detratores e apoiadores de peso.

O primeiro e mais acérrimo critico da escola severa joanina foi José Bonifácio de Andrada e Silva. Na conjuntura do processo de independência escreveu: "[...] foi ignorância crassa, para não dizer brutalidade, querer domesticar e civilizar índios à força das armas, e com soldados e oficiais pela maior parte sem juízo, prudência e moralidade".[54] Nos *Apontamentos para a civilização dos índios bravos do Império do Brasil*, documento que Jose Bonifácio preparou para levar as Cortes, em Lisboa, e que, depois da independência, apresentou à consideração

54 ANDRADA E SILVA, José Bonifácio de. "Apontamentos para a civilização dos índios bravos do Império do Brasil". In: CALDEIRA, Jorge (Org.). *José Bonifácio de Andrada e Silva*. São Paulo: Ed. 34, 2002, p. 183-199, p. 191.

dos constituintes de 1823, o termo chave é "civilização" por meios e procedimentos "brandos": aldeamento, miscigenação, educação formal em escolas, catequese religiosa e a extensão progressiva de direitos e obrigações civis e políticas. O objetivo final era a assimilação e a "nacionalização" dos índios:

> Procurará com o andar do tempo, e nas aldeias já civilizadas, introduzir brancos e mulatos morigerados para misturar as raças, ligar os interesses recíprocos dos índios com a nossa gente, e fazer deles todos um só corpo da nação, mais forte, instruída e empreendedora [...].[55]

Mas a escola severa também teve adeptos importantes e fervorosos durante o regime imperial. Um dos mais militantes foi Francisco Adolfo de Varnhagen que, ao se referir à legislação antiga e coeva acerca do índios, concluiu: "Em toda ella, excepto só na do tempo d'el rei D. João VI, falta coherencia de princípios; e falta franqueza; falta saber governar com o conhecimento dos homens, e a força de profundas convicções próprias."[56] Consonante com sua preferência pelos métodos "severos" de d. João, defendeu a tese de que os índios eram "selvagens" e capazes de perfectibilidade, *i.e.*, de civilizar-se, apenas pela ação externa de caráter coativo dos povos e Estados "civilizados". Prescreveu publicamente bandeiras para "dar caça" aos índios que resistissem e o trabalho compulsório para os avassalados:

> E depois de os sujeitar e avassalar, não os soltemos outra vez para irem para os matos com maior rancor, nem os aldeêmos junto dos mesmos matos segregados da civilização. Pelo contrário: ponhamol-os com ella o mais imediato contacto, distribuindo-os, v. gr. como clientes, pelas casas dos cidadãos honestos das grandes povoações.[57]

Para Varnhagen, o índio "bravo" deveria morrer e o "manso" trabalhar compulsoriamente para os "cidadãos honestos". Terra, cidadania e direitos eram privilégios exclusivos dos "cidadãos" e dos "brasileiros"; e os índios, como fez questão de frisar no texto *Discurso preliminar - Os índios ante a nacionalidade brasileira*, publicado na primeira edição de *História Geral do Brasil*, não eram uma coisa nem outra e tampouco deveriam ser no futuro.[58]

---

55 ANDRADE E SILVA, José Bonifácio, *op. cit.*, p. 198.

56 VARNHAGEN, Francisco Adolpho de. "Discurso preliminar. Os índios perante a nacionalidade brasileira". In: Moreira Neto, Carlos de Araújo (org.). *Os Índios e a Ordem Imperial*. Brasília: Funai, 2005, p. 328.

57 VARNHAGEN, Francisco Adolfo, *op. cit.*, p. 327

58 VARNHAGEN, Francisco Adolfo. "Discurso preliminar. Os índios ante a Nacionalidade Brazileira". In: *Historia Geral do Brazil*. Tomo Segundo. Rio de Janeiro: Casa de E. e H. Laemmert, MLCCCLVII.

Considerações finais

Comparando os textos políticos coloniais acerca dos índios e povos indígenas com os produzidos no período pós-independência, verifica-se que os portugueses se assumiam como povo "conquistador" que impunha aos índios sua soberania política e sua religião professada, por meio de diferentes estratégias: alianças e negociações; descimentos, aldeamentos e catequese; e também pelas guerras ofensivas, resgates e cativeiro. Nesse contexto, os termos "pacificar" e "pacificação" aparecem, via de regra, ligadas à guerra e ao campo semântico da conquista militar: move-se guerra contra os índios para conquista-los e derrota-los; para dissuadi-los de continuarem resistindo ou atacando os cristãos; para pacificar regiões e permitir nelas o florescimento do comércio, da agricultura e da evangelização; e para pacificá-los e trazê-los para o mundo colonial, onde deveriam trabalhar, civilizar-se e catequizar-se. Pacificar é, nesse contexto, o segundo ato da guerra de conquista, que podia redundar em um processo de ressocialização ("civilização"), evangelização e trabalho nos limites dos aldeamentos, em que se resguardava a liberdade dos neófitos; ou em cativeiro ou outras formas de sujeição dos índios aos colonos e ao Estado.

A política indigenista joanina inovou o repertório indigenista até então vigente, transformando a guerra e a violência em método de "civilização" de povos independentes. Exemplar desse processo foi a sorrateira substituição do trinômio guerra/pacificação/cativeiro pelo eufemismo "escola severa". Desde então, a conquista dos índios e de suas terras e a imposição do cativeiro aos sobreviventes deixam de estar, necessariamente, vinculados ao conceito político e jurídico da "guerra justa", perpetrada como resposta, retaliação e punição de ofensas primeiramente sofridas. Ao contrário, na "escola severa" a guerra e o cativeiro são meios tidos como mais eficientes para "civilizar povos bárbaros".

Durante o Império, desaparecem do repertório vocabular da política indigenista imperial expressões tradicionais da política indigenista colonial, notadamente aquelas ligadas ao campo semântico da "conquista". Afinal, a elite política vinculada ao processo de independência e o Estado imperial não queriam associar-se à imagem colonial e colonialista de povo e Estado "conquistador". Termos até então corriqueiros no trato com índios, como guerra defensiva, guerra ofensiva, guerra justa, pacificar, pacificação, avassalamento, sujeição etc., desaparecem dos documentos oficiais produzidos pela política indigenista imperial. Contudo, tacitamente se reconhece que existiam índios "mansos", que já faziam parte da sociedade e da nação; e índios "bravos", que deviam fazer parte da nação depois que passassem por um processo de "catequese e civilização".

Essa perspectiva está bem expressa nos *Apontamentos para a civilização dos índios bravos do Império do Brasil*, de José Bonifácio e foi transformada em política oficial do Segundo Reinado, por meio da promulgação do *Regulamento das missões de catequese e civilização dos índios* (Decreto no. 426, de 24 de julho de 1845). Curiosamente, contudo, o termo "pacificar" reaparece com força e frequência nos documentos oficiais produzidos pela política indigenista republicana, talvez em razão da presença de militares de carreira em diferentes postos de comando do *Serviço de Proteção aos Índios* (SPI). Mas, confirmando a dificuldade política e ideológica de os construtores do Estado nacional lidar com a "questão indígena" - que sempre esteve vinculado aos processos de guerra, conquista e sujeição política de povos independentes –, durante a vigência do SPI pacificar ou pacificação não formou um binômio com o termo guerra (defensiva, ofensiva ou justa). Isso terminou exigindo uma erudita e trabalhosa análise de Antonio Carlos de Souza Lima para demonstrar que, apesar disso, ao fim e ao cabo a "pacificação" do Serviço de Proteção aos Índios era uma forma sublimada de guerra de conquista, que os construtores do Estado republicano tinham dificuldade de assumir e lidar.[59]

REFERÊNCIAS BIBLIOGRÁFICAS

ALMEIDA, Maria Regina Celestino. *Metamorfoses indígenas:* identidade e cultura nas aldeias coloniais do Rio de Janeiro. Rio de Janeiro: Arquivo Nacional, 2003.

ANDRADA E SILVA, José Bonifácio de. "Apontamentos para a civilização dos índios bravos do Império do Brasil". In: CALDEIRA, Jorge (Org.). *José Bonifácio de Andrada e Silva.* São Paulo: Ed. 34, 2002, p. 183-199.

Annais da Biblioteca Nacional do Rio de Janeiro. 1905. Rio de Janeiro: Officina Typographica da Biblioteca Nacional, 1906, vol. XXVII.

CUNHA, Manuela Carneiro da (org.). *Legislação Indigenista no Século XIX: Uma Compilação (1808-1889).* São Paulo: Edusp, 1992.

CARNEIRO DA CUNHA, Manuela. *Cultura com aspas.* São Paulo, Cosac Nayfe, 2009.

FAUSTO, Carlos. "Fragmentos de história e cultura Tupinambá. Da etnologia como instrumento de conhecimento etno-históricao". In: CARNEIRO DA

59 LIMA, Antonio Carlos de Souza. *Um grande cerco de paz.* Petrópolis: Vozes, 1995, p. 61.

CUNHA, Manuela (org.). *História dos índios no Brasil.* São Paulo: Companhia das Letras/Secretaria Municipal de Cultura/ Fapesp, 1992, p. 381-396.

ISA – Instituto sócio Ambiental. Povos Indígenas no Brasil. [http://pib.socioambiental.org/pt/povo/krenak].

LEITE, Serafim. *História da Companhia de Jesus no Brasil.* Belo Horizonte: Itatiaia, V. 1 , L. 3, 2006.

LEITE, Serafim. *História da Companhia de Jesus no Brasil.* Belo Horizonte: Itatiaia, vol. 5 , T. 6, L. 2, 2006.

LIMA, Antonio Carlos de Souza. *Um grande cerco de paz.* Petrópolis: Vozes, 1995.

LOPES, Fátima Martins. *Em nome da liberdade:* as vilas de índios do Rio Grande do Norte sob o Diretório pombalino no século XVIII. Tese (Doutorado em História) Universidade Federal de Pernambuco, Recife, 2005.

MENDONÇA, Marcos Carneiro de. *Raízes da formação administrativa do Brasil.* Rio de Janeiro: IHGB/CFC, 1972.

MOREIRA, Vânia Maria Losada. "1808: a guerra contra os botocudos e a recomposição do império português nos trópicos". In: CARDOSO, José Luís, MONTEIRO, Nuno Gonçalo, SERRÃO, José Vicente (orgs.). *Portugal, Brasil e a Europa Napoleónica.* Lisboa: Imprensa de Ciências Sociais, 2010, p. 391-413.

NAVARRO, Azpilcueta e outros. *Cartas Jesuíticas 2. Cartas Avulsas.* Belo Horizonte: Itatiaia; São Paulo: Editora da Universidade de São Paulo, 1988.

NOBREGA, Manuel. *Cartas do Brasil.* Belo Horizonte/São Paulo: Itatiaia/ Editora da Universidade de São Paulo, 1988.

OLIVEIRA, José Teixeira de. *História do Estado do Espírito Santo.* 3 ed. Vitória: APEES, 2008, p. 87.

PERRONE-MOISÉS, Beatriz. "Índios livres e índios escravos. Os princípios da legislação indigenista no período colonial (séculos XVI a XVIII)". In: CARNEIRO DA CUNHA, Manuela (org.). *História dos índios no Brasil.* São Paulo: Companhia das Letras: Secretaria Municipal de Cultura: FAPESP, p. 115-132.

RAPPAPORT, Joanne. "Quién es mestizo? Decifrando la mezcla racial en El Nuevo Reino de Granada, siglos XVI y XVII". *Varia História.* vol. 25, n. 41: p. 43-60, jan./jun. 2009.

RESENDE, Maria Leônia Chaves; LANGFUR, Hal. "Minas Gerais indígena: resistência dos índios nos sertões e nas vilas de El-Rei". *Tempo*, n. 23: 2007, p. 15-32.

RIBEIRO, Berta. *O índio na história do Brasil*. São Paulo: Global, 2001.

SALETO, Nara. *Donatarios, colonos, índios e jesuítas: o início da colonização do Espírito Santo*. Vitória: Arquivo Público do Estado do Espírito Santo, 1998.

SCHULTZ, Kirsten. *Versalhes Tropical*. Rio de Janeiro: Civilização Brasileira, 2008, p. 72.

VARNHAGEN, Francisco Adolpho de. "Discurso preliminar. Os índios frente a nacionalidade brasileira [1852]". In: MOREIRA NETO, Carlos de Araújo (org.). *Os Índios e a Ordem Imperial*. Brasília: Funai, 2005.

VARNHAGEN, Francisco Adolfo. Discurso preliminar. Os índios ante a Nacionalidade Brazileira. In: *Historia Geral do Brazil*. Tomo Segundo. Rio de Janeiro: Casa de E. e H. Laemmert, MLCCCLVII.

Segunda Parte

Formação do Estado Nacional e pacificação na política

Pacificação e política, 1835-1846

Hendrik Kraay[1]

Na véspera do carnaval de 1841, ano em que a polícia prometia grandes esforços na luta contra o entrudo, o cronista do *Jornal do Commercio* defendeu a antiga tradição e chegou a sugerir que ela fosse adaptada às urgentes necessidades políticas que o Brasil enfrentava:

> [...] consta-nos que, inspirado pela tão profícua lembrança da autoridade francesa, um de nossos engenheiros concebeu o projeto de enorme máquina movida por vapor: é uma espantadíssima seringa, em cujo bojo cabem todas as águas que correm dos chafarizes da cidade: pode graduar-se-lhe o impulso com que depois arroja de si essas águas, que em seu maior grau de força chegariam, se preciso fosse, até os confins do Rio Negro: deu-lhe o inventor o nome de PACIFICADORA, e pede somente uns trinta mil contos para fazê-la. Estamos que não será repelida sua oferta, e assim conseguir-se-á incalculáveis vantagens. Rebele-se, v.g. o Rio Grande: asseste-se a seringa na direção dessa província, gradue-se-lhe a força de projeção ... eia, trabalhe meia hora, e a paz reina em toda a parte. Agita-se o Pará: eia, assestada a PACIFICADORA, está tudo *entrudado*, tudo rindo-se, tudo serenado. Que essa máquina é o mais feliz dos humanos inventos não sofre dúvida alguma; já vemos em próximo futuro o dia em que dois exércitos inimigos, em frente um do outro, em vez de pelejaram com o fogo,

1 Agradeço a assistência na pesquisa de David Barrios Giraldo e os comentários valiosos de Adriana Barreto de Souza. A revisão do português é de Mariana Hipólito R. Mota. Caso não seja explicitamente indicado, os periódicos citados foram publicados no Rio de Janeiro.

> pelejarão com água; em vez de mosquetes e canhões, tiram as PACIFICADORAS, e não lutarão de energia, de gênio, mas sim de impávida constância em suportar o molho ou em destramente evitá-lo.

O cronista viu apenas um "inconveniente": "onde se achará água para apagar tantos incêndios; os chafarizes não bastarão, não bastarão os rios, nem mesmo os mares todos".[2] Poderia ter mencionado outro: trinta mil contos era o dobro do orçamento anual do Império na época.[3]

Pacificar as províncias rebeldes com meia hora de trabalho era sem dúvida o sonho de muitos estadistas brasileiros. A sátira do conceito de pacificação nessa crônica é um indício da divulgação da palavra nos intermináveis debates no parlamento e na imprensa sobre os meios mais adequados para pôr fim às rebeliões nas províncias. Nas décadas de 1830 e 1840, houve um grande crescimento da frequência com que a palavra "pacificação" (e seus derivados) era mencionada nos periódicos brasileiros (Tabela 1).[4] A frequência de sua utilização, no entanto, reduziu-se consideravelmente nos periódicos da década de 1850 (apesar do crescimento do número e das dimensões de tais periódicos), reforçando a constatação (nada surpreendente) de que a pacificação era uma preocupação da Regência e da primeira década do Segundo Reinado.[5]

O que significava "pacificação" na primeira metade do século XIX? O *Dicionário da língua brasileira* de Luiz Maria da Silva Pinto (1832) não nos ajuda muito: para "pacificação" oferece "ação de pacificar" e, para "pacificar", oferece "pôr em paz, apaziguar". Mais interessante é o *Dicionário da língua portuguesa* de Antonio de Morais Silva (1789). Neste, "pacificação" é "o ato de pacificar, fazer as pazes, ficar em paz" e um "pacificador" é o "restituidor da paz, apaziguador". O verbo "pacificar" tem um verbete mais longo: "restituir a paz, apaziguar. V.g. *pacificar a Europa*; aquietar desavindos, e discordes; fazer obedecer revoltados, ou rebeldes; amigar, e fazer paz entre inimigos, ou pessoas que brigam."[6]

---

2 "O entrudo" (folhetim), *Jornal do Commercio*, 21-22 fev. 1841.

3 BARMAN, Roderick J. Brazil: The Forging of a Nation, *1798-1852*. Stanford: Stanford University Press, 1988, p. 166.

4 O *Jornal do Commercio*, o jornal mais importante da época, e o *Diario de Pernambuco* não faziam parte da Hemeroteca Digital Brasileira na época da pesquisa (por serem jornais correntes). Contudo, acredito que a inclusão deles não mudaria as tendências gerais indicadas na Tabela 1.

5 Parece que os estudiosos que ligam o uso atual da retórica de pacificação à história colonial e à política indigenista desconhecem as pacificações das décadas de 1830 e 1840. OLIVEIRA, João Pacheco de. "Pacificação e tutela militar na gestão de populações e territórios". Mana, Rio de Janeiro, vol. 20, no. 1, 2014, p. 125-61.

6 PINTO, Luiz Maria da Silva. Diccionario da língua brasileira. Ouro Preto: Typographia da Silva, 1832, sem paginação; SILVA, Antonio de Moraes. Diccionario da lingua portugueza. Lisboa: Na

Dado que "fazer obedecer revoltados, ou rebeldes", ou pacificar as províncias rebeldes, era a grande preocupação do mundo político de 1835 a 1845, analisarei neste capítulo o debate sobre a pacificação desde a eclosão da Cabanagem até o fim da Farroupilha. Este recorte temporal é arbitrário, pois, como é demonstrado pelos outros capítulos deste livro, a pacificação é uma preocupação recorrente na história brasileira. De forma a prezar pela viabilidade da pesquisa, optou-se arbitrariamente pela restrição à palavra "pacificação. O período engloba cinco grandes revoltas – a Farroupilha no Rio Grande do Sul, a Cabanagem no Pará, a Sabinada na Bahia, a Balaiada no Maranhão e a revolta liberal de São Paulo e Minas Gerais. A denominada pacificação delas foi um elemento central na criação do Estado brasileiro e na política partidária emergente da época. Como observou Justiniano José da Rocha, jornalista conservador e publicista incansável que será muito citado neste capítulo, a revolta do Rio Grande do Sul foi "a escadinha por onde [subiam] e [desciam] ministérios". Em 1843, acrescentou que a província tinha "servido de escada com que os partidos têm subido ao poder e dele descido (...). Toda a prosperidade do Brasil e todos os seus melhoramentos, toda a sua ventura estão empresados para o dia que se pacificar o Rio Grande, em que essa pacificação trouxer, como imediata consequência, a consolidação da ordem pública".[7] Pensar a pacificação, entretanto, não é fácil para historiadores. A julgar pela grande quantidade de estudos sobre revoltas e rebeliões, estamos mais interessados nas tentativas de revolucionar, ou pelo menos de mudar a sociedade vigente, do que em analisar suas derrotas.[8] Todavia, a forte presença de questões relacionadas ao que se denominou "pacificação" nos debates políticos da época urge uma análise mais profunda.

A pacificação

Na década de 1820, o conceito de pacificação não fazia parte do discurso político brasileiro. No *Diário Fluminense*, no periódico com o maior número de ocorrências da palavra, ela aparece em apenas 46 das 8.338 páginas publicados em 2.052 números entre 1825 e 1831 (Tabela 2). Em apenas cinco das ocorrências, o objeto da pacificação é brasileiro: a vila de Caetité (onde havia acirradas disputas entre portugueses e brasileiros), índios botocudos e naknenuk de Minas

---

Officina de Simão Thaddeo Ferreira, 1798, vol. 2, p. 144-45.

7 Artigos intitulados "Negocios do Rio Grande" e "Rio Grande", ambos publicados no jornal *O Brasil*. Ver respectivamente as edições de: 4 out. 1842; e 6 abr. 1843.

8 Para um exemplo dessa tendência, ver DANTAS, Monica Duarte (org.). Revoltas, motins, revoluções: homens livres pobres e libertos no Brasil do século XIX. São Paulo: Alameda, 2011.

Gerais e as províncias do Pará e da Cisplatina). A grande maioria das ocorrências aparece nas matérias sobre a guerra pela independência da Grécia e sobre a intervenção das potências europeias no Oriente Médio. Embora continuem durante a década de 1830, essas referências à pacificação internacional se tornam fortemente minoritárias a partir de meados da década. Em 1837, o *Pharol do Império* noticiou que o presidente dos Estados Unidos pretendia "efetuar uma pacificação entre o México e Texas"; no ano seguinte, *O Universal* (Ouro Preto) noticiou as revoltas de "Canandá" [sic] e os debates em Londres sobre a "pacificação" da colônia que, segundo o jornal, havia proclamado sua independência. Em 1840, *O Despertador* noticiou que as medidas adotadas pela rainha da Espanha "para a completa pacificação da monarquia" estavam sendo bem recebidas.[9]

A partir de 1835 e 1836, a pacificação se tornou a preocupação principal dos governos brasileiros, como pode ser notado pela grande frequência com que a palavra começou a aparecer nos periódicos em relação à Cabanagem no Pará, que eclodiu em janeiro de 1835, e à Farroupilha no Rio Grande do Sul, que começou em setembro do mesmo ano. Não vou narrar a história desses movimentos e dos outros que se seguiram (já bastante conhecida), a não ser para explicitar elementos importantes dos debates sobre suas respectivas pacificações. Em grande parte das ocorrências, o termo "pacificação" era usado de forma neutra ou objetiva. Os leitores que procuravam notícias sobre as operações militares contra os rebeldes liberais de São Paulo e Minas Gerais em 1842 achavam-nas debaixo de títulos como "Pacificação de São Paulo" ou "Pacificação de Minas".[10] Os servidores públicos que ofereciam parte do seu ordenado ao governo até a "completa pacificação" do Rio Grande do Sul entendiam-na como um momento preciso, que seria facilmente identificado.[11] Assim, o uso do termo tornava-se algo normal ou mesmo banal, apesar de ser um eufemismo que escondia, dentre outras coisas, muita violência.

Na retórica, "pacificação" se distinguia de "conquista" ou da ideia de guerra contra inimigos externos. Em 2 de março de 1838, o Brigadeiro José de Souza Soares de Andréa (o futuro Barão de Caçapava), presidente do Pará e representante da linha dura contra rebeldes de todos os estirpes, apresentou sua fala à

9 "Mexico e Texas", *Pharol do Imperio*, 14 abr. 1837; "Canandá", *O Universal* (Ouro Preto), 4 maio 1838; "Noticias estrangeiras", *O Despertador*, 13 fev. 1840.

10 Ver, para alguns exemplos, *O Brasil*, 19 jul. e 15 set. 1842; *Publicador Maranhense* (São Luiz), 20 jul. 1842; *O Diario Novo* (Recife), 19 set. 1842; *O Correio Sergipense*, 24 set. 1842.

11 Correspondência de Seu Constante Leitor, *O Brasil*, 10 dez. 1842; "Governo da província: Expediente do dia 17 de abril", *Publicador Maranhense* (São Luiz), 11 maio 1844.

assembleia provincial. Lamentou que "o barbarismo parecia querer devorar de um só trago toda a Civilização existente" e relatou seus sucessos na "penosa empresa de restituir esta província à obediência e à ordem", entre eles "a posse da Capital, a pacificação de toda a costa do Salgado até Maranhão, a conquista da grande Ilha de Joanes [e] a prisão dos principais rebeldes e destruição de seus bandos". Para ele, já reinava "a tranquilidade (...), tanto nesta Capital, como nas Vilas, Freguesias e nos rios aonde a conquista e pacificação se podem dar por concluídas".[12] Um periódico liberal maranhense não demorou a criticar a atuação e a retórica de Andréa: "E que diremos do termo odioso de conquista que ele emprega, quando se refere à pacificação de uma porção do território brasileiro? Queria acaso S. Exc. ultrajar somente os infelizes brasileiros do Pará, ou teria em vista justificar todas as extorsões odiosas que nessa província se tem feito, como se fora um país conquistado ao inimigo estrangeiro?"[13] No ano seguinte, o deputado liberal Teófilo Otoni voltou à carga contra o então marechal durante o curto período em que Andréa tomava assento na câmara temporária na qualidade de deputado suplente pelo Pará:

> Não posso deixar de protestar contra uma expressão do nobre ex-presidente do Pará (...), a expressão de "conquista" aplicada à pacificação do Pará. O nobre deputado não foi encarregado de conquistar o Pará, mas de vencer os rebeldes, e de estabelecer naquela província o império da lei. Talvez que desta ideia que suponho falsa, que levou o nobre deputado, relativa à sua missão, nasceram os abusos, ou muitos dos abusos de que é acusada a sua administração.[14]

Críticas à atuação de Andréa seriam recorrentes, tanto durante a sua presidência do Pará (abril de 1836 a abril de 1839) como durante o período em que seria presidente de Santa Catarina (agosto de 1839 a junho de 1840), do Rio Grande do Sul (junho a novembro de 1840) e de Minas Gerais (março de 1843 a julho de 1844).[15] Outros, em contrapartida, queriam conferir-lhe o título de "pacificador", que seria posteriormente conquistado pelo Barão de Caxias.

---

12 "Provincia do Gran-Pará", *O Sete d'Abril*, 30 jun. e 2 jul. 1838.

13 *Chronica Maranhense* (São Luiz), 5 abril 1838.

14 "Camara dos Deputados: sessão em 25 de junho", *Correio Mercantil* (Salvador), 29 jul. 1839.

15 "O presidente do Pará", *O Sete d'Abril*, 23 ago. 1837; "Ainda o Sr. Andreas", *A Phenix* (São Paulo), 3 out. 1838; "Falla do Throno", *Aurora Fluminense*, 22 out. 1838. Sobre Andréa e seus críticos, ver MACHADO, André Roberto de A. "O direito e o arbítrio em tempos de guerra: os debates no parlamento em torno das garantias constitucionais durante a repressão à Cabanagem (1835-40)". In: NEVES, Lúcia Maria Bastos P., BESSONE, Tânia Maria (orgs.). Dimensões políticas do Império

Encontrei poucas ocorrências do uso da palavra "conquista" inseridas em clara relação com o termo "pacificação". Em maio de 1843, o *Pharol Constitucional* lamentou que o recrutamento realizado "ultimamente depois da pacificação ou, antes, conquista das duas desventuradas províncias de São Paulo e Minas" não passou de "instrumento de vingança" dos vencedores.[16] Era o desabafo de um jornalista liberal, simpatizante dos movimentos derrotados em 1842. Em 1845, *A Tribuna* explicou que "a pacificação só por meio da força, deixaria de o ser, porque assim se não obteriam todos os fins que se devem desejar; a província teria a sorte de um país conquistado; seria subjugada, sim, mas não unida e livre restituída ao grêmio da associação brasileira".[17] Era a avaliação positiva de um periódico liberal das negociações que puseram fim à Farroupilha.

Embora se distinguisse do que se entendia por "conquista", "pacificação" era um eufemismo que escondia muita violência. Em abril de 1838, o *Correio Mercantil* recomendou que os eleitores baianos votassem em Pedro de Araújo Lima para regente, pois "a ele se devem tantos benefícios, sobre os quais resplandece a pacificação da província da Bahia".[18] O jornal conservador de Salvador, assim, evitava chamar atenção ao massacre dos rebeldes ocorrido em março, que todos presenciaram e que foi amplamente discutido na imprensa da Corte e no parlamento.[19] Depois de maio ou junho de 1838, a palavra "pacificação" desaparece das notícias sobre a Bahia nos periódicos da Corte, padrão que se verifica também em relação aos outros movimentos. Embora houvesse um intenso trabalho da parte das autoridades civis e militares baianas no sentido de punir os rebeldes, de reorganizar as forças armadas e policiais, e de desqualificar qualquer manifestação política que parecesse com a rebelião, esses esforços não se qualificavam como "pacificação".[20]

---

do Brasil, Rio de Janeiro: Contra Capa, 2012, p. 156-61; ANDREA, José. O Marechal Andréa nos relevos da História do Brasil. Rio de Janeiro: Biblioteca do Exército, 1977, p. 131-33.

16 "Fuzão das camaras", *Pharol Constitucional*, 5 maio 1843.

17 "A pacificação do Rio Grande", *A Tribuna*, 28 mar. 1845.

18 *Correio Mercantil* (Salvador), 21 abr. 1838.

19 Ver, por exemplo, "Interior", *Jornal dos Debates*, 25 maio 1838; Fala de Bernardo Pereira Vasconcelos, 23 maio 1838, *Correio Official*, 7 jun. 1838. Sobre o massacre, ver KRAAY, Hendrik. "'Tão assustadora quanto inesperada': a Sabinada baiana, 1837-1838". In: DANTAS, Monica Duarte (org.). *op. cit.*, p. 278-79.

20 Sobre a reorganização das instituições baianas depois da Sabinada, ver KRAAY, Hendrik. Política racial, Estado e forças armadas na época da Independência: Bahia, 1790-1850. São Paulo: Hucitec, 2011, p. 242-67, 346-63; ARAÚJO, Dilton Oliveira de. O tutu da Bahia: transição conservadora e formação da nação, 1838-1850. Salvador: EdUFBa, 2009.

A pacificação das populações indígenas era pouco discutida na imprensa dessa época. Em 1839, lamentava-se as "agressões dos indígenas naknenuk no Termo de Minas Novas" e "a demora que teve o Governo em expedir as ordens necessárias para a pacificação do país invadido pelos selvagens".[21] Em 1845, o *Brado de Caxias* criticou a decisão do governo maranhense de contratar o língua (intérprete) José Bento de Barros e dezoito índios aldeados "a fim de por meios brandos e boas promessas chamarem os índios dos centros do Codó à vida pacífica e agrícola". Havia muitos "escravos fugidos, desertores e vadios" acoitados entre os "selvagens"; aqueles eram "os maiores obstáculos" para a pacificação, pois incentivavam "os selvagens nas suas perigosas correrias". Havia dois meios para "domesticar os selvagens (...): os meios brandos e os meios da força". Os primeiros foram empregados pelos jesuítas e outros missionários, mas não havia "esperança de levar avante a catequese e pacificação dos índios". Não se queria "pregar uma cruzada contra os selvagens", mas tampouco se desejava "deixar os nossos lavradores de mãos atadas sofrendo suas perniciosas assaltadas"; portanto, aconselhava-se o uso da "força como o único expediente para refreá-los e contê-los nas suas devastações".[22]

Salvo engano, em nenhuma das ocorrências a palavra "pacificação" é usada em referência a escravos. Talvez fosse apenas resultado do fato de que os jornais da época não costumavam divulgar notícias sobre a resistência escrava. No entanto, essa ausência destaca que o principal alvo da pacificação eram os cidadãos rebeldes (ou cidadãos em potencial). Estes, considerava-se, poderiam ser reintegrados à nação uma vez que se sujeitassem à autoridade imperial. Os indígenas, ainda que em uma posição subordinada, também poderiam vir a integrá-la. Já para os escravos, não havia lugar na nova nação. O destino a ser dado aos escravos libertos que lutaram nas forças farroupilhas foi, portanto, uma das questões mais complicadas nas negociações que puseram fim ao movimento. A paz de Ponche Verde só foi possível porque muitos desses libertos pereceram na batalha de Porongos (14 de novembro de 1844). Afinal, apenas pouco mais de cem soldados libertos foram entregues ao governo imperial ao fim da batalha. Ainda assim, para o publicista conservador Justiniano José da Rocha, "sua conservação no país era um perigo, conceder-se-lhes a liberdade era funestíssimo e de horrível exemplo, fazê-los voltar ao cativeiro, ao domínio dos seus antigos

21 "Provincia de Minas Gerais" (do *Correio de Minas*), *O Sete d'Abril*, 17 mar. 1839.

22 "Os índios", *Brado de Caxias* (Caxias), 6 dez. 1845.

senhores, talvez fosse de ainda mais terríveis perigos"; preferia que fossem deportados do Brasil.[23]

Pacificar as províncias, isto é, "fazer obedecer" os "revoltados e rebeldes" que rejeitavam a ordem imperial, significava pacificar cidadãos brasileiros e, em certos casos, homens que haviam servido em altas posições, caso do ex-regente e senador do Império Diogo Antonio Feijó durante as revoltas liberais de 1842.[24] Em outros casos, tratava-se de movimentos sociais de homens livres e pobres que, todavia, não deixavam de ser cidadãos - pelo menos na retórica dos oposicionistas liberais, que tendiam a defender os direitos destes. As formas pelas quais efetuar a pacificação eram não só uma das grandes questões políticas da época, mas também um dos elementos constitutivos dos partidos políticos brasileiros cujos partidários - como mostrarei adiante - se identificavam ou se auto-identificavam em torno das políticas pacificadoras.

A pacificação no processo político-partidário

Durante a década de 1835 a 1845, houve longos e intensos debates sobre os meios mais adequados de pacificar as províncias onde a ordem estava alterada. Nesses debates, há dois grandes temas recorrentes e interligados. O contraste entre os meios brandos ou conciliatórios e o uso da força na política de pacificação constituía o primeiro deles, que estava intimamente ligado ao segundo tema, referente à política partidária emergente. Nesses debates, percebe-se a crescente identificação dos dois grupos que constituíam o núcleo dos partidos conservador e liberal da segunda metade do século: os saquaremas (o partido ordeiro ou o partido da ordem), que viriam a ser os futuros conservadores, e os luzias, como foram apelidados os futuros liberais depois da derrota sofrida em agosto de 1842 em Minas Gerais. Aqueles defendiam a centralização do poder e estes se organizavam em torno da defesa dos direitos dos cidadãos, que julgavam estar ameaçados pelo projeto centralizador.[25] Tais direitos, dentre outros, incluíam a liberdade

---

23 "O Rio-grande", *O Brasil*, 5 abr. 1845. O destino final dos soldados libertos entregues ao governo imperial ainda não foi elucidado. Sobre os escravos na Farroupilha, ver SOUZA, Adriana Barreto de. *Duque de Caxias: o homem por trás do monumento*. Rio de Janeiro: Civilização Brasiliera, 2008, p. 410, 503, 512-27, 532; KRAAY, Hendrik. "Arming Slaves in Brazil from the Seventeenth to the Nineteenth Centuries". In *The Arming of Slaves: From Classical Times to the Modern Age*, MORGAN, Philip J., BROWN, Christopher (orgs.). New Haven: Yale University Press, 2006, p. 160-62.

24 HÖRNER, Erik. Até os limites da política: a "Revolução Liberal" de 1842 em São Paulo e Minas Gerais. São Paulo: Alameda, 2014.

25 Sobre o processo político-partidário da época, ver NEEDELL, Jeffrey D. The Party of Order: The Conservatives, the State and Slavery in the Brazilian Monarchy, 1831-1871. Stanford: Stanford University Press, 2006, p. 30-111; BARMAN, Roderick J. *op. cit.*, p. 162-227; CASTRO, Paulo Pereira.

da imprensa, o voto, a proteção contra atos arbitrários da parte das autoridades (como o recrutamento para o Exército), o pleno funcionamento das instituições liberais como a Guarda Nacional e o juizado de paz.

Em 1845, *A Tribuna* se perguntou: "Qual resultado terá a pacificação do Rio Grande? Qual seria se estivesse no poder o partido regressista" (isto é, os saquaremas ou conservadores que subiram ao poder pela primeira vez em setembro de 1837, mudança política conhecida como o "Regresso")? Respondeu levando em conta os

> principais lados em que se divide o Império: a gente que está no poder [o primeiro gabinete do Quinquênio Liberal] tem por base da sua política a brandura e conciliação; a gente vencida em 2 de fevereiro [o gabinete anterior, de feição saquarema], tem por base o regresso e o terror. O medo, dizem constantemente os Srs. [Bernardo Pereira de] Vasconcelos e Paulino [José Soares de Souza, o futuro Visconde do Uruguai], é que deve reger o Brasil; a máxima dos Srs. [Manoel] Alves Branco [futuramente o segundo Marquês de Caravelas], [Francisco de] Paula Souza [e Melo] e outras pessoas conspícuas do partido contrário, é que os brasileiros só podem ser levados pela persuasão; que é mister o castigo, mas raramente. Uns tem sido advogados das anistias; os outros de medidas fortes e extralegais. (...) Uns procuram casar o esplendor da coroa com a liberdade pública; os outros só acham monarquia no absolutismo do poder executivo, e à Turca nivelam todas as condições, sem respeitaram serviços; querem exceções para os bem-aventurados senhores dos Saquaremas: os mais todos são para eles canalha".[26]

O uso do termo "partido em contrário" pelo jornal *A Tribuna* evidencia que ainda não havia partidos liberal e conservador organizados. No entanto, mesmo sendo um indício da indefinição partidária da época, o periódico distinguia nitidamente duas correntes que podiam ser qualificadas de liberal e conservadora, tendo clara simpatia por aquela. Estas mesmas correntes políticas eram identificadas por Justiniano José da Rocha nos seus muitos artigos sobre política, todos publicados n'*O Cronista* e n'*O Brasil*. Ambas a falta de formalização partidária e a tendência crescente de distinguir-se entre grupos liberais e conservado-

---

"A 'experiência republicana', 1831-1840" e "Política e administração de 1840 a 1848". In: HOLANDA, Sérgio Buarque de (org.). *História geral da civilização brasileira*. 2ª edição, tomo 2, vol. 2. São Paulo: Difusão Europeia do Livro, 1967, p. 9-67, 509-40.

26 "Qual resultado terá a pacificação do Rio Grande? Qual seria, se estivesse no poder o partido regressista?" *A Tribuna*, 15 maio 1845.

res já eram visíveis quando Feijó assumiu a Regência em 12 de outubro de 1835 e logo teve que enfrentar a Cabanagem e a Farroupilha.

A diferença na origem social dos dois movimentos já foi amplamente reconhecida pela historiografia – a Cabanagem foi uma tentativa de revolução social e um movimento popular enquanto a Farroupilha foi um movimento político liderado por fazendeiros rio-grandenses – e alguns jornalistas tratavam dessa questão nas suas recomendações sobre os melhores meios de pacificá-los. Segundo o *Atlante*, em 1836, "aos olhos do homem político, não tinham as barbaridades do Pará um caráter tão assombrador como a sedição do Rio Grande", pois a Cabanagem não "ameaçava realmente a integridade do Império". Os rebeldes paraenses "não estavam armados para triunfo de princípio nenhum político e é da natureza humana cansar de ser bárbaro, e arrepender-se de o haver sido". O erro do governo foi mandar um presidente nascido em Portugal (Andréa) que logo despertou os ódios contra "brasileiros do quarto" (portugueses naturalizados brasileiros pelo Artigo 4º do Título II da constituição de 1824 por residirem no Império na época da Independência): "nessa nomeação quem não viu logo que em vez de pacificação se queria o extermínio dos revoltosos?" O erro do governo no Rio Grande do Sul, por sua vez, foi o "sistema inaudito de condescendências", impróprio para uma província com um "espírito militar" muito desenvolvido, próxima a repúblicas, e com uma população que tendia a rejeitar o título de brasileiro.[27] Essa análise é completamente contrária ao raciocínio do regente Feijó, que não hesitou em mandar tropas sob o comando de Andréa para Belém para reprimir a revolução social, mas julgou que os rebeldes rio-grandenses tinham o direito de escolher a relação da sua pátria com o Brasil.[28] A repressão violenta dos rebeldes paraenses teve sucesso e, já em 1838, periódicos governistas davam a província por pacificada[29]; em março de 1839, Andréa foi exonerado e tomou assento na Câmara dos Deputados na qualidade de representante do Pará, onde foi, como vimos, duramente criticado pelos deputados da oposição.

Quanto ao Rio Grande do Sul, em meados de 1836, ainda esperava-se pacificar a província pelos "meios brandos" que, segundo Feijó, competia empregar contra revoltas de elite; e um jornalista chegou, inclusive, a defender o governo contra acusações de frouxidão por não ter enviado mais tropas: "Se o Governo

---

27 *Atlante*, 20 maio 1836.

28 CASTRO, Paulo Pereira. *op. cit.*, p. 51-52; BARMAN, Roderick J. *op., cit.* p. 182-85. Em 1843, Justiniano José da Rocha já apresentava essa tese, "O Rio Grande, e a opposição", *O Brasil*, 12 ago. 1843.

29 "Contrapezo! Aviso ao publico," *O Sete d'Abril*, 20 mar. 1838; "Discurso do Sr. Ministro da Justiça pronunciado na Sessão de 7 de junho de 1838", *Correio Official*, 9 jun. 1838.

mandasse, batesse, destruísse, de certo a Oposição se levantaria em altos gritos, declarando atrozes essas medidas, e comparando esse sistema ao sistema dos Sultões da Turquia".[30] A instabilidade dos gabinetes durante a regência de Feijó (cinco ministérios entre outubro de 1835 e setembro de 1837) deu larga margem a mudanças na política pacificadora no Rio Grande do Sul, percebida pelos farroupilhas. Em meados de junho de 1837, Antonio de Souza Neto, um dos líderes dos republicanos do Rio Grande do Sul, escreveu:

> O Governo do Brasil [o gabinete de 16 de maio, último da regência de Feijó] adotou uma marcha inteiramente oposta à anterior, ordenando ao novo presidente que empregue todos os meios de brandura, a ver se consegue a pacificação da província, oferecendo todo o gênero de garantias, contanto que voltávamos à união com o Brasil: este passo é filho de sua extraordinária fraqueza, e não de uma virtude eminente.[31]

Incapaz de lidar com os problemas do país, Feijó renunciou à regência em setembro de 1837 e assim abriu o caminho para o Regresso, a reação conservadora às reformas liberais do início da Regência liderada pelos saquaremas. O gabinete de 19 de setembro de 1837 – o "Ministério dos Capazes", dominado por Bernardo Pereira de Vasconcelos e Joaquim José Rodrigues Torres (o futuro Visconde de Itaboraí) – adotou uma política de mão-de-ferro contra a Farroupilha. Indicou o Marechal Antonio Elisiário de Miranda Brito, que seguiu acumulando os dois cargos de maior importância na província: a presidência e o comando das armas. Além disso, forneceu-lhe um grande reforço de tropas. O efetivo do Exército foi fixado em 15.000 homens e a Guarda Nacional foi aquartelada na Corte e em várias províncias para substituir as unidades militares que haviam sido destacadas para o Sul.[32] A eclosão da Sabinada em novembro de 1837 dificultou a manutenção dessa política, mas, logo depois da derrota do movimento baiano, foram retomados os esforços militares para pacificar o Rio Grande do Sul. O gabinete, contudo, foi muito criticado pela imprensa liberal da Corte, principalmente pel'*O Parlamentar*, ligado a Francisco Gê Acaiaba de Montezuma e a Antonio Paulino Limpo de Abreu (ministros nos últimos gabinetes de Feijó). Em abril de 1838, o periódico declarou que "no tempo da administração passada conseguiu-se com muito pequenos sacrifícios, em comparação dos que agora se

---

30 G., "Rio de Janeiro", *Correio Official*, 1 jun. 1836.

31 Antonio de Souza Netto para seu pai, Sítio de Porto-Alegre, 16 jun. 1837, transcrito em "Estado Oriental do Uruguay", *O Sete d'Abril*, 9 ago. 1837.

32 Decreto de 15 out. 1837, *Correio Official*, 19 out. 1837.

tem feito, a pacificação quase completa da província".[33] O novo jornal, *O Despertador*, defendeu a política do gabinete: "caminhando entre o excessivo rigor de um presidente anterior e a demasiada brandura e complacência de outro, vai pela estrada mais segura para a pacificação daquela importante parte do Império". Elogiou Elisiário que, "só brandindo a espada contra os rebeldes obstinados e incorrigíveis, dispensa só também o perdão e o benévolo acolhimento aos que, arrependidos de seus erros e de seus crimes, se acolherem às bandeiras da ordem, às fileiras da legalidade".[34]

Em agosto de 1838, depois da derrota imperial no Rio Pardo, a *Aurora Fluminense* julgou a política do gabinete conservador um fracasso: "Foi durante o reinado da política forte, que não pactua com a desordem, como a caracterizam os seus partidistas, que pela primeira vez os brasileiros puderam temer pela perda definitiva do Rio Grande".[35] Segundo a *Aurora*, o gabinete de 15 de abril de 1839 demonstrou, na fala do trono (lida pelo imperador para abrir a sessão do parlamento), que pretendia "apartar-se da trilha terrorista e sanguinolenta dos seus antecessores, e adotar um sistema de pacificação mais humano, mais conciliador, e sobretudo mais nacional".[36] Este ministério, de feição conservadora moderada, enfrentou sérios problemas na sua política de pacificação tanto no Sul como no Norte. Os farroupilhas avançavam sobre Santa Catarina e a Balaiada tomava vulto no Maranhão. Diante de tal situação, o ministério indicou Andréa, o "general pacificador do Pará", para comandar a força destacada do Rio de Janeiro para Desterro (hoje Florianópolis), onde ele logo repeliu a incursão farroupilha, destruindo, assim, a efêmera República Juliana, sucesso muito festejado na Corte.[37]

No Maranhão, o comando militar ficou com o Tenente-Coronel Francisco Sérgio de Oliveira, "depois do general Andréa (...) o militar mais apto para o comando do Maranhão". *O Despertador* esperava que Sérgio tivesse as qualidades necessárias, pois a situação no Maranhão era séria e da atuação dele dependia "a

---

33 "Considerações", *O Parlamentar*, 28 abr. 1838. Ver também neste periódico "Jornalismo assalariado", 13 jan. 1838; "Huma refutação de muitas mentiras", 17 mar. 1838; "O Brasil declarado pelo governo em estado de guerra!", 29 set. 1838; "Silva Tavares, o Presidente Elisiario e a politica do governo", 22 dez. 1838.

34 "A Guerra do Rio Grande: meios de a terminar", *O Despertador*, 23 abr. 1838.

35 "Interior", *Aurora Fluminense*, 31 ago. 1838.

36 "Falla", *Aurora Fluminense*, 4 maio 1839.

37 *O Despertador*, 13 ago. 1839. Sobre a atuação de Andrea em Santa Catarina, ver ANDRÉA, José. *op. cit.*, p. 147-56. Para os elogios, ver "A rebellião do Sul e a anarchia do Norte", *Correio Official*, 4 dez. 1839; BARMAN, Roderick J. *op. cit.*, p. 201; "A proclamação aos Rio-Grandenses", *O Brasil*, 4 ago. 1840.

pacificação ou a conflagração geral de todo o Norte do Império".[38] Sérgio e o presidente vacilaram entre políticas de moderação e de força (segundo a avaliação do *Correio Oficial*) e não conseguiram pacificar a província.[39] Em dezembro, o governo indicou o então Coronel Luiz Alves de Lima e Silva, comandante da polícia da Corte, para o comando das armas e para a presidência da província. Um efêmero periódico conservador da Corte aconselhou o futuro Duque de Caxias de "se não encarregar de convencer os assassinos e ladrões com boas palavras, portarias e proclamações (...). Foi essa sublime invenção do nosso Governo, quem estorvou a pacificação da dita província (...). No Maranhão não tem aparecido até o presente senão salteadores e assassinos, e a tal classe de criminosos intima-se a prisão, e se não obedecem, raciocina-se-lhes – com ferro e bronze".[40] Como demonstrou Adriana Barreto de Souza, o coronel tinha uma compreensão mais profunda da situação maranhense. Percebeu que havia grupos diferentes entre os rebeldes e habilmente "criou uma forma própria de repressão" que diferenciava os rebeldes no intuito de restabelecer as hierarquias sociais. "Cada grupo receberia, durante a 'pacificação', o tratamento que Luiz Alves julgava compatível com sua posição social": conciliação para os Bem-te-vis e os Cabanos, e repressão para os escravos rebeldes.[41]

O gabinete de 18 de maio de 1840, composto de grandes figuras do Regresso, declarou que seu programa era "a pacificação das províncias dilaceradas pela desordem e anarquia" e "o melhoramento das finanças, para o que muito concorreria a pacificação do Império, pois as rebeliões tem sido no Brasil o sorvedouro da riqueza pública".[42] Transferiu Andréa para a presidência e para o comando das armas do Rio Grande do Sul para continuar sua campanha contra os farroupilhas. No entanto, o ministério logo caiu no golpe da Maioridade (23 de julho), uma reação aos saquaremas da parte dos excluídos do poder, entre eles muitos liberais e a facção áulica (um grupo político estreitamente ligado ao palácio). Em agosto, o jovem imperador anistiou todos os rebeldes que depusessem as armas dentro de sessenta dias, prazo estendido no Rio Grande do Sul até o dia 15 de novembro.[43] No Maranhão, Luiz Alves duvidou da anistia, pois ela aparentemente incluía assassinos, ladrões e incendiários; havia proposto uma

38 "As medidas de salvação publica", *O Despertador*, 13 ago. 1839.

39 "As noticias do Maranhão", *Correio Official*, 14 dez. 1839.

40 "Novo presidente para o Maranhão", *O Instincto*, 13 dez. 1839.

41 SOUZA, Adriana Barreto de. *op. cit.*, p. 283, 310.

42 "O ministério e seu programa", *Diario do Rio de Janeiro*, 9 jun. 1840.

43 Decreto 244, 22 ago. 1840, *Coleção das leis do Brasil.*

anistia somente para "rebeldes políticos".[44] O incansável jornalista conservador Justiniano criticou os que atribuíam os sucessos do coronel à anistia: "Não, foi o hábil e enérgico emprego da força que, mostrando a esses facínoras a inutilidade de seus esforços, incutindo-lhes o medo, cortando-lhes todos os recursos, obrigou-os a depor as armas".[45] Outros responderam que a experiência no Maranhão demonstrou que "hoje não se podem dizer infrutíferos os meios conciliatórios".[46]

Enquanto o futuro Caxias mostrava suas habilidades políticas e militares no Norte, Andréa teve uma experiência mais difícil no Sul. Esperava-se que fosse substituído logo depois da Maioridade, pois havia sido indicado por um gabinete regressista. Alguns ministros lhe despejaram "todo o fel da calúnia", chamando-o de "homem sem pátria, sem religião, tigre sedento de sangue", e, segundo Justiniano, cogitava-se mandar Francisco de Lima e Silva (o ex-regente e pai de Luiz Alves) ao Rio Grande do Sul, mas o gabinete manteve Andréa na província.[47] Em contrapartida, para efetuar sua política de conciliação, o gabinete enviou o deputado paulista Francisco Álvares Machado para o Sul como uma espécie de emissário particular, mas as negociações fracassaram. Bento Gonçalves declarou que não podia "entrar em ajuste algum com o marechal Andréa" que, segundo o líder farroupilha, era "execrado em todo o império e mui principalmente no Rio Grande".[48] Em novembro, Andréa foi demitido e Álvares Machado nomeado presidente da província; o comando das armas ficou com o Brigadeiro João Paulo dos Santos Barreto. O *Diário do Rio de Janeiro* duvidou da decisão, pois o novo presidente estava "convencido que, para pacificar aquela província, bastam anistias e belos discursos"; Justiniano lamentou que ainda houvesse quem acreditasse no "poder mágico da palavra conciliação".[49]

A essa altura, houve um episódio que seria longamente discutido. Em 2 de dezembro, Bento Gonçalves e uma força farroupilha se aproximaram de Porto Alegre para, segundo eles, assistir ao Te-Déum em honra do aniversário do im-

44 SOUZA, Adriana Barreto de. *op. cit.*, p. 327. Ver também p. 350-51.

45 "Maranhão", *O Brasil*, 11 fev. 1841.

46 "Os effeitos da amnistia" (do *Echo da Rasão*), *O Universal* (Ouro Preto), 8 mar. 1841.

47 "A proclamação aos Rio-Grandenses", *O Brasil*, 4 ago. 1840; "O ministro vae meditar", *O Brasil*, 8 ago. 1840. Para uma crítica do general de um periódico ministerial, ver "Rio Grande", *O Homem do Povo*, 5 set. 1840.

48 "Rio Grande do Sul: Bento Gonçalves a Alvares Machado", *O Brasil*, 2 jan. 1841. Sobre a atuação de Andréa no Rio Grande do Sul, ver ANDRÉA, José. *op. cit.*, p. 70-71, 209-11.

49 "O negócios do Rio Grande", *Diario do Rio de Janeiro*, 22 nov. 1840; "Ainda o Rio Grande", *O Brasil*, 12 dez. 1840. Ver também "Pois já renegam seus princípios e suas esperanças?!" *O Brasil*, 5 jan. 1841.

perador em Viamão. Segundo um correspondente do *Diário do Rio de Janeiro*, Bento Gonçalves pediu vinho ao presidente para fazer uma saúde ao monarca. Álvares Machado soube do pedido na ocasião do cortejo no palácio presidencial e logo "mandou aos seus amigos o refresco pedido, constando de um barril de vinho, um pouco de pão, e algum doce de marmelada". A quantidade e a qualidade eram tais que "foram aceitas, dizia-se, com bem merecido escarneio" e os farroupilhas foram assistir um Te-Déum em ação de graças por uma de suas vitórias.[50] Justiniano fustigou o presidente: "Só um visionário como o Sr. Álvares Machado se podia capacitar de que no século 19 pode-se fazer com que homens de barba mudem de resolução por causa de cocada e meia dúzia de figuras de retórica."[51] Nos debates parlamentares sobre a atuação de Álvares Machado, "tanto se falou em marmelada" que o deputado receava ficar com "a alcunha de pacificador-marmelada"; "homens da marmelada" virou para Justiniano um apelido para os liberais.[52] Como bem observou Paulo Pereira Castro, a política do gabinete da Maioridade para com a Farroupilha era "a nova versão da política de contemporização e tolerância de Feijó".[53]

O gabinete de 23 de março de 1841, reação ao da Maioridade, com alguns representantes do grupo saquarema aliados aos áulicos, agradou a Justiniano, pois logo demitiu Álvares Machado e suspendeu algumas cláusulas da constituição no Rio Grande do Sul. Mas, depois da abertura do parlamento, o redator d'*O Brasil* começou a criticar o gabinete, pois na fala do trono disse apenas "esperar o restabelecimento da paz *dos desvelos do governo pelo bem público, da leal cooperação do corpo legislativo e do auxílio da Divina Providência*".[54] Incansável crítico do novo ministério, *O Maiorista* (do liberal Francisco de Sales Torres Homem, o futuro Visconde de Inhomirim) o condenou por pôr "em perigo a pacificação do Rio Grande do Sul, que tão adiantado lhe legou o gabinete de julho". Criticou duramente o novo presidente (Saturnino de Souza e Oliveira Coutinho) e o novo comandante das armas: aquele haveria gasto seu tempo escrevendo artigos para o *Jornal do Comércio* "em que se censura a administração de todos os presidentes que ali tem exercido este cargo" e este haveria ficado em Porto Alegre, sem ir ao

---

50 Carta de Porto Alegre, 10 dez. 1840, *Diario do Rio de Janeiro*, 4 jan. 1841.

51 "Bellezas do Sr. Alvares Machado", *O Brasil*, 9 jan. 1841.

52 "A marmelada", *O Brasil*, 14 out. 1841; "O Nacional e a falla do throno", *O Brasil*, 4 nov. 1843.

53 CASTRO, Paulo Pereira. *op. cit.*, p. 515.

54 "Amnistia, suspensão de garantias, &c" e "A falla do throno", *O Brasil*, 3 abr. e 6 maio 1841 (grifo no original).

Exército.[55] Justiniano atribuiu a morosidade das operações militares à necessidade de reorganizar o Exército depois das "tentativas imbecis de conciliação" do gabinete de 24 de julho.[56]

A dissolução da Câmara dos Deputados, que havia sido eleita sob os auspícios do gabinete da Maioridade, provocou as revoltas liberais de São Paulo e Minas Gerais em 1842. A rápida derrota dos dois movimentos pelas forças sob o comando do Barão de Caxias deixou pouco debate na imprensa sobre os meios de efetuar a pacificação das duas províncias.[57] No calor da hora, não havia espaço para advogar conciliação ou meios brandos. Por meio de uma carta particular, o *Diário do Rio de Janeiro* louvou o sequestro dos bens dos implicados e recomendou "a punição exemplar dos autores principais das desordens que tanto tem afligido o Brasil, não se limitando o castigo a mandá-los viajar à Europa, com o que se faz grande despesa: o verdadeiro é castigá-los no país onde cometeram o crime para exemplo do povo, que viu com dor no coração anistiarem-se os sediciosos da Bahia, que roubaram, mataram e incendiaram aquela cidade".[58]

Esperava-se que da derrota definitiva dos rebeldes mineiros em Santa Luiza decorresse "naturalmente" a pacificação do Rio Grande do Sul.[59] Saturnino relatou que a pacificação de Minas Gerais "foi festejada (...) com o maior entusiasmo e vivas demonstrações de regozijo público" em Porto Alegre; divulgou mil exemplares de "uma folha avulsa [com] as partes oficiais" para rebater as notícias falsas espalhadas pelos farroupilhas sobre um exército paulista-mineiro de 15.000 homens que estava prestes a ocupar o Rio de Janeiro.[60] Não havia dúvida de que Caxias seria indicado para comandar as tropas legalistas no Rio Grande do Sul.[61] Distanciando-se um pouco da sua posição em favor de meios de força, Justiniano explicou que "a pacificação do Rio Grande não é tanto empresa militar como obra do político" e o *Diário do Rio de Janeiro* julgou que "o pacificador do Rio Grande deve ser ao mesmo tempo guerreiro, administrador, político e diplomata".[62]

---

55 "O Rio Grande, e o ministério" e "Rio Grande do Sul", *O Maiorista*, 1 jul. e 21 set. 1841.

56 "Esperanças de paz", *O Brasil*, 19 fev. 1842.

57 Sobre a atuação de Caxias em 1842, ver SOUZA, Adriana Barreto de. *op. cit.*, p. 342-97.

58 "Carta particular", 3 jul. 1842, *Diario do Rio de Janeiro*, 9 jul. 1842.

59 "Pacificação de Minas", *Diario do Rio de Janeiro*, 30 ago. 1842.

60 Saturnino de Sousa e Oliveira para o Ministro do Império, Rio Grande, 8 ago. 1842, *Diario do Rio de Janeiro*, 22 out. 1842.

61 Sobre as articulações políticas em torno da indicação de Caxias, ver CASTRO, Paulo Pereira, *op. cit.*, p. 515-16; SOUZA, Adriana Barreto de. *op. cit.*, p. 351-52.

62 "Agora ao Rio Grande," *O Brasil*, 3 set. 1842; "O Rio Grande", *Diario do Rio de Janeiro*, 12 set. 1842.

Enquanto Caxias tratava de reorganizar o Exército no Rio Grande do Sul e de conciliar os proprietários líderes da Farroupilha com a monarquia,[63] esquentava novamente o debate político sobre os meios de pacificação e sobre a repressão em São Paulo e Minas Gerais. O gabinete de 20 de janeiro de 1843 incluía grandes nomes do Regresso, como Honório Hermeto Carneiro Leão (o futuro Marquês do Paraná), Paulino José de Soares e Souza (o futuro Visconde do Uruguai) e José Joaquim Rodrigues Torres (o futuro Visconde de Itaboraí). A política de proscrição dos luzias derrotados foi mantida e o general Andréa foi indicado para a presidência e para o comando das armas de Minas Gerais, onde reorganizou as instituições administrativas. Uma de suas medidas foi a dissolução da Guarda Nacional de alguns municípios mineiros, política defendida por Justiniano como "uma medida tendente a completar a pacificação de uma importante província". A reação do *Pharol Constitucional,* em contrapartida, demonstra claramente as preocupações dos liberais: temia que a medida preparasse o terreno para o recrutamento dos ex-guardas nacionais; além disso, condenou Justiniano por ainda falar na necessidade de pacificação: "Pois a província de Minas não está pacificada? E que entende (...) por pacificar uma província? Qual é o estado em que deve estar uma província, para supor-se inteiramente pacificado (...)? Será, somente, quando todos os seus habitantes tenham um só pensamento político, uma só vontade"?[64] Para o *Pharol,* a pacificação havia terminado com a derrota dos rebeldes e tudo que se seguia não passava de perseguição política injusta.

Nessa época, começaram as articulações políticas cujos resultados seriam a volta dos liberais ao poder em fevereiro de 1844 e a anistia aos rebeldes de São Paulo e Minas Gerais, promulgada no dia 14 de março (aniversário da imperatriz). Já em fevereiro de 1843, o *Pharol Constitucional* havia sugerido a anistia; propostas mais formais foram apresentadas nas assembleias provinciais de Pernambuco e do Rio de Janeiro por deputados liberais.[65] A justificação da anistia apresentada pelo gabinete de 2 de fevereiro explicou que "a obra da pacificação política e civil acha-se felizmente concluída nas duas províncias; mas ela não satisfaz por si só as vistas do governo imperial. É indispensável que se restabeleça também a pacificação moral" que venha a extinguir até "mesmo a lembrança de

63 SOUZA, Adriana Barreto de. *op. cit.*, p. 399-478.

64 "O novo presidente de Minas" e "A dissolução da guarda nacional", *O Brasil,* 23 fev. e 21 mar. 1843; "A dissolução da guarda nacional", *Pharol Constitucional,* 23 mar. 1843.

65 "Novo ministerio", *Pharol Constitucional,* 26 jan. 1843; "A amnistia", *O Diario Novo* (Recife), 7 mar. 1843; "Assembléa Legislativa Provincial", *Diario do Rio de Janeiro,* 3 abr. 1843.

tão deploráveis acontecimentos" e que ligue "em um só vínculo, o da gratidão a V. M. I., todos os membros da família brasileira".[66]

O novo gabinete e a anistia foram uma rejeição explícita à política dos futuros conservadores que não abriam mão da repressão dos rebeldes de 1842.[67] Justiniano mal escondia sua raiva: "Foi mais uma vez proclamado ao povo brasileiro que sublevar-se é uma graça inocente, um divertimento lícito". O gabinete acabou de "beijar em ambas as faces o monstro da anarquia para assim obter os seus favores, para assim completamente repudiar o partido e as doutrinas dos amigos da ordem." Desde a "época do domínio democrático (...) temos visto anistias sucederem-se a anistias" sem resultados profícuos. Pior ainda, afirmava Justiniano, a última não impôs nenhuma restrição aos anistiados. Lembrou que os líderes rebeldes anistiados em 1840 foram obrigados a residir fora das suas províncias por alguns anos: "Raimundo Gomes não pode ir triunfar em São Luiz do Maranhão. [Francisco Pedro] Vinagre e Eduardo [Angelim] não entraram coroados de louros em Belém do Pará, e o [Francisco] Sabino [Álvares da Rocha Vieira] não foi sentar-se ufano nas ruinas dos edifícios incendiados da Bahia"; no caso dos rebeldes de 1842, todos voltariam às suas casas e retomariam a sua atividade política.[68] Para o *Pharol Constitucional*,

> a anistia era um ato indispensável à conciliação dos brasileiros, ao arrefecimento de paixões a longo tempo exacerbadas; à completa pacificação do Império: a maneira bárbara por que foram pacificadas as Províncias de Minas e São Paulo, o sangue inutilmente derramado, criou elementos para novas desgraças; e o sistema seguido pelos ministérios de 23 de março [de 1841] e 20 de janeiro [de 1843], para com os vencidos, deu nascimento a novos e mais fortes elementos de reação violenta (...) cujos resultados não podiam deixar de ser funestíssimos ao país e à monarquia.[69]

O periódico liberal defendia a reintegração dos cidadãos que haviam se rebelado em São Paulo e em Minas Gerais o mais rápido que possível.

As operações militares de Caxias, bem como suas negociações com os líderes farroupilhas em 1843, pareciam, segundo Justiniano, justificar a política do ministério de março de 1841; a pacificação seria "sem dúvida a [sua] filha

66 "Exposição que os ministros tiverão a honra de apresentar a S. M. I. justificando a necessidade da amnistia", *Diario do Rio de Janeiro*, 16 mar. 1844.

67 CASTRO, Paulo Pereira. *op. cit.*, p. 523.

68 "A amnistia", *O Brasil*, 16 mar. 1844.

69 "O 'Brasil' na oposição", *Pharol Constitucional*, 20 mar. 1844.

póstuma (...) e o seu melhor título de glória".[70] O gabinete de 2 de fevereiro de 1844 (composto de "homens que simpatizam em doutrinas com os heróis do Rio Grande que os tratam de irmãos, de dissidentes") e a anistia de março de 1844 deram "alento" aos "rebeldes", segundo um periódico mineiro.[71] Ainda em março, *O Diário Novo* (Recife) julgou que as propostas do novo gabinete não passavam de "uma declaração positiva de que [considerava] a província perdida".[72] Em julho, Justiniano temia que a história se repetisse: no mesmo mês, em 1840, o Rio Grande do Sul estava quase pacificado; contudo, "os heróis da marmelada" não queriam que assim fosse e algo semelhante ainda era possível. Lamentou que "o suplício do partido de ordem é subir ao poder, começar a vencer dificuldades, cair inesperadamente, e ver sucederem-lhes os homens que querem que o carro da revolução corra desimpedido [por] alguns cem anos".[73]

Apesar dos receios de Justiniano, o novo gabinete não mudou a política para com o Rio Grande do Sul; as negociações continuaram e Caxias articulou, enfim, a Paz de Ponche Verde em fevereiro de 1845.[74] Na fala do trono de 3 de maio de 1845, o imperador descreveu a "pacificação da província de S. Pedro do Rio Grande do Sul" como o "fausto acontecimento" que reunia "em uma mesma família todos os meus súditos" e firmava "a ordem em todo o império (...) para felicidade dos brasileiros".[75] Do Sul ao Norte, festejava-se a pacificação. As festas no Rio Grande do Sul consagraram Caxias como o "invicto pacificador do Império", segundo um porto alegrense que propôs um monumento ao "grande herói da pacificação"; não havia "quem depois do fundador [D. Pedro I] tenha prestado mais serviços ao Brasil".[76] Todavia, em muitas províncias, não se festejava "em uma mesma família", como esperava o imperador. Em Manaus, os dísticos da iluminação dos festejos pela pacificação e pelo nascimento do príncipe imperial tinham textos abertamente partidários: "Viva o Imperador / Viva o Ministério / Que soube em seu nome / Salvar o Império". O mesmo ocorreu em São Luiz,

70 "Noticias do Rio Grande", *O Brasil*, 17 jun. 1843. Ver também "Rio Grande do Sul", *O Echo do Rio*, 23 ago. 1843. Sobre a campanha deste ano, ver SOUZA, Adriana Barreto de. *op. cit.*, p. 430-71.

71 "Rio Grande do Sul", *A Ordem* (São João del Rei), 13 jul. 1844.

72 "Negociações com os rebeldes do Rio Grande", *O Diario Novo* (Recife), 2 mar. 1844.

73 "Negocios do rio da Prata", *O Brasil*, 18 jul. 1844.

74 SOUZA, Adriana Barreto de. *op. cit.*, p. 479-534.

75 "Fala", *Diario do Rio de Janeiro*, 5 maio 1845.

76 Hum grato Porto Alegrense, Correspondencia, *O Imparcial* (Porto Alegre), 15 mar. 1845. Sobre a recepção de Caxias em Porto Alegre, ver SOUZA, Adriana Barreto de. *op. cit.*, p. 534-39.

onde os dísticos saudaram "o Ministério / Que salvou a Monarquia."[77] Segundo Justiniano, os "ministeriais santas-luzias", críticos de Caxias quando este os derrotou em 1842, estavam "em apuros com a pacificação do Rio Grande que coroou os esforços desse hábil general". Negaram sua atuação militar e sustentaram que "a pacificação não custou sangue, foi obra de diplomacia, foi o resultado de negociações, ou antes, foi sem dúvida um raio de patriótica prudência que iluminou os chefes rebeldes".[78] Em Ouro Preto, os "ministeriais [luzias] não souberam encobrir sua aflição" quando os "ordeiros" festejavam o "quarto triunfo do nobre conde de Caxias".[79] Segundo um periódico liberal, o padrão de comemoração era o contrário na província. Em Serro, "todos os cidadãos governistas" iluminaram as fachadas das suas casas por três dias "e, apesar de não aparecer uma só pessoa do partido, que se diz ordeiro, contudo foi numeroso o concurso do povo".[80]

Manifestações políticas sempre caracterizavam as festas cívicas do Império, e os festejos pela pacificação do Rio Grande do Sul não fugiam dessa regra.[81] A pacificação das províncias e as longas discussões sobre os meios adequados para efetuá-la faziam parte integral da formação dos padrões político-partidários do Império. Ao longo da década de 1835 a 1845, os partidos se definiam em torno da questão da pacificação. Justiniano e os integrantes do partido da ordem – os futuros conservadores – defendiam os meios de força e condenaram a política conciliatória dos futuros liberais. Estes, por sua vez, argumentavam que "a política de terror (...) é muito menos eficaz do que a política branda e humana dos que anistiaram os de Minas e São Paulo".[82]

Conclusão

Comentando a revolta de Pinto Madeira no Ceará, o presidente da província explicou que "quando uma província inteira se move em uma guerra civil, a sua inteira pacificação não é obra de um dia".[83] Outros também previam que a

77 "Pará" (apedido), *Treze de Maio* (Belém), 23 ago. 1845; *Publicador Maranhense* (São Luiz), 19 abril 1845.

78 "Os Santas-luzias e o Rio-grande", *O Brasil*, 3 abr. 1845; ver também "O Sr. conde de Caxias e o ministerio", *O Brasil*, 17 abr. 1845. Para um exemplo da retórica ministerial criticada por Justiniano, ver *O Granadeiro*, 5 abr. 1845.

79 "A pacificação do Rio-grande em Minas", *O Brasil*, 15 abr. 1845.

80 "Minas Geraes", *A Tribuna*, 26 maio 1845.

81 Sobre a politização das festas cívicas, ver KRAAY, Hendrik. *Days of National Festivity in Rio de Janeiro, Brazil, 1823-1889*. Stanford: Stanford University Press, 2013.

82 "O anno de 1845", *A Tribuna*, 28 março 1845.

83 José Mariano de Albuquerque Cavalcanti para Honório Hermeto Carneiro Leão, Fortaleza, 26 abr. 1833, *Correio Official*, 6 jul. 1833.

pacificação era algo mais complicado do que simplesmente derrotar os rebeldes ou anistiá-los. Na fala do trono de 1837, Feijó julgou que, embora o Pará reconhecesse o "governo legal", seria "ainda necessária por algum tempo naquela província a presença de grandes forças, que exigem consideráveis despesas; e que muito convirá que o Governo Provincial não deixe de ter, na forma da Constituição, atribuições suficientes para poder restabelecer completamente, e consolidar a tranquilidade, e a segurança pública".[84] Em fins de 1839, o *Diário do Rio de Janeiro* ponderou que

> a pacificação do Império não depende somente do triunfo das armas imperiais: é este o primeiro passo que se deve dar para sufocar as facções, mas depois cumpre firmar a vitória e a lei, obrigando os povos ao trabalho, dando-lhes instrução acomodada à sua inteligência, própria para as diferentes profissões, e fomentando e protegendo empresas que façam divertir os espíritos das ideias exageradas de que se acham dominados: para isso muito concorrerá a religião, e o governo deve quanto antes servir-se dos soldados da fé como um dos primeiros elementos de moralização e de pacificação.[85]

Essas ponderações sobre a necessidade de obrigar o povo a trabalhar e de educar e moralizá-lo são muito próximos ao conceito de pacificação como uma ampla transformação social, cultural e econômica. Assemelhavam-se, assim, a como era e é entendida a pacificação das populações indígenas e, também, a das populações das favelas pacificadas.[86] No século XIX, pode-se apontar como exemplo o Corpo de Trabalhadores, o regime de trabalho obrigatório instituído no Pará em 1838 e que perdurou até 1859. Era uma tentativa de alistar todos "índios, mestiços e pretos" que não tivessem propriedades ou ocupação constante em companhias que seriam empregadas em obras públicas ou destacadas para trabalhar por particulares.[87] Todavia, como a reorganização das instituições político-administrativas e militares na Bahia depois da Sabinada, o Corpo de Trabalhadores não foi qualificado como uma medida "pacificadora" e foi instituído apenas depois de "pacificada" a província. O conceito de "pacificação"

---

84 "Falla", *Correio Official*, 5 maio 1837.

85 "Animação à indústria", *Diario do Rio de Janeiro*, 23 dez. 1839.

86 LIMA, Antônio Carlos de Souza. *Um grande cerco de paz: poder tutelar, indianidade e formação do Estado no Brasil*. Petrópolis: Vozes, 1995, caps. 6-7; OLIVEIRA, João Pacheco de. *op. cit.*, p. 129-32.

87 FULLER, Claudia Maria. "Os corpos de trabalhadores: política de controle social no Grão-Pará". Revista de Estudos Amazônicos, Belém, vol. 3, no. 1, p. 93-115; HARRIS, Mark. Rebellion on the Amazon: The Cabanagem, Race, and Popular Culture in the North of Brazil, 1798-1840. Cambridge: Cambridge University Press, 2010, p. 270-73.

oitocentista, enfim, normalmente não se estendia além de "fazer obedecer revoltados, ou rebeldes," como reza o dicionário.

Durante a década de revoltas inaugurada pela Cabanagem, as ações empreendidas em nome da "pacificação" foram um elemento central da política partidária emergente. Entre os meios fortes representados por Andréa e a extrema conciliação representada por Álvares Machado, Caxias achou o meio-termo e conquistou o título de pacificador. Não obstante, a pacificação não deixou de ser discutida, a exemplo do deputado Jerônimo Francisco Coelho (ex-ministro da guerra do gabinete liberal de 2 de fevereiro), que, em junho de 1846, "asseverou que a pacificação do Rio Grande do Sul era devida ao mesmo gabinete, e aos meios de conciliação por ele empregados". Senadores do partido da ordem, encastelados na câmara vitalícia, como José Clemente Pereira e Vasconcelos, negaram as declarações do ex-ministro e sustentaram que "todos os ministérios que se tem sucedido durante a guerra do Rio Grande tem lançado mão a um tempo da força e da conciliação" e que a anistia havia sido, enfim, aceita pelos farroupilhas quando estavam "reduzidos aos últimos apuros" pela força militar. Na sua intervenção, o Conde de Caxias, novo senador pelo Rio Grande do Sul, demonstrou sua habilidade política: "Declarou que as instruções dadas por todos os ministérios foram pouco mais ou menos as mesmas, e que se a pacificação não se conseguiu antes, foi isto devido às circunstâncias".[88] Começava a pacificação do debate político.

Anexo

Tabela 1: Número de páginas de periódicos com ocorrência da palavra "pacificação" e seus derivados na Hemeroteca Digital Brasileira

	1820-29	1830-39	1840-49	1850-59
Pacificação	137	531	1800	705
Pacificar	51	300	430	232
Pacificado/a	14	156	505	322
Pacificador(a)	143	227	311	194
Total	372	1.214	3.046	1.564

Fonte: Hemeroteca Digital Brasileira, Biblioteca Nacional (acesso em 11 de outubro de 2014).

88 "8 de junho", *Diario do Rio de Janeiro*, 9 de junho de 1846.

Tabela 2: A Quem Se Destinava a Pacificação, 1825-31

Região ou Povo	Frequência
Grécia	21
Oriente [Médio]	7
Catalunha (pela Espanha)	5
Buenos Aires	2
Índios (brasileiros)	2
Pasto (pela Colômbia)	1
Pará	1
Nova Espanha (pela Espanha)	1
Morea	1
Ghent (pelos Países Baixos)	1
Espanha	1
Caetité (BA)	1
Banda Oriental (pelo Brasil)	1
Américas (pela Espanha)	1
Total	46

Fonte: *Diario Fluminense* (Rio), 1825-31.

REFERÊNCIAS BIBLIOGRÁFICAS

ANDREA, José. O Marechal Andréa nos relevos da História do Brasil. Rio de Janeiro: Biblioteca do Exército, 1977.

ARAÚJO, Dilton Oliveira de. O tutu da Bahia: transição conservadora e formação da nação, 1838-1850. Salvador: EdUFBa, 2009.

BARMAN, Roderick J. Brazil: The Forging of a Nation, 1798-1852. Stanford: Stanford University Press, 1988.

CASTRO, Paulo Pereira. "A 'experiência republicana', 1831-1840". In: HOLANDA, Sérgio Buarque de (org.). História geral da civilização brasileira. Tomo 2, vol. 2. São Paulo: Difusão Europeia do Livro, 1964.

CASTRO, Paulo Pereira. "Política e administração de 1840 a 1848". In: HOLANDA, Sérgio Buarque de (org.). História geral da civilização brasileira. Tomo 2, vol. 2. São Paulo: Difusão Europeia do Livro, 1964.

DANTAS, Mônica Duarte (org.). Revoltas, motins, revoluções: homens livres pobres e libertos no Brasil do século XIX. São Paulo: Alameda, 2011.

FULLER, Claudia Maria. "Os corpos de trabalhadores: política de controle social no Grão-Pará". Revista de Estudos Amazônicos, Belém, no 1, vol. 3, jul./dez. 2008, p. 93-115.

HARRIS, Mark. Rebellion on the Amazon: The Cabanagem, Race, and Popular Culture in the North of Brazil, 1798-1840. Cambridge: Cambridge University Press, 2010.

HÖRNER, Erik. Até os limites da política: a "Revolução Liberal" de 1842 em São Paulo e Minas Gerais. São Paulo: Alameda, 2014.

KRAAY, Hendrik. "Arming Slaves in Brazil from the Seventeenth to the Nineteenth Centuries". In: MORGAN, Philip J., e BROWN, Christopher (orgs.). The Arming of Slaves: From Classical Times to the Modern Age, New Haven: Yale University Press, 2006.

__________. Days of National Festivity in Rio de Janeiro, Brazil, 1823-1889. Stanford: Stanford University Press, 2013.

__________. Política racial, Estado e forças armadas na época da Independência: Bahia, 1790-1850. São Paulo: Hucitec, 2011.

__________. "'Tão assustadora quanto inesperada': a Sabinada baiana, 1837-1838". In: DANTAS, Monica Duarte (org.). Revoltas, motins, revoluções: homens livres pobres e libertos no Brasil do século XIX. São Paulo: Alameda, 2011.

LIMA, Antônio Carlos de Souza. Um grande cerco de paz: poder tutelar, indianidade e formação do Estado no Brasil. Petrópolis: Vozes, 1995.

MACHADO, André Roberto de A. "O direito e o arbítrio em tempos de guerra: os debates no parlamento em torno das garantias constitucionais durante a repressão à Cabanagem (1835-40)". In: NEVES, Lúcia Maria Bastos P., BESSONE, Tânia Maria (orgs.). Dimensões políticas do Império do Brasil, Rio de Janeiro: Contra Capa, 2012.

NEEDELL, Jeffrey D. The Party of Order: The Conservatives, the State and Slavery in the Brazilian Monarchy, 1831-1871. Stanford: Stanford University Press, 2006.

OLIVEIRA, João Pacheco de. "Pacificação e tutela militar na gestão de populações e territórios". Mana, Rio de Janeiro, no 1, vol. 20, abr. 2014, p. 125-61.

PINTO, Luiz Maria da Silva. Diccionario da língua brasileira. Ouro Preto: Typographia da Silva, 1832.

SILVA, Antonio de Moraes. Diccionario da lingua portugueza. 2 vols. Lisboa: Na Officina de Simão Thaddeo Ferreira, 1798.

SOUZA, Adriana Barreto de. Duque de Caxias: o homem por trás do monumento. Rio de Janeiro: Civilização Brasiliera, 2008.

Mito de Estado, Estado é: o duque de Caxias e as práticas pacificadoras do Exército imperial

Adriana Barreto de Souza[1]

> "Em 2008, o Brasil rompeu com tentativas do passado e lançou um ambicioso programa de proximidade policial (...) com o objetivo de recuperar o controle dos territórios do crime organizado, desarmar os traficantes de drogas e criar condições para a integração social, econômica e política das favelas na cidade".
> (Relatório do Banco Mundial)

Essas frases foram extraídas do relatório produzido em outubro de 2012 pela Unidade de Desenvolvimento Social para a Região América Latina e Caribe, do Banco Mundial.[2] Para responder à pergunta "o que significa pacificar as favelas?", o relatório criou um subitem intitulado: "uma chance de romper com a história". As Unidades de Polícia Pacificadora (as UPPs) representam – na avaliação do relatório – um projeto novo, ambicioso, que rompeu integralmente com práticas políticas do passado.[3] Uma apresentação que, se por um lado, ganha maior visibilidade ao ser veiculada por um documento desse tipo, com circulação no

---

1 Este artigo é uma versão modificada do capítulo 4 de minha tese de doutorado. A ampliação da pesquisa tem sido financiada pela FAPERJ, por meio do edital Jovem Cientista do Nosso Estado, e pelo CNPq, no âmbito do programa Bolsa Produtividade em Pesquisa.

2 O retorno do Estado às favelas do Rio de Janeiro: Uma análise da transformação do dia a dia das comunidades após o processo de pacificação das UPPs. Relatório do Banco Mundial. Disponível em: http://www.upprj.com/upload/estudo_publicacao/O_retorno_do_Estado_%C3%A0s_favelas_do_Rio_de_Janeiro_Banco_Mundial.pdf

3 *Idem*. Ver especialmente a definição na pág. 22.

Brasil e no mundo, por outro, já é bem conhecida. O relatório ecoa o discurso que fundamenta essa política governamental.

O modo como esse discurso e, com ele, a palavra *pacificação* vem sendo usados cotidianamente pela mídia, por autoridades e em conversas informais tem gerado nos últimos anos um profundo incômodo entre historiadores e antropólogos.[4] Isso porque ele parece se assentar em um pacto constrangedor – o do esquecimento. No site oficial da Unidade de Polícia Pacificadora, bem como no trecho do relatório do Banco Mundial que serve de epígrafe a esse texto, "pacificação" é um programa de segurança pública organizado com vistas a: 1) retomar territórios dominados pelo tráfico; 2) reaproximar o Estado da população por meio de políticas de desenvolvimento social e econômico.[5]

A definição desse duplo objetivo – controlar territórios e administrar populações – e sua operacionalização por meio do emprego de forças militares integra uma lógica política cujas raízes podem ser localizadas desde, pelo menos, o "diretório pombalino", em finais do século XVIII.[6] Não é interesse desse artigo, no entanto, analisar esta experiência histórica, e menos ainda a atual política de segurança pública. Pretendo contribuir para a historicização do debate, recuperando um outro momento da história brasileira, quando uma ampla política pacificadora foi dirigida para vários segmentos da população por uma comunidade política que se representava como nacional.

João Pacheco de Oliveira – em artigo referencial – destaca a longa tradição que sustenta o uso da categoria "pacificação" para nomear ações específicas, dirigidas para a população autóctone, sempre pensada como uma alteridade radical por ser regida por valores e padrões de comportamento absolutamente diversos dos ocidentais.[7]

De fato, é possível que essas ações tenham sido de início projetadas para o trato com os indígenas. Mas isso não significa que fossem empregadas com exclusividade nesta relação. Em meados do século XIX, ações semelhantes, de classificação social, intervenção militar e subordinação, também batizadas como "pacificadoras", foram largamente empregadas na relação com vários grupos so-

---

4 Uma ótima reflexão sobre esse constrangimento é realizada por: OLIVEIRA, João Pacheco de. "Pacificação e tutela militar na gestão de populações e territórios". Mana, Rio de Janeiro, n. 20, vol. 1. 2014, p. 125-161. Disponível em: http://www.scielo.br/scielo.php?pid=S0104-93132014000100005&script=sci_arttext [acesso em: 25 set. 2015].

5 Site da Unidade de Polícia pacificadora, UPP: http://www.upprj.com/index.php/as_upps

6 Sobre o uso da categoria no século XVIII, agradeço os comentários de Vânia Losada Moreira.

7 OLIVEIRA, João Pacheco de, *op. cit.* p. 127.

ciais. Constituindo uma política, elas não só asseguraram a governança como fundamentaram um projeto – saído vitorioso – de nação. Projeto marcado por diferentes níveis de desigualdade, assentado na escravidão, mas alinhavado como uma unidade social relativamente consensual. A "missão civilizadora" iniciada pela colonização portuguesa ganhava continuidade, definindo o "outro" do Brasil como sendo os indígenas, as repúblicas sul-americanas mas, também, grupos sociais específicos.[8]

Entre os anos de 1831 e 1848, período de forte convulsão social, que redundaria na consolidação do Estado imperial, é possível contabilizar a eclosão de nada menos que 17 movimentos contestatórios. De proporções variadas, urbanos e rurais, difundidos por todo o território, esses movimentos mobilizaram diversos segmentos sociais: ricos comerciantes, grandes e pequenos proprietários, tropa, camponeses, índios e escravos.[9] Entre eles, havia demandas de diferentes tipos. A abdicação forçada de d. Pedro I em 1831, sem que houvesse herdeiro apto a assumir de imediato o trono imperial, e como resultado de um movimento de base popular, ampliou o debate, abrindo a política a uma diversidade de atores sociais e colocando em disputa vários projetos de Brasil.[10]

O projeto que, a partir de 1837, com a ascensão dos conservadores à Regência do Império, avançou na repressão a esses movimentos pregava um retorno ao passado, à política do Primeiro Reinado. Sem d. Pedro I, que morreu em 1834, e eliminado, assim, o risco de uma restauração, voltavam a defender um modelo de Estado centralizado, com sede no Rio de Janeiro. A fim de abrir espaço para essa proposta política, o Regresso Conservador – como o grupo se autodenominava – explorou de forma sistemática o *grande medo* gerado pelos movimentos contestatórios, em especial os de cunho popular. Associando o que se passava no

---

8 Referência no debate sobre esse projeto nacional é o artigo: GUIMARÃES, Manoel Salgado. "Nação e Civilização nos Trópicos: o Instituto Histórico e Geográfico Brasileiro e o projeto de uma história nacional". Estudos Históricos. Rio de Janeiro, n. 1, 1988, p. 5-27.

9 Uma caracterização desses movimentos é realizada por CARVALHO, José Murilo de. A Construção da ordem. Teatro de Sombras. Rio de Janeiro: Editora da UFRJ/ Relume-Dumará, 1996. p. 231.

10 Sobre essa pluralidade de atores sociais e projetos políticos, há importantes trabalhos. Destaco aqui: MOREL, Marco. As transformações dos espaços públicos. Imprensa, atores políticos e sociabilidades na cidade imperial (1820-1840). São Paulo: Hucitec, 2005; RIBEIRO, Gladys Sabina. "O desejo da liberdade e a participação de homens livres pobres e "de cor" na independência do Brasil". Cadernos Cedes, Campinas, n. 58, vol. 22, dez. 2002, p. 21-45. Disponível em: http://www.scielo.br/pdf/ccedes/ v22n58/v22n58a03.pdf [acesso em: 25 set. 2015]. BASILE, Marcello. "As revoltas regenciais na corte: o movimento de 17 de abril de 1832". Anos 90, Porto Alegre, n. 19/20, vol. 11, jan./dez. 2004, p. 259-298. Disponível em: http://seer.ufrgs.br/anos90/article/view/6358. [acesso em: 25 set. 2015].

Brasil às experiências do *terror* francês e do *haitianismo*, lutava sistematicamente no Parlamento para aprovar um conjunto de reformas que redesenhava integralmente a malha administrativa do Império. A aprovação, criação e implantação das novas instituições, produto dessas reformas, bem como a reorganização das antigas a partir dos princípios políticos centralizadores, ampliavam os mecanismos de intervenção do governo do Rio de Janeiro, sede da corte imperial, sobre as províncias, fomentando novos movimentos de contestação.[11]

Em meio a essa arena totalmente conflagrada, o Regresso Conservador lançava mão de dispositivos simbólicos, se autorepresentando – no Parlamento e na imprensa – como partido da ordem e da neutralidade política. Apresentava-se como defensor dos interesses gerais e, para preservá-los – afirmava Paulino José Soares, grande jurista do Partido Conservador – era "preciso calar as vozes mesquinhas de interesses locais e influências particulares".[12] A liberdade só está assegurada – defendia Bernardo Pereira de Vasconcellos, outra importante liderança conservadora – caso esteja subordinada à ordem e "a uma perfeita segurança".[13]

O movimento que mais preocupava os conservadores nesse momento, em finais da década de 1830, era a Farroupilha. Tendo irrompido em 1835, apenas um ano depois, suas lideranças se declaravam independentes do Império, fundando a República Rio-Grandense. Todavia, esse não era o único movimento que ameaçava a ordem imperial. Os cabanos do Pará também sustentavam armas desde 1835 e, em 1837, rebentava em Salvador a Sabinada. Para piorar o quadro de instabilidade política, em 1838, ano em que Bernardo Pereira de Vasconcellos discursou na Câmara dos Deputados, defendendo a subordinação da liberdade à ordem, mais um movimento eclodia no norte do Império – a Balaiada, no Maranhão. Movimento que gerava um incômodo particular: em sua fase inicial, ele reuniu em suas fileiras proprietários, caboclos e quilombolas.

É desse movimento que pretendo me ocupar aqui. Logo após a tomada pelos rebeldes da cidade maranhense de Caxias, segunda cidade da província em importância econômica, o Partido Conservador, então à frente da direção

---

11 Ver: MATTOS, Ilmar Rohloff de. O tempo saquarema: a formação do Estado imperial. São Paulo: Hucitec, 1990. Para a reforma dos órgãos de repressão, ver: SOUZA, Adriana Barreto de. Duque de Caxias: o homem por trás do monumento. Rio de Janeiro: Civilização Brasileira, 2008. E, para a reforma do Exército em especial: *Idem*, O Exército na consolidação do Império: um estudo histórico sobre a política militar conservadora. Rio de Janeiro: Arquivo Nacional, 1999.

12 Paulino José Soares, futuro visconde do Uruguai, escreveu esta frase como ministro da justiça. Ver: Relatório do Ministério da Justiça de 1843, p. 6.

13 A ideia é desenvolvida por Bernardo Pereira de Vasconcellos como deputado em 1838. *Apud*: MATTOS, Ilmar Rohloff de, *op. cit.*, p. 158.

do Império, decidiu lançar mão de uma antiga estratégia repressiva de d. Pedro I. Enviou para a região uma força de pacificação cujo comandante acumularia ainda a direção militar e civil da província, sendo nomeado para o Comando de Armas e para a Presidência do Maranhão.[14]

O nome escolhido foi o do coronel Luiz Alves de Lima da Silva (futuro duque de Caxias), então um jovem de 36 anos de idade. O sucesso na repressão a Balaiada é que o projetou politicamente. Oriundo de uma tradicional família de políticos liberais, foi durante a campanha, trabalhando em parceria com seu amigo e secretário, o também jovem e já renomado poeta, Domingos Gonçalves de Magalhães, que Luiz Alves de Lima – como o coronel assinava seu nome – aderiu ao Partido Conservador. Concluída a pacificação, foi presenteado pelo amigo com uma ode intitulada "Ode ao Pacificador". A ode solicitava à Coroa recompensas para o coronel, e foi bastante eficiente.[15] Em 1841, ao deixar o Maranhão, Luiz Alves de Lima era promovido a brigadeiro, primeiro posto do generalato, e ingressava na nobiliarquia brasileira, perpetuando com seu baronato a vitória sobre a cidade sede da resistência balaia – Caxias.

Partindo desse contexto, o objetivo desse artigo é analisar algumas das práticas repressivas utilizadas por Luiz Alves de Lima no Maranhão, práticas que o ergueram pela primeira vez como "pacificador". Acredito que esse exercício permitirá avançar em duas direções. A primeira delas é precisar ideias e ações que historicamente foram dando corpo à categoria "pacificação". A segunda avança sobre o século XX: tendo Luis Alves de Lima e Silva, o duque de Caxias, sido transformado um século depois, a partir da década de 1930, em mito de Estado, patrono do Exército brasileiro, acredito que essas ações intervencionistas, dirigidas por militares, se consolidaram como política de Estado voltada para controlar territórios e administrar segmentos da população brasileira.[16]

A GUERRA CIVILIZA: ENQUADRAMENTO SOCIAL, CONTROLE DE TERRITÓRIO E DESENVOLVIMENTO.

14 Detalhes sobre a organização da força de pacificação, sua chegada e atuação no Maranhão podem ser encontrados em SOUZA, Adriana Barreto de. Duque de Caxias... *op. cit.*, capítulo IV.

15 MAGALHÃES, Domingos José Gonçalves de. Ode ao Pacificador do Maranhão o Ilmo. Exmo. Sr. coronel Luiz Alves de Lima. Tipografia de I. J. Ferreira, 1841.

16 Sobre a transformação do duque de Caxias em herói nacional e patrono do Exército, ver: CASTRO, Celso. "Entre Caxias e Osório: a criação do culto ao patrono do exército brasileiro". Estudos Históricos, Rio de Janeiro, nº 25, vol. 14. 2000. Disponível em: http://bibliotecadigital.fgv.br/ojs/index.php/reh/article /view/2112 [acesso em: 25 set. 2015].

A força de pacificação aportou na cidade de São Luís do Maranhão no dia 4 de fevereiro de 1840, sendo recepcionada, na manhã do dia seguinte, por altas autoridades de ambos os partidos (liberal e conservador), por dignitários do clero e gente do povo. A tropa, perfilada, em uniforme de gala, saudou com entusiasmo o novo presidente e comandante de armas da província. O espírito conciliatório era sinal de cansaço. Após um ano de rebelião, a economia da província estava falida e sua estrutura escravocrata com sérias fissuras. O quadro favorecia o coronel Luiz Alves de Lima. Conservadores e liberais, após muitos conflitos, superavam divergências para reprimir o movimento. O coronel era a esperança desses homens, agora dispostos a colaborar.[17]

Mas, ao contrário do que se poderia imaginar, o coronel Lima não capitaneou essa disposição para iniciar de imediato o combate aos revoltosos. A primeira medida que adotou foi estratégica. Em parceria com seu secretário, dedicou-se à reorganização da administração militar e civil da província. Fez isso por um mês, sem deixar a capital ou realizar qualquer investida militar. Essa decisão pode ser explicada a partir de vários argumentos, desde sua formação, junto ao pai e tios, todos oficiais do Exército, até as orientações oficiais, recebidas do governo. Porém, nos limites deste texto, gostaria de destacar um ponto que acredito ter sido chave: a parceria com Domingos Gonçalves de Magalhães. Tão logo chegou ao Maranhão, o jovem poeta, que estava no Brasil há apenas dois anos e meio, após longa viagem de estudos pela Europa, dedicou-se com afinco à pesquisa nos jornais locais para conhecer melhor – como ele próprio afirmaria – "nossos costumes e naturais tendências". O resultado desse investimento foi um livro, hoje clássico, "A Revolução na Província do Maranhão desde 1839 a 1840". À exceção do primeiro capítulo, o livro foi todo ele escrito enquanto Gonçalves de Magalhães esteve na província. Estava convencido de que só pelo estudo do passado "de nossas desordens" seria possível coligir uma "lição histórica", que permitisse uma intervenção útil e eficaz na realidade, evitando o que mais temia – a perda de "fé no futuro".[18]

Ainda que a face literária de Gonçalves de Magalhães não seja objeto dessa comunicação, vale destacar que seu envolvimento na política expressa uma concepção de literatura comprometida com a definição daquilo que constituiria as marcas próprias da brasilidade, de sua singularidade. Tarefa que exigia um en-

17 A pesquisa que sustenta empiricamente os argumentos deste artigo é a de minha tese de doutoramento. Assim, ela é que será referenciada aqui. SOUZA, Adriana Barreto de. *Duque de Caxias... op. cit.* p. 285.

18 MAGALHÃES, Domingos José Gonçalves de. A revolução na província do Maranhão desde 1839 a 1840. São Luís: Tipografia do Progresso, 1858, p. 45.

gajamento bem amplo, em todas as formas de expressão do "espírito nacional".[19] Daí seu interesse – exótico aos olhos de hoje – pela secretaria de governo de uma província rebelada.

A conclusão a que chega com seus estudos, no entanto, é dura. O que explicava a Balaiada – na avaliação do secretário-poeta – era a natureza débil e bárbara de seu povo. O nível de civilização da província – prosseguia – justifica aquilo que "à primeira vista d'olhos é inexplicável": "o exército da rebeldia". E, para avançar em sua análise, pergunta: "O que se pode esperar de homens não domados por nenhum freio?" O editor do livro, um maranhense, incomodado com a descrição que se fazia das "coisas e gente da terra", ainda tentou, por meio de notas, relativizar suas críticas, lembrando que o autor era jovem e vinha da Europa, exagerando, assim, em seu julgamento.[20]

Mas o que afetava o editor não eram as críticas, globalmente. O incômodo era gerado por um ponto preciso. O alvo de Magalhães era a elite maranhense. Não porque parte se aliara aos mestiços para definir disputas políticas. A crítica não era dirigida só aos liberais. Para o secretário, proprietários e os ditos rebeldes se achavam quase no mesmo nível de civilização. Essa é a questão. "Senhores fazendeiros", eles próprios – escrevia Magalhães – não tinham "respeito à autoridade", e, sem considerar a lei, resolviam os insultos por "suas mãos de particulares". Para tanto – continuava – se valiam de "facínoras", davam-lhes abrigo e, por meio deles, se faziam "temíveis". O mesmo raciocínio aplicava aos quilombos. Se estes proliferavam pelo Maranhão, a responsabilidade – para Gonçalves de Magalhães – era dos senhores. Os escravos –argumenta – só tentavam "subtrair-se ao senhorio" porque eram tratados "com bárbaro rigor". "Essa é a gente", conclui categoricamente, "que incitada nos faz a guerra".

Pensando a rebelião e os maranhenses, o secretário instruiu a ação do coronel Luiz Alves de Lima, fundamentando um programa de intervenção política e militar. Em 1841, ao encerrar seu relatório de governo, como presidente da província, o coronel Lima afirmava que, apesar de ser uma calamidade, a

19 SÜSSEKIND, Flora. O Brasil não é longe daqui. São Paulo: Companhia das Letras, 1990, p. 16. Um debate interessante sobre os conceitos de literatura e história em Gonçalves de Magalhães é travado por: ARAÚJO, Valdei Lopes de. As transformações nos conceitos de literatura e história do Brasil: rupturas e continuidades (1830-1840). Revista de História. João Pessoa, n. 20, jan./ jun. 2009. Disponível em: http:// periodicos.ufpb.br/ojs/index.php/srh/article/view/11437. [acesso em: 25 set. 2015].

20 As referências deste e do próximo parágrafo relativas à cultura da elite maranhense foram extraídas de: MAGALHÃES, Domingos José Gonçalves de, *op. cit.* Cap. 2.

guerra também podia ser um ser "meio de civilização para o futuro".[21] Ou seja, a pacificação pretendia, além de por fim à Balaiada, instituir um exercício regular e organizado de dominação. Pretendia submeter o território do Maranhão ao domínio do governo estabelecido no Rio de Janeiro. E, para isto, a força das armas não bastava. A eficácia da intervenção dependia da elaboração desse "outro", melhor dizendo, desses "outros" maranhenses por meio de categorias que, uma vez partilhadas, legitimassem a ação das forças de pacificação.[22]

Do proprietário de terras ao quilombola, passando pelos caboclos, a população maranhense tal como imaginada e representada pelo coronel e seu secretário deveria ser alvo de uma ação firme e decidida, mas que respeitasse as fronteiras hierárquicas que os dividiam. Importava não confundir liberdade com igualdade. Como parte significativa da elite da época, o coronel Lima e seu secretário acreditavam que os indivíduos eram constituídos de matéria de qualidades distintas, e que esse princípio deveria organizar a vida pública.[23] Se a elite maranhense não se encontrava no mesmo nível civilizatório daquela que frequentava a corte imperial, cabia a esta assumir um papel pedagógico.

Não por acaso, a primeira ação empreendida pelo coronel Luiz Alves de Lima no Maranhão voltava-se para a elite. Em suas "proclamações", dirigidas genericamente aos "maranhenses", o coronel afirmava a irresponsabilidade dos que haviam engrossado as fileiras rebeldes no início do movimento e, em seguida, completa: em sociedades civilizadas, aos "proprietários cabe cultivar a paz, condição da riqueza e prosperidade dos povos". Se, por um lado, ensinava a essa elite como se comportar para manter essa ordem social desigual, por outro, colocava-se em um lugar externo às próprias disputas. Apresentava-se como um "agente neutro", que estava ali, entre os maranhenses, não para defender tal ou qual partido, mas para mostrar as vantagens da "cultura civilizada" que, em economia, era sinônimo de prosperidade. Uma estratégia da qual lançaria mão – a partir de então – em todas as pacificações que empreendeu, dissimulando vínculos políticos e apresentando os princípios conservadores de governo como nacionais.[24]

---

21 SOUZA, Adriana Barreto de. *Duque de Caxias... op. cit.* p. 297.

22 OLIVEIRA, João Pacheco de, *op. cit.* p. 126.

23 MATTOS, Ilmar Rohloff de, *op. cit.* p. 162.

24 Sobre essas proclamações, ver: SOUZA, Adriana Barreto de. *Duque de Caxias... op. cit.* p. 290-292. O único registro que temos de uma reação a essa retórica civilizacional de Luiz Alves de Lima foi entre os farroupilhas. Mantendo a parceria com Domingos Gonçalves de Magalhães, que também o secretariou na pacificação do Rio Grande do Sul, tão logo chegou à província, o então brigadeiro Lima lançou uma de suas proclamação. Seguia o mesmo tom das publicadas no Maranhão, recorrendo à imagem de "agente neutro". A novidade era a recorrência à "providência divina", que fazia

Desse raciocínio, adveio a primeira intervenção do coronel na região: empregou as forças militares para recuperar a navegação no rio Itapecuru, interceptada pelos ditos rebeldes. A justificativa para a ação vinha em ordem do dia: a guerra civilizatória tinha a obrigação de promover "uma segura proteção ao comércio desta capital". Repressão e proteção tornavam-se faces de um mesmo processo. Ao desbloquear o rio Itapecuru, a guerra liberava a melhor e mais barata via de acesso ao interior do Maranhão, por onde passariam várias mercadorias e, junto com elas, as forças de pacificação.

Mas, para que essa estratégia atingisse seu objetivo, o de educar e capitalizar o apoio da elite, o coronel deveria se preocupar também com a administração de homens – os de sua tropa. O efetivo do governo, no início da guerra, estava em torno de 5000 homens. Mas não devemos pensar em forças homogêneas, muitas nem existiam como unidades militares antes da guerra. O coronel Lima, ao chegar a São Luís, encontrou corpos militares que já estavam em operação na região e recebeu várias unidades de províncias próximas, como Ceará, Pernambuco e Piauí. A ele coube redistribuir esses homens, construir uma relação de comando--obediência e costurar certa unidade.[25]

Esse conjunto disforme é que recebeu o nome de Divisão Pacificadora do Norte. O olhar que o coronel lança sobre esse exército não é diferente, sendo que, neste caso, as desigualdades sociais se fundem à hierarquia militar. O corpo militar, criado de forma quase imediata, agrega em seu interior técnicas de diferenciação social e integração pela via da hierarquia.[26] Para manter seus homens sob controle, o coronel Lima adotou uma técnica curiosa: dispensou todos os feitores do serviço militar para que pudessem – como ele próprio explicou ao ministro da Guerra – "defender as fazendas dos excessos de nossas tropas". Compartilhando a classificação da época, largamente utilizada em documentos oficiais, o coronel via sua tropa como um bando de "brutos" e "ferozes". E, assumindo aqui também seu papel civilizatório, lhes dedica técnicas adequadas a sua natureza. Daí a liberação dos feitores. Tratamento diferente será aplicado aos oficiais. Como grande parte era oriunda daqueles "sertões bravios", precisava se acautelar. Mas a técnica

dele um "instrumento de paz" para o Império. Tamanha pretensão foi sistematicamente ironizada pelos líderes farroupilhas nas páginas do jornal local, *O Americano*. Recuperaram passagens bíblicas e, ao final, se apresentavam como "profetas do Apóstolo São Tomé". SOUZA, Adriana Barreto de. *Duque de Caxias... op. cit.* p. 415-417.

25 *Ibidem*, p. 298.

26 LIMA, Antônio Carlos de Souza. "Sobre gestar e gerir a desigualdade: pontos de investigação e diálogo". In: LIMA, Antônio Carlos de Souza. (org.) Gestar e gerir. Estudos para uma antropologia da administração pública no Brasil. Rio de Janeiro: Relume-Dumará, 2002.

era outra, mais sutil: para assegurar a obediência entre eles, se empenhou na criação de uma malha burocrática, integrada por relatórios, autoridades, requerimentos, mapas e recibos, que, funcionando em cadeia, assegurassem a execução de suas ordens.

Essas providências logo surtiram o efeito esperado. Ao final do primeiro mês de governo, o coronel Luiz Alves de Lima escrevia ao ministro da Guerra, informando que toda a extensão das margens do rio Itapecuru estava guarnecida por tropas legalistas. E, só então, ele decidiu deixar a capital, iniciando a campanha propriamente militar pelas cidades que formavam uma espécie de cinturão de proteção a São Luís: Icatu, Rosário e Itapecuru-Mirim.[27]

A guerra civiliza: desigualdade social, hierarquia e integração.

Esse cinturão geográfico delimitava também uma fronteira social. Até esse momento, o sujeito da documentação oficial do coronel Luiz Alves de Lima era "a sociedade maranhense" ou "os maranhenses". A partir daí, as categorias acionadas são outras: "essa gente", "esses mestiços", "bandidos" ou, simplesmente, "facínoras".

Essa alteração de território/sujeito anunciava outra mudança – a de estratégia pacificadora. Durante os meses de junho e julho de 1840, a repressão se intensificou, resultando em muitas prisões e centenas de mortos. As técnicas burocráticas aplicadas no controle do exército imperial eram esquecidas quando se tratava da repressão aos ditos "rebeldes". O coronel Lima nunca chegou a organizar os dados sobre o número de mortos e prisões efetuadas durante a guerra. E, ao que tudo indica, essa tarefa nunca foi cobrada pelo governo. Por outro lado, os caboclos e negros quilombolas respondiam à escalada da repressão, retomando práticas de guerra que tinham marcado o início do movimento. Raimundo Gomes, um dos mais importantes líderes balaios, ao final do mês de julho, voltava a incendiar fazendas, sublevando escravos para, em seguida, ensinar-lhes a técnica e multiplicar o número de incêndios a propriedades da região.[28]

O coronel Lima mostrava-se apreensivo com os rumos da Balaiada, informando ao ministro da Guerra que era difícil manter ânimo ativo diante do que via – a ação descontrolada de uma "liga aterradora" de caboclos e quilombolas. Estava convencido de que, para desfazer essa "liga", o emprego das armas não era suficiente. Foi, então, que decidiu contra-atacar. Paralelamente è repressão militar, lançou mão do que seria batizado pelos coetâneos de "estratégias de polícia", ações sigilosas. Contratou espias para "despertar a antiga indisposição contra os

---

27 Sobre essas técnicas, ver: SOUZA, Adriana Barreto de. Duque de Caxias... *op. cit.* p. 299-300.

28 Sobre os combates e ações militares, além da reação dos caboclos e quilombolas: *Ibidem*, p. 313-315.

negros", "introduzir a cizânia entre os rebeldes" e, assim, finalmente, avançar na pacificação, "desfazendo essa liga".

Essa é uma estratégia importante, que seria acionada por Luiz Alves de Lima em outras regiões do Império, tornando-se quase uma marca registrada das pacificações por ele empreendidas. Ela expressa com precisão a guerra civilizatória: se era necessário promover a integração a partir de uma ordem social desigual, essa integração deveria se dar por meio de princípios hierárquicos. O ponto de partida, portanto, era simbólico. Era preciso difundir representações assustadoras, que, gerando medos e desconfianças entre esses grupos sociais, ajudasse a recolocar cada qual em seu lugar. Para isso, o emprego de espias era perfeito. Como avisava o coronel: misturando-se entre os "rebeldes", eles difundiam a cizânia, tornando o convívio do grupo insuportável. O que havia acontecido com os proprietários, que apoiaram inicialmente o movimento e, em seguida, passaram a clamar contra esses "facínoras", precisava se repetir com os caboclos, de modo a separá-los dos negros escravos. O trabalho começou em agosto de 1840.[29]

A primeira atuação dos espias se deu na cidade de Carnaubal. A cidade estava "infestada de rebeldes" e com todos os "acessos interrompidos". O coronel Luiz Alves de Lima enviou para o local quatro espias. Por meio de carta reservada ao comandante da vila de Itapicuru-Mirim, ordenava que se pagasse a cada um dos espias 200 mil réis, lembrando que não devia "exigir recibo para que não fiquem desconfiados". O oficial encarregado do comando da vila, e da missão, era o major Carlos Augusto de Oliveira. E, para evitar mal entendidos, o coronel garantia que, na "prestação de contas", bastava o major apresentar "esta minha ordem". Infelizmente, por se tratar de uma missão sigilosa, a documentação não traz detalhes sobre o que se passou, nem sabemos ao certo quanto tempo durou essa missão.[30] É possível afirmar apenas que os quatro espias – conforme previsto – se infiltraram entre os rebeldes e que, ao final do mês de agosto, os primeiros efeitos da ação dos espias já eram sentidos. No dia 22 daquele mês, o coronel Lima se encontrava com sua tropa na "entrada de Carnaubal" e, no dia 23, deixava o local, avisando ao ministro da Guerra que o acesso à cidade estava "desembaraçado", e que manteria ali um destacamento para assegurar seu "livre trânsito".

Essa ação permitiu o total desbaratamento das tropas de Raimundo Gomes, líder balaio. Por uma lista de "despesas secretas", elaborada pelo próprio

29 Para uma narrativa mais minuciosa sobre o emprego das "estratégias de polícia" do coronel Lima, referidas neste e nos três próximos parágrafos, ver: *Ibidem*, p. 315-320.

30 Apesar dos limites das fontes documentais, o que tudo indica, o emprego de espias e emissários tornou-se, a partir de então, uma prática das forças de pacificação até o final da guerra.

coronel Luiz Alves de Lima, é possível saber que, além de espalhar a cizânia, ao que tudo indica, houve suborno. Os líderes Pedrosa e Cândido do Lago são nominalmente citados nessa lista das "despesas secretas" que, ao final da guerra, chegou a cifra de 4 contos de réis.

Mas o acordo não era de rendição imediata. A negociação foi outra: antes de se apresentarem oficialmente ao governo, os caboclos deveriam "bater os negros". Para o coronel Lima, essa era uma estratégia educativa. Além de obter ótimos aliados na caça aos quilombolas, homens que conheciam muito bem as matas do Maranhão, ele ainda ensinaria a "esses brutos" a respeitar autoridades e a reconhecer as fronteiras sociais que constituíam essa região. Com eles, havia acerto possível, ainda que sustentado por força militar. Mas, com os negros, não. Estes deveriam ser capturados e, como o serviço não era indigno para a tropa – queixa antiga do coronel Lima, que procurava com isso defender a "honra dos militares" – melhor seria que os mestiços o executassem.

A eficácia das estratégias do coronel Luiz Alves de Lima era indiscutível, mas, nem por isso, deixavam de gerar certo desconforto. Seu sucesso dependia de uma ampla negociação, que envolvia, além de espias, o emprego de vários emissários, que num constante ir e vir, atravessavam as matas do Maranhão a fim de acertar os termos de rendição com líderes balaios. Tratava-se, sem dúvida, de uma negociação assimétrica, assentada na força das armas. Ainda assim, as estratégias incomodavam. No auge das negociações, em novembro de 1840, o major Emiliano de Medeiros escreveu para o coronel Luiz Alves de Lima, dizendo que estava "há 16 meses empregado no serviço da guerra desta província" e que "nenhum serviço" tinha-lhe "custado tanto".[31]

O major Medeiros referia-se à rendição dos líderes Pio e Tempestade. Apesar da preeminência de nomes como Raimundo Gomes, a Balaiada organizava-se em torno de várias lideranças. A ação pacificadora procurava agir, individualmente, sobre cada uma das lideranças, por meio de contatos diretos. O major Medeiros, por exemplo, dispôs-se a procurar pessoalmente os chefes Pio e Tempestade. Antes, porém, enviou uma caixa de vinho como prova de que seguia em missão de paz. Até aí, aparentemente, não houve problemas. O constrangimento maior – segundo o próprio major – foi ser recebido por "rebeldes" uniformizados com fardas recém roubadas das "tropas legais", reconhecer em suas fileiras vários soldados desertores e ainda ter que distribuir armas e munição para esse "bando". Quando Pio e Tempestade, selando a rendição, lhe pediram munição para "bater

31 *Ibidem*, p. 330.

os negros", o major ficou tão incomodado, que não lhes respondeu na hora. Voltou ao acampamento e só liberou a munição após negociar a subordinação do grupo a um comandante das forças de repressão, o capitão Domiciniano José Ayres.

A razão de tamanho constrangimento estava na representação que pautava a relação com os ditos "rebeldes". Tempestade – em sua avaliação – não era um homem, e sim "um mostro". Tratá-lo "com dignidade" – prosseguia – contrafazia seu "gênio". Sentimento que estava difuso na elite local, e era compartilhado pelo coronel Lima.[32]

O golpe de julho de 1840, que antecipou a maioridade de d. Pedro, apesar de ter sido muito bem aproveitado pelo coronel Lima no Maranhão – fato a que retornarei mais adiante –, também tensionou a fase final da pacificação. Um mês após assumir o trono, no dia 22 de agosto, d. Pedro II assinou um decreto amplo de anistia. No mesmo dia, uma cópia foi enviada para o Maranhão. O coronel Lima comemorava, então, os primeiros sucessos de seus espias, e se preocupou com o teor do decreto. Optou por não publicá-lo de imediato na província. Antes, escreveu ao ministro da Justiça, solicitando esclarecimento sobre "os rebeldes que juntam ao crime de rebelião, frios assassinatos cometidos em pessoas indefesas de todos os sexos e idades, e de roubos e de incêndios sem que razão alguma os possa justificar". Comprometia-se a dar a ampla execução à ordem do jovem imperador. Todavia, apontava para o risco, elevado, de a anistia dividir o apoio da "classe proprietária", arrastando-a mais uma vez para o conflito.[33]

Ainda que o argumento fosse político, e o coronel estivesse de fato preocupado com os efeitos da anistia na província, ele pessoalmente também não concordava com o decreto. Dizia-se solidário à dor das "tristes e contritas vítimas". Anistia, para ele, devia ser aplicada apenas aos "rebeldes políticos". Essa era uma diferença importante e, nesse ponto, o coronel compartilhava a opinião de quase toda a elite, fosse conservadora ou liberal. A guerra dos caboclos e quilombolas era feita por "bandidos", já a guerra dos proprietários maranhenses era "política". O programa de pacificação era orientando por uma visão hierarquizada da sociedade e, em meados do século XIX, em um Brasil escravocrata, ela não possuía compromisso com preceitos igualitários. Até mesmo a ideia de liberdade, tal como afirmava Vasconcellos, dois anos antes, era um preceito secundário, sendo respeitada apenas se subordinada à ordem e à segurança.

32 *Ibidem*, p. 330-331.
33 *Ibidem*, p. 327.

Enquanto aguardava a resposta do governo do Rio de Janeiro, o coronel Lima deu continuidade a sua política pacificadora. Sem suspender os ataques, mantinha as negociações, obtendo rendições e, por meio de boatos, suborno e da "excitação do ódio aos escravos", seguia "educando essa gente". Como oficiou, meses depois ao ministro da guerra, estava convencido de que esse tipo de ação evitaria "futuras insurreições".[34]

Só em novembro publicou o decreto imperial. Mesmo assim, antes de fazê-lo, se cercou de uma série de cuidados. Temia, especialmente, a reação dos caxienses. Os maiores atentados – na opinião do coronel Lima – tinham acontecido naquela cidade. Além disso, nesse momento, próximo a ela, ameaçando-a cotidianamente, havia ainda o grupo sob comando dos chefes Pio e Tempestade. Daí a importância da missão – e o constrangimento – do major Medeiros. Enquanto ele negociava a rendição com Pio e Tempestade, o coronel Lima negociava com os proprietários da cidade. "Receando que o decreto fosse mal recebido", optou por ir pessoalmente a Caxias, fazendo-se, ele próprio, "portador" da notícia. Procurava, assim, acalmar os ânimos mais exaltados.

Tão logo encaminhou a crise em Caxias, o coronel Lima mandou "imprimir [o decreto] em quantidade e espalhar por toda parte". A intenção era levar a notícia até mesmo àqueles que viviam "errantes sem chefe conhecido". Em seguida, autorizou os comandantes das forças de repressão a publicarem "comunicações", informando que para obter o perdão imperial era preciso se apresentar num acampamento da legalidade, ou se unir a Francisco Ferreira Pedrosa, primeiro líder balaio a se render à pacificação. Esta alternativa buscava alcançar os rebeldes que se encontravam no meio da mata e – o que era muito proveitoso – usar seus serviços na "caça" aos quilombolas. Além disso, as "comunicações" procuravam ainda evitar equívocos, já que alguns "rebeldes", ao saberem do decreto de anistia, voltavam para casa, acreditando-se anistiados.[35]

Se não fosse por Raimundo Gomes e pelo negro Cosme das Chagas, importante líder quilombola, o coronel Lima poderia considerar a província pacificada. Decidiu, então, organizar um "forte destacamento" para fazer uma ampla busca na região de Miritiba, em cujas matas, segundo se dizia, estava escondido o chefe rebelde e seu bando. A ordem era para, na dúvida, bater todo e qualquer "salteador" que se recusasse a depor armas. Percebendo que "não podia dar um passo sem ser preso" e vitimado pela fome, no dia 7 de janeiro, Raimundo Gomes

34 *Ibidem*, p. 324.

35 Sobre esse momento final da pacificação, ver: *Ibidem*, p. 329.

mandou um de seus homens se apresentar e, por meio dele, enviou um "papel, pedindo ser perdoado por seus crimes".[36]

Como o decreto imperial de anistia "não excetuava pessoa alguma envolvida na revolta", o coronel Lima mandou "dizer que sem susto podia se apresentar", fixando um prazo para a rendição: ele tinha até o dia 20 de janeiro para depor armas. Exatamente no dia 20, o major comandante do acampamento de Miritiba, noticiava ao coronel que 364 rebeldes o tinham procurado para se apresentar. Na maioria, homens das tropas de Raimundo Gomes. Noticiava também que, conforme orientação do coronel Lima, no dia seguinte, embarcaria todos eles, e a família de Raimundo Gomes, para o "sul". O recurso de banir rebeldes da província estava previsto no decreto de anistia, e a escolha dos nomes cabia ao governo provincial. A anistia, nesses casos, estava condicionada à assinatura de um "termo de evacuação", em que o "rebelde" se comprometia, perante autoridade competente, a residir fora da província por um tempo determinado.

Embarcar a família do chefe rebelde para uma província do "sul" era parte do esforço de fazê-lo se apresentar. O fato de ter liberado parte de seus homens e, junto deles, ter enviado um bilhete, solicitando perdão foi entendido pelo coronel Luiz Alves de Lima como um recado: "ele não se entregaria a outro senão a mim". Seguiu, então, para Miritiba. Lá chegando, mandou "por uma escolta dizer que viesse sem susto que nenhum mal se lhe faria e, no caso contrário, que não lhe daria muito tempo de vida". Só então, após tantos esforços e recorrendo mais uma vez à força de sua presença, conseguiu "arrancar daquelas matas o chefe dos sediciosos". Depois dele, mais 700 homens se apresentaram. A "guerra civil" – afirmava o coronel – estava encerrada.

Laureado, o coronel Luiz Alves de Lima voltou para a cidade de São Luís com Raimundo Gomes preso, e só lá o anistiou. Tendo em vista todos os "crimes" que cometeu, e "a preponderância que exerceu em dois anos sobre a classe baixa", o coronel Lima considerava a anistia um enorme lucro para o "rebelde". O termo de evacuação que foi obrigado a assinar era de oito anos, e o líder rebelde decidiu morar em São Paulo. Lá, pretendia encontrar sua família, o que não chegou a acontecer.

Durante a viagem, o líder balaio foi assassinado. Até onde nos foi dado saber, o caso não gerou processo e, portanto, nunca foi apurado. Isso nos tira a possibilidade de fazer uma análise mais precisa dos fatos. Porém, a lógica política que os sustenta está dada. Se legalmente a anistia imperial era obrigatória,

---

36 As referências sobre a rendição de Raimundo Gomes, narrada neste e nos três próximos parágrafos, pode ser encontrada em: *Ibidem*, p. 330-332.

o desejo de vingança da "classe proprietária" da província se realizou pela via da ilegalidade. E, como esse desejo era tido por justo, inclusive pelo comandante das forças de pacificação, a apuração era dispensável. Avançando um pouco no trabalho sobre conjecturas, face à falta de fontes documentais, é possível ainda imaginar que o assassinato de Raimundo Gomes tenha sido um dos ajustes realizados pelo próprio coronel Lima quando – preocupado com a reação da elite local – decidiu ir pessoalmente a Caxias. Afinal, após algumas conversas, ele pode publicar o decreto imperial com apoio até dos moradores "mais exaltados".

Cosme Bento das Chagas, o importante líder quilombola, foi executado mais de um ano depois, em setembro de 1842. Não coube ao coronel Lima a decisão sobre seu destino. Esse era um domínio exclusivo do poder privado.[37] Em 1842, já promovido a brigadeiro, e integrando a nobiliarquia brasileira como barão de Caxias, remunerações obtidas pelos serviços prestados no Maranhão, Luiz Alves de Lima estava bem longe daquelas terras. Pacificava rebeldes de outra estirpe, proprietários paulistas e mineiros.

A pacificação da grande família brasileira.

No dia 18 de julho de 1840, enquanto o coronel Luiz Alves de Lima reorientava sua política pacificadora, contratando espias, difundindo a cizânia e o "ódio aos negros escravos", para avançar nas matas do Maranhão, o Rio de Janeiro estava em festa.

A corte, vestida com rigor e luxo, assistia ao mais pomposo ritual já preparado no novo Império. Até mesmo diplomatas europeus, acostumados aos rituais cortesãos, se impressionavam com tamanho resplendor.[38] Ao ser levado ao trono, após um golpe político, o jovem Pedro, com apenas 14 anos de idade, era – curiosamente – apresentado como um pai, autoridade indiscutível, e supostamente neutra. O governo conservador apostava na restauração da autoridade monárquica como meio de restituir a ordem, submetendo as províncias rebeladas e convencendo suas elites – sempre com o apoio das armas – dos benefícios da civilização. Esta – como ensinava o coronel Lima no Maranhão – deveria ser sinônimo de controle social, prosperidade e riqueza.

Um mês depois, quando a notícia chegou ao Maranhão, o coronel Lima também comemorou. Vivia os primeiros sucessos da atuação de seus espias,

---

37 Sobre Cosme Bento das Chagas: *Ibidem*, p. 332-333.

38 SCHWARCZ, Lilia Moritz. As barbas do imperador: d. Pedro II, um monarca nos trópicos. São Paulo: Companhia das Letras, 1998. Cap. 4.

quando o correio o encontrou. E foi ali mesmo, no acampamento de Vargem Grande, que deu então início aos festejos. Mandou formar toda a tropa do acampamento, colocou-se à sua frente e, após salvas de artilharia e fuzilaria, entoou vivas a "Sua Majestade o Imperador". A tropa respondeu, entoando outros vivas à maioridade. Ao final dessa pequena cerimônia protocolar, o coronel começou a "tomar algumas providências a respeito da campanha", para poder deixar o interior da província. Ao desembarcar em São Luís, "pondo pé em terra", cumpriu mais uma vez as formalidades, puxando novos vivas ao imperador. No Palácio do governo, ainda no mesmo dia de sua chegada, dia 27 de agosto, assinou uma nova proclamação.[39] O texto dava continuidade a seu discurso de chegada à província, pregando a "neutralidade política". A diferença – significativa – é que, a partir daquele momento, contava com o respaldo de um príncipe coroado no Rio de Janeiro:

> *Uma nova época abriu-se aos destinos da grande família brasileira*: Sua Majestade o Imperador empunhou o cetro da governança e assumiu os direitos que pela Constituição do Estado lhe competem. Declarado maior, ei-lo enfim como um *símbolo da paz, de união e de justiça*, colocado à frente da nação que o reclamava (...) Maranhenses!, um sublime pensamento deve agora inflamar o coração brasileiro; aspérrima e longa foi a experiência, aproveitai-a. Amor ao Imperador, *respeito às leis* e *esquecimento de vergonhosas intrigas*, que só têm servido para enfraquecer-vos; *um só partido enfim – o do Imperador*; e no vosso entusiasmo, repeti mil vezes: Viva Sua Majestade Imperial, o Sr. D. Pedro II, Imperador Constitucional e Defensor Perpétuo do Brasil! Viva a nossa Santa Religião! Viva a Constituição do Estado![40] (ênfases minhas)

De volta à capital, e com a ajuda de seu secretário e "amigo leal", Gonçalves de Magalhães, o coronel Luiz Alves de Lima renovava seu investimento em estratégias discursivas. A proclamação é irreparável. Logo de início procura converter um fato político – a maioridade – em marco de ruptura com o passado. A "nova época", ao devolver o "cetro da governança" a um rei legítimo e constitucional, abria ao Império uma fase de concórdia. À frente da nação, o jovem d. Pedro II era transformado em "símbolo da paz, da união e da justiça". Melhor, era convertido em partido político. E, fora da grandiosidade desse novo partido, desinteressado e neutro, todo resto deixaria de ser política para assumir a feição

39 SOUZA, Adriana Barreto de. *Duque de Caxias... op. cit.* p. 321.

40 Proclamação impressa datada de 27 de agosto de 1840. Coleção Caxias, caixa 808. Arquivo Nacional.

vergonhosa – porque mesquinha – de intriga. Assim, tal como um pai, interessado em evitar a guerra entre irmãos, que vinha consumindo o Império, d. Pedro II assumia a direção dos "destinos da grande família brasileira".

Essa grande família brasileira se erguia, no entanto, a partir de um princípio restritivo e desigual de liberdade. Restritivo porque subordinado à ordem e à segurança. Desigual porque articulado em torno da retórica da autoridade civilizatória.[41] Ao se autorepresentar como nacional e entabular uma pacificação, a Regência conservadora, sediada no Rio de Janeiro, procurava evidenciar a incapacidade da elite maranhense para exercer, sem influência do governo central, a direção da província. A intervenção tornava-se, assim, uma peça chave para assegurar que a civilização alcançaria com suas luzes os sertões, resgatando-os da barbárie. Em situações normais, essa intervenção civilizadora se daria pela via da administração e, em casos limite, por meio da guerra.

As estratégias de pacificação variavam, mas tinham por princípio uma ideia típica de Antigo Regime, e ainda bastante difundida no Brasil da primeira metade do XIX – a qualidade da pessoa ou do grupo que era alvo da ação pacificadora.[42]

Por meio dessa política de pacificação, assegurava-se a integração da sociedade, a formação da grande família brasileira. E, nesse momento, vale recorrer a um bom dicionário de época. Raphael Bluteau, na edição de 1720 de seu "Vocabulário Português e Latino, áulico, anatômico...", destaca que "pacífico" e "pacificar" são vocábulos dos sacrifícios do Antigo Testamento. Vocábulos usados para designar a "vítima que com voluntária devoção, ou em cumprimento de voto, se oferecia para a prosperidade e incolumidade das famílias". Esse sentido religioso, sintomaticamente, desapareceu do dicionário a partir da edição de 1789, ano da

41 A força dessa retórica civilizatória na história do Brasil, da colonização portuguesa até a atual política de pacificação do Rio de Janeiro, é analisada no artigo: OLIVEIRA, João Pacheco de, *op. cit.*

42 Há uma vasta literatura sobre esse traço da cultura política de Antigo Regime. Destaco aqui o livro de António Manuel de Hespanha, que está na base de grande parte dessas pesquisas. HESPANHA, António Manuel de. Às vésperas do Leviathan. Instituições e poder político Portugal, século XVII. Coimbra: Livraria Almedina, 1994. Para uma reflexão mais específica sobre o Brasil do final do século XVIII, ver: LARA, Silvia Hunold. Campos de violência. Escravos e senhores na capitania do Rio de Janeiro, 1750-1808. Rio de Janeiro: Paz e Terra, 1988; LARA, Silvia Hunold. Fragmentos Setecentistas. Escravidão, cultura e poder na América portuguesa. São Paulo: Companhia das Letras, 2007.

Revolução Francesa. Daí por diante, encontramos apenas seu sentido político: pacificar é aquietar os revoltosos.[43]

Mas guardemos um pouco mais o sentido religioso. Afinal, o Estado brasileiro em construção era uma monarquia católica de tradição ibérica. Por analogia, podemos afirmar que a integração, a prosperidade e a incolumidade da grande família brasileira se fundavam no enquadramento das alteridades e no sacrifício dos mais resistentes. Se, como escreveu Bluteau, por meio das "oblações, se pacificava Deus com os homens", no século XIX, por meio dessas oblações, se pacificava o Estado com a sociedade.

Por fim, destaco um último ponto. Essas práticas ditas "pacificadoras", apesar de terem contribuído para alçar Luiz Alves de Lima e Silva à posição de marechal e duque de Caxias, eram corriqueiras no século XIX, quando vários oficiais militares, após tomarem parte na repressão a um ou outro movimento contestatório, requeriam o título de pacificador.[44] Gonçalves de Magalhães foi o único a cantar (ou narrar) Caxias como "o pacificador", na ode que lhe dedicou. Afora essa homenagem, durante todo o século XIX e início do XX, Caxias foi lembrado apenas como um general político, o maior nome militar do Partido Conservador.[45] A monarquia não esculpiu sua imagem em bronze. Quem o fez, erguendo um panteão em sua homenagem, celebrando anualmente um culto cívico no dia de seu aniversário, e transformando-o em patrono do Exército brasileiro, foi outro Estado. Paradoxalmente, um Estado republicano, e quase um século após as campanhas de pacificação por ele empreendidas, já nos anos de 1930.

Antônio Carlos de Souza Lima – em artigo sobre outro militar pacificador, o marechal Cândido Rondon – afirma que "mito de Estado, Estado é".[46] Partin-

43 BLUTEAU, Raphael. Vocabulário português e latino, aulico, anatomico, architectonico, bélico, botânico, brasílico, cômico, satírico, chimico ... e offerecido a El Rey de Portugal D. Joam V. Lisboa: na Oficina de Pascoal da Sylva, 1720. Esta edição e a de 1789 estão disponíveis no site: http://www.brasiliana.usp.br/bbd/search?fq=dc.contributor.author:%22Bluteau,+Rafael,+1638-1734%22. [acesso em: 25 set. 2015].

44 Agradeço a Daniela Marques da Silva, bolsista PIBIC/CNPq, o trabalho cuidadoso de mapeamento do termo pacificador nos jornais de meados do século XIX.

45 SOUZA, Adriana Barreto de. "Um herói para a juventude: o duque de Caxias nas biografias e livros didáticos". In: ROCHA, Helenice; MAGALHÃES, Marcelo; GONTIJO, Rebeca. (Orgs.). A escrita da História escolar: memória e historiografia. Rio de Janeiro: Fundação Getúlio Vargas, 2009, p. 127-148.

46 LIMA, Antônio Carlos de Souza. "Reconsiderando o poder tutelar e a formação de Estado no Brasil: notas a partir da criação do Serviço de Proteção aos Índios e Localização de Trabalhadores Nacionais." In: FREIRE, Carlos Augusto da Rocha (org.). Memória do SPI: Texto, imagens e documentos do Serviço de Proteção aos Índios (1910-1967). Rio de Janeiro: Museu do Índio, 2011. p. 201-211.

do dessa ideia, vale ressaltar que o enraizamento da categoria "pacificador" ou "pacificação" e, portanto, de uma determinada forma de controle de territórios e gestão de populações na política brasileira, ocorre durante o século XX. Enraizamento decorrente de uma política que se torna, gradativamente, política de Estado. Uma política que optou por permanecer ignorando o princípio de igualdade e sujeitando a liberdade a essa ordem desigual e à segurança. Não por acaso, o Exército se tornou um importante ator político no século XX. O custo da escolha foi a crescente militarização da política brasileira.

Referências bibliográficas

ARAÚJO, Valdei Lopes de. "As transformações nos conceitos de literatura e história do Brasil: rupturas e continuidades (1830-1840)". Revista de História. João Pessoa, n. 20, jan./ jun. 2009.

BASILE, Marcello. "As revoltas regenciais na corte: o movimento de 17 de abril de 1832". Anos 90, Porto Alegre, n. 19/20, vol. 11, jan./dez. 2004, p. 259-298.

BLUTEAU, Raphael. Vocabulário português e latino, aulico, anatomico, architectonico, bélico, botânico, brasílico, cômico, satírico, chimico .... e offerecido a El Rey de Portugal D. Joam V. Lisboa: na Oficina de Pascoal da Sylva, 1720.

CARVALHO, José Murilo de. A Construção da ordem. Teatro de Sombras. Rio de Janeiro: Editora da UFRJ/ Relume-Dumará, 1996.

CASTRO, Celso. "Entre Caxias e Osório: a criação do culto ao patrono do exército brasileiro". Estudos Históricos, Rio de Janeiro, nº 25, vol. 14, 2000.

GUIMARÃES, Manoel Salgado. "Nação e Civilização nos Trópicos: o Instituto Histórico e Geográfico Brasileiro e o projeto de uma história nacional". Estudos Históricos. Rio de Janeiro, n. 1. 1988, p. 5-27.

HESPANHA, António Manuel de. Às vésperas do Leviathan. Instituições e poder político Portugal, século XVII. Coimbra: Livraria Almedina, 1994.

LARA, Silvia Hunold. Campos de violência. Escravos e senhores na capitania do Rio de Janeiro, 1750-1808. Rio de Janeiro: Paz e Terra, 1888;

________. Fragmentos Setecentistas. Escravidão, cultura e poder na América portuguesa. São Paulo: Companhia das Letras, 2007.

LIMA, Antônio Carlos de Souza. "Sobre gestar e gerir a desigualdade: pontos de investigação e diálogo". In: LIMA, Antônio Carlos de Souza. (org.) Gestar e gerir. Estudos para uma antropologia da administração pública no Brasil. Rio de Janeiro: Relume-Dumará, 2002.

________. "Reconsiderando o poder tutelar e a formação de Estado no Brasil: notas a partir da criação do Serviço de Proteção aos Índios e Localização de Trabalhadores Nacionais." In: FREIRE, Carlos Augusto da Rocha (org.). Memória do SPI: Texto, imagens e documentos do Serviço de Proteção aos Índios (1910-1967). Rio de Janeiro: Museu do Índio, 2011.

MAGALHÃES, Domingos José Gonçalves de. Ode ao Pacificador do Maranhão o Ilmo. Exmo. Sr. coronel Luiz Alves de Lima. Tipografia de I. J. Ferreira, 1841.

________. A revolução na província do Maranhão desde 1839 a 1840. São Luís: Tipografia do Progresso, 1858.

MATTOS, Ilmar Rohloff de. O tempo saquarema: a formação do Estado imperial. São Paulo: Hucitec, 1990.

MOREL, Marco. As transformações dos espaços públicos. Imprensa, atores políticos e sociabilidades na cidade imperial (1820-1840). São Paulo: Hucitec, 2005;

OLIVEIRA, João Pacheco de. "Pacificação e tutela militar na gestão de populações e territórios". Mana, Rio de Janeiro, n. 20, vol. 1, 2014, p. 125-161.

RIBEIRO, Gladys Sabina. "O desejo da liberdade e a participação de homens livres pobres e 'de cor' na independência do Brasil". Cadernos Cedes, Campinas, n. 58, vol. 22, dez. 2002, p. 21-45.

SCHWARCZ, Lilia Moritz. As barbas do imperador: d. Pedro II, um monarca nos trópicos. São Paulo: Companhia das Letras, 1998.

SOUZA, Adriana Barreto de. Duque de Caxias: o homem por trás do monumento. Rio de Janeiro: Civilização Brasileira, 2008.

________. O Exército na consolidação do Império: um estudo histórico sobre a política militar conservadora. Rio de Janeiro: Arquivo Nacional, 1999.

________. "Um herói para a juventude: o duque de Caxias nas biografias e livros didáticos". In: ROCHA, Helenice; MAGALHÃES, Marcelo; GONTIJO, Rebeca. (Orgs.). A escrita da História escolar: memória e historiografia. Rio de Janeiro: Fundação Getúlio Vargas, 2009.

SÜSSEKIND, Flora. O Brasil não é longe daqui. São Paulo: Companhia das Letras, 1990.

O Exército e "a difícil luta contra a independência dos homens do campo": embates na construção do Estado no Brasil, 1840-1870[1]

Maria Luiza Ferreira de Oliveira
História / EFLCH / UNIFESP

Já se falou que os anos 1850 foram marcados por um esforço de aparelhamento do Estado. O gabinete saquarema acabou com o tráfico de escravos,[2] promulgou o Código Comercial, traçou as fronteiras no Prata, buscou interiorizar o Estado com a reforma da Guarda Nacional, implementou o projeto das colônias e presídios militares. Pouco, no entanto, foi discutido sobre como esses projetos foram implementados. A estatística que viria com a lei do Registro Civil e do Censo fracassou, a Lei de Terras também não regularizou o sistema fundiário. A organização da Guarda Nacional foi fragmentária.

Fracassos do "gabinete mais poderoso do Império"?[3] Atuação de grupos com projetos diversos? Ou a sociedade respondendo e atuando na construção daquele Estado? Sob a névoa do consenso, construiu-se a ideia de um barco

---

1 Esta é uma versão modificada do texto em inglês que será publicado no livro resultado do Colóquio *Savoirs, sciences, techniques et construction étatique en Amérique ibérique, 1790-1870*, ocorrido em Paris na Sorbonne entre os dias 29 e 31 de janeiro de 2015, sob a organização de Annick Lempérière e de Clément Thibaud. Pesquisa em andamento, realizada com o auxilio da Fapesp, processo 2014/05592-6.

2 Essa medida não deve ser entendida como "modernizadora"– o país continuava repleto de escravos, a produção de café crescia com a mão de obra escrava, os preços dos escravos subiram até as vésperas da abolição. Ver: DRESCHER, Seymour. A Abolição. São Paulo: Ed. Unesp, 2010; CONRAD, Robert. Os últimos anos da escravatura no Brasil. Rio de Janeiro: Civilização Brasileira, 1972; TAMIS, Parron. A política da escravidão no Império do Brasil. 1826-1865. Rio de janeiro: Civilização Brasileira, 2011.

3 É a frase famosa de Joaquim Nabuco em *O Estadista do Império*. p. 123.

navegando em rumo seguro, tendo hábeis políticos conservadores no timão. A homogeneidade tem sido ressaltada como característica marcante do período conhecido como de apogeu do segundo reinado. A historiografia tem, geralmente, enfatizado a morte da política e o triunfo da modernização – ferrovias, navegação à vapor, mercado acionário de capitais. Nossa proposta é entender a articulação entre os novos e diversos saberes que circulavam com a experiência governativa que os agentes sedimentavam tanto movendo-se pelo território, quanto pela vivência histórica daqueles anos, assim como considerar as intensas disputas políticas em que estavam imersos. Através do estudo da colonização militar e dos debates sobre a estruturação do Exército, acreditamos poder entender propostas tecidas para lidar com tensões sociais presentes no período.

Houve embate de perspectivas de homens engajados no serviço público pelo país sobre objetos diversos que diziam respeito ao funcionamento do Estado. Podia ser sobre a economia política – até onde deveria ir a ação do Estado em um período de carestia, por exemplo. E decisões diferentes foram tomadas respondendo a esse debate: Visconde de Sinimbu rezando a cartilha do livre comércio proibiu o controle da venda da farinha em Salvador em 1858, atuando contra a visão dos representantes da Câmara Municipal – desencadeando uma revolta popular. Na mesma época, em janeiro de 1858, o presidente de Alagoas Angelo Thomaz do Amaral destinou três contos para a Câmara Municipal prover o mercado de farinha e carne, justificando-se depois: "pode acontecer que nessa operação perca a fazenda publica, mas perderá pouco e em todo o caso para socorrer os miseráveis".[4] Quais os impasses que enfrentaram na lenta tessitura da articulação territorial?

Instituir colônias militares pelo território trazia uma dimensão colonizadora e transformava, em uma certa medida, o ministério em "metrópole" que precisava promover a conquista e a ocupação do território.[5] Tarefa conduzida com vigília: até 1860 já eram 16 colônias instaladas.[6] Se a unidade era o mantra discursivo do período, e estava na nossa nascente historiografia nacional assim

---

4 Arquivo Nacional do Rio de Janeiro (Daqui para frente ANRJ) IJJ (9), 285, Ministério do Império, Alagoas, 1858-1860. Ofício de 30 de janeiro 1858.

5 Sobre o processo de expansão "para dentro" ver MATTOS, Ilmar R., "Construtores e herdeiros: a trama dos interesses da construção da unidade política". Revista Almanack Brasiliense, n. 1, maio de 2005.

6 Um primeiro resultado da pesquisa sobre as colônias militares está no capítulo OLIVEIRA, Maria Luiza F. de, "No centro das matas: as colônias militares e os embates dos anos 1850", In: BASTOS, Lucia Maria, BESSONE, Tânia M., GUIMARÃES, Lucia M. P. (orgs.). Elites, Fronteiras e Cultura do Império do Brasil. Rio de Janeiro: Contracapa, 2013, p. 111-138.

como na pena dos romancistas,[7] ela ainda precisava ser construída: o frágil domínio de vastas extensões do território era inquietante para muitos.[8]

Se, por um lado, lançar mão da colonização militar já trazia uma tradição arraigada, aglutinando um feixe de saberes e práticas acumuladas desde o século XVI, por outro, sobretudo no período Pombalino, pródigo em lançar mão de fortalezas militares nas fronteiras,[9] parece ser mais forte a reinvenção, a rearticulação de novos saberes, emprestados de experiências mais modernas.

Diversos modelos foram estudados. A colonização militar empreendida pelo governo russo e pelo austríaco foi conhecida sobretudo a partir das viagens do Duque de Raguse pela Hungria e Rússia, e foi considerada inadequada pois, na opinião do Brigadeiro José Joaquim Machado de Oliveira,[10] criaria "encantonamentos militares", a serviço de "potentados locais" e não promoveria o cultivo da terra, a integração, além de propor o uso de um sistema de trabalho "pior do que a escravidão, o servo da gleba."[11] Outros modelos citados foram o do inglês Gladstone, que propôs uma rede de colônias militares na Austrália nos anos 1840, a experiência belga com presídios, as práticas dos ingleses na Índia, e finalmente o modelo de colonização agrícola, religioso e militar proposto por Landmann de colonização na Argélia, conhecido pela edição de 1841 de seu livro *Les Fermes du Petit Atlas, ou Colonisation agricole, religieuse et militaire du nord de l'Afrique.*[12]

---

7 VARNHAGEN, Francisco Adolfo de. História Geral do Brasil. Madrid: Imprensa da V. de Dominguez, 1854. Como bem observa Ricupero, "o valor central que emerge da obra é a unidade, é ela que organiza a narrativa". Ver: RICUPERO, Bernardo. O romantismo e a ideia de Nação no Brasil (1830-1870). São Paulo: Martins Fontes, 2004.

8 Varnhagen escreveu alguns anos antes, durante pesquisa para a sua *História Geral*, o texto *Memorial Orgânico*, sugerindo medidas a serem tomadas pelo governo para modernizar o país, e afirma: "assim o Brasil declarou-se independente; proclamou o Império; e depois de um quarto de século acha-se quase na mesma; é com mais ar de colônia, ou de muitas colônias juntas que de nação compacta", p. 2.

9 CARVALHO. Francismar A. Lopes de. Lealdades negociadas: povos indígenas e a expansão dos impé-rios ibéricos nas regiões centrais da América do Sul. São Paulo: Alameda, 2014.

10 Um experiente militar, com careira administrativa e política, foi o primeiro Diretor Geral dos índios em São Paulo. Escreveu também o *Notícia raciocinada sobre as aldeias de índios*, em dezembro de 1845. Lutava por uma política de amalgamento, falava contra o extermínio ou a guerra, justificava as "barbáries" cometidas pelos índios como vinganças pela violência que sempre sofreram. MONTEIRO, John Manuel. "A memória das aldeias de São Paulo: Índios, paulistas e por¬tugueses em Arouche e Machado de Oliveira". Revista Dimensões, UFES, vol. 14, 2002, p. 17-35.

11 *Voyage du Marechal Duc de Raguse*, Paris: Chez Ladvocat, Librarie, 1837. Citado por: OLIVEIRA, José Joaquim Machado de. "Plano de uma colônia militar no Brasil". Revista do IHGB. Tomo Sétimo, n. 25, abril de 1845, p. 240-255.

12 LANDMANN, L'Abbé. Les Fermes du Petit Atlas, ou Colonisation agricole, religieuse et militaire du nord de l'Afrique. Paris: Chez Perisse Frères, Libraires, 1841. Como sinalizou Armelle Enders no

Notícias sobre a Argélia circulavam em jornais no Brasil. Episódio que repercutiu amplamente foi o massacre nas cavernas no Dahra em junho de 1845, quando 760 argelinos ali refugiados foram sufocados por ordens do coronel Pélissier. Alguns enfatizaram a covardia, as mulheres e as crianças asfixiadas, outros justificaram a "triste necessidade da catástrofe" para o domínio da região, pois "os líderes eram fanáticos".[13] No dia 15 de setembro de 1845, n'*O Mercantil*, um leitor escrevia espantado com os "horrorosos actos de barbarismo praticados na Argélia contra os Árabes, e a que fim? Para lhes tirar a terra". Na década de 1850, cresceu o número de notícias sobre a Argélia, e agora também diziam respeito aos novos métodos agrícolas empregados.[14] Em 1854, o periódico *O Auxiliador da Industria Nacional* publicou um amplo estudo sobre a "proteção eficaz que tem dado o governo francez a essa colônia (...); a Argelia pode concorrer com o trigo e a cevada para o abastecimento dos mercados da Europa",[15] e "transforma-se-á no jardim da França durante o inverno, fornecendo-lhes hervilhas, aspargos, goiabas, bananas". Era o tempo de celebrar a vitória da mercadoria – ocorrida, o periódico frisava, com o empenho do governo francês.

A conformação do território brasileiro impunha desafios, a ocupação rarefeita do espaço e a existência de matas e sertões fornecia possibilidades múltiplas de escape para desertores, rebeldes, índios. Em maio de 1849, o jornalista conservador Justiniano José da Rocha tematizava o impasse no seu jornal, na matéria intitulada *O espírito revolucionário*:

> "não nos será estranho que contemos como uma das principaes causas das *nossas constantes revoluções*, essa facilidade que acham os nossos revolucionários de evitar o encontro das forças regulares, auxiliando-se das imensas distancias que separam os nossos povoados, do atraso de nossas vias de comunicação, da ignorância da nossa topografia e das imensas matas que ainda cobrem nosso território. Essa causa está por certo fora do alcance do politico;(...) il-a porem pouco e pouco

---

debate ocorrido no Colóquio em Paris no dia 31/1/2015, o abade não era uma referencia importante nos debates sobre a colonização que ocorriam na França.

13 *Diário do Rio de Janeiro*, 9 de setembro de 1845. Era dos jornais de maior circulação do pais.

14 Por exemplo: *Correio Mercantil*, 2/jan/1850, "A sociedade central de agricultura propoz um premio de 10 mil francos para o cultivador que alcançar na Argelia o melhor algodão."

15 *O Auxiliador da Industria Nacional*, 1, jul/1854, R. Janeiro: Typ. da Viuva Vianna Junior. A matéria intitulava-se "Desenvolvimento agricola e industrial da Argelia", p. 419-423. Nesse número assume um novo redator que afirma em texto introdutório: essa é a época da ação, do trabalho, não mais da política e das revoluções, cita Lamartine, "a grande paixão, o pensamento dominante do nosso tempo é o aperfeiçoamento social" e termina com Turgot "ordem, liberdade e progresso". p. 2-12.

diminuindo deveria ser o primeiro cuidado dos nossos estadistas que atendem ao futuro."[16]

O importante era *pacificar*. Essa era a palavra forte desde as guerras de independência. Ganhou ampla circulação durante as décadas de 1830 e 1840, e continuava em pauta, embora menos alardeada. A circulação de uns e o enraizamento de outros foram ingredientes vistos como essenciais nesse processo de busca da ordem social. A pacificação não era apenas conquistada no campo de batalha, era também obra da colonização militar, dos aldeamentos. Era obra da política e do tempo.[17]

Assim, a fundação de colônias militares por todo o Brasil a partir de 1850 vincula-se ao equacionamento de problemas de controle social e de domínio do território. A ideia era arrefecer os conflitos indígenas, melhorar as condições de transporte de mercadorias por estradas inseguras, não apenas pela presença de índios "bravos", mas também de quilombos, de "vadios" e "facinorosos". Procurava-se a viabilização da circulação de mercadorias, o comércio, e também o povoamento dos "interiores" pela agricultura, atacando o hábito nômade de muitos dos que ali viviam. O projeto parecia ainda mais oportuno pois facilitava o uso dos índios como mão de obra na construção de estradas, vedetes do projeto colonizador moderno. Teve como incentivador um dos homens mais influentes do período, o conservador Honório H. Carneiro Leão, e foi pensado como política de Estado.

A colonização militar foi de responsabilidade dos ministérios do Império e da Guerra. O Ministério do Império era estratégico pois cuidava das eleições e da tão desejada união e civilização do pais - detinha capital político. O Ministério da Guerra era a pasta que em 1850 contava com o segundo maior orçamento do governo, só perdendo para o da Fazenda.[18] Como mostrou Adriana Barreto

16 Jornal *O Brasil*, 13/maio/1849. Grifo nosso. Aparece uma consciência compartilhada de um excesso de revoltas na trajetória do país.

17 Na França, em 1838, era publicado um livro sobre a Argélia com o título: *Conserver, Pacifier, Coloniser*, pelo "Directeur des finances" na Argélia e Oficial da Legião de Honra Léon Blondel. Para ele, a pacificação deveria trazer uma segurança durável ao comércio, assim "pacificar é uma obra política que abraça o futuro, e necessita de tempo", e na pág. 152: "não é uma expedição brilhante, nem cem mil homens..., é o tempo, é a política." Essa visão foi sistematizada, por exemplo, por Couto de Magalhães em seu livro de 1875 sobre a colonização militar no Brasil. MAGALHÃES, José Vieira Couto de. Memória sobre Colônias militares Nacionais e Indígenas. Rio de Janeiro: Typ. da Reforma, 1875.

18 SOUZA, Adriana Barreto de. O Exército na consolidação do Império: um estudo histórico sobre a po¬lítica militar conservadora. Rio de Janeiro: Arquivo Nacional, 1999, p. 133. Em 1861 o Ministério da Guerra assumiria integralmente a administração das colônias.

de Souza, desde 1838 os conservadores se empenharam em ampliar as forças de linha e buscaram re-estruturar o Exército, "como um dos principais braços administrativos do Estado imperial".[19] Em 1850 os deputados aprovaram uma ampliação significativa dos efetivos. Como afirmou um deputado: "o governo deve estar bem armado".[20] O ministro em sua fala para a Assembleia destacou que o Exército deveria ser a "instituição reabilitadora de alguns elementos nacionais, tem a difícil tarefa de lutar contra a independência dos homens do campo."[21] Importa marcar essa percepção de um dos principais políticos conservadores daquele momento: os homens do campo eram independentes e havia uma luta em curso, uma luta difícil.

Política no ministério do Império e da Guerra na década de 1850 – os engenheiros e as tropas, mapear e colonizar

Durante toda a década de 1850, o assunto que mais atraiu a atenção dos ministros do Império e da Guerra foi a distribuição de engenheiros militares pelas províncias. Os engenheiros eram requisitados para levantar cartas topográficas, planejar pontes, dirigir a construção de estradas, definir a navegabilidade dos rios. As províncias que mais aparecem são, em primeiro lugar Mato Grosso e Pará, e depois Goiás, Paraná, Piauí, Amazonas.

O controle do território passava pela instalação das colônias militares. Em abril de 1850 o presidente da província do Pará pedia um engenheiro para os "exames" nas obras da nova colônia militar Santa Thereza no Tocantins; em maio era a vez do engenheiro para a Colônia do Paraná, pouco depois viriam a Leopoldina e a Pimenteiras em Alagoas e Pernambuco.

19 SOUZA, Adriana Barreto de, *op. cit.*, p. 85. Nesse ano assumiu o ministério da Guerra Sebastião do Rego Barros, oficial, formado em matemática em Coimbra, pernambucano de uma das mais influentes famílias do açúcar. Entrou no ministério jovem, com 34 anos, e reformulou a dinâmica administrativa – estabeleceu um novo modelo de relatório a ser apresentado à Assembleia – o documento quadruplicara de tamanho, era minucioso, trazia tabelas, buscava ordenar o Exército, falava no "zelo pelo dinheiro público". Buscava uma nova interface com o legislativo, elaborando uma nova linguagem. E pedia mais recursos para a sua pasta. A bancada liberal não aprovou, disseram que um "ministério pacificador" deveria buscar outros meios, não as armas.

20 O deputado Henrique de Resende, justificando o seu voto pela ampliação dos efetivos e dos recursos. Anais da Camara dos Deputados, 11/fev/1850. *Ibidem*, p. 129.

21 São palavras do Ministro da Guerra Manoel F. de Souza e Mello, Anais da Câmara, 7/fev/1850. *Apud Ibidem*, p. 129. Manoel Felizardo era formado em Matemática em Coimbra, professor da Academia Militar, militar e político de ampla circulação nos postos do governo, quadro dos conservadores. Em 1848 foi para o Ministério da Guerra pasta que deixou em setembro de 1853.

Não adiantava estabelecer novas rotas de comunicação fluvial entre as províncias, se a viagem fosse inviável pela dificuldade de abastecimento em longos percursos e pela ameaça de ataques indígenas. Daí que as colônias militares fossem vistas naquele momento como essenciais – e muitas foram fundadas pensando no desejado plano de articulação das províncias pela navegação fluvial, diversas atreladas à fundação conjunta de aldeamentos indígenas. No Paraná, a colonização do oeste da província foi promovida por um sistema: um aldeamento maior, dois menores e a colônia militar do Jatahy.[22]

No Mato Grosso e em Goiás, eram as fronteiras que preocupavam, as colônias militares dividiriam espaço com as fortalezas e os presídios. Nos anos 1850, o Mato Grosso era preocupação central do governo. As negociações com as repúblicas vizinhas eram delicadas, houve ameaças da Bolívia, embates com os paraguaios[23], invasões periódicas. Era constante o pedido para o aumento dos efetivos militares, assim como a demanda de investimento nos fortes e para a instalação de novas colônias militares. O problema começava na própria circulação das informações, uma vez que o serviço do correio tinha que ser feito por soldados tanto no Mato Grosso como em Goiás. O presidente do Mato Grosso reclamava, pois precisava de tropas para conter os "índios selvagens", e só contava com pedestres para o serviço dos correios.[24]

O ministro do Império transmitia ao da Guerra pedidos dos presidentes das províncias não apenas por engenheiros, mas também por informações e por equipamentos – mapas, cartas, memórias, dados contidos nos arquivos militares, e também instrumentos como níveis, barracas. Era o que demandava Fernando Halfeld para proceder ao reconhecimento e exploração do "Rio São Francisco em todo o seu longo curso."[25] Pedia também, como era de se esperar, por tropas e armas.

Em março de 1851, o presidente da província de Goiás encaminhou ao ministério representações de moradores de diversas localidades e uma petição

22 BEZERRA, Jéssika de Aquino. Civilizar os sertões, consolidar o Estado: A colônia militar do Jataí e os aldeamentos indígenas no Tibagi (1845-1897). Dissertação de mestrado em História – EFLCH¬-UNIFESP, São Paulo, 2015.

23 Por exemplo, o ataque ao destacamento do Pão de Assucar, no Rio Paraguai, por forças enviadas da Republica do Paraguay no dia 14 de outubro de 1850, eram cerca de 400 paraguaios (vindos em 3 barcas, 2 lanchas e 8 canoas) contra 31 praças brasileiros. Resistiram "corajosamente" por 3 horas, depois abandonaram o ponto. Sua gente dispersou-se "pelas campanhas", julga que "morrerão quatro praças". Carta do Capitão da fronteira do Baixo Paraguay Comandante José Joaquim de Carvalho, no Forte de Coimbra, ao Coronel João José da Costa Pimentel, presidente da província, 27 de outubro de 1850. ANRJ, IG (1) 233, Ministério da Guerra, Mato Grosso, 1850-1851.

24 ANRJ, IG (1) 344, Ministro do Império ao Ministro da Guerra, 1850-52. Ofício de 7/out/1851.

25 ANRJ, IG (1) 344, Ministro do Império ao Ministro da Guerra, 1850-52. Ofício de 20/out/1851.

da Câmara Municipal de Natividade pedindo apoio na luta contra "actos de ferocidade" praticados por indígenas, alertando o governo sobre o abandono de fazendas e o recuo da "ocupação nas fronteiras". O presidente pediu ao ministro "força e dinheiro para fazer reduzir a paz o gentio" e também ordenou à Câmara Municipal que não praticassem violências[26] contra os indígenas e aguardassem os resultados do aldeamento de Pedro Afonso, na margem do Tocantins – dizia que esta era a melhor estratégia para "libertar a população christan das bárbaras agressões da gentilidade."[27] A autoridade provincial procurava conter a indignação dos representantes municipais, confiando no aldeamento como forma de "drenar"[28] a população indígena dispersa e ameaçadora.

Os aldeamentos fundados no século XIX, sob o *Regulamento das Missões de catequese e civilização indígena* de 1845, vinham, em relação à inspiração pombalina, sob um novo enquadramento. Como bem pontuou Marta Amoroso, "a vocação era a de conseguir que os índios se apresentassem em pouco tempo como trabalhadores livres pobres". Os aldeamentos foram vistos como "equipamentos transitórios que deveriam conter os índios até se misturarem com a população cristã e serem desativados."[29] A historiografia já vem registrando a brutal

26 Embora houvesse os partidários do uso da força contra os índios, o discurso dominante no período no governo era pela integração pacífica – mas eram posições em disputa. Muitas vezes os moradores organizavam bandeiras e massacravam os índios. Em Minas, no Mucury, em 13/jun/1870 Augusto Benedito Otoni denunciava o antigo subdelegado de Jequitinhonha "que em 1862 comandou em pessoa a matança havida no aldeamento do Cap. Clemente; este homem já foi contratado por um fasendeiro pela quantia de 1 conto de reis para acabar com os índios". A situação estava mesmo tensa. Duas semanas depois o 2º. Sargento da Colônia Militar do Urucu foi a pedido do Inspetor de quarteirão de Philadelphia com um destacamento ao encontro de um grupo de índios no Ribeirão das Lages e o resultado foi o massacre de 21 índios, inclusive crianças. Arquivo Publico Mineiro, APM, SP 1379, Ofícios de Negócios Eclesiásticos e Catequese, fl. 374 e 378. Ver MONTEIRO, John. Tupis, tapuias e historiadores: estudos de história indígena e do indigenismo. Tese de livre docência em Antropologia – IFCH, Unicamp, Campinas, 2001. Sobre conflitos em SP, ver SPOSITO, Fernanda. Nem cidadãos, nem brasileiros, indígenas na formação do Estado Nacio¬nal brasileiro e conflitos na província de São Paulo, 1822-1845. São Paulo: Alameda, 2012. Sobre Minas ver MISSAGIA, Izabel. "A colonização étnica do Mucuri (1811-1873)". Revista Dimensões, Vitória, vol. 14, 2002.

27 ANRJ, IG (1) 344, Min. do Império ao Min. da Guerra, 1850-52. Ofício de Antonio Joaquim da Silva Gomes, presidente de Goiás, de 11/mar/1851. O relato evidencia o movimento de idas e vindas no processo de conquista da terra aos índios ainda naquele momento – diz que várias fazendas tinham sido abandonadas aos índios, só duas restavam na fronteira.

28 Expressão de Amoroso, Marta, *Terra de Índio, Imagens em aldeamentos do Império.* São Paulo: Terceiro Nome, 2014, p. 76.

29 *Ibidem*, p. 75 e 76.

expropriação de terras dos povos indígenas com a criação dos aldeamentos.[30] As temporalidades variaram. Enquanto em Pernambuco, nas áreas de maior disputa pela terra, grande parte dos aldeamentos tinham sido dissolvidos nos anos 1860/70, no Paraná e em Minas Gerais, províncias com áreas de fronteira, foram mantidos por todo o Império - conjunturas nas quais os índios tiveram mais tempo e possibilidades de resistência.[31]

Na região do Alto Rio Negro, em 1858, estava em obras o forte Cucuhy, quando o ministério foi avisado da emigração para a Venezuela e para "os matos" de muitos índios, ficando povoações abandonadas. O presidente da província do Amazonas atribuía a fuga a promessas feitas pelo governo da Venezuela e pelas violências praticadas contra os índios por um cadete na ocasião de prender um "falso christo" que andava provocando ajuntamentos na região. Os índios ficaram revoltados com um missionário que enfrentara o índio Alexandre, auto proclamado cristo, e armaram uma emboscada na cachoeira São Jerônimo, estava em risco "a navegação de um rio extensíssimo, importante". O presidente Francisco José Furtado procurava se utilizar de "meios brandos e suasórios"; atribuía a vio-

30 CUNHA, Manuela Carneiro da. Legislação Indigenista no século XIX. São Paulo: Edusp, 1992. SAMPAIO, Patricia M. "Política indigenista no Brasil Imperial" In: GRINBERG, Keila, SALLES, Ricardo (org.). O Brasil Imperial. vol. 1. Rio de Janeiro: Civilização Brasileira, 2009, p. 175-206. KODAMA, Kaori. Os índios no Império do Brasil: A etnografia do IHGB entre 1840 e 1860. Rio de Janeiro/ São Paulo: Ed. Fiocruz/Edusp, 2009; MOREIRA NETO, Carlos de Araújo. Os índios e a ordem imperial. Brasília: Ministério da Justiça, 1972; FERREIRA, Lorena de Mello. São Miguel de Barreiros: Uma aldeia indígena no Império. Dissertação de mestrado em História - UFPE, Recife, 2006; SILVA, Edson Hely. O lugar do índio: Conflitos, esbulhos de terras e resistência indígena no século XIX: O caso de Escada-PE (1860-1880). Disser¬tação de mestrado em História - UFPE, Recife, 1995; entre outros.

31 Um dos grandes desafios dos missionários era manter os índios no aldeamento, lidar com a "inconstância da alma selvagem", de grupos que iam e vinham para as matas. Era um trabalho lento e, a depender da região, não progressivo. E havia múltiplos interesses em disputa. Em Minas, em outubro de 1847, o Diretor do aldeamento de Manhuassu, Francisco Ignácio Leão, reclamava com veemência com o presidente da província pois muitos dos índios aldeados tinham sido levados para a construção da Estrada do Espírito Santo, diz que as roças iam se perder, que só ficara com velhos, crianças e doentes. O complicador foi que o presidente de Minas recebeu um ofício do presidente do Espírito Santo, Luiz Pedreira do Couto Ferraz, avisando que tinha contratado com Francisco de Paula Cunha a construção da estrada até a divisa, que fazia parte do acordo Minas "fornecer os índios", enquanto ele daria o vestuário. O presidente de Minas manda devolverem alguns, em janeiro de 1848 o diretor de Manhuassu diz: "foram devolvidos 22, restam 80 na estrada". E completa: "No aldeamento em 1844 eram 300 índios, em 1846 200, em 1847 eram 137, hoje são apenas 52...".APM, PP4, Cx2, Catequese, doc. 17, 18, 24. O relatório do diretor Geral dos índios de 1866 é significativo, fala em "no mínimo 8000 índios na província" e apenas 395 aldeados, entre esses, "a maioria se ocupa na caça". APM, SG04 - Diretoria Geral dos Indios - 1863-1869, fl. 47. Nos anos 1870, com a fundação de Itambacuri, o numero de aldeados cresceria bastante.

lência dos índios ao erro de autoridades locais, à prática da locação de serviços de indígenas que na verdade eram disfarce para a "escandalosa escravização". Dizia que os índios eram vítimas, sempre tratados como preguiçosos, sendo que na verdade trabalhavam muito na província.[32] Mas ponderava que eram ignorantes e acreditavam nos "falsos cristos". O grande "séquito do 'cristo' índio Alexandre" pretendia fundar um reino divino em Juquirapecuna, alguns falam em centenas de seguidores, outros em mil, tinham armas de fogo, promoviam "danças e orgias". O cristo Venâncio, vindo da Venezuela, reuniu também centenas de seguidores, curava doentes, promovia grandes danças e ritos. Francisco Furtado trocou delegados, utilizou-se do comandante do forte São Gabriel da Cachoeira e soldados de linha para acalmar a situação sem, supostamente, o uso de violência, dispersando esses grupos e garantindo a permanência dos índios no Brasil.[33]

Os presidentes de província pediram por tropas de linha não apenas quando havia uma revolta para conter. O exército era chamado para fazer o serviço de policiamento civil nas províncias – algumas viveram um estado de duradoura "ocupação". Em 1856, ainda no gabinete da conciliação, o presidente de Pernambuco Sérgio Teixeira de Macedo, político conservador, do círculo de confiança de Nabuco de Araujo, garante ao Marquês de Caxias que "a continuação de delegados militares é uma necessidade *indeclinável da salvação*"; diz que era preciso deixar militares nos postos de delegados e subdelegados, pois só eles conseguiam perseguir os criminosos, diminuir o furto de escravos, "manter a paz".[34]

Outra tarefa essencial do ministério da Guerra era gerenciar a circulação das tropas pelo território – nem todas as províncias tinham batalhões fixos. Mesmo esses batalhões sofriam remanejamentos – raramente ficavam completos por um período longo na província.[35] Em fevereiro de 1859, o presidente da província de Alagoas ficou nervoso pois quase toda a sua força militar tinha sido deslocada para a Bahia por causa da revolta conhecida como da "Carne sem osso farinha sem

32 O presidente articula um discurso de estadista, enfrentando esse tema que era tabu – a escravidão indígena. Na teoria era condenada, mas na prática muitos mantinham índios no trabalho compulsório. E acusa, enfrentando uma tópica discursiva de longa tradição: os índios e a preguiça. Coloca-se acima dos interesses particulares, articula um projeto mais amplo, mas vê os índios como ignorantes.

33 ANRJ, IG 347, Ministro do Império ao Ministro da Guerra, 24/maio/1858, 8/julho/1858, 17/agosto/ 1858. Cartas do presidente do Amazonas anexadas.

34 ANRJ, IG (1) 76, Ministério da Guerra, Pernambuco, Ofício de 28/julho/1856.

35 Havia alguns corpos com habilidades específicas reconhecidas e que tendiam a permanecer estacionados e com menos movimentação pelas províncias – é o caso da companhia de pedestres do Jequitinhonha, com uma geração de soldados especializados na perseguição de índios, acostumados a atravessar rios, cachoeiras, andar pelos matos.

caroço."[36] Ele ficara apenas com Guardas Nacionais. Isso era um problema, pois "a guarda nacional rota, descalça, desarmada e sem disciplina não offerece garantia e abandona a lavoura, deixando entregues à miséria centenas de pessoas".[37]

Nacionalizar o Exército, constituindo batalhões com homens vindos do Brasil inteiro foi uma estratégia para driblar a deserção, facilitar o controle dos soldados e obter mais eficiência no desbaratamento das revoltas.[38] Em um dos batalhões de Infantaria de Pernambuco inspecionados nesse momento,[39]os soldados eram naturais de São Paulo, Bahia, Maranhão, Sergipe, Ceará, Santa Catarina, Minas Gerais, Piauí e Rio de Janeiro.

José Iran Ribeiro mostrou como entre as tropas que lutaram pela legalidade no Rio Grande do Sul, pequena parte dos efetivos era de origem local, houve soldados do Brasil inteiro lutando na Farroupilha, sobretudo depois de 1840.[40]

A corte atuava como centro de estruturação e articulação dos Corpos do Exército - era um centro de peregrinação - um circuito de passagem, para onde eram encaminhados os recrutas de todo o país. Ali chegando, a maioria pelo mar, seriam abrigados no galpão da Praia Vermelha, vacinados, tratados, treinados e misturados, [41] compondo os batalhões enviados às províncias. Esse processo de

---

36 A revolta ocorreu em fevereiro de 1858 em Salvador, a população foi às ruas para protestar contra o fato do presidente da Província ter mandado suspender, em nome da liberdade econômica, a medida da Câmara municipal que procurava controlar o preço da venda da farinha de mandioca. O juiz de paz entrou na briga, dizendo que o "povo não vive de teorias, vive de realidades". Ver Reis, João José. "Quem manda em Salvador? Governo local e conflito social na greve de 1857 e no protesto de 1858 na Bahia", In: DANTAS, Monica Duarte (org.). Revoltas, motins, revoluções, homens livres pobres e libertos no Brasil do século XIX. São Paulo: Alameda, 2011, p. 429-448.

37 ANRJ, IG (1) 99, Ministério da Guerra, Alagoas, 1858, Cel. Trajano Cezar Burlamaque: "É ocioso dizer que as diligencias mais arriscadas, de pontos em que a população é menos dócil, em todas as Províncias, costumam sempre ser feitas pela tropa de linha". A percepção de que a Guarda Nacional não era "confiável", ou "tem menos preparo, deserta com mais frequência", era repetida por autoridades diversas. Na Revolta contra o Registro Civil, destacamentos inteiros mudaram de lado levando muitos armamentos. Ver Ver: OLIVEIRA, Maria Luiza F. "Resistência popular contra o Decreto 798 ou a "lei do cativeiro": Pernambuco, Paraíba, Alagoas, Sergipe, Ceará, 1851-1852". In: *Ibidem*, p. 393-427.

38 Hendrik Kraay discute esse processo de nacionalização do Exército a partir da independência, com o decreto de 1824, e mostra como a partir de 1840 esse movimento se amplia e os oficias são desgarrados da província da Bahia. KRAAY, Hendrik. Política racial, Estado e forças armadas na época da independência: Bahia, 1790-1850. São Paulo: Hucitec, 2010.

39 ANRJ, IG (1) 73, Ministério da Guerra, Pernambuco, Relatório de 25/out/1853.

40 RIBEIRO, José Iran. O Império e as revoltas: Estado e nação nas trajetórias dos militares do Exército imperial no contexto da Guerra dos Farrapos. Rio de Janeiro: Ministério da Cultura, Arquivo Nacional, 2013, p. 56-57.

41 Nas dependências da Praia Vermelha, durante quatro horas por dia aprendiam sobre as armas. Ali podia haver 2000 recrutas ao mesmo tempo, além de veteranos em unidades que seriam reorgani-

circulação se amplia fortemente após 1839/40 – e guarda relação com o fortalecimento do Exército promovido pelo partido conservador.[42] Em 1839 ocorriam simultaneamente três grandes revoltas – a Balaiada no Maranhão, a Cabanagem no Pará e a Farroupilha no Rio Grande do Sul. Foi um período

> caracterizado pela crescente demanda, pela reorganização dos efetivos, pela maior disponibilidade de recrutas e pelo aumento da necessidade de desterrar centenas de presos políticos através do recrutamento com a resolução de rebeliões, mas, principalmente, caracterizado por um Estado que já adquiriu capacidade política de fazer tudo isso.[43]

Assim, o gerenciamento das tropas dizia respeito, também, a remanejar soldados que se mostrassem turbulentos, perigosos, pelas províncias, desfazendo conexões. Ainda no final de 1856 há uma longa correspondência reservada entre o presidente de Pernambuco e o ministro Caxias sobre os praças e os oficiais "mais contaminados de espírito político e inquieto" do 2°. Batalhão. Um dos alarmes foi terem se mostrado muito animados durante discurso do deputado liberal Brandão, e "como a posição da província se tem tornado melindrosa, entendi que devia afastar daqui esta gente",[44] conclui Sérgio Teixeira de Macedo.

Nos relatórios dos comandantes de armas de Alagoas e Pernambuco desses anos, aparecem trajetórias de soldados que haviam se alistado em meados de 1830, alguns já para as guerras da independência na Bahia, em 1823. Grande parte deles havia percorrido o país de norte a sul, testemunhado inúmeras revoltas ocorridas até então. Foi muito marcante a circulação dessa geração de soldados pelo Brasil, presenciando diferentes embates políticos.[45]

Não só os soldados circulavam, também os oficiais, nesse período, acumulavam e compartilhavam experiência singular. O Presidente da Província de Pernambuco escreveu para o ministro da Guerra, em março de 1853, indicando os oficiais do 9°. Batalhão de Infantaria que estavam "no caso de serem agraciados com a mercê de alguns hábitos". Vejamos a trajetória do Major Antonio de Sampaio:

---

zadas. Em geral as unidades eram formadas por praças veteranas e recrutas. *Ibidem*, p. 93-94.

42 SOUZA, Adriana Barreto de, *op. cit.*, passim.

43 RIBEIRO, José Iran, *op. cit.*, p. 166.

44 ANRJ, IG (1) 76, Ministro da Guerra, Pernambuco, Carta reservada de 19/out/1856.

45 ANRJ IG (1) 73, Ministério da Guerra, Pernambuco, 1853. Sobre esse processo ver o impecável estudo de CARVALHO, Marcus. "Negros armados pelos brancos e suas independências no Nordeste (1817-1848)". In: JANCSÓ, István. Independência: história e historiografia. São Paulo: Hucitec, Fapesp, 2005.

> "Foi empregado na pacificação da provincia do Ceará em 1832, onde assitiu aos combates mais notaveis. Foi empregado na pacificação da Provincia do Pará em 25 de setembro de 1835 até sua conclusão. Foi empregado na pacificação da Provincia do Maranhão desde 1839 até sua conclusão, assistindo a 50 combatez. Foi empregado na pacificação da Provincia do Rio Grande do Sul desde 5 de novembro de 1841 até o restabelecimento desta. Foi empregado na pacificação do centro da Provincia de Pernambuco desde março de 1850 até sua conclusão. Foi a campanha do Uruguay e a de Buenos Ayres desde julho de 1851 até sua finalização"[46]

Interessa destacar o vocabulário: para todas as guerras internas, o comandante de armas usou a palavra chave: "pacificação". Já para as externas, é a *campanha* do Uruguai e de Buenos Aires. E a recompensa não vinha apenas como promoção na carreira mas também com o acesso às ordens honoríficas.

Alguns desses oficiais impregnaram-se pelas experiências do seu tempo e trocaram de luta, como Pedro Ivo Velloso da Silveira. Nascido em 1811 em Olinda, foi alistado ainda menino, aos onze anos, nos quadros do Exército do Império português.[47] A primeira guerra foi no Ceará, para onde viajou em junho de 1832 - a revolta de Pinto Madeira. Dali desceu, no final desse ano, para Panelas de Miranda, no agreste pernambucano, lutar na Guerra dos Cabanos, onde ficou por três anos. Saiu do acampamento de Panelas para as matas do Pará, lutar na Cabanagem, em outubro de 1835. Era tenente quando aos 27 anos foi destacado para a Expedição do "Alto e baixo Amazonas", em 1837. Ficou seis anos entre índios, caboclos e tropas, vivendo a maior parte do tempo pela floresta. Voltou para Pernambuco só no início de 1842, já com 31 anos, e feito Capitão. Lutou na Guerra do Jacuípe, em Alagoas, em 1846. Em 1848, já no Recife, tirou três meses de licença - só que ao final da licença não se apresentou. Em 2 de fevereiro de 1849 comandaria a coluna que invadiu o Recife, como um dos líderes da Rebelião Praieira. E seguiu liderando a guerra que se internaria nas matas até meados de 1850.[48]

46 ANRJ, IG (1) 73, Ministério da Guerra, Pernambuco, Ofício de março de 1853.

47 Arquivo Histórico do Exército, AHEX, Pasta VI / 9/ 106. Era filho do Major Pedro Antonio Velloso da Silveira. Em informe vindo da Província do Pará, foi anotado em sua ficha: "tem 27 anos, não he relaxado, he activo e laborioso, não está instruído suficientemente, não tem nota em desabono." Tinha cabelos castanhos, olhos pardos.

48 OLIVEIRA, Maria Luiza F. de. "As Guerras nas Matas de Jacuípe". CLIO. Revista de Pesquisa Histórica. Recife, UFPE, n. 33. 2, jul. 2015, p. 100-138.

O conhecimento partilhado era de diversas naturezas e a circulação também se dava entre os papéis sociais – de soldado a rebelde, de filho e sobrinho de fazendeiros escravistas a guerreiro acaboclado da mata. De "pouco instruído", como aparece em sua ficha no Pará, a um importante líder dos liberais que lutavam por uma nova constituinte.

Ao final da leitura de dez anos de correspondência entre os ministérios do Império e da Guerra, a impressão que fica é de um esforço de construção, uma ênfase na concretização da posse, na feitura de caminhos (fluviais sobretudo) para viabilizar a circulação de tropas, oficiais, engenheiros, médicos – e produtos. Nota-se um empenho no sentido da busca pelo mapeamento, reconhecimento e posse do território.

Ao mesmo tempo, fica explícita a dificuldade de gerenciar e controlar esse processo. Era preciso verificar a confiabilidade dos relatos, por vezes mandar outras expedições para bater opiniões, trocar armamento velho nos confins, lidar com milhares de indígenas de diferentes culturas, falando diferentes línguas. E com muitas batalhas para travar – desde sertanejos que não queriam o registro civil até os seguidores dos "cristos" indígenas no rio negro. Era um pais para criar: rios para conhecer, índios para civilizar – tempos de guerra, tempos de colonização. Colonizar e ao mesmo tempo modernizar não era um desafio fácil.

Mas o conhecimento ia se acumulando e circulava. Os engenheiros atravessavam as províncias e produziam memórias, mapas, planos, muitos dos quais seriam depois publicados na Revista do Instituto Histórico.

Havia uma preocupação em atualizar o conhecimento, alguns dos homens que mapeavam o país davam aulas, como, por exemplo, o engenheiro militar Epifrânio Pitanga. Ele coordenara a expedição de 1857, encomendada pelo ministério do Império para estudar a navegabilidade dos rios no caminho para o Mato Grosso – e utilizara-se da estrutura da recém-instalada colônia militar do Jatahy.[49] Em reforma de 1839, elaborada pelo ministro conservador Rego Barros, a Academia Militar virava Escola Militar e tinha reforçada a formação técnico-profissional para atender ao Exército.[50] Era a unica escola, naquele momento, que formava engenheiros.

---

49 BEZERRA, Jéssika de A., *op. cit., passim.*

50 Decreto n. 25, 14 janeiro de 1839 – está na letra do Decreto a inspiração nas escolas francesas de Metz e Politécnica. A Academia era de 1810, era a Real Academia Militar. Em 1833 houve a primeira reforma buscando marcar a vocação militar, inaugurando um Comando militar – a Congregação de lentes perdia a direção. Em 1842 viria uma nova reforma, dessa vez na pena do ministro liberal Clemente Pereira, dando maior atenção à formação dos engenheiros paisanos, era o Decreto

O engenheiro Epifrânio Pitanga deixou uma impressão marcante no jovem aluno Alfredo E. Taunay - era um dos ilustres mestres, cujas aulas não perdia. Depois de ter completado dois anos na já rebatizada Escola Central, Taunay ingressou no Exército, como soldado do 4º. batalhão de artilharia a pé, e foi jurar bandeira no dia 17 de janeiro de 1861, na Fortaleza de S. João.

> "Era um dia límpido, esplêndido, (...) ouvi, um tanto assustado, a leitura dos terríveis artigos de guerra do Conde de Lippe, aquele tétrico desfilar de arcabuzamentos e carrinho perpétuo, mas depressa se desvaneceu aquela impressão com a convicção que me sobreveio de que todo esse tenebroso travamento de disposições draconianas havia de servir, não para mim, mas necessariamente para aqueles que tinham de me ficar inferiores, senão nos galões, pelo menos na inteligência e instrução (...) voltei com a consciência de não ser mais o mesmo que de lá partira de manhã."[51]

Taunay conta da reforma da Escola de 1860 levada a cabo pelo brigadeiro Manuel Felizardo de Sousa e Mello. O governo procurou acentuar o caráter militar, "havendo para tudo formaturas, chamadas e marchas, além de aulas de esgrima e ginástica". O regulamento ficara mais rigoroso, "o arrocho era grande". Estudos tem mostrado os embates no legislativo e com o ministério sobre as reformas do ensino da engenharia e das armas - refletiam disputas sobre as carreiras que deviam ter mais ênfase no país. As reformas preservaram elementos da tradição militar portuguesa, como os artigos de guerra do Conde de Lippe. Mas, no coração de seus jovens alunos, crescidos em uma sociedade escravista, havia a reconfortante certeza do pertencimento diferenciado. O castigo não era para todos.

Intelectuais no serviço público: diagnósticos e métodos de integração

O médico militar Sacramento Blake não concordava com a manutenção do Código do Conde de Lippe, "feito há 100 anos!!, os castigos corporais devem acabar!!", achava incongruente terem mantido essa lei e ao mesmo tempo abolido a Lei de Pombal que previa sorteio para o recrutamento, sistema que considerava

---

n. 140, 9/março/1842 - criava a cadeira de Arquitetura Civil, direito militar das gentes e civil. Outras reformas viriam em 1855, 1858, 1860.

51 TAUNAY, Visconde de. Memórias. São Paulo: Iluminuras, 2005, p. 108 (escrito em 1890, a primeira edição foi póstuma, de 1948, pela Editora Melhoramentos).

mais justo. Elogiava o sistema da Prússia, citando o publicista Kuffemann, para quem: "a conscripção tem contribuído poderosamente para extinguir os últimos clarões de feudalismo provincial".[52] No entanto, isso não quer dizer que fosse adepto da nacionalização do Exército.

Alguns homens engajados no serviço público envolveram-se no projeto de ampliar a atuação do Estado. O médico Sacramento Blake foi um desses homens – os relatórios que apresentava ao presidente da província de Alagoas eram detalhados, bem escritos e traziam um humanismo inusitado.[53] Em 1856, ao falar do hospital regimental de Maceió, afirmou: "vejamos se está nas condições que se devem exigir nos estabelecimentos destinados a receber aquelles que tendo contrahido doenças no serviço do Estado, se tornão por isto dignos de todas as atenções e cuidados". Em 1858: "é realmente triste, e bem triste que o soldado atropellado de serviço, quando tem uma noite de folga, não ache mais do que o chão para repouzar seus membros alquebrados" e prossegue: "as privações, a má alimentação e muito trabalho são três coisas muito poderosas para causar doenças" e vai criticando a má qualidade da farinha, o preço da carne verde. Em sua visão, o Estado precisava atuar na economia. Também apontava como um problema a mobilização constante da Guarda Nacional, "força sem disciplina, sem profissionalização". E além de tudo não eram vacinados.[54]

Em 1860 defendeu a ideia das províncias terem corpos fixos, pois o país era muito vasto, "não é dominado por um só clima". Insistiu na necessidade de deixarem as famílias dos soldados casados morarem junto no quartel. Em relatórios subsequentes, retomou o tema dos corpos fixos, cada vez com mais veemência, citou o Abade de Millot, para quem os homens combateriam melhor se o fizessem pela sua comunidade. Amparava-se em autores como Fallot, "distinto

52 BLAKE, Augusto V. Alves Sacramento. Estudos Militares. Rio de Janeiro: Typ. Nacional, 1865, p. 83.

53 AHEX, Pasta I / 3 / 41. Nascido em 1825, baiano, formado em medicina na Faculdade da Bahia, sentou praça em 1851. Sua tese de doutoramento foi "Reflexões sobre a saudade, considerada uma moléstia d'alma e dando causa a uma série de males, 1849". Interessante porque insiste no argumento, quando em Alagoas, da necessidade do soldado estar próximo da família. Em 1851 publicou também trabalho sobre a substituição do sulfato de quinino pelo ácido arsenioso nas febres intermitentes. Em 1856 foi mandado para Alagoas, onde ficou até 1865 – 10 anos.

54 ANRJ, IG (1) 99, Ministério da Guerra, Alagoas, 1855-59. Os relatórios de S. Blake eram enviados pelo presidente da província de Alagoas ao Ministro, junto com outros documentos relativos ao estado das forças armadas na província. Também em IG (1) 100, Min. Guerra, Alagoas, 1860-1865. Blake revela sua formação militar ao observar que os guardas nacionais "fumavam junto com os oficiais, o que representa uma quebra de hierarquia" (1860). Depois o médico: "como não vinham vacinados, pegam varíola, são relapsos no serviço, sempre dormiam na sentinela do hospital" (1858)

oficial de saúde do Exercito belga", Mac Gregor, "cirurgião em chefe do Exército inglez", Vaidy e até Licurgo. Novamente, referências variadas, de diversas procedências. Observa que para um oficial de saúde fazer bem o seu trabalho precisaria conhecer perfeitamente a natureza do clima, "as moléstias que lhe são particulares, a medicação que mais aproveita à ellas, só uma observação muito acurada", mas como fazer se os oficiais servem ora em uma, ora em outra província? E arremata:

> "o individuo que é arrancado do logar de seu nascimento, do meio de seus pais, irmãos, e amigos sem saber que destino vai ter – soffre decerto. Soffre, porque apezar de ser um homem tirado da classe do povo elle tem um coração como outro qualquer – e como outro qualquer sente. (...) é claro que o recrutamento pela forma por que tem sem se consiliarem os interesses do Estado com os interesses da familia (...) Não ha muitos mezes n'esta capital responderão a conselho de guerra quatro recrutas por se haverem mutilado, decepando a primeira falange do dedo polegar da mão direita, com o unico fim de não servirem no Exercito."[55]

Sacramento Blake terminou esse relato de 1865 melancolicamente, afirmando: "ainda não tive a felicidade de ver tomada em consideração uma só das medidas por mim lembradas em relatórios anteriores". Sentia que falava sozinho. De fato, enquanto a maioria olhava para o povo e para a tropa e via homens perigosos, potenciais desertores, rebeldes, ele via homens com família, com ligação ao local onde viviam, com necessidades. Preocupava-se em diminuir a aversão ao Exército.

Para ele, a unidade acima de tudo era inviável, nacionalizar o Exército era cruel e quem perdia era a pátria e o Estado. "A menor célula, a família", precisava estar engajada ao maior projeto, o Estado – essa ligação se faria por meio da pátria, ou seja, o local, a região. Nitidamente, eram projetos distintos, com expectativas diversas. No entanto, estava lá, no mesmo barco, mesmo que remando contra a corrente. Ganhou na sua ficha a observação: "muito inteligente e dedicado". Lutou por vários anos pelos soldados que serviram em Alagoas, assim como engajou-se no projeto de construir um outro Exército.

Esse projeto fica explícito em um pequeno livrinho que publicou nesse mesmo ano de 1865, intitulado *Estudos Militares*. No começo do livro esclarece o leitor que escreveu o trabalho em 1860 e guardou-o em uma gaveta, como "sem

55 ANRJ, IG (1) 100, Ministério da Guerra, Alagoas, relatório assinado no dia 10/jan/1865.

préstimo". Em 1863, no entanto, diante dos conflitos decorrentes da Questão Christhie, "quando se cuida com o maior empenho em preparativos para uma guerra", resolveu, de Alagoas, envia-lo para a Corte. Esperou dois anos para vê-lo editado – já com outra guerra em pauta, a do Paraguai. No livro, reproduziu alguns trechos de seus relatórios. Criticou as barbaridades praticadas pelo Exército de Napoleão, assim como pelos "pretensamente civilizados" ingleses. Mas prezava a "liberdade das nações" e citou o publicista francês Jules Bastide (envolvido na Revolução de 1830, depois jornalista republicano importante, fundador em 1847 da *Revue Nationale*). A religião aparece como central, assim como o conhecimento, indicou a necessidade de abrir escolas em todos os corpos militares. Dedicou um capítulo à necessidade de aumentar o vencimento dos soldados, e dois para a organização dos corpos no Brasil:

> "(...) não se pense porem que nutro a absurda opinião de que não devao existir corpos moveis, não. O que desejo é que os corpos do Exercito se movao o menos que for possível (...) Já ouvi dizer algures, que a instituição de forças fixas não é conveniente; porque os militares se relacionao muito nos respectivos districtos, e podem concorrer para as rebeliões, ou guerras civis. Eu penso porem que justamente o contrario é o que deve acontecer. E com effeito, por isso mesmo que o militar pode ter a sua casa, e apreciar as doçuras que se originao dos laços da família, elle repelirá as revoluções, e tudo mais, que lhe possa despedaçar taes laços. Nem alguém pode mostrar que as revoluções são mais frequentes nas províncias onde ha corpos fixos. O contrario sim – e Pernambuco por exemplo, tem sido theatro de diversas revoluções, não tem corpo fixo: nem os corpos ahi permanecem mais do que nos outros lugares do Império".[56]

Terminou sua vida conseguindo atuação mais efetiva em outros campos. É de sua autoria uma das principais obras de referência sobre os homens e mulheres que escreveram no Brasil no século XIX, o *Diccionario Bibliographico Brasileiro*, dando notícia sobre escritores tanto obscuros como conhecidos. Vale notar que enquanto escreveu um verbete elogioso ao trabalho sobre a Praieira de Urbano Sabino, liberal, redator do *Correio Mercantil*, jornal de oposição na Corte, foi bastante lacônico sobre o livro publicado em resposta àquele, de Jerônimo

56 BLAKE, Augusto V. A. Sacramento, *op. cit.*, p. 85-87. Ele também cita a experiência que teve no hospital militar no Rio Grande do Sul, durante a Guerra com Rosas, observa que os regimentos com praças locais sofriam menos, era muito menor o numero de mortes entre eles. Em 1852 foi condecorado com uma medalha por esta campanha.

Martiniano F. de Mello, político conservador, Chefe de Policia responsável pela repressão à Praieira. Blake sistematizou trajetórias, construindo em sete volumes um precioso edifício cultural – no qual inclusive figuram diversas mulheres. Novamente, um esforço de construção – nesse caso de uma memória, de um repertório cultural de alcance nacional.

No mesmo ano de 1865 em que Sacramento Blake deixava o serviço militar, desiludido e doente, José Rufino Rodrigues Vasconcellos, um funcionário público ilustrado, escrevia uma memória sobre as Colônias Militares e a oferecia ao ministro da Guerra[57]. Fez um trabalho minucioso, pesquisando nos arquivos disponíveis, oficiando às repartições pedindo documentos, além de ter se baseado na sua própria experiência, pois estivera na Colônia do Gurupi, no Maranhão.[58] Para ele, naquele momento, as colônias estavam em decadência. Ao escrever, era Chefe de Seção da 4ª. divisão Geral da Secretaria de Estado dos Negócios da Guerra. Disse que começou a estudar o assunto quando as colônias passaram para a jurisdição do Ministério da Guerra, em fevereiro de 1861.

Tinha longa trajetória no serviço público, começou em 1829 como terceiro escriturário da Câmara. Em 1842, entrou na Secretaria da Guerra como amanuense, foi subindo de posto e se aposentou como Chefe de Seção.[59] Além do

57 Biblioteca Nacional do Rio de Janeiro, manuscrito, I-31, 27, 38 CEHB 8171, Cod. CLXVI n. 2 mod 19-2. O título no documento: Colônias Militares, Memória por José Rufino Rodrigues Vasconcellos, Chefe de Secção da 4ª. div. Geral da Secretaria de Estado dos Negócios da Guerra, 1865.

58 Esteve no Maranhão como Chefe da Comissão composta pelos engenheiros Jorge Henrique Crammer e Augusto Schrammer. Foram para investigar as terras auríferas do Gurupi e Turiaçu. A iniciativa tinha vindo do Barão de Mauá, com a formação da Companhia de Mineração Maranhense. Saíram do Rio de Janeiro em setembro de 1854. Foram acompanhados por uma pequena força militar, para os proteger. GOMES, Flávio dos Santos. A Hidra e os pântanos. São Paulo: Editora Unesp, 2005, p. 182. Esteve na colônia militar que foi fundada em 1853 para policiar a região, "evitar que se formassem quilombos na área, assim como que desertores e criminosos da Província do Pará se asilassem na fronteira desta", como explicou o presidente da Província Olimpio Machado. A colônia também visava preparar o terreno para os empreendimentos de exploração econômica da região.

59 Era português, nascido no Porto, chegou ao Brasil em 1821, empregando-se no comércio. Em 1829 conseguiu o cargo de terceiro escriturário da Camara Municipal, em 1831 era fiscal da Camara, na Freguesia do Sacramento. Nesse período envolveu-se em episódio muito significativo. Andava na rua quando viu o juiz de Paz do Sacramento vir à galope em sua sege, atropelando e machucando "hum Preto que transitava com um barril". Vasconcellos aplicou a multa prevista na lei à autoridade que profundamente irritado foi reclamar com a Câmara, ofendendo o fiscal: "o imbecil Fiscal que me authuou... é o povo que deve desviarse das sejas, e não estas fazerem rodeios para desviarem-se." A Camara pediu esclarecimentos e Rufino Vasconcellos foi incisivo: "(...) a razão e a verdade Illmos senhores, são as armas com que tenho de combater o officio do Sr. Dr...se sou criminoso quero ser punido na forma da lei e se esse Sr. não se atrever a provar o que falsamente alega desejo que recaia nelle o #9º.t. 9 Sec. 2ª. das Posturas, Rio 26 de julho de 1831". Ver pesquisa de Luciano

trabalho, era sócio e fundador do Conservatório Dramático do Rio de Janeiro, tendo sido censor das peças por mais de 20 anos, onde militava pela "moralidade, civilidade, progresso."[60] Era sócio efetivo da Sociedade Auxiliadora da Industria Nacional, participando ativamente das reuniões. Publicou um catecismo "Lições Morais e Religiosas" que, adotado nas escolas de ensino primário do Império, chegou a ter duas edições. Escreveu e publicou alguns romances obscuros, era cavaleiro da Ordem de Cristo e maçom.[61]

Em sua memória, no começo do texto, dizia que de nada valem bons projetos, instituições bem concebidas, "quando não são compreendidas por quem executa o pensamento do instituidor". Rufino Vasconcellos fez uma leitura crítica dos relatórios dos diretores, chamando a atenção para contradições e impropriedades. Ao comentar o do ano de 1863 da Colônia Militar de Pimenteiras, de Pernambuco, diz que "o Diretor fez uma grave censura à população, e lançou sobre ella um stygma odioso, que reflecte sobre elle próprio. É um absurdo dizer de um povo rústico que a '*tendência arraigada que nelle predomina eh para o theatro dos crimes*'. Pode-se dizer que semilhante proposição é uma blasfêmia, e que não pode passar sem que contra ela se proteste." Segue apontando a contradição do texto do diretor, pois relatou que "as lavouras abundao em grande escala, canna de assucar, algodão, fumo, mandioca, além do milho, feijão e arroz que se cultivao com menor força". Vasconcellos então se pergunta como poderia haver tanta produção com um povo que teria "horror ao trabalho"? A intenção da Memória era propor reformulações ao projeto da colonização militar, afirma que faltava fiscalização e um "sistema uniforme de administração". Rufino Vasconcellos cita como melhor modelo para ser estudado o do Abade Landmann, proposto para a Argélia em 1841.[62]

Rocha Pinto, no Arquivo Geral da Cidade do Rio de Janeiro. Em 1838 foi transferido para a repartição geral da Fazenda. Para as informações da carreira de Vasconcellos, ver verbete no Sacramento Blake.

60 SILVA, Luciane Nunes da. O conservatório dramático brasileiro e os ideais de arte, moralidade e civilidade no século XIX. Tese de Doutorado em Letras, UFF, 2006.

61 Sacramento Blake lista os romances: *O assassino*, 1842, *O homem misterioso*, s/d., *A casa mal assombrada*, s/d., *Os veteranos, comédia em três actos*, foi representada no RJ. Um dos filhos, Américo Rodrigues de Vasconcellos, era engenheiro militar, participou ativamente da Guerra do Paraguai assim como de missões do governo imperial em 1872 e era também sócio Conselheiro da Sociedade Auxiliadora da Industria Nacional, junto com o pai. Estudou na Escola Central, pode ter sido colega de Taunay.

62 Para Landmann, "será necessário que nossos estabelecimentos na África sejam empreendimentos nacionais, e não individuais, e sejam ao mesmo tempo agrícolas, religiosos e militares", p. 54-55. Uma diferença fundamental do modelo adotado no Brasil era que o abade não recomendava que os colonos fossem proprietários das terras, por medo que fugissem do controle.

Rufino Vasconcellos ia a encontros da maçonaria, reunia-se e debatia intensamente com os colegas da Sociedade Auxiliadora da Industria Nacional, cuidando, por exemplo, de enviar exemplares de manuais agrícolas para as repartições públicas do país, assim como fazer o periódico da Sociedade circular – e a revista era lida, foi citada por exemplo por um vereador do interior de Alagoas, que sugeriu ao governo da província a aquisição de uma máquina que estava na revista para enfrentar a carestia, em 1858. Ao mesmo tempo ia ao teatro, subscrevia jovens autores, discutia com Martins Pena sobre a censura de peças, circulava pelos cafés. E imaginava o território como um espaço ainda a ser colonizado. Não entendia que o país estivesse já constituido. Não imaginou apenas no gabinete – foi até o Maranhão, andou pelos rios, veredas e cidades por dois anos. Pensava nos índios bravos existentes nas diversas províncias, nos quilombos desgarrados, nas fronteiras incertas. Lia sobre a Argélia nos jornais e adquiria livros sobre a moderna colonização. Queria sim a conquista do Brasil, mas feita através do Estado, regulamentada.

As colonias militares e a paisagem desejada do trabalho e do enraizamento

Ao mesmo tempo que era essencial, na visão dominante do Exército, circular os soldados pelas diversas províncias para viabilizar a unidade, era preciso enraizar promovendo a agricultura entre os índios, os caboclos, os "bandidos" das matas, criando núcleos de articulação no território e buscando introduzir na dinâmica dos novos tempos os que teimavam em viver de outras maneiras.

A lei que autorizava fundar colônias militares em qualquer parte do território, de junho de 1850,[63] respondia a uma conjuntura específica clara: foi para tentar mudar a feição de uma região que abrigava líderes populares e guerreiros desde pelo menos 1835, a fronteira entre Alagoas e Pernambuco. Foi em momento de dura disputa parlamentar, em que o discurso conservador dos promotores da ordem lutava para se impor, e, logo depois, de difícil experiência do conservador Honório Leão no comando da província de Pernambuco em 1849-50.

63 Lei n. 555, de 15/junho/1850, cap. III, Art. 11, Inciso 5°. O interesse em fazer o projeto deslanchar fica claro em decretos publicados na sequência, destinando recursos: o 735, de 20 de novembro de 1850, abrindo "um crédito extraordinário de 25 contos para as colônias" e o 829 de setembro de 1851, autorizando "o gasto de mais 50 contos com as colônias naquele ano".

O tema foi assunto do Conselho de Estado.[64] Buscando preparo para a discussão, o conselheiro Visconde de Olinda pediu um parecer ao Marechal Francisco Soares Andrea,[65] experiente militar, com perguntas específicas: queria saber se fundavam duas ou apenas uma colônia, quantas praças seriam indicadas, e sua opinião sobre os artigos do regulamento em elaboração.

Soares Andrea deixa transparecer em sua extensa resposta porque tinha sido consultado. Tinha intimidade com o território brasileiro, descorria sobre os rios, relevo, áreas de fronteira, falava sobre estradas necessárias, opinava sobre trajetos mais racionais. Defendeu as colônias "para forçar a civilização e à obediência essas ordes selvagens que ocupão vastas extensões de terrenos, ou para impor respeito aos povos turbulentos e dispersos", assim "desenganando os índios da impossibilidade de existirem errantes". Depois de expor o seu projeto pessoal, amplo, da colonização militar para o Brasil (queria pelo menos 50 colônias), o experiente militar respondeu a pergunta que lhe tinha sido feita sobre a necessidade de uma ou duas colônias na fronteira: "huma de 200 praças julgo sobeja para toda a Matta de Jacuipe, e bastará para isso mesmo uma Colonia, porque se não trata de hir bater rebeldes, trata-se somente de lhes não deixar levantar cabeça."[66]

O Conselho de Estado optou por duas, uma em cada província, para não causar ruídos nos fluxos da administração provincial, e por ser a região muito ampla. A colônia Leopoldina, inaugurada em Alagoas em 1852, cresceu muito.

64 IHGB, Coleção Marques de Olinda, Projeto de Regulamento do qual foi encarregada por S.M.I. a Seção do Império do Conselho de Estado para o Estabelecimento de Colônias militares nas matas que limitam as províncias de Pernambuco e Alagoas, Rio de Janeiro, 25.10.1850. Lata 217, pasta 35. O primeiro regulamento geral foi publicado no Decreto 729, de 9/nov/1850 – a burocracia foi ágil! Menos de um ano depois foi publicado outro específico para a Leopoldina, de 12/09/1851.

65 Nascido em Portugal, de família de militares, fez o curso de engenharia e navegação, entrou na marinha em 1807, veio para o Brasil com D. João VI. Foi presidente da Província do Pará de 1836 até abril de 1839, comandou a brutal repressão à Cabanagem, ficou famoso pelas milhares de mortes, foi acusado por contemporâneos por ter abusado da violência. Foi ainda presidente do Rio Grande do Sul (1840), Minas Gerais (1843-44), Bahia (1844-1846), Rio Grande do Sul (1848-1850). Embora criticado, continuou ocupando postos administrativos e sendo requisitado. Seu irmão, Álvaro Soares Andrea, em 1848 era comandante militar da colônia agrícola de Moçamedes, em Angola. Os irmãos, um em cada lado do Atlântico, compartilhavam experiência da colonização militar moderna, "pacificadora".

66 Francisco J. S. Soares de Andrea, Carta ao V. de Olinda. Coleção Marquês de Olinda. IHGB, Lata 206, doc. 6. s/d Grifo meu. No IHGB há um Arquivo Marechal Andrea, com obras de História, um grande número de documentos sobre a região Amazônica (inclusive do século XVIII), documentos das Missões jesuíticas, descrição das cerimônias religiosas. Há obras sobre o cultivo do mate, sobre telégrafos, minas de cobre, minas de carvão. Andrea participou da comissão de demarcação de limites entre o Brasil e o Uruguai em 1853.

Plantavam diversos gêneros, em 1855 já havia uma casa para manipular algodão, o número de habitantes da povoação era de 2.036, sendo 45 praças. Havia cemitério, capela e olaria. Em 1857 já registraram engenhos e engenhocas de fabricar rapadura. Em 1864 ficamos sabendo que a feira na povoação "era bastante concorrida mesmo por moradores de lugares muito distantes". A alta do algodão animava os colonos que tinham vendido 3.000 fardos – havia 151 escravos dos colonos e apenas quatro praças de 1ª. linha, "completamente inválidos."[67]

Na beira do Rio Araguaia, na confluência com o Tocantins, hoje cidade de São João do Araguaia, em 1851 instalou-se uma colônia militar de outras dimensões. Eram 53 moradores no primeiro ano, sendo 19 soldados. O local foi escolhido para estabelecer um ponto avançado de ocupação em rota de conexão fluvial entre a província do Pará e Goiás. As funções do diretor eram variadas – tinha que capturar escravos fugidos, bloquear a passagem de desertores pelo rio, negociar com os inúmeros grupos de indígenas na região, colaborar com os missionários,[68] coordenar o trabalho do correio, dar apoio aos negociantes de passagem para Goiás, e criar uma povoação, estimulando a agricultura e o enraizamento dos colonos. Foi também tarefa do diretor desobstruir o furo Bacury, para a passagem do vapor Pará, do empreendimento de Couto de Magalhães.[69] Fica claro que a colônia era um ponto de apoio importante para a exploração da região.

Distante centenas de léguas da capital, tendo apenas o rio como estrada, o diretor ia contando o que fazia – as viagens às "malocas dos gentios Cracatis, Cracatigês e Gaviões,"[70] o temor dos ataques dos indios Carajás, naquela altura capitaneados por um branco, o "pernambucano Mathias Barbosa", que vivia nas malocas deles e estaria insuflando os indios. Numerava seus ofícios,[71] produzia tabelas meticulosas preocupando-se com o crescimento da população. Pedia e

67 ANRJ, IG (1) 100, Ministério da Guerra, Alagoas, Relatório do diretor, 15/Nov/1864. Era em geral pequena a proporção de soldados em caráter permanente nas colônias, essas duas com 45 cada eram das mais bem guarnecidas. O governo encaminhava destacamentos quando houvesse um pedido.

68 A viagem do missionário Frei Manoel P. do Coração de Maria deu-se com o apoio da Colônia – canoa, remeiros, soldados, igarité, montaria, armas, cartuxos foram fornecidos pelo diretor. Escreveu contando também que "plantamos mandioca e legumes, para o ano já abundarão os generos nesta colônia e poderemos socorrer os viajantes" – 22/ago/1852, Arquivo Publico do Pará (APP), Fundo Secretaria da Presidência da Província, Cx 157B, São João do Araguaia, 1851-1859.

69 APP, Cx. 322, Ofícios da comissão exploradora dos rios Tocantins e Araguaia, ofício de 18/dez/1866.

70 APP, Fundo SPP, Cx 157B, São João do Araguaia, 1851-1859, ofício de 20/marco/1852.

71 No dia 1 de julho de 1863 enviava o ofício n. 588. APP, Cx 269, São João de Araguaia, 1863-68.

dava conta dos recursos, prestava contas das viagens da canoa do Correio[72] – procurava mostrar eficiência. Em 1853 escreveu muito preocupado com a notícia de que o Comandante das Armas removeria o destacamento da colônia. Argumentou que os praças tinham suas roças, seriam obrigados a deixar o produto de seu trabalho para trás, tinham família, e "os novos, com o exemplo não desejarão trabalhar para lhes não acontecer o mesmo para o futuro".[73] A prática de circular os destacamentos chocava-se com a intenção de enraizar e povoar as colônias militares. Mais tarde, o pedido se repetiu. Só que dessa vez, há o desfecho – diante dos argumentos do diretor, o presidente da província mandou que fosse suspensa a ordem do Comandante Superior de Cametá, e o destacamento ficou na colônia.[74] Nesse momento, na visão do presidente da província, importou mais a continuidade daquele trabalho de povoamento, mesmo com a Guerra do Paraguai.

O Capitão Constancio Dias Martins dirigiu a colônia por 17 anos, ficou muito tempo entre caboclos, índios, matas, canoas, rios. Seguia no seu meticuloso trabalho, cumprindo o papel de representante do Exército, do Estado, no meio da floresta – não pede para ser transferido. Vai cada vez mais tendo uma visão positiva dos colonos, homens pobres, soldados arregimentados aos trancos e barrancos. Os colonos dispunham de bastante autonomia, até porque o diretor não tinha muita escolha. Visão bem diversa teria o engenheiro encarregado da Comissão de Exploração do rio Tocantins, em 1871. A Comissão usou tropas e apoio de São João do Araguaia, mas o engenheiro foi severo: a população moradora na região não gostava de trabalhar, apenas de beber cachaça – a solução estaria na colonização com estrangeiros "dados à agricultura". Um outro mundo é apresentado ao historiador.

Nas matas de Pernambuco e Alagoas, a ocupação cresceu durante o funcionamento das colônias militares Leopoldina e Pimenteiras – a presença do empreendimento não espantou, atraiu moradores. Em 1867, quando a colônia Leopoldina foi desativada, o diretor registrou 3.309 habitantes, a maioria eram

---

72 A canoa do correio contava com um cabo e dois soldados da colônia e mais sete paisanos – um piloto e seis remeiros. Era o diretor que controlava o serviço e pagava os encarregados. APP, Cx 157B, São João Araguaia, 1851-59. Ofício de 5/set/1852.

73 APP, Fundo SPP, Cx 157B, São João do Araguaia, 1851-1859.

74 APP, Fundo SPP, Cx 269, 1863-1868, O ofício foi enviado no dia 27/dez/1866, em 16/fev/1866 o resultado final era reportado ao agora já Capitão Constancio.

pequenos proprietários,[75] parte com a posse legalizada.[76] Essa persistência na região de ex-cabanos e de outros moradores das matas, mesmo com a presença da colônia militar, traz indícios ao historiador. O diretor da colônia por vezes protegeu os pequenos produtores do avanço avassalador do açúcar – assim como testemunhou a favor dos índios, quando sofreram risco da perda de suas terras. O Estado podia também ser sedutor,[77] era percebido, em determinadas situações, como tal pela população pobre. A colônia militar de Leopoldina viera para controlar os "desregrados", mas parece que acabou também, mesmo que por um espaço de tempo apenas, contendo o rolo compressor dos grandes proprietários de engenhos. As disputas por terra tendiam a aumentar na região.[78] Em março de 1852, o presidente notificava a edificação de 154 engenhos novos desde 1840 em Alagoas.[79] Entre 1846 e 1860, o número de engenhos em Água Preta, lado pernambucano das matas, subiu de 44 para 97.[80]

75 Segundo o relatório, havia também "negociantes e artífices mecânicos, 9 casas de negócio, sendo 6 de balcão e 3 que só vendem fazendas a troco de algodão. Havia um ferreiro, um marceneiro com oficina, e alfaiates em suas casas. Diz que havia apenas "pequenos desentendimentos nas festas, devido à embriaguez". Diz que sua única preocupação é com os terrenos que não foram demarcados ainda, era preciso cuidar disso para "a garantia da classe proletária de seu trabalho". ANRJ, IG (1) 101, Ministério da Guerra, Alagoas, 23 Abril de 1867, José Martins Pereira d'Alencastro.

76 Em novembro de 1864 o diretor de Leopoldina dizia que a colônia devia muito ao fato de terem sido distribuídos por venda e a preço baixo lotes nos arredores do distrito da colônia, ficando *"os habitantes menos abastados a salvo da prepotência de grandes proprietários"*. Naquela altura, nem todos os lotes do distrito tinham sido distribuídos, e ele pedia demarcação. ANRJ, IG (1) 100, Alagoas. Regina M. Faria mostra que em Gurupy nunca houve distribuição dos lotes, ver: "As colônias militares de meados do Oitocentos e a formação de um campesinato: o caso da colônia do Gurupi (Maranhão)". In: CARDOSO, A. Bastos *et all* (org.). História Militar do Amazonas: guerra, militares e sociedade (séculos XVII a XIX), Curitiba, CRV, 2015, p. 211-231. Adelson Brüggemann mostra que houve concessão de lotes na Santa Catarina (BRÜGGEMANN, Adelson. A sentinela isolada, o cotidiano militar de Santa Thereza, 1854-1883. Dissertação de mestrado em História, UFSC, Florianópolis, 2013); Jéssika A. Bezerra também documentou a permanência de pequena propriedade na região da colônia no Paraná, com a distribuição parcial dos lotes (BEZERRA, Jéssika A, *op.cit*).

77 VELASCO, Ivan. As seduções da ordem: violência, criminalidade e administração da justiça, Minas Gerais, século 19. Bauru: Edusc, São Paulo: Anpocs, 2004.

78 Em 1858, na Comarca de Porto Calvo, nas proximidades da Colônia, nos engenhos Sousa e Diamante, "questões de terra deram lugar a arrancamentos de lavouras e a lutas entre proprietários", para conter a disputa e "garantir a tranquilidade" foi enviado um destacamento de 45 praças. ANRJ, IJJ (9) 258, fl. 22, 21/fev/1858.

79 ANRJ, IJJ 283, Correspondência do presidente de Alagoas José Bento da Cunha Figueiredo ao Visconde de Monte Alegre, 21 de março de 1852.

80 EISEMBERG, Peter. Modernização sem mudança: a industria açucareira em Pernambuco, 1840-1910. Rio de Janeiro: Paz e Terra, Campinas: Unicamp, 1977, p. 263.

Ficaram de cabeça baixa como queria o Marechal Andrea? Talvez. Mas indícios nos mostram que nem sempre – em 1874, na intensa revolta popular contra a nova lei do recrutamento, a Lei da Cumbuca, houve um forte pronunciamento popular na cidade de Leopoldina.[81] Era a antiga colônia militar, era a antiga mata dos guerreiros cabanos, era ainda o local de morada dos índios de Riacho do Mato, do valente líder indígena Manuel Valentim,[82] que tinha muita história para contar.

Referências bibliográficas

DANTAS, Monica Duarte (org.). *Revoltas, motins, revoluções, homens livres pobres e libertos no Brasil do século XIX*. São Paulo: Alameda, 2011.

DRESCHER, Seymour. *A Abolição*. São Paulo: Ed. Unesp, 2010.

GOMES, Flávio dos Santos. *A Hidra e os pântanos*. São Paulo: Editora Unesp, 2005,

JANCSÓ, István. *Brasil, formação do Estado e da nação*. São Paulo: Hucitec/Unijui, 2003.

JANCSÓ, István. *Independência: história e historiografia*. São Paulo: Hucitec, Fapesp, 2005.

KRAAY, Hendrik. *Política racial, Estado e forças armadas na época da independência: Bahia, 1790-1850*. São Paulo: Hucitec, 2010.

MATTOS, Ilmar R. *O Tempo Saquarema*. Rio de Janeiro: Acces, 1999.

MENDES, Fábio Faria. "A lei da cumbuca, a revolta contra o sorteio militar". *Revista Estudos Históricos*, vol. 13, n. 24, CPDOC, FGV, 1999.

MISAGGIA, Izabel. "A colonização étnica do Mucuri (1811-1873)". *Dimensões*, UFES, vol. 14, 2002.

MONTEIRO, John. *Tupis, tapuias e historiadores: estudos de história indígena e do indigenismo*. Tese de livre docência, Antropologia, IFCH, Unicamp, Campinas, 2001.

OLIVEIRA, Maria Luiza Ferreira de. "As Guerras nas Matas de Jacuípe". *CLIO – Revista de Pesquisa Histórica*, n. 33.2, UFPE, Recife, julho de 2015.

OLIVEIRA, José Joaquim Machado de. "Plano de uma colonia militar no Brasil", In Revista do IHGB, Tomo Sétimo, n. 25, abril de 1845, p. 240-255.

81 MENDES, Fábio Faria. "A lei da cumbuca, a revolta contra o sorteio militar". Revista Estudos His¬tóricos, Rio de Janeiro, vol. 13, n. 24, CPDOC, FGV, 1999.

82 SILVA, Edson Hely. O lugar do índio, conflitos, esbulhos de terras e resistência indígena no século XIX: o caso de Escada-PE (1860-1880). Dissertação de mestrado em História, UFPE, Recife, 1995.

PARRON, Tamis. *A política da escravidão no Império do Brasil, 1826-1865*. Rio de Janeiro: Civilização Brasileira, 2011.

RIBEIRO, José Iran. *O Império e as revoltas, Estado e nação nas trajetórias dos militares do Exército imperial no contexto da Guerra dos Farrapos*. Rio de Janeiro: Ministério da Cultura, Arquivo Nacional, 2013.

RICUPERO, Bernardo. *O romantismo e a ideia de Nação no Brasil (1830-1870)*. São Paulo: Martins Fontes, 2004.

SCHULTZ, John. *O Exército na política: origens da intervenção militar (1850-1894)*. São Paulo: Edusp, 1994.

SILVA, Luciane Nunes da. *O conservatório dramático brasileiro e os ideais de arte, moralidade e civilidade no século XIX*. tese (doutorado em Letras) - UFF, 2006.

SILVA, Edson Hely. *O lugar do índio, conflitos, esbulhos de terras e resistência indígena no século XIX: o caso de Escada-PE (1860-1880)*. Dissertação (mestrado em História) - UFPE, Recife, 1995.

SOUZA, Adriana Barreto de. *O Exército na consolidação do Império, um estudo histórico sobre a política militar conservadora*. Rio de Janeiro: Arquivo Nacional, 1999.

TAUNAY, Visconde de. *Memórias*. São Paulo: Iluminuras, 2005.

VARNHAGEN. *História Geral do Brasil*. Madrid: Imprensa da V. de Dominguez, 1854.

VELASCO, Ivan. *As seduções da ordem, violência, criminalidade e administração da justiça, Minas Gerais, século 19*. Bauru: Edusc: São Paulo, Anpocs, 2004.

Da "Pacificação" à "Guerra": O Colonialismo Alemão na África do Sudoeste e a arte de nomear conflitos

Luís Edmundo de Souza Moraes

Introdução

> Apelo ao povo Herero
>
> Eu, o grande general dos soldados alemães, envio esta carta ao povo Herero. Os Herero não são mais súditos alemães. (...) O povo Herero deve deixar o país. (...) Dentro do território alemão, qualquer Herero será morto com ou sem arma, com ou sem gado; eu não vou aceitar mulheres ou crianças; vou enviá-las de volta ao seu povo ou farei com que sejam mortas. Estas são as minhas palavras ao povo do Herero.
>
> O grande general do poderoso imperador alemão.
>
> O Comandante, General V. Trotha

Este trecho é parte de um documento conhecido como "Ordem de Extermínio".[1] Ele foi lido, depois do serviço religioso dominical de dois de outubro de 1904, a um conjunto de oficiais do exército colonial no acampamento militar de Osombo-Windimbe, no nordeste do "protetorado" da *África do Sudoeste Alemã*, que corresponde à atual Namíbia.

1 O documento está sob guarda do Arquivo Federal da Alemanha e há uma cópia publicada em seu sítio eletrônico: https://www.bundesarchiv.de/oeffentlichkeitsarbeit/bilder_dokumente/00663/index-8.html.de. Consultado em 28.02.1015.

Em janeiro do mesmo ano, os diversos grupos Herero haviam, de forma unificada, iniciado uma grande revolta contra a administração colonial e em finais de setembro, já se considerava que eles estavam derrotados. Depois de um cerco na localidade conhecida como Waterberg, os Herero foram empurrados para o deserto de Omaheke, chamado de *Sandveld*, na porção Oeste do Kalahari e acossados pelas tropas alemães. Lothar von Trotha, comandante do exército colonial, ordenou que todos os acessos a poços de água fossem guardados e que aqueles que resistissem à sede fossem perseguidos e mortos.

Uma parte dos sobreviventes conseguiu fugir do cerco tanto para o norte quanto para o leste, pelo deserto, e outra foi presa e levada ao "campo de concentração" da *Ilha de Tubarão*, fria e desértica. Os maus tratos e a falta calculada de cuidados e de alimentação fez com que este tenha sido considerado o primeiro campo de extermínio da história alemã.

Considerando as perdas no conflito e aquelas derivadas de retaliação, calcula-se que algo em torno de 80% de toda a população dos Herero, que contava em princípios de 1904 com aproximadamente 800.000 indivíduos, foi morta: uma verdadeira fratura demográfica. Além disso, todas as terras e rebanhos foram apropriados diretamente pela administração colonial e os Herero remanescentes foram expulsos do território ou espalhados pela colônia, seguindo determinação do comandante, em situação de trabalho escravo.

Em um álbum publicado durante o Terceiro Reich sobre o tema das colônias, o conflito com os Herero foi lembrado como um momento em que os alemães demonstraram "cumprir sua tarefa de suportes da cultura da raça branca" por meio de seu "competente trabalho colonizador".

> Em duros combates, eles pacificaram os protetorados pondo um fim, na África Oriental Alemã, à agitação dos traficantes de escravos árabes e, na África Alemã do Sudoeste, às disputas sangrentas e duradouras entre os Herero e os Hottentotte.[2]

Este talvez seja um dos poucos registros sobre o conflito que o considera como uma *campanha de pacificação*. No texto, o exército alemão intervém, como parte não implicada diretamente, para solucionar um antigo conflito entre dois grupos nativos com o objetivo de estabelecer um estado de paz na colônia que administra.

2 *Deutsche Kolonien*. Dresden: Cigaretten-Bilderdienst Dresden, 1936. Prefácio.

Ao ser classificada como *pacificação*, a campanha contra os Herero se enquadrava em uma forma habitual de pensar nas intervenções militares no processo de apropriação de territórios *como colônias* por parte das metrópoles europeias. Contudo, o que faz com que este texto seja digno de nota é o fato dele ser um texto excepcional. E a exceção se dá por duas razões: por um lado, por localizar a motivação do conflito não no levante dos Herero e dos Nama (*Hottentotte*) contra a administração colonial, mas em um conflito entre eles. Por outro, por denominá-lo de "pacificação".

Nos escritos contemporâneos e nos registros feitos por memorialistas, ambas as formas de dar sentido ao conflito estão em geral ausentes e, mesmo nos raros casos em que o termo "paz" é utilizado de forma descritiva para tratar do período posterior ao conflito, a campanha é descrita como uma "Guerra"[3].

E considerá-lo como uma "Guerra" e não como "Pacificação" não tem relação com a brutalidade do conflito ou com o fato de que foram utilizados meios militares para solucioná-lo. Para a Europa do final do século XIX e o início do XX, os massacres coloniais ou a brutalização dos *povos de cor* derivados de intervenções militares nas colônias não eram propriamente uma novidade. A brutalidade do colonialismo europeu não impediu que a ideia de *pacificação* fosse regularmente acionada.[4]

3 Em publicações sobre o mundo colonial alemão e mesmo na memorialística, a ideia de "pacificação" ou de "paz" como resultado dos conflitos coloniais é, com regularidade, usada como descrição das intervenções militares nas *colônias* alemães (chamados oficialmente de "Protetorados") que viveram conflitos significativos, menos para o caso da África do Sudoeste. Isto pode ser observado nos verbetes do então prestigioso *Deutsches Koloniallexikon*. Os verbetes correspondentes às colônias da África Oriental Alemã, do Togo, de Camarões e da "Nova Guiné Alemã" trazem o conceito, mas não aqueles relativos ao conflito com os Herero e a Africa do Sudoeste. Cf. Schnee, Heinrich (ed.) *Deutsches Koloniallexikon*. Leipzig: Verlag von Quelle & Meyer, 1920. vol. I, p. 97, 352, 538; vol. 2. p. 17, 217, 236 e vol. 3. p. 363, 405, 525). A diferença é tal que, no verbete biográfico do General-Major Franz Ludwig Wilhelm Müller, o texto indica que ele participou de "expedições de pacificação" no Camarões e, na África do Sudoeste, dirigiu "as campanhas contra as tribos unificadas de Swartboi-topnar-Hottentotte e os Herero do Nordeste" (vol. 2, p. 599). Da mesma forma, nas publicações que tratam do conflito com os Herero, o conceito de pacificação bem como a ideia de "paz" como solução do conflito está em geral ausente. Como exemplos adicionais, cf. Kriegsgeschichtlichen Abteilung des Grossen Generalstabs (ed.). *Die Kämpfe der Deutschen Truppen in Südwestafrika*. Berlin: Königliche Hofbuchhandlung, 1906. vol. 1 (a partir de agora, citado como "KgAGG"); von Dincklage-Campe, Friedrich. *Deutsche Reiter in Südwest. Selbsterlebnisse aus den Kämpfen in Deutsch-Südwestafrika*. Berlin; Leipzig; Wien; Stuttgart: Deutsches Verlagshaus Bong & Co, 1908. Como exceção, cf. Leutwein, Theodor. *Elf Jahre Governeur in Südwestafrika*. Berlin: Königliche Hofbuchhandlung, 1908.

4 Cf. Crosthwaite, Charles. *The Pacificion of Burma*. Londres: Edward Arnold, 1912; Alexander, James Edward. *Notes on the Maories of New Zealand with suggestions for their pacification and preservation*. Londres: Aborigines' Protection Society, 1865; Gallieni, Joseph Simon. *La Pacification de*

Contudo, aqueles que retrataram o conflito com os Herero, parecem ter percebido algo distinto nele e é isto que me interessa explorar neste artigo: a concepção de que reestabelecer (ou estabelecer) a paz, consubstanciada no conceito de Pacificação, é antes uma atitude classificatória do que descritiva. Nesse sentido, espero sugerir que o conceito de "pacificação" (e o conjunto de ideias por ele trazidas), evidencia uma forma de observar e de considerar tanto o conflito quanto as próprias partes em conflito.

Neste artigo tenho duas expectativas. A primeira é a de pensar nos contornos do sentido *nativo* de "pacificação", própria do discurso colonialista e que remete a uma *modalidade violenta de solução de conflito*, e verificar a passagem, na política colonial alemã para a *África Alemã do Sudoeste*, dessa modalidade para uma outra, que implicou no genocídio dos Herero.

Sobre o conceito de Pacificação

O conceito de pacificação tem, entre historiadores, um tipo de uso que o transformou em uma *ferramenta analítica* para tratar de fenômenos em períodos muito distintos da história, encontrando espaço tanto entre antiquistas e medievalistas, quanto entre os que se dedicam aos tempos modernos e contemporâneos. Entre os primeiros o termo é usado com alguma regularidade, pelo menos desde o monumental "História de Roma" de Theodore Mommsen, de meados do século XIX, para descrever fenômenos de uso da violência para a solução de conflitos no interior do Império Romano e entre historiadores do período carolíngio.[5]

Entre os historiadores do mundo contemporâneo, o termo também se aplica com regularidade para o enfrentamento de resistências contra pretensões imperiais na Europa e para as intervenções europeias nos conflitos coloniais.[6]

Madagascar, Paris: Librairie Militaire R. Chapelot, 1900; Angouvant, G. *La Pacification de la Côte D'Ivoire*: 1908-1915. Paris: Emile Larose Libraire-Éditeur, 1916.

5 Não é possível, sem um tratamento de fontes antigas e medievais, verificar o quanto o conceito de *pacificação* deriva em maior ou menor grau de usos "nativos" ou se é simplesmente a projeção para o passado de um conceito eminentemente contemporâneo aos historiadores que escrevem sobre o tema. Cf. a título de exemplo, além do trabalho de MOMMSEN, Theodore. *Römische Geschichte*. Berlin, Weidmannsche Buchhandlung, 1856. p. 308, MORLEY, Neville. *The Roman Empire: Roots of imperialism*. London/New York: Pluto Press, 2010; cf. esp. o cap. 2 "They make a desert and call it peace: the nature of roman rule", p. 38 a 69 e HOYOS, Dexter (Ed.). *A Companion to Roman Imperialism*. Leiden: Brill, 2013, cf. especificamente os artigos de Brian Campbell ("Imperialism and its Failures, 60 BC–AD 14") e de Tom Stevenson ("Reverberations of Empire: Cicero, Caesar and the Post-Sullan Empire"). BACHRACH, Bernard S. Charlemagne's Early Campaigns (768–777): A Diplomatic and Military Analysis. Leiden; Boston: Brill, 2013. p. 282, 587.

6 Para a forma de classificar a intervenção militar do Império Russo no Cáucaso como *Pacificação*, ver PORCH, Douglas. *Wars of Empires*. London: Cassel & Co., 2000. p. 98. Para o caso das conquis-

Entre estes, o conceito de *pacificação* foi até mesmo elevado a um *título* que demarcava um período da história da conquista colonial que vai dos anos 80 do século XIX até o final da primeira guerra mundial.[7]

Isto fez com que, entre historiadores, o conceito de pacificação tenha sido usado como um instrumento regular de nomeação de práticas imperiais de solução violenta de conflitos, sejam estes em tempos antigos ou modernos. Esta atitude da historiografia está de acordo com uma forma de nomear esses conflitos que se afirma na segunda metade do século XIX e é partilhada tanto por agentes imperiais como por cronistas e memorialistas nas descrições dos conflitos coloniais.

Apesar deste uso mais alargado, transcendendo fronteiras internas da disciplina, o conceito de pacificação goza de uma impressionante aura de autoevidência. Um breve passeio pela vasta historiografia que transita por processos de solução violenta de conflitos mostra que poucos se preocuparam em observar sentidos de um termo que tem uma história de múltiplos usos. Neste campo, são sempre pouco nítidas as fronteiras entre "Guerra" e "Pacificação", como entre "derrotados" e "pacificados". O que é muito claro é que aquilo que faz com que um conceito seja acionado e não outro não são as ações: tanto naquilo que é chamado de "guerra" como naquelas ações denominadas de "pacificação", o aparato militar é empregado para, por meio da violência, impor autoridade de um dos contendores sobre o outro ou para, utilizando terminologia de Clausewitz, "fazer com que o inimigo se submeta a sua vontade".[8] Na realidade, o que parece diferenciar um do outro, é a própria *vontade* à qual se deseja que o inimigo se submeta.

João Pacheco de Oliveira Filho nos fala sobre os propósitos de uma empresa pacificadora, considerando a ação dos portugueses na América:

> O objetivo militar — a conquista e a submissão dos indígenas — era precondição para a incorporação da população nativa (batismo e catequização) e para o posterior desenvolvimento de uma atividade eco-

---

tas coloniais, cf. p. ex. AKINGBADE, Harrison. "The Pacification of the Liberian Hinterland". *The Journal of Negro History*, vol. 79, n. 3, 1994.

7 A própria periodização que foi considerada durante muito tempo como referência para tratar da história africana, escrita com base em uma perspectiva eurocêntrica e colonialista, toma o período que vai, genericamente, de 1890 a 1914 como a "segunda fase" do processo de estabelecimento do domínio colonial europeu na África que é denominado do período de "Pacificação". (Cf. Albert Adu Boahen. "A África diante do desafio colonial" e Abdallah Laroui. "Iniciativas e resistência africanas no norte da África e no Saara", ambos em Boahen, Albert Adu. *História geral da África, VII: África sob dominação colonial, 1880-1935.* - 2. ed. rev. - Brasília: UNESCO, 2010; respectivamente os capítulos 1 e 5. Cf. esp. p. 19 e 119.

8 von Clausewitz, Carl. *Vom Kriege*. Augsburg: Weltbild Verlag, 1990. p. 17.

> nômica permanente (...) o qualificativo de "pacificado" não indicava uma mudança mais profunda de costumes, mas apenas designava comunidades que haviam sido vencidas militarmente e que aceitavam temporariamente o domínio português.[9]

Mas, para além dos propósitos ou das *vontades* daquele que *impõe* a pacificação, *pacificar* pode ser considerado como um tipo de percepção sobre o conflito e de uma forma de observar as partes que disputam. Quem persegue esse caminho e ajuda a pensar sobre isto é Raymond Aron, um dos poucos que não cede à tentação de tomar o conceito como autoevidente. Para ele, o conceito partilha com outros conceitos do campo semântico que designam modalidades de emprego da força, mais ou menos organizada.

A guerra, segundo Aron, é um "conflito armado entre unidades políticas", mas quando o enquadramento muda, outros conceitos vêm à tona: "quando a força é empregada dentro do Estado fala-se em insurreição, revolta ou revolução; fora das suas fronteiras, em intervenção, expedição punitiva, pacificação".[10]

É neste sentido, ou seja, por uma mudança de forma de enquadrar o conflito, que se verifica a mudança no conceito acionado pelos franceses para tratar do conflito na Argélia:

> No século passado, os franceses falavam da conquista ou da pacificação da Argélia porque não reconheciam o Estado argelino nem a igualdade dos argelinos como cidadãos. A fórmula "guerra da Argélia" já contém um reconhecimento implícito da reivindicação nacionalista.[11]

Assim, o conceito revela que a percepção de uma *ação pacificadora* envolve duas dimensões: 1) o território que é considerado como próprio ou como objeto de apropriação ou de incorporação por aquele que leva a efeito a ação de *pacificação*; 2) a população que é considerada como objeto de enquadramento ou de assujeitamento e pensada como ocupando uma posição hierarquicamente inferior. Isto pode implicar que a *ação pacificador*a seja levada a efeito por uma

---

9 Oliveira Filho, João Pacheco de, "Pacificação e Tutela Militar na Gestão de Populações e Territórios", *Mana*. vol. 20, n. 1, 2014. p. 129-130 e 131.

10 Aron, Raymond. *Paz e guerra entre as nações*. Brasília: Ed. Univ.de Brasília, IPRI; São Paulo: Imprensa Oficial do Estado de São Paulo, 2002. p. 421 e 422.

11 *Ibidem*, p. 422-423 e 452. Contudo, o fato de circunscrever o conceito não impede que Aron o utilize de forma menos rigorosa ao longo do livro, empregando-o como sinônimo de uma genérica "conquista da paz" e envolvendo situações de conflito tanto entre unidades políticas soberanas quanto mesmo no interior delas. *Ibidem*. p. 97, 322 e 365.

das partes como se ela fosse um elemento de intervenção *externa* às disputas em jogo. E isto, também por meio do conceito, apaga os seus rastros como parte motivadora do conflito.

O caso que será explorado neste artigo, o do conflito do Império Alemão contra os Herero na África Alemã do Sudoeste, nos oferece elementos para pensar que tanto o emprego das noções de "paz" e de "pacificação" quanto sua ausência são sintomas de percepções distintas do "outro" e do seu lugar no projeto colonial e, portanto, de estilos distintos de relacionamento entre a potência colonial e a população nativa.

Projetos Coloniais no Império Alemão

A conquista alemã de territórios na África foi tardia. E foi acompanhada por uma importante diferença de expectativas quanto à forma de ocupação e de gestão do território.

No momento de constituição do Estado e de sua consolidação no delicado cenário europeu, Otto von Bismarck, primeiro ministro e figura de proa na constituição do Estado alemão fundado em 1871, não tem propriamente simpatia pela empresa colonial. Ele avaliava a possessão de colônias como um risco por, pelo menos, duas razões: as rivalidades a serem criadas em especial com França e Inglaterra faziam parte de seu cálculo. Mas, talvez mais importante que isto, de seu ponto de vista, a aquisição e manutenção de colônias seria, em termos estritamente econômicos, um desastre. Os gastos para o Estado, dizia, jamais seriam compensados pelos lucros obtidos.

Contudo, o entendimento de que as colônias viabilizariam o Estado recém-constituído e dariam a ele prestígio, se torna cada vez mais disseminado. Este tema entra com todo vigor no espaço público alemão com a publicação, em 1879, do livro *Bedarf Deutschland der Kolonien?* de Friedrich Fabri, considerado o pai do movimento colonial alemão, que se constituiu em torno de inúmeras associações civis e grupos de pressão surgidos a partir de 1880.[12]

---

12 Talvez as de maior destaque tenham sido a *Westdeutsche Verein für Kolonisation und Export* (Associação Alemã Ocidental para Colonização e Exportação), *Zentralverein für Deutsche Interesse im Ausland* (Associação Central para os Interesses Alemães no Estrangeiro), *Verein für Handelsgeographie und Kolonialpolitik* (Associação para Geografia Comercial e Política Colonial) e *Verein zum Schutz Deutscher Interesse im Ausland* (Associação para a proteção dos interesses Alemães no Estrangeiro), Cf. Goldendach, Walter von e Minow, Hans-Rüdiger. *"Deutschtum Erwache": Aus dem innenleben des staatlichen Pangermanismus.* Berlin: Dietz Verlag, 1994. p. 42ss. Cf. também Blackshire-Belay. Carol Aisha. "German Imperialism in Africa: The Distorted Images of Cameroon, Namibia, Tanzania, and Togo". *Journal of Black Studies*, vol. 23, n. 2, 1992. p. 237.

Nesse movimento colonialista alemão se encontram e se combinam dois projetos distintos de colonização. Por um lado, aquilo que foi chamado da "ideologia emigrantista" e, por outro, os defensores de um projeto de "imperialismo econômico".

Falar de "emigrantismo" é tratar de um impulso que, desde os anos de 1860, envolve a defesa de uma política de Estado que favoreça a emigração de alemães para o exterior, motivada pelo crescimento exponencial da população do campo e da cidade. Nos anos 80, o *colonialismo emigracionista*, defendido por figuras de destaque no movimento colonial alemão, imaginava a conquista de territórios em zonas temperadas para assentar agricultores que estariam política e espiritualmente ligados ao Estado Alemão, tornando-se sustentáculos da produção de bens primários e de consumo de produtos industriais alemães. Esse é o tempo de Friedrich Ratzel, geógrafo, professor da universidade de Leipzig, cuja teoria do Espaço Vital (*Lebensraum*) dá fundamento para as tendências *emigracionistas* do movimento colonial Alemão. Para os adeptos dessas tendências, deveria ser tarefa do Estado estabelecer colônias que, naquelas condições, permitissem que pequenos agricultores e artesãos "florescessem em suas ocupações tradicionais sem a ameaça da industrialização".[13] A emigração aparece ligada a um projeto utópico, à solução nacionalista de "retorno" a um mundo do trabalho não afetado pelas desventuras do capitalismo.

Um projeto distinto, existente no seio do movimento colonial alemão, deriva da ideia de que, na competição entre países industriais, as colônias poderiam ser a garantia de escoamento seguro de capital em busca de investimento lucrativo, pensando no mundo colonial como "unidades de produção de lucro", principalmente fundadas no comércio de produtos coloniais. Isto produziu outra tendência no movimento colonialista alemão que, empregando uma imagem do mundo colonial completamente distinta do idílio nacionalista dos emigrantistas, produziu um agressivo "imperialismo econômico", ligado à noção de *Weltpolitik*. Nesta perspectiva, o Estado deveria apostar em pequenas colônias de exploração de produtos comercializáveis.[14]

O peso cada vez maior do movimento colonial na sociedade alemã força o governo a uma mudança de perspectiva, em especial em função da conjuntura de crise do princípio dos anos de 1880. Por pressões do *lobby* colonialista, o tema foi tratado em uma sessão do Parlamento, na qual Bismarck não deixou dúvidas

---

13 Cf. SMITH, Woodruff D. "Friedrich Ratzel and the Origins of Lebensraum". *German Studies Review*, vol. 3, n. 1, 1980. p. 64-65.

14 SMITH, *op. cit.*, p. 65.

de que saiu de sua posição original. Ele reitera que é "contra colônias" que se formam sob a alçada do Estado e depois "procuram atrair emigrantes, empregam funcionários, estabelecem guarnições militares". E completa:

> Eu ainda não deixei de lado minha antipatia contra este tipo de colonização, que pode ser útil para outros países, [mas] para nós não é exequível. Algo completamente distinto é a questão de, primeiro, se é apropriado e, segundo, se é obrigação do Império Alemão oferecer proteção e alguma ajuda nas aspirações coloniais de seus súditos que se entregam a um tal empreendimento confiando na proteção do Império (...). E com isto eu estou de acordo.[15]

O mais importante do ponto de vista de Bismark era a garantia de possibilidades de desenvolvimento do comércio de produtos coloniais ao cargo de capitais privados, e este foi o ponto de vista que se afirmou nas primeiras aquisições de territórios na África e na Ásia. Daí deriva a denominação das possessões alemães como "*Schutzgebiete*" ("protetorados") e não propriamente "colônias", constituídas entre 1884 e 1885 por associações de investidores privados.[16]

A África Alemã do Sudoeste

A África Alemã do Sudoeste é o resultado de um conjunto de delimitações territoriais que tem início com a iniciativa individual do comerciante Adolf Lüderitz que, entre 1883 e 1884, após uma longa negociação com o Joseph Fredericks, chefe Nama da Região de Betânia[17], adquiriu os direitos da área denominada Angra Pequena e de uma faixa de terra de 20 milhas do paralelo 26 até

15 Cit. de acordo com Görtemaker, Mandfred. *Deutschland im 19. Jahrhundert: Entwicklungslinien.* Bonn: Bundeszentrale für Politische Bildung, 1996. 347-348.

16 O que teve um papel decisivo no relaxamento da posição de Bismarck foram as rivalidades entre as potências europeias. Aquilo que Wehler chamou com propriedade de "imperialismo profilático", que considerava a ameaça de que potências rivais se apropriassem de territórios "desocupados" e fechassem, assim, a possibilidade de que a Alemanha pudesse fazê-lo. WEHLER, Hans-Ulrich. "Vom "Schutzgebiet" zur Kolonie: Der deutsche Imperialismus". *In* Pierreth, Wolfgang. Das 19. Jahrhundert: Ein Lesebuch zur deutschen Geschichte 1815-1918. München: Beck, 1997, p. 159. Destas iniciativas resultou um império colonial majoritariamente centrado na África (África Alemã do Sudoeste, do Togo, de Camarões, e da África Oriental Alemã), mas incluindo também possessões no Oriente. Cf. Blackshire-Belay, *op. cit.* p. 238-239.

17 Os Nama de Betânia são uma parte do grupo dos Nama chamados de *Oorlam*, que chega ao que é hoje a Namíbia vindos do sul do Rio Orange (atualmente parte da Africa do Sul) em princípios do século XIX. O contato com colonizadores holandeses implicou na incorporação de língua, hábitos e até mesmo nomes próprios europeus. Cf. Wallace, Marion. *A History of Namibia: From the Beginning to 1990.* New York: Columbia University Press, 2011. p. 50-52.

o Rio Oranje, no sul da região que hoje corresponde à Namíbia. Em 1884 estas aquisições de terra foram colocadas sob a *proteção* do Império Alemão. Lüderitz expandiu até 1885 as aquisições a toda a costa do que seria posteriormente o protetorado da África do Sudoeste e funda, no mesmo ano, a "Sociedade Colonial Alemã para a África do Sudoeste" (*Kolonialgesellschaft für Südwestafrika*), que incorporou as aquisições de Lüderitz e administraria a colônia. O Estado alemão exerceria sua soberania e jurisdição, inicialmente, sobre a população europeia, por meio de um Comissário Imperial (*Reichskommissar*).[18]

A *África do Sudoeste* tem uma história particular frente às outras possessões coloniais do Império Alemão. A avaliação inicial de que os recursos naturais eram escassos, fez com que ela fosse considerada como uma colônia agrícola para emigrantes brancos, que ocupariam a parte aproveitável das terras do "protetorado" para a pecuária extensiva. Isto fez dela uma colônia pouco procurada e com poucos recursos para constituição de infraestrutura administrativa.

Os dois primeiros Comissários Imperiais, Heinrich von Göring (1885-1890), pai de Hermann Göring, que teria lugar de destaque durante o Terceiro Reich, e Curt von François (1891-1894), enfrentaram o mesmo problema: os meios colocados à disposição pela "Sociedade Colonial" para o exercício das funções administrativas e de representação do Império são em larga medida insuficientes.[19]

Em 1894 é Theodor Leutwein que assume a função de comissário colonial e é sob sua administração que a infraestrutura de administração colonial se desenvolve. Leutwein foi o governador que ficou mais tempo à frente da administração colonial e só saiu em 1904 em meio à guerra contra os Herero por ter sido deposto. Da mesma forma, é no período de Leutwein que se constitui uma política estável de relação com os diversos grupos nativos, em especial, os Herero, no centro-norte, e os Nama, no centro e no sul.[20] Por meio do favorecimento e do

18 cf. Katjavivi, Peter H. *A History of Resistance in Namibia*. Trenton: Africa World Press/UNESCO, 1990. p. 7.

19 Até mesmo a tropa colonial tinha uma função quase que nominal de "proteção": no final da gestão de Göring, a tropa, que fora constituída como um exército privado pelo Major von François, Curt a cargo da *Sociedade Colonial para a África do Sudoeste*, contava com 46 homens, 35 dos quais na capital e 11 distribuídos em três postos externos. Quando von François assume a função de Comissário Imperial, seu exército privado é incorporado ao exército alemão como "Tropa de Proteção" (*Schutztruppe*). Cf. von François, Curt. *Deutsch Südwestafrika: Geschichte der Kolonisation bis zum ausbruch des Krieges mit Witboi - April 1893*. Berlin: Dietrich Reimer, 1899. p. 93; Schnee, Heinrich (Ed.) *Deutsches Koloniallexikon*. Leipzig: Verlag von Quelle & Meyer, 1920. Bd 1. p. 660.

20 A população nativa era, naquele momento, de entre 200 a 250 mil pessoas: Hottentotte (Nama) de 15.000 a 20.000; Herero, de 70.000 a 80.000; Ovambos de 90.000 a 100.000, outros grupos de 33.000 a 44.000. Cf. Leutwein, *op. cit.* 1908. p. 11.

apoio a alguns chefes Herero em detrimento de outros e de guerras localizadas para impor "tratados de paz", ele assentou as bases de um tipo de política que foi chamada de "sistema Leutwein", fundado no princípio "divide e impera" como meio de garantir "estabilidade" e "paz" para a dominação alemã no território. O governo colonial, ao mesmo tempo que indica interlocutores legítimos, faz pender a balança de poder no interior dos grupos nativos para os chefes que, por caminhos diversos, conquistavam o apoio dos alemães.[21]

Os conflitos na África do Sudoeste: da Pacificação à Guerra

Em um escrito de 1908, no qual elabora sua experiência como Governador, Leutwein explicita os princípios que orientaram sua política de imposição do domínio sobre os grupos nativos.

> Nós não seremos bem sucedidos nas colônias com uma política de pura violência, e temos que tentar, em nosso próprio interesse, conquistar as populações originárias que se encontram nelas para os nossos objetivos. A história colonial de todos os povos e em todos os tempos nos ensina que aquelas nações que melhor compreenderam a arte da incorporação, também foram as mais bem sucedidas em seus propósitos coloniais. (...) No entanto, uma vez que a desconsideração de alguns interesses dos povos indígenas está indissociavelmente ligada ao termo "colonização", esta incorporação não pode ser alcançada apenas por um tratamento benevolente e justo. Os povos nativos também devem ter sempre diante de si o poder superior da raça dos colonizadores. Você não pode educar crianças apenas com amor.
>
> (...)
>
> O objetivo final de toda a colonização é (...), em última instância, apenas o negócio. A raça colonizadora talvez não traga para a população indígena das terras colonizadas a felicidade esperada, visto que ela busca, principalmente, a sua própria vantagem. (...) No que diz respeito ao tipo de colonização, há, portanto, basicamente, apenas

21 Caso paradigmático é o de Samuel Maherero, chefe de um dos grupos Herero que se impôs frente a outros que disputavam a primazia no interior do grupo e passou a ser reconhecido pelos alemães como *Chefe Supremo* dos Herero, e se tornou aliado dos alemães contra um inimigo comum: os Nama, ao sul, que eram liderados por Hendrik Witboi. Cf. Wallace, *op. cit.*, cap. 5, Cf. Gewald, Jan Bart. "Colonization, Genocide and Resurgence: The Herero of Namibia 1890-1933". *In* Bollig, M e Gewald, Jan-Bart (Eds.) *People, Cattle and Land : transformations of a pastoral society in southwestern Africa.* Köln: Köppe, 2000. p. 190-193.

> uma orientação, ou seja, aquela que leva de forma mais segura ao esperado bom negócio.[22]

Ainda quando o uso da força se faz imperativo para atender aos propósitos da administração colonial, a intervenção tem objetivos e limites claros: impor autoridade e estabelecer um estado em que a continuidade do processo colonizador possa ser garantido. Em uma conferência dada por Leutwein na seção de Berlim-Charlottenburg da Sociedade Colonial Alemã (*Deutsche Kolonial-Gesellschaft*) em 1898, ele não deixa dúvidas quanto à especificidade das guerras coloniais. E o que as torna particulares não são, em sua fala, suas dimensões, mas sim seus objetivos:

> Nas guerras coloniais não se trata de conquistar vitórias, mas sim de impor a paz. As maiores vitórias são inúteis, a menos que a paz seja imposta por meio delas. (...) Nas guerras coloniais, então, ao lado do chefe militar deve estar sempre o diplomata, em uma das mãos a espada afiada, na outra o pão doce.[23]

Os conceitos de "Paz" e de "Calma" têm lugar destacado para Leutwein: alcançar um estado de paz, "pacificar", portanto, é o propósito dos atos da administração colonial no sentido de garantir os negócios. E isto implica em um processo de incorporação e enquadramento dos grupos nativos nos limites estabelecidos pela empresa colonizadora e por meio de métodos que são justificados na medida em que são eficazes.

O frágil equilíbrio do "Sistema Leutwein", que é arquitetado e colocado em prática ainda com meios limitados de imposição da autoridade colonial, é abalado, em especial, por duas variáveis que se mostram decisivas no tensionamento da relação entre a administração colonial e os grupos nativos: uma foi a chegada de um número crescente de alemães para ocupar a terra, o que implicou na necessidade de "liberação" progressiva de território disponível à pecuária e à agricultura, e a outra foi a peste bovina de 1897, que representou uma perda de aproximadamente 2/3 (em algumas comunidades chegando a até 95%) do rebanho dos Herero. Sendo uma sociedade pastoril, a peste foi o motor de uma profunda desestabilização de seu mundo. A peste tirou parte significativa de seus

22 Leutwein, Theodor, *op. cit.* 1908, p. V e 542.

23 Leutwein, Theodor. *Deutsche Südwestafrika*. Deutsche Kolonial- Gesellschaft, Abteilung: Berlin--Charlottenburg. Verhandlungen, 1898/99. Heft 1, Berlin:Verlag von Dietrich Reimer, 1898. p. 13-14.

meios de existência autônoma e deixou as massas de Herero pauperizadas e com muito poucas alternativas de subsistência além de se submeterem a trabalhos oferecidos pela atividade colonizadora.[24]

Essas condições geradas pela peste e a imposição progressiva do domínio alemão sobre o território foi respondida pelos nativos com revoltas de escala distinta e relativamente constantes no período de governo de Leutwein. Até 1904, com a grande revolta dos Herero, foram especialmente os grupos desfavorecidos pelo "Sistema Leutwein" os que protagonizaram os levantes, enfrentados pela administração colonial com o auxílio das alianças com chefes e grupos nativos aliados.[25]

Em todos estes casos, a imposição aos nativos de tratados de paz ou de subordinação e reconhecimento da autoridade do Império era o propósito da luta e estabelecia o limite da intervenção do poder colonial com o objetivo de alcançar um "estado de paz".

Este projeto de administrar a colônia combinando a demonstração de força e a negociação com os grupos nativos, evidenciou tensionamentos existentes no interior do grupo colonizador. Trata-se, fundamentalmente, de divergências existentes sobre a forma de ocupar a terra e de estabelecer relações com os nativos.

De um lado, estavam o governador e os missionários, que se pautavam pela expectativa de incorporação subordinada dos nativos na ordem colonial, o que envolvia tanto imposições, quanto concessões. De outro, colonos e companhias de terras, que tinham como horizonte uma estrutura de ocupação que dependia da liberação de espaço para o assentamento de colonos europeus em atividades de agricultura e pecuária.

Em um dos poucos registros de memórias de colonos, a contrariedade destes com o "sistema Leutwein" é claramente expressa.

---

24 O rebanho dos colonos foi também afetado, mas as perdas foram muito menores em função da vacinação. Cf. Wallace, *op. cit.*, esp. cap. 5. 143-145 e Gewald, Jan-Bart. "Colonization, Genocide and Resurgence_The Herero of Namibia-1890-1933". In Bollig, M. e Gewald, Jan-Bart (Eds.) *People, cattle and land : transformations of a pastoral society in southwestern Africa.* Köln: Köppe, 2000. p. 195-201. Okupa, Effa. *Carrying the sun on our backs: Unfolding German Colonialism in Namibia from Caprivi to Kasiili.* Berlin: LIT Verlag, 2006. p. 85ss.

25 Destaca-se a revolta dos Nama-Hottentotte de 1894, em torno da imposição de tratados de "proteção" dos alemães, e que foi enfrentada com a participação decisiva dos Herero ao lado dos alemães, inimigos tradicionais dos Nama. Ao lado desta, as revoltas dos Herero-Ocidentais e dos Kauas-Hottentotte de 1895/96; dos Hottentotte de 1897, de Swartboi de 1897/98; da revolta dos *Grootfonteiner Bastards* de 1901; e de Bondelswart de 1903/04. Cf. *Deutsches Koloniallexikon, op. cit.* Bd 1, p. 97 e Wallace, Marion, *op. cit.*, cap. 5.

> As irregularidades e o desrespeito dos nativos cresceram e foram alimentados por esta [política de] tolerância e bondade. Os funcionários [da administração] não acreditaram que sua "bondade e brandura" seria interpretada por eles como "fraqueza e covardia". [Com isto], o respeito diante dos brancos diminuiu enormemente entre os negros (...). Eles acreditavam que o governo tinha medo deles.[26]

O aumento do número de colonos e a incorporação intensa de nativos como empregados em atividades coloniais (desde serviços domésticos até obras da administração colonial) desempenhou um papel decisivo no aumento das tensões entre os nativos e os alemães. Um missionário sustentou que a verdadeira causa destes problemas

> é sem dúvida o fato de que o alemão olha os nativos como sendo do mesmo nível dos primatas superiores (*babuíno* sendo o seu termo favorito para os nativos) e tratá-los como animais. O colono sustenta que o nativo tem o direito de existir apenas na medida em que ele é útil para o homem branco. Daqui resulta que os brancos valorizam seus cavalos e até os bois mais do que eles valorizam os nativos.[27]

A perda de espaço e o aumento exponencial da violência cotidiana (envolvendo estupros, violações contra os trabalhadores e assassinatos), somados à percepção da diferença de tratamento dos nativos pelas autoridades coloniais, produzem uma situação de tensionamento particularmente agudo nos primeiros anos do século XX e que está na raiz da grande revolta dos Herero que se inicia em 1904.[28]

---

26 von Falkenhausen, Helene. *Ansiedlerschicksale: Elf Jahre in Deutsche Südwestafrika*. Berlin: Dietrich Reiner, 1906. p. 197.

27 Citado por VANDERVORT, Bruce. *Wars of Imperial Conquest in Africa 1830-1914*. London: UCL Press, 1998. p. 196.

28 Jan-Bart Gewald argumenta convincentemente que o elemento decisivo para o início do conflito deve ser buscado no acúmulo de percepções erradas sobre ações e intenções tanto de missionários e de colonos quanto dos Herero. A percepção dos Herero de que a perda de terra seria grande e iminente, motivou sua mobilização. Por outro lado, membros da administração e do exército colonial (a *Schütztruppe*), divergindo da lógica do "Sistema Leutwein" em favor da posição de colonos, contribuíram decisivamente para o aumento da tensão e para a percepção dos Herero de que os acordos firmados com os alemães não seriam respeitados. Caso de destaque foi o do tenente Zürn, cujas ações fundadas em uma percepção errada das intenções dos Herero e uma lógica de estabelecimento do regime colonial distante daquela proposta por Leutwein são apontadas por Gewald como causas diretas do início do conflito. Sobre o tema das causas da guerra, cf. GEWALD, Jan-Bart. *Herero Heroes. A Socio-Political History of the Herero of Namibia 1890-1923*. Oxford, Cape Town, Athens: James Currey, David Philip e Ohio University Press, 1999. p. 142ss.

Essa revolta guarda algumas especificidades importantes, que a diferencia dos levantes anteriores. Por um lado, a ampla mobilização dos Herero, da qual tomaram parte até mesmo os grupos aliados dos alemães, com destaque para Samuel Maharero. Em segundo lugar, a radicalidade com a qual a revolta se inicia. O alvo dos ataques dos Herero foi a infraestrutura construída pela administração colonial (pontes, telégrafo, via férrea etc.), propriedades de colonos e homens (123 mortos), poupando mulheres e crianças.

Esse tipo de ação conjunta dos diversos grupos Herero e a violência singular com a qual eles deram início à revolta surpreendeu as autoridades da administração colonial.

Depois de dois telegramas que, nos dias 12 e 14 de janeiro, comunicavam a Berlim o início da revolta, Leutwein envia um terceiro, no dia 17, que dá o tom da gravidade da situação: "As tentativas de ajuda partindo de Windhoek falharam, e Windhoek está muito ameaçada. Muitas perdas. Milícias acionadas. Solicitamos ajuda imediata. Herero bem armados graças aos saques".[29]

Ao contrário do que aconteceu em todas as outras revoltas coloniais anteriores, em especial nas colônias africanas, como indica um relato produzido pelo Alto Comando do exército alemão, o ataque dos Herero "apavorou as pessoas na Alemanha, como um raio vindo de um céu sereno".[30] O próprio Theodor Leutwein, em um relatório enviado a Berlim pouco depois do início das hostilidades, não se mostrou menos surpreso:

> A revolta veio de forma inesperada tanto para o governo como para os missionários e os colonos. (...) Eu tenho tido relações com os Herero nos últimos dez anos, e penso conhecê-los, mas eu nunca acreditei na possibilidade de um ato tão unificado e enérgico. .... eu nunca acreditaria em um surto tão elementar, como este que agora tem lugar.[31]

Apesar da intensidade dos ataques, Leutwein, nos primeiros dias da revolta, faz as primeiras tentativas de negociação com os Herero. A chegada de reforços foi vista por ele como um instrumento de, por meio de uma paz negociada em situação favorável, afirmar a superioridade alemã como forma de impor o fim das hostilidades e o domínio alemão sobre o povo e o território.[32]

29 O telegrama foi publicado em *Deutsches Kolonialblatt*, Ano XV, número 3, 01/02/1904. p. 90.

30 KgAGG, *op. cit.* vol. 1, p. 1.

31 O relatório do Governador Leutwein conforme citado em KgAGG, *op. cit.* vol.I, p. 24.

32 Cf. Vandervort, Bruce. *Wars of Imperial Conquest in Africa 1830-1914*. London: UCL Press, 1998, p. 198 e Gewald, *Herero Heroes...*, p. 167-170.

Contudo, a ideia mesma de negociar com os nativos, que havia sido informada a Berlim já no dia 17 de janeiro, foi vista pelo governo do Reich, em especial pelo Imperador Guilherme II, como inaceitável.[33] As vozes mais moderadas perdem espaço. A ação dos Herero é percebida pelo Imperador como um desafio ímpar à autoridade imperial.

E é o próprio Imperador que toma a decisão de que a reação deve ser exemplar. Ele transfere a operação para o Alto Comando Militar e escolhe para o comando das ações no local um homem de sua confiança: General-Tenente Lothar von Trotha que, ao assumir todas as funções de comando militar no protetorado, assumia também, na prática, as funções de governador. Von Trotha gozava do prestígio de ser um comandante experimentado em guerras coloniais, trazendo no currículo massacres levados a efeito durante os levantes dos Boxers na China e contra os Wahehe na África Oriental Alemã.[34]

Este conjunto de decisões do imperador impõe uma mudança substantiva na forma de pensar nos Herero e, portanto, na forma de conceber a solução do conflito. Von Trotta desembarca na colônia em 11 de junho e coloca em novas bases a forma pela qual o poder colonial se relaciona com os nativos. Ele expressa, na realidade, esta mudança na forma de observar os Herero e o trecho que nos serve de epígrafe deixa claro este deslocamento: "Os Herero não são mais súditos alemães". Os Herero passam a ser pensados a partir de um novo paradigma, em que o enquadramento e a submissão não fazem mais parte do leque de objetivos a serem alcançados com o uso da violência.

Von Trotha foi à Àfrica do Sudoeste fazer a guerra e, em termos estritamente militares, foi fazê-la de uma forma que já estava estabelecida no campo do pensamento militar alemão: organizar as forças para enfrentar os Herero em uma "batalha decisiva", o *Entscheidungsschlacht*, referência doutrinária que marcou a formação de oficiais das escolas militares prussianas e (posteriormente) alemães a partir de princípios do século XIX.[35]

---

33 Sobre o telegrama, cf. *Deutsches Kolonialblatt*, Ano XV, número 3, 01/02/1904. p. 90.

34 Sobre von Trotha, cf. Vandervort, Bruce. *Wars of Imperial Conquest in Africa 1830-1914*. London: UCL Press, 1998. p. 198; e OKUPA, Effa. *op. cit.* p. 169-170. Um tratamento mais extensivo, ainda que laudatório, da biografia de von Trotha, se encontra em *Deutsches Koloniallexikon* , vol III, p. 543-544.

35 O exército prussiano, nisto, não é nenhuma exceção. Como sugere Beatrice Heuser, a doutrina da batalha decisiva se tornou a referência absoluta para os exércitos europeus ("na realidade o próprio objetivo de toda estratégia militar") a partir das guerras da Revolução Francesa e das Guerras Napoleônicas até meados do século XX. Heuser, Beatrice. *The Evolution of Strategy Thinking war from antiquity to the Present*. Cambridge: Cambridge University Press, 2010. p. 97.

O princípio de conduzir a guerra para uma "batalha decisiva" supunha a capacidade de alcançar, por meio de uma convergência máxima possível de forças, uma vitória inquestionável. Fundamento para isto era a compreensão de que uma batalha poderia ser a chave para a solução de uma guerra e para a imposição dos termos da rendição. A batalha seria conduzida, assim, até o momento da rendição e da aceitação dos termos pelo adversário.

Von Trotha, entretanto, considerava a "batalha decisiva" a ser travada contra os Herero como meio de sua eliminação. O que está em jogo aqui é uma forma nova de pensar a guerra, marcada pelo prisma social-darwinista, que vem à tona já em finais do século XIX. A partir de uma teoria que via o mundo como uma composição de "nações" em permanente concorrência por recursos limitados, a guerra passou a ser pensada como um instrumento necessário e desejável de luta pela "sobrevivência da nação". Nesta percepção, o inimigo passa a ser tomado não mais somente como um corpo uniformizado a ser batido no campo de batalha, mas como todo o "grupo nacional", o que fez com que as fronteiras entre civis e militares fossem dissolvidas. O inimigo, neste sentido mais amplo, passa a ser considerado como uma ameaça constante, o que faz com que a ideia de "eliminação" passe, progressivamente, a entrar em jogo como horizonte das operações militares. [36]

Em seu diário, von Trotha registra:

> Meu plano inicial para a operação (...) era cercar as massas de Hereros em Waterberg, e aniquilar essas massas com um golpe simultâneo e, em seguida, estabelecer várias estações para caçar e desarmar os grupos que escaparam, mais tarde colocar as mãos sobre os *capitães*, colocando um prêmio em dinheiro por suas cabeças e, finalmente, para sentenciá-los à morte.[37]

---

36 A concepção de guerra como *luta pela sobrevivência da nação* é incorporada ao pensamento militar, ainda que de forma marginal, já no século XIX e encontra, talvez, uma de suas mais radicais expressões no período que antecede a I Guerra Mundial em Friedrich von Bernardi, General e destacado membro do Estado Maior Alemão. Através de seu *Deutschland und der nächste Krieg* (A Alemanha e a Próxima Guerra), publicado pela primeira vez em 1912. Sobre von Bernardi e esta nova forma de pensar a guerra, cf. Moraes, Luis Edmundo de Souza. "A Intelligentsia Militar Alemã e o Conceito de Guerra Total". *In*: LIMONCIC, Flávio; MARTINHO, Francisco Carlos Palomanes (org.). *Os Intelectuais do Antiliberalismo: projetos e políticas para outras modernidades*. Rio de Janeiro: Civilização Brasileira, 2010.

37 A passagem dos diários de v. Trotha está citada de acordo com Gewald, Jan-Barth. "Imperial Germany and the Herero of Southern Africa: Genocide and the Quest for Recompense". *In* Jones, Adam (Ed.) Genocide, War Crimes and the West: History and Complicity. Londn: Zed Books, 2004.p. 60.

Contudo, a "batalha decisiva" de Waterberg não foi decisiva. Falhou por razões de planejamento e pela inadequação para o ambiente colonial de um tipo de condução da guerra pensada para o mundo europeu. Mesmo os Herero tendo sido derrotados de forma inequívoca, eles não foram "eliminados" e muitos conseguiram superar o cerco e fugir em direção ao *Sandveld*. É este o contexto em que é dada a "ordem de extermínio" de von Trotha. Ela não representa uma alteração da atitude ou da concepção de sua forma de conduzir a "Guerra contra os Herero". Ela, na realidade, é um sintoma, uma manifestação em forma de documento de um tipo de compreensão do conflito e de sua condução que acompanhou toda a campanha comandada por von Trotha.[38]

A ordem de von Trotha é clara: "Dentro do território alemão, qualquer Herero será morto com e sem arma, com ou sem gado; eu não vou aceitar mulheres ou crianças; vou enviá-las de volta ao seu povo ou farei com que sejam mortas".

Os propósitos de extermínio estão claros também em cartas escritas no mesmo dia em que ele anuncia a "ordem de extermínio":

> Agora eu tenho que me perguntar como terminar esta Guerra com os Herero. Os pontos de vista do governador e também de alguns poucos velhos *Afrikaner*, por um lado, e os meus pontos de vista, por outro, diferem completamente. O primeiro quis negociar por algum tempo e considerar a nação Herero como força de trabalho necessária para o futuro desenvolvimento do país. Eu acredito que a nação como tal deve ser aniquilada, ou, se isso não for possível por medidas táticas, deve ser expulsa do país (...). Isso será possível se os poços de água de Grootfontein até Gobabis foram ocupados. O movimento constante de nossas tropas nos permitirá encontrar os pequenos grupos da nação que novamente vieram para o oeste e destruí-los gradualmente ....
>
> Meu conhecimento profundo das muitas tribos da África Central (Banto e outras) me convenceu que, em todos os lugares, o negro não respeita os tratados, mas apenas a força bruta.
>
> Eu acho que o mais apropriado é que a nação pereça ao invés de infectar os nossos soldados e diminuir as reservas de água e comida. Além disso, uma atitude branda de minha parte seria somente interpretada como fraqueza pelo outro lado. Eles devem perecer no *Sandveld* ou tentar atravessar a fronteira de Bechuanaland (Atual Botswana).

38 Sobre as falhas na condução do "Entscheidungsschlacht", ver Zirkel, Kirsten. *Vom Militaristen zum Pazifisten: Politisches Leben und Wirken des Generals Berthold von Deimling vor dem Hintergrund der Entwicklung Deutschlands vom Kaiserreich zum Dritten Reich.* Tese (Doutorado) – Philosophische Fakultät – Heinrich-Heine-Universität, Düsseldorf, 2006, p. 62-67.

Um pouco mais tarde, von Trotha complementa:

> O exercício da violência com o puro terrorismo e até mesmo com crueldade foi e continua a ser a minha política. Eu destruo as tribos africanas com rios de sangue e com rios de dinheiro. Só depois desta limpeza é que algo novo que se mantenha é que pode surgir.[39]

Trabalhando sob as ordens de von Trotha, o major von Erstorff nos oferece uma descrição da perseguição dos Herero no deserto Omaheke que não deixa dúvidas sobre o seu desconforto com a orientação geral de aniquilação do povo Herero.

> Eu segui os seus rastros e encontrei inúmeros poços que apresentaram um quadro aterrador. O gado que tinha morrido de sede estava espalhado em torno dos poços. (...) Os Herero fugiram em direção ao *Sandveld*. Por várias vezes, esta cena terrível se repetia. (...) Eles fugiram de um poço para o outro e perderam praticamente todos os seus rebanhos e uma grande parte de seu povo. O povo ficou reduzido a pequenos fragmentos que caíram continuamente em nossas mãos; partes do povo escaparam e continuam a escapar para o território inglês [atual Botswana] através do *Sandveld*.
>
> Foi uma política tão horrível como foi sem sentido, massacrar tanto as pessoas; nós poderíamos ainda ter salvo muitos deles e seus ricos rebanhos, se os tivéssemos perdoado e acolhido novamente; eles haviam sido punidos o suficiente. Eu sugeri isso ao General von Trotha, mas ele queria seu extermínio total.[40]

Em 1906, a Divisão de História Militar do Alto Comando alemão publica o registro oficial da campanha: *Kriegsführung in Südwestafrika*. Nele, é explicita a expectativa de dar suporte às opções de von Trotha e às ações do exército alemão na África do Sudoeste. Nesse livro, a história do conflito tem um roteiro simples: os grupos nativos, naturalmente "selvagens" e "guerreiros", ofereceriam, mais cedo ou mais tarde, resistência à iniciativa colonizadora dos alemães. Deste ponto de vista, "colonizar por meio da *arte da diplomacia*" foi uma opção só aparentemente bem sucedida.

> A inevitável grande luta com os nativos viria mais cedo ou mais tarde, se a Alemanha não quisesse abrir mão do desenvolvimento econômico [da África do Sudoeste]. Se alguém quisesse colonizar [esta terra], te-

39 Cit. de acordo com Gewald, Jan-Bart. *Herero Heroes*..., p. 173 e 174.

40 *Ibidem*, p. 174.

> ria que primeiro pegar a espada e fazer a guerra – não em pequena escala e com recursos insignificantes, mas com uma força que demonstrasse um poder de impor respeito até a completa derrota dos nativos. Só então uma colonização econômica do protetorado seria possível.[41]

No relato, a condução do conflito contra os Herero foi tratada de forma tal que a ideia de "paz" não somente foi desvalorizada, como também não está presente na descrição da situação que se sucede à vitória militar. A última parte do livro é intitulada "A batalha decisiva em Waterberg e o fim do povo Herero". A narrativa se encerra com uma afirmação lacônica: "os Herero deixaram de existir como um povo autônomo".[42] Nada mais é dito e o termo "paz" não entra em cena para falar dos resultados da guerra.

Crítico contundente da campanha comandada von Trotha, Theodor Leutwein apresentou uma avaliação altamente negativa da ação militar. Para ele também, mas aqui de forma explícita, não se pode falar em "paz" com o fim do conflito. Em seu livro de memórias, escrito em 1906, a vitória militar representou uma derrota do projeto colonizador.

> Na vida política, deve-se sempre perguntar, se o tão esperado sucesso justifica uma ação. Se formos bem sucedidos em destruir a posição de poder de tribos nativas rebeldes, e assim prevenir a recorrência de tais eventos e punir os culpados devidamente, então temos um sucesso que se justifica. Ele pode ser alcançado com um número relativamente pequeno de vítimas caso, no momento adequado, se ofereça novamente a mão aos insurgentes. (...) Uma política de extermínio, ao contrário, rouba-nos não somente um fator importante na vida econômica das colônias, ou seja, a força de trabalho nativa, mas também conduz inevitavelmente à guerra de guerrilha, e talvez não exista em todo o mundo lugar melhor para uma guerra deste tipo do que a nossa África do Sudoeste. Receio, portanto, que, apesar de todo o sacrifício que fizemos, as experiências amargas por lá ainda não se encerraram.
>
> (...)
>
> Nas colônias não se trata de fazer a guerra contra um oponente em um sentido do direito internacional (*völkerrechtlichen*), mas de reprimir levantes para o reestabelecimento da paz e da calma em seu próprio território.

41 KgAGG, *op. cit*, vol 1, p. 4.

42 *Ibidem*, p 214

> (...)
>
> Se examinamos o negócio que fizemos com a nossa política de força, então o que se apresenta está longe de ser vantajoso. Em contrapartida à mobilização de várias centenas de milhões de marcos e de alguns milhares de soldados alemães, nós destruímos, dos três valores econômicos da colônia – a mineração, a pecuária e a força de trabalho indígena –, o segundo de forma completa e o terceiro em dois terços. Mas isto ainda não é o mais grave: nós não fomos capazes, com todo o nosso empenho até hoje de estabelecer, de forma plena, a paz novamente. [43]

E aqui parece haver um elevado grau de consenso, não somente entre Leutwein e o Alto Comando Alemão, mas envolvendo a quase totalidade dos críticos e defensores da forma como a solução do conflito foi encaminhada: a "paz" não foi o resultado da intervenção militar na guerra contra os Herero e, mais que isto, o tema do estabelecimento (ou do reestabelecimento) da "paz" mal aparece no material primário. O caráter atípico desta forma de tratar os conflitos coloniais nos permite observar, de um lugar que me parece privilegiado, o tema mesmo da pacificação.

No mundo moderno, as experiências de conquista colonial europeia trazem a noção de "pacificação" para o centro das atenções. Tomar posse da terra e de suas populações implicou em gerenciá-las de forma tal que se enquadrassem em uma dinâmica produtiva adequada aos interesses metropolitanos. Não raro, isso trouxe consigo práticas descritas como "de pacificação" *contra* as populações autóctones em conflito com o processo de colonização. Isto envolvia intervenções da potência colonizadora que, por meio da violência, impunha a sua subordinação e o seu enquadramento. Quando, entretanto, para tratar de um conflito colonial, o termo deixa de ser empregado, isto nos permite ver aquilo que, em geral, fica na sombra.

Guerra e *Pacificação* são termos empregados para tratar de formas de solução de conflito que trazem a tona modalidades distintas de *observar* o conflito: classificar uma intervenção violenta como "pacificação" se fundamenta em uma *percepção* do *inimigo* e do *território* que é diferente daquela envolvida no uso do conceito de Guerra.

A passagem de uma para a outra, no caso da experiência colonial alemã na África, não deve nem pode ser considerada como um processo evolutivo "necessário" ou "natural", que levaria o conflito (ou, talvez, qualquer conflito), por sua

43 Leutwein, Theodore, *Elf Jahre...*, p. 524-525, 532, 542.

radicalização, da "pacificação" à "guerra". A passagem de uma forma de nomear o conflito à outra, ao contrário, expressa, ela mesma, a solução de outro conflito: aquele que se dá entre duas formas de pensar a relação entre metrópole e colônia e entre colonizador e a população nativa.

No caso analisado, perde espaço a ideia de que meios militares são mobilizados com objetivos limitados e precisos para enquadrar, impor o reconhecimento de autoridade e a cessão de direitos de soberania. Pacificar implicava na consideração da população como parte subjugada de um projeto futuro, a ser, nesta condição, incluída para, lembrando a clareza de Leutwein, permitir que os "negócios" sejam feitos.

Contra este ponto de vista, o que se afirma no conflito contra os Herero é o pensamento de uma guerra com metas que coincidem com a eliminação do "outro". O domínio absoluto sobre o território foi alcançado pela intervenção de von Trotha, mas esse processo não foi chamado de "pacificação" nem por ele e nem pelos registros oficiais produzidos pelo Alto Comando Alemão. O povo Herero, não mais considerado digno de "proteção", deixou de ser considerado como parte a ser incluída em um projeto de futuro para o "protetorado" e foi colocado fora do arco de interesses do império e da administração colonial.

O conceito de pacificação pode ser pensado, assim, como um instrumento classificatório, nos dizendo mais sobre o olhar daquele que observa um fenômeno do que sobre o próprio fenômeno observado. É um conceito que, quando acionado, coloca em movimento uma percepção sobre as partes em conflito e sobre formas de sua solução.

Neste sentido, ele deixa de ter uso como instrumento analítico que serviria para classificar os *conflitos* ou modalidades de solução de conflito. O que o conceito de "pacificação" nos permite, sobretudo, é classificar o *observador* e a forma como considera o universo de um conflito observado. Sendo assim, ele deve ser pensado e tomado como um "conceito nativo" que nos dá acesso não a tipos distintos de conflito, mas a formas específicas de conduzi-lo em função de um modo de observar os elementos nele envolvidos.

Referências bibliográficas

ADU, Albert. *História geral da África, VII: África sob dominação colonial, 1880-1935*. – 2. ed. rev. – Brasília: UNESCO, 2010.

AKINGBADE, Harrison. "The Pacification of the Liberian Hinterland". *The Journal of Negro History*, vol. 79, n. 3, 1994.

ALEXANDER, James Edward. *Notes on the Maories of New Zealand with suggestions for their pacification and preservation*. Londres: Aborigines' Protection Society, 1865.

ANGOUVANT, G. *La Pacification de la Côte D'Ivoire:* 1908-1915. Paris: Emile Larose Libraire-Éditeur, 1916.

ARON, Raymond. *Paz e guerra entre as nações*. Brasília: Ed. Univ.de Brasília, IPRI; São Paulo: Imprensa Oficial do Estado de São Paulo, 2002.

BACHRACH, Bernard S. Charlemagne's Early Campaigns (768–777): A Diplomatic and Military Analysis. Leiden; Boston: Brill, 2013.

BLACKSHIRE-BELAY, Carol Aisha. "German Imperialism in Africa: The Distorted Images of Cameroon, Namibia, Tanzania, and Togo". *Journal of Black Studies*, vol. 23, n. 2, 1992.

CAMPBELL, Brian. "Imperialism and its Failures, 60 BC–AD 14. In Dexter Hoyos *(Ed.) A Companion to Roman Imperialism*. Leiden: Brill, 2013.

CROSTHWAITE, Charles. *The Pacificion of Burma*. Londres: Edward Arnold, 1912.

Deutsche Kolonien. Dresden: Cigaretten-Bilderdienst Dresden, 1936.

Deutsches Kolonialblatt, Ano XV.

DOUGLAS, Porch. *Wars of Empires*. London: Cassel & Co., 2000.

GALLIENI, Joseph Simon. *La Pacification de Madagascar*, Paris: Librairie Militaire R. Chapelot, 1900;

GEWALD, Jan-Bart. "Colonization, Genocide and Resurgence_The Herero of Namibia-1890-1933". In Bollig, M. e Gewald, Jan-Bart (Eds.) *People, cattle and land : transformations of a pastoral society in southwestern Africa*. Köln: Köppe, 2000.

GEWALD, Jan-Bart. *Herero Heroes. A Socio-Political History of the Herero of Namibia 1890-1923*. Oxford, Cape Town, Athens: James Currey, David Philip e Ohio University Press, 1999.

GEWALD, Jan-Barth. "Imperial Germany and the Herero of Southern Africa: Genocide and the Quest for Recompense". *In* Jones, Adam (Ed.) Genocide, War Crimes and the West: History and Complicity. Londn: Zed Books, 2004.

GOLDENDACH, Walter von e MINOW, Hans-Rüdiger. *"Deutschtum Erwache": Aus dem innenleben des staatlichen Pangermanismus*. Berlin: Dietz Verlag, 1994.

GÖRTEMAKER, Mandfred. *Deutschland im 19. Jahrhundert: Entwicklungslinien.*Bonn: Bundeszentrale für Politische Bildung, 1996.

HEUSER, Beatrice. *The Evolution of Strategy Thinking war from antiquity to the Present*. Cambridge: Cambridge University Press, 2010.

KATJAVIVI, Peter H. *A History of Resistance in Namibia*. Trenton: Africa World Press/UNESCO, 1990.

KRIEGSGESCHICHTLICHEN ABTEILUNG DES GROSSEN GENERALSTABS (ed.). *Die Kämpfe der Deutschen Truppen in Südwestafrika*. Berlin: Königliche Hofbuchhandlung, 1906. vol. 1

LEUTWEIN, Theodor. *Deutsche Südwestafrika*. Deutsche Kolonial- Gesellschaft, Abteilung: Berlin-Charlottenburg. Verhandlungen, 1898/99. Heft 1, Berlin:Verlag von Dietrich Reimer, 1898. p. 13-14

LEUTWEIN, Theodor. *Elf Jahre Goverheur in Südwestafrika*. Berlin: Königliche Hofbuchhandlung, 1908

MOMMSEN, Theodore. *Römische Geschichte*. Berlin, Weidmannsche Buchhandlung, 1856.

MORAES, Luis Edmundo de Souza. "A Intelligentsia Militar Alemã e o Conceito de Guerra Total". *In*: Flávio Limoncic, Francisco Carlos Palomanes Martinho. (Org.). *Os Intelectuais do Antiliberalismo: projetos e políticas para outras modernidades*. Rio de Janeiro: Civilização Brasileira, 2010.

MORLEY, Neville. *The Roman Empire: Roots of imperialism*. London/New York: Pluto Press, 2010.

OKUPA, Effa. *Carrying the sun on our backs: Unfolding German Colonialism in Namibia from Caprivi to Kasiili*. Berlin: LIT Verlag, 2006.

OLIVEIRA FILHO, João Pacheco de, "Pacificação e Tutela Militar na Gestão de Populações e Territórios", *Mana*. vol. 20, n. 1, 2014.

SCHNEE, Heinrich (ed.) *Deutsches Koloniallexikon*. Leipzig: Verlag von Quelle & Meyer, 1920. 3 Vols.

SMITH, Woodruff D. "Friedrich Ratzel and the Origins of Lebensraum". *German Studies Review*, vol. 3, n. 1, 1980.

STEVENSON, Tom. "Reverberations of Empire: Cicero, Caesar and the Post-Sullan Empire". In Dexter Hoyos *(Ed.) A Companion to Roman Imperialism*. Leiden: Brill, 2013.

VANDERVORT, Bruce. *Wars of Imperial Conquest in Africa 1830-1914*. London: UCL Press, 1998.

VON CLAUSEWITZ, Carl. *Vom Kriege*. Augsburg: Weltbild Verlag, 1990.

VON DINCKLAGE-CAMPE, Friedrich (Freiherr). *Deutsche Reiter in Südwest. Selbsterlebnisse aus den Kämpfen in Deutsch-Südwestafrika*. Berlin; Leipzig; Wien; Stuttgart: Deutsches Verlagshaus Bong & Co, 1908.

VON FALKENHAUSEN, Helene. *Ansiedlerschicksale: Elf Jahre in Deutsche Südwestafrika*. Berlin: Dietrich Reiner, 1906.

VON FRANÇOIS, Curt. *Deutsch Südwestafrika: Geschichte der Kolonisation bis zum ausbruch des Krieges mit Witboi - April 1893*. Berlin: Dietrich Reimer, 1899.

WALLACE, Marion. *A History of Namibia: From the Beginning to 1990*. New York: Columbia University Press, 2011.

WEHLER, Hans-Ulrich. "Vom „Schutzgebiet" zur Kolonie: Der deutsche Imperialismus". *In* Pierreth, Wolfgang. *Das 19. Jahrhundert: Ein Lesebuch zur deutschen Gechichte 1815-1918*. München: Beck, 1997.

ZIRKEL, Kirsten. *Vom Militaristen zum Pazifisten: Politisches Leben und Wirken des Generals Berthold von Deimling vor dem Hintergrund der Entwicklung Deutschlands vom Kaiserreich zum Dritten Reich*. Tese (Doutorado) - Philosophische Fakultät - Heinrich-Heine-Universität, Düsseldorf 2006.

Terceira Parte

Segurança Pública e pacificação

Descortinando as práticas de pacificação: Resultados de um *survey* com residentes em dez UPPs[1]

Ludmila M. L. Ribeiro (CRISP/UFMG)
Márcio Grijó Vilarouca (FGV/CPDOC)

Introdução

A temática do policiamento em favelas no Rio de Janeiro é algo tão antigo quanto a própria história da cidade. Desde os primeiros cortiços, progressivamente transformados pelo Instituto Brasileiro de Geografia e Estatística (IBGE) em áreas subnormais,[2] a questão de como controlar uma população que parecia carente (desde uma perspectiva objetiva e também subjetiva) foi tema recorrente de políticas e intervenções, que terminaram por transformar esse espaço, de forma simbólica, no berço do crime.

A sociologia urbana carioca destaca que as primeiras menções às favelas, como berço da criminalidade que assolaria a cidade, remetem ao início do século XX. Mais especificamente, existe uma série de relatos policiais sobre como a situação do morro da Providência precisava ser resolvida para além de um caso de polícia. Para os delegados da época, como "é ali impossível de ser feito o policiamento" se torna necessário ou um grande cerco ou a "demolição de todos os pardieiros que em tal sítio se encontram",[3] sendo essas as únicas estratégias aptas

---

1 Essa pesquisa contou com o financiamento do CNPq, por meio do edital universal n. 14/2013, sob o título "Dimensionamento dos impactos sociais das UPPs em favelas cariocas (2014)." Durante as várias etapas do projeto contamos com a ajuda inestimável de Jimmy Medeiros, doutorando em Políticas Públicas, Estratégia e Desenvolvimento pela IE/UFRJ, e de Fátima Portela, que foi responsável pela coordenação do trabalho de campo.

2 Nomenclatura adotada pelo IBGE, a partir do censo de 1991.

3 ZALUAR, Alba; ALVITO, Marcos. Um século de favela. Rio de Janeiro: Editora Fundação Getúlio Vargas, 2006. P. 10.

a evitar que a favela se transformasse em lócus de produção e reprodução de bandidos que amedrontavam toda a cidade.

A dificuldade em policiar as áreas periféricas da cidade do Rio de Janeiro não é, portanto, algo que remete aos dias atuais, visto que se entrecorta e se confunde com a própria história das favelas. Desde o início da república, "os morros da cidade eram vistos pela polícia e alguns setores da população como locais de perigosos e refúgio de criminosos".[4] O que mudou ao longo de um século de história foi, talvez, a natureza e a extensão das políticas de segurança engendradas nesses territórios com o objetivo de evitar o crime e, sobretudo, de aumentar a sensação de segurança.

A última iniciativa do gênero é o que se denomina de Unidades de Polícia Pacificadora (UPPs), um projeto de policiamento que vem sendo implementado, desde 2008, pela Polícia Militar do Estado do Rio de Janeiro (PMERJ) na cidade do Rio de Janeiro. É incontestável a relevância que este tipo de política vem assumindo na agenda de segurança pública atual, principalmente a partir da retomada do monopólio da força pelo Estado, tendo como marco zero[5] a implantação da primeira UPP na favela Santa Marta, em 19 de dezembro de 2008. Até o ano de 2015, foram instaladas 38 UPPs, correspondendo a 264 territórios, policiados um efetivo de 9.543 policiais presentes nas comunidades.[6]

Desde o início do projeto, inúmeras foram as análises realizadas sobre os meandros de sua constituição e funcionamento, bem como de seus impactos na dinâmica de sociabilidade nas áreas onde houve a sua implementação. No entanto, nenhuma pesquisa acadêmica – com exceção da realizada por Fabiana Lucci Oliveira no Cantagalo em 2012[7] – se preocupou "em ouvir" ou validar, desde uma perspectiva quantitativa, as percepções dos residentes nas comunidades atendidas pelas UPPs.

O desenho de pesquisa por nós escolhido envolveu inicialmente um diagnóstico acerca da importância política e social do tema e, de outro, a percepção de que o tema estava sendo abordado predominantemente por estudos de corte qualitativo, que enfatizavam as percepções dos moradores, líderes locais e poli-

4 *Ibidem.*

5 Este tipo de experiência não é tão inovadora na área de segurança pública quanto possa parecer. Contudo, este tema será melhor problematizado na próxima seção.

6 http://www.upprj.com/ Acesso em 2 de abril de 2015.

7 OLIVEIRA, Fabiana Luci de. UPPs, direitos e Justiça. Um estudo de caso das favelas do Vidigal e do Cantagalo. Ford Foundation e FGV Editora, 2012.

ciais. Com o objetivo de inovar em termos de recorte metodológico, decidimos realizar um *survey* domiciliar em 10 favelas pacificadas.

Seguindo os fundamentos da bibliografia especializada na temática de policiamento comunitário,[8] buscamos explorar, quantitativamente, a avaliação da política pública, desagregando em dimensões que levassem em conta: 1) a avaliação da ação policial, 2) as formas de interação da polícia com as comunidades beneficiárias, 3) as percepções sobre os impactos sociais (manutenção da ordem e impacto sobre a sociabilidade) e, em menor medida, 4) a avaliação da provisão de serviços públicos e de bens privados.

Neste artigo, pretendemos desvelar como os moradores de 10 favelas pacificadas avaliam o projeto, com vistas a compreender como esses sujeitos percebem a ação policial na localidade e os efeitos diretos e indiretos que essa política de segurança pública tem sobre suas vidas.

De experimento a política pública: a trajetória das UPPs[9]

Se na história republicana do Rio de Janeiro as favelas sempre foram entendidas como lugar da criminalidade, as análises existentes sobre o problema são unânimes em atribuir à entrada da cocaína no mercado de drogas da cidade a transformação da dinâmica da violência e o seu espraiamento para zonas contíguas. Foi esse novo produto que alterou a paisagem urbana, destacando a incapacidade do aparato de segurança pública em administrar, a partir de mecanismos democráticos, a questão. Como bem ilustra Elizabeth Leeds:

> A distribuição e venda de cocaína a partir dessas comunidades, principalmente para a classe média e alta, criaram uma trama complexa de relações econômicas e políticas entre comunidades, traficantes e Estado. Tais relações resultaram sobretudo da presença e da ausência seletivas do Estado, constituindo o que chamo de 'violência estrutural', violência e repressão contínua das classes populares.[10]

8 Neste sentido, ver as seguintes referências: CANO, Ignácio. Introdução à avaliação de programas sociais. Rio de Janeiro: FGV Editora, 2002. MOHOR, Alejandra. Uso de indicadores para evaluar El funcionamiento policial. Documento de trabajo N. 2. Centro de Estudios en Seguridad Ciudadana de la Universidad de Chile. Santiago de Chile, Julio, 2007. SALAMANCA, Fernando. Análisis comparativo de sistemas de indicadores pertinentes a la relación policía y comunidad. Centro de Estudios en Seguridad Ciudadana de la Universidad de Chile, 2004.

9 Uma primeira versão desta seção foi apresentada no seminário "Desigualdades Regionais e Políticas Públicas", realizado pela Universidade Federal do ABC em 01 de abril de 2015.

10 LEEDS, Elizabeth. Cocaína e poderes paralelos na periferia urbana brasileira: ameaças à democratização em nível local. In: ZALUAR, Alba; ALVITO, Marcos. Um século de favela. Rio de Janeiro: Editora Fundação Getúlio Vargas, 2006, p. 235.

Com a entrada da cocaína, desde o início dos anos 1980, os grupos armados responsáveis pelo tráfico de drogas se multiplicaram e começaram a dominar a vida econômica, política e social das favelas cariocas.[11] Como reposta a esse fenômeno, a Polícia Militar do Estado do Rio de Janeiro (PMERJ) desenvolveu uma série de intervenções policiais, caracterizadas pela ocupação permanente dessas áreas, a partir do emprego da metodologia de policiamento comunitário.

Ao longo de trinta anos, os projetos mais marcantes do gênero foram o Centro Integrado de Policiamento Comunitário (CIPOC, 1983), o Grupamento de Aplicação Prático Escolar (GAPE, 1992), o Grupamento de Policiamento em Áreas Especiais (GPAE, 2000). Em todas essas situações, a ocupação se dava a partir do envio de tropas, que permaneceriam na área por tempo indeterminado, realizando a atividade de policiamento ostensivo.

Os resultados dessas iniciativas apontavam para uma imediata redução dos homicídios e do sentimento de insegurança.[12] A descontinuidade dessas ações se deveu à perda de respeito da população pelo aparato repressivo, em razão do excesso de violência utilizado por essa agência, o seu envolvimento com o crime organizado e, ainda, a disseminação de uma cultura de impunidade dos desvios policiais.[13] A cada experiência de ocupação de favelas pela polícia que era descontinuada, reforçava-se o entendimento de que "os favelados se veem entre dois fogos cruzados: a violência ilegal dos traficantes e a violência oficial das forças policiais".[14]

A história das UPPs é bem semelhante às iniciativas que a antecederam. Em 20 de novembro de 2008, um grupo de criminosos na favela Santa Marta (localizada em Botafogo, área nobre da cidade) apodera-se de um prédio público construído para instalação de uma creche e faz dele seu quartel-general, amedrontando a população com as constantes trocas de tiros com outros grupos que também atuavam nessa área. Diante das externalidades dessas disputas, a PMERJ decide intervir e permanecer na região com o objetivo de diminuir os tiroteios e, assim, reduzir o temor da população que residia dentro e fora da favela. A pre-

11 WERLING, Esther. Rio's Pacification: Paradigm Shift or Paradigm Maintenance? Humanitarian Action in Situations other than War (HASOW) - Discussion Paper 11. Rio de Janeiro: PUC, August, 2014, p. 4.

12 RIBEIRO, Ludmila Mendonça Lopes; MOULIN, Carolina Aguiar. Old problems and old solutions: an analysis of Rio de Janeiro's public safety policy and its impact on urban violence. Humanitarian Action in Situations other than War (HASOW) - Discussion Paper 7. Rio de Janeiro: PUC, October 2013.

13 *WERLING, op. cit., p. 3.*

14 *LEEDS, op. cit., p. 3.*

sença constante dos policiais começou a produzir uma série de efeitos positivos, como a redução dos homicídios e do sentimento de insegurança, que contribuíram para a continuidade do policiamento. Desde a experiência piloto do Santa Marta, outras 36 UPPs foram inauguradas na cidade do Rio de Janeiro e uma na baixada fluminense (Complexo da Mangueirinha, Duque de Caxias), totalizando 38 favelas ocupadas de modo permanente pela PMERJ.

A ocupação do Santa Marta aconteceu em novembro de 2008. Todavia, a Unidade de Polícia Pacificadora (UPP) foi formalmente criada em janeiro de 2009,[15] distinguindo-se de outras experiências de policiamento comunitário implementadas na cidade, nesse momento, por gratificar os policiais que trabalham nas unidades com uma bonificação mensal diferenciada de acordo com a função exercida por cada qual.[16]

Em março de 2009, em razão de problemas semelhantes aos que determinaram a intervenção no Santa Marta, são ocupadas as favelas do Batan, Cidade de Deus e Chapéu Mangueira. Nesses três casos, a ocupação com vistas à retomada da soberania estatal já era identificada pelo codinome UP.Os objetivos dessas iniciativas também passaram a ser veiculados em toda a imprensa de forma mais clara como retomada de territórios ocupados pelo "poder armado do tráfico", mas havia pouca ou nenhuma menção ao que seria feito após essa "reconquista" pela PMERJ.

A preocupação com o momento posterior à ocupação aparece em 2010, quando é instituído o Comando de Polícia Pacificadora (CPP) para coordenação das atividades das UPPs existentes e a UPP social, desenhada no âmbito da Secretaria de Estado de Assistência Social e Direitos Humanos, com vistas a coordenar ações sociais, culturais e ambientais em favelas do Rio de Janeiro que já tinham recebido a UP.[17]

Em 2011, a ênfase do programa passa a ser a *profissionalização* dos policiais que atuariam nas UPPs. Com isso, ficou estabelecido que o projeto seria coordenado pela Secretaria de Segurança Pública, sendo que cada UPP receberia apoio administrativo do batalhão da PMERJ da área em que ela está localizada. Já as operações realizadas pelos policiais com vistas à pacificação da área seriam gerenciadas pelo CPP,[18] que coordenaria o comando operacional local, exercido

---

15 Decreto-lei n. 41.650 de 21 de janeiro de 2009.

16 Neste sentido, ver art. 4º. Decreto n. 44.177 de 26 de abril de 2013.

17 HENRIQUES, Ricardo; RAMOS, Silvia. UPP social: ações sociais para a consolidação da pacificação. In: Rio: a hora da virada. Rio de Janeiro. Rio de Janeiro: Campus/Elsevier, 2011.

18 Decreto-lei n. 41.650 de 21 de janeiro de 2009.

por um Capitão PM e uma tropa de "jovens soldados", recém ingressos na instituição (e não contaminados por suas velhas práticas), que após o treinamento seriam enviados diretamente para a UP.Com o passar do tempo, a UPP perde o seu qualificativo de policiamento comunitário para ser entendida como uma modalidade de polícia de proximidade. Em parte, a mudança do epíteto diz respeito à incapacidade do programa de se constituir em verdadeira estratégia de reforma da polícia.

Uma forma de compreender o significado da polícia de proximidade é através da análise dos objetivos da UP.Entre 2008 e 2010, o escopo do programa consistia na ocupação, pelo Estado, de áreas conflagradas, entendidas como tais aquelas em que existe uma "criminalidade ostensivamente armada", o que resultava em tiroteios recorrentes entre traficantes rivais e entre esses e a própria polícia. Em 2011, com a primeira regulamentação das UPPs, o programa ganhou um segundo objetivo: "devolver à população local a paz e a tranquilidade públicas necessárias ao exercício da cidadania plena que garanta o desenvolvimento tanto social quanto econômico" (Art. 1º, § 2º, do Decreto n. 42.787 de 06 de janeiro de 2011). Em 2013, um terceiro objetivo foi acrescido: "aplicar instrumentos mais céleres, eficazes e plurais à resolução e ao encaminhamento de ocorrências, com ênfase na mediação e na destinação de tratamento diferenciado aos delitos de pequena monta" (Art. 1º, § 2º, do Decreto n. 44.177 de 26 de abril de 2013).

Dessa forma, a categoria "polícia de proximidade" ganha novos contornos, passando a significar uma força estatal que cuida não apenas da proteção do cidadão, mas também da mediação de seus conflitos, fazendo um papel que, pelo ordenamento jurídico brasileiro vigente, cabe ao Poder Judiciário. Trata-se, então, da constituição de uma super-polícia, que, além de vigiar, pode punir os conflitos de proximidade, com a justificativa de prevenir o seu agravamento, transformando a vida dos moradores dessas áreas em algo próximo de uma vida sob cerco permanente.

Diversas foram as avaliações realizadas acerca dos efeitos da pacificação. Ignacio Cano[19] destacava, quando ainda eram 13 UPPs, uma redução de 75% das mortes violentas, em especial as decorrentes de intervenções policiais, e de 50% dos roubos, além de um aumento substantivo na notificação de furtos, lesões dolosas, ameaças e crimes relativos a drogas. Àquela época, para o autor, era pos-

19 CANO, Ignácio *et al.* Os donos do morro: Uma avaliação exploratória do impacto das Unidades de Polícia Pacificadora (UPPs) no Rio de Janeiro. Rio de Janeiro: LAV/UERJ e Fórum Brasileiro de Segurança Pública, 2012, p. 12.

sível afirmar que a pacificação contribuía para a redução dos homicídios dolosos, especialmente os praticados pela própria polícia em área de favelas.

Contudo, quando se escrutina as taxas de homicídios intencionais da cidade do Rio de Janeiro na última década, percebe-se que, desde o ano de 2006, essas estão em franco decréscimo na capital fluminense, indicando que a mudança de padrão das mortes violentas poderia estar associada a outros fatores, como a vigência do Estatuto do Desarmamento (Lei 10.892/2003). Inclusive, no entender de Daniel Misse,[20] a implantação do Sistema Integrado de Metas (SIM)[21] seria a explicação para a queda das taxas de mortes violentas intencionais de modo mais acentuado desde o ano de 2010, "enfraquecendo a tese de que as UPPs teriam sido a principal causa para a redução nos principais índices de criminalidade".[22]

Se os efeitos das UPPs na dinâmica da criminalidade são controversos, o mesmo não se pode dizer sobre as consequências dessa política na sociabilidade dos indivíduos que residem nas áreas ocupadas. Diversas são as pesquisas de cunho etnográfico que demonstram como, em certa medida, o autoritarismo do tráfico de drogas foi substituído pela autoridade dos policiais militares na normalização dos padrões de conduta;[23] a existência de abordagens pouco condizentes com os padrões de policiamento em uma sociedade livre;[24] a continuidade de práticas desviantes por parte dos próprios policiais, em que pese a redução dos "autos de resistência" nessas áreas;[25] e a permanência do discurso militar a partir do emprego da categoria "pacificação" na implementação de uma política de segurança pública.[26]

Nesse espectro, Machado da Silva e Márcia Leite apresentam a melhor definição do significado das UPPs, projeto este que pode ser entendido como:

---

20 MISSE, Daniel Ganem. Cinco anos de UPP: Um breve balanço. DILEMAS: Revista de Estudos de Conflito e Controle Social, vol. 7, n. 3, jul./ago./set. 2014, p. 675-700.

21 Sistema implementado em 2009, que bonifica os policiais (Civis e Militares) que atuam em áreas onde se observa redução da incidência criminal. Nesse sentido, ver: http://www.rj.gov.br/web/seseg/exibeconteudo?article-id=1349686, acesso em 12 de maio de 2015.

22 *MISSE op. cit., p. 6.*

23 *CANO op. cit., p. 6.*

24 MENEZES, Palloma Valle. Rumores e Críticas em Favelas "pacificadas": um estudo sobre como moradores e policiais avaliam as Unidades de Polícia Pacificadora. Relatório final do Concurso CLACSO-Asdi 2013 "Estudios sobre políticas públicas en América Latina y el Caribe: Ciudadanía, democracia y justicia social". 2013.

25 ABRAMOVAY, Miriam; CASTRO, Mary Garcia. Cidadanias negadas: os jovens em territórios com unidades de polícia pacificadora-Rio de Janeiro. Diálogos Possíveis, vol. 13, n. 1, 2014.

26 LEITE, Márcia Pereira. Da "metáfora da guerra" ao projeto de "pacificação": favelas e políticas de segurança pública no. Revista Brasileira de Segurança Pública. São Paulo, vol. 6, n. 2, 2012, p. 374-389.

> (...) a continuação do policiamento nas favelas como uma atividade concentrada, e não universalista; a manutenção de uma lógica militarizada, usando uma terminologia e adotando uma estratégia de "retomada do território" (de um suposto inimigo), no âmbito da manutenção da ordem pública; e uma concepção reducionista do significado da "segurança pública" como categoria da prática institucional, centrada estritamente no controle repressivo das interações interpessoais rotineiras.[27]

Do lado social, um ponto que merece destaque é a valorização dos imóveis nas áreas em que a pacificação "se consolidou", como é o caso do Santa Marta, o que muitas vezes implica a saída de moradores que não têm como arcar com os elevados custos de habitação e com a chegada de empreendimentos de turismo, bastante comuns nessas áreas.[28] Outra grande crítica ao projeto das UPPs é a ineficácia de sua dimensão social (a UPP-Social), que deveria prover as áreas ocupadas de serviços de urbanização, assistência social, educação e cultura, de forma a dissuadir os jovens envolvidos com o crime organizado. Essa etapa nunca chegou à maioria das 38 favelas, que ainda convivem com a precariedade dos serviços de infraestrutura urbana.[29] Inclusive, "o uso da marca policial (UPP) para identificar o social evidencia que o Estado que está chegando a esse território é basicamente o aparato coercitivo, não havendo o mesmo empenho na construção institucional dos direitos de cidadania".[30]

Se antes da ocupação policial esses lugares se encontravam subjugados às regras violentas dos bandidos, depois, eles passam a conviver com a presença muitas vezes também violenta dos policiais, sendo que os indivíduos que neles residem passam a ser disciplinados ora por uma, ora por outra instituição. Exatamente por isso, torna-se de extrema importância ouvir os sujeitos que residem nas áreas pacificadas desde o início do projeto, com vistas a verificar se os efeitos sociais e policiais apontados pela literatura especializada são por eles percebidos da mesma maneira.

27 MACHADO DA SILVA, Luiz Antonio e LEITE, Márcia Pereira. Continuidades e mudanças em favelas 'pacificadas'. Revista Dilemas – Dossiê unidades de polícia pacificadora-Cevis, parte 1, vol. 7, n. 4, out-nov-dez 2014, p. 1.

28 FLEURY, Sonia. Militarização do social como estratégia de integração: o caso da UPP do Santa Marta. Sociologias, vol. 14, n. 30, 2012, p. 194-222.

29 *LEITE op. cit., p. 7.*

30 *FLEURY op. cit., p. 8.*

DESENHO DE PESQUISA E METODOLOGIA

O desenho de pesquisa consistiu na realização de 1.000 entrevistas domiciliares[31] distribuídas igualmente entre as 10 primeiras favelas[32] que receberam a implantação das Unidades de Polícia Pacificadora. O questionário continha 37 perguntas, com tempo médio de aplicação de 21 minutos. A taxa de recusas foi baixa, cerca de 4%, porque adotamos a estratégia de mencionar – ao iniciar a abordagem no domicílio – que o objetivo da pesquisa consistia em conhecer a opinião dos moradores sobre diversos tipos de serviços públicos oferecidos nas favelas. Assim, perguntas sobre serviços públicos eram intercaladas com perguntas específicas sobre a UPP com vistas a compreender tanto os efeitos diretos como os indiretos dessa política.

Como advertência, devemos insistir que, embora em algum momento apresentamos de forma ilustrativa os dados desagregados por favela, este tipo de análise individual carece de representatividade estatística. Considerando esse limite, e para efeitos de análise dos dados e de generalização estatística, lançamos mão de duas estratégias de modo a possibilitar a inclusão das dez favelas no estudo.

Além da hipótese principal, esboçada em estudos qualitativos, sobre a influência de fatores sócio-demográficos (faixa etária, escolaridade e renda, por exemplo) na avaliação da pacificação, resolvemos desagregar a amostra geral em dois agrupamentos. De um lado, partimos da hipótese, construída através de relatos iniciais do trabalho de campo, de que era provável que a UPP funcionasse melhor nas áreas mais ricas da cidade. Neste sentido, criamos duas "regiões artificiais" que englobavam de um lado moradores da zona sul e centro com intuito de contrastar com a área que representava os moradores das favelas das regiões norte e oeste. A outra hipótese baseava-se na expectativa de que o tempo de maturação da política incidiria sobre as variáveis em estudo, por exemplo, no

31 O processo de seleção adotado foi baseado em mecanismos aleatórios. Para isso, utilizamos a listagem de todos os domicílios cobertos pela UPP a partir do Cadastro nacional de endereços para fins estatísticos (CNEFE). No momento seguinte, procedemos à seleção e sorteio dos entrevistados, garantindo, assim, um processo aleatório em todas as etapas.

32 As favelas Cantagalo e Pavão-Pavãozinho correspondiam ao quinto território de implantação da UPP (UPP N. 5), mas devido a uma série de ocorrências violentas na área, nossos "informantes" nos avisaram do cenário desfavorável e imprevisível para a pesquisa de campo. Em virtude dessa impossibilidade substituímos esse território pela favela do Vidigal (UPP N. 11). Essa substituição nos impediu de testarmos uma de nossas hipóteses de trabalho: a de que favelas com experiências pregressas de policiamento comunitário seriam mais céticas em relação à inovação representada pela UP.

nível de confiança nos policiais da UPP ou na percepção geral sobre a provisão de políticas públicas, só para ficarmos com dois exemplos. A Tabela 1 apresenta o tempo de maturação do projeto em cada uma das favelas pesquisadas.

Tabela 1 – Localização e tempo de maturação das UPPs

	Zona	Inauguração	Anos[1]
UPP N. 1 – Santa Marta	sul	19/12/2008	5,3
UPP N. 2 – Cidade de Deus	oeste	16/02/2009	5,1
UPP N. 3 – Jardim Batam*	oeste	18/02/2009	5,1
UPP N. 4 – Babilônia	sul	10/06/2009	4,8
UPP N. 6 – Tabajaras – Cabritos	sul	14/01/2010	4,2
UPP N. 7 – Providência**	centro	26/04/2010	3,9
UPP N. 8 – Borel	norte	07/06/2010	3,8
UPP N. 9 – Formiga**	norte	01/07/2010	3,8
UPP N. 10 – Andaraí	norte	28/07/2010	3,7
UPP N. 11 – Vidigal	Sul	28/07/2010	3,7

* Única favela em que havia presença anterior de milícias.

** Favelas com experiência anterior de policiamento comunitário.

Logo, a seleção dos dois recortes metodológicos – o de contiguidade espacial e o do tempo de inauguração da UPP – nos permitiria explorar a existência ou não de padrões diferenciados de percepção do funcionamento das UPPs dentre o conjunto de favelas selecionadas. Observe-se que os dois recortes separam a amostra em dois conjuntos, com 500 entrevistas cada, o que na terminologia estatística implica em um intervalo de confiança de 95% e a uma margem de erro de 4,4 pontos percentuais. A amostra geral, por sua vez, tem uma margem de erro de 3,1 pontos percentuais.

Análise dos dados

A cidade maravilhosa tem como contraponto de suas belezas naturais cenas brutais de embates entre criminosos e entre esses e as forças policiais. Talvez, a derrubada de um helicóptero da PMERJ no Morro dos Macacos, em 2009,[33] e a ocupação do complexo do Alemão por forças de pacificação do Exército[34] sejam

33 Nesse sentido, ver: http://noticias.r7.com/cidades/noticias/dois-morrem-e-dois-ficam-feridos--em-queda-de-helicoptero-no-rio-20091017.html, acesso em 12 de maio de 2015.

34 Nesse sentido, ver: http://www.forte.jor.br/2012/04/24/numeros-sobre-a-ocupacao-do-complexo--do-alemao-no-rio/, acesso em 12 de maio de 2015.

os dois episódios que melhor ilustram a dificuldade de políticas de manutenção da ordem em cenários de violência extrema.

Historicamente, as intervenções que têm lugar nas áreas de favela do Rio de Janeiro são caracterizadas como ações eminentemente repressivas, de cunho militar e, muitas vezes, pouco condizentes com o paradigma de respeito aos direitos humanos.[35] A pacificação em análise não difere dessa lógica, conforme destacado anteriormente. Iniciada sobre o mote de redução da violência em áreas próximas aos complexos de lazer e turismo e caracterizada como ação preparatória para a Copa do Mundo FIFA de 2014 e os Jogos Olímpicos de 2016,[36] esse programa tem gerado mudanças substantivas na vida de milhares de indivíduos residentes em favelas.

Nesse contexto, logo no início do *survey*, os respondentes foram convidados a "*avaliar a atuação da UPP em suas comunidades*", através de escala de 0 a 10. A nota média foi 6 com variação entre 5,1 na Cidade de Deus e 6,8 no Borel (Gráfico 1). Não encontramos nenhum efeito ao comparamos as "regiões artificiais" (zona sul/centro *versus* zona norte/oeste), embora os respondentes das cinco primeiras favelas inauguradas - representando a variável tempo de maturação da política - tendessem a conferir uma nota média pouco mais alta para avaliar as UPPs (6,1 contra 5,8).

Gráfico 1 - Nota dada pelos entrevistados às UPPs, em uma escala de 0 a 10, por favela pesquisada

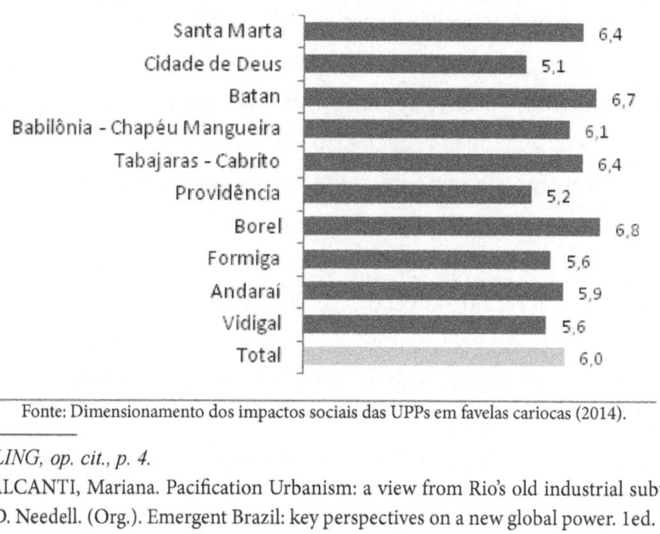

Fonte: Dimensionamento dos impactos sociais das UPPs em favelas cariocas (2014).

35 *WERLING, op. cit., p. 4.*

36 CAVALCANTI, Mariana. Pacification Urbanism: a view from Rio's old industrial suburbs. In: Jeffrey D. Needell. (Org.). Emergent Brazil: key perspectives on a new global power. 1ed. Gainesville: University Press of Florida, 2015, vol. 1, p. 111.

Desagregando esses resultados por idade, confirmamos os resultados de diversos trabalhos qualitativos, que indicavam resistência dos mais jovens à UPP,[37] demonstrando que o efeito é sistemático e que a avaliação diminui linearmente conforme a faixa etária dos respondentes (Gráfico 2). Esse resultado era parcialmente esperado por serem os jovens os mais susceptíveis à abordagem policial, que procura identificar os envolvidos no tráfico de drogas.

Gráfico 2 – Nota dada pelos entrevistados às UPPs, em uma escala de 0 a 10, por faixa etária e cor/raça

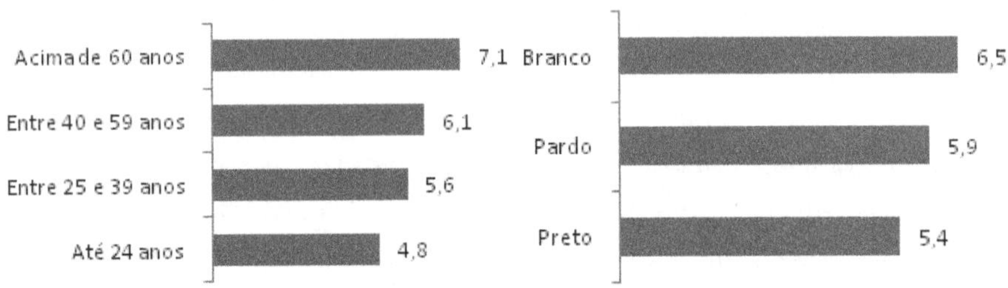

Fonte: Dimensionamento dos impactos sociais das UPPs em favelas cariocas (2014).

Ao mesmo tempo, uma informação nova captada por nossa pesquisa diz respeito a variável cor/raça, uma vez que pretos e pardos atribuem uma nota menor à UPP em comparação com brancos (Gráfico 2). Este fator emerge de forma sistemática na explicação de várias outras variáveis, seja em relação a avaliação das UPPs, seja para explicar o nível de confiança depositada nos policiais da UP.Este dado, embora não o devesse ser, é surpreendente sob certo ponto de vista, pois poderíamos imaginar que a polícia atue nesses territórios baixo uma representação geral e estigmatizada de "favelado", baseado na percepção de uma sociabilidade violenta.[38] Esse estigma, lastreado territorialmente, não elimina outros presentes na sociedade em geral, e que incidem sobre a atuação dos policiais, de forma que um tipo de fator de construção do estigma (idade) é conjugado com outros fatores, neste caso específico, o de raça/cor.[39]

Como outra forma de apreciar a avaliação que os moradores fazem da UPP, perguntamos acerca do nível de confiança em diversos atores e instituições presentes nas localidades. Neste ponto, é importante destacar que a atuação dos policiais se dá a partir de um Posto de Policiamento Comunitário, implementado

37 *LEITE, op. cit.* e *FLEURY, op. cit.*

38 MACHADO DA SILVA, Luiz Antônio. Sociabilidade violenta: por uma interpretação da criminalidade contemporânea no Brasil urbano. Sociedade e estado, vol. 19, n. 1, p. 53-84, 2004.

39 RAMOS, Silvia; MUSUMECI, Leonarda. Elemento suspeito: abordagem policial e discriminação na cidade do Rio de Janeiro. Rio de Janeiro: Editora Record, 2005.

em local central da favela, para vigiá-la melhor, como também para ser facilmente acessado pelos moradores da área. Em média, os respondentes confiam mais nos policias da UPP, do que em seus congêneres, os policiais militares do Batalhão, com uma diferença de 8,6 pontos percentuais (Gráfico 3).

Gráfico 3 – Confiança em pessoas e instituições (% muito e pouco)

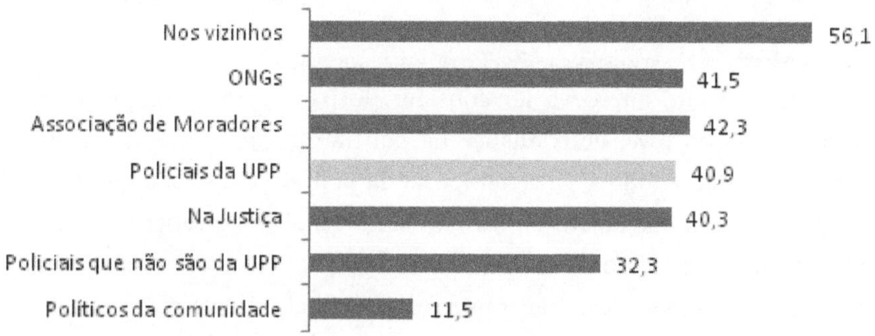

Fonte: Dimensionamento dos impactos sociais das UPPs em favelas cariocas (2014).

Embora o nível de confiança não alcance apoio majoritário, há que se ponderar com o fato de que o indicador está no mesmo nível de adesão em relação a outros atores relevantes, como ONGS, associação de moradores e a justiça. Adicionalmente, se comparamos esses resultados com os dados, referentes ao ano de 2014, do índice de confiança na justiça produzido pela FGV/SP, verificamos que o nível de confiança da população em geral em relação à polícia é inferior (36%), fato que pode ser interpretado como positivo do ponto de vista dos vínculos criados pela UPP nas favelas estudadas.

Interessante notar que as variáveis cor/raça e faixa etária mantêm sua relevância explicativa do grau de confiança na polícia (Gráfico 4). Essa dimensão confirma os estudos qualitativos sobre a dinâmica de interação entre policiais e moradores das áreas pacificadas, que apontam para o fato de que "os idosos costumam se aproximar mais facilmente dos policiais, enquanto os jovens aproximam-se menos e, por isso é necessário desenvolver atividades especiais para tentar 'conquistar' essa parcela da população".[40]

40 *MENEZES, op. cit., p. 7.*

Gráfico 4 – Confiança nos policiais da UPP por faixa etária e cor/raça (%)

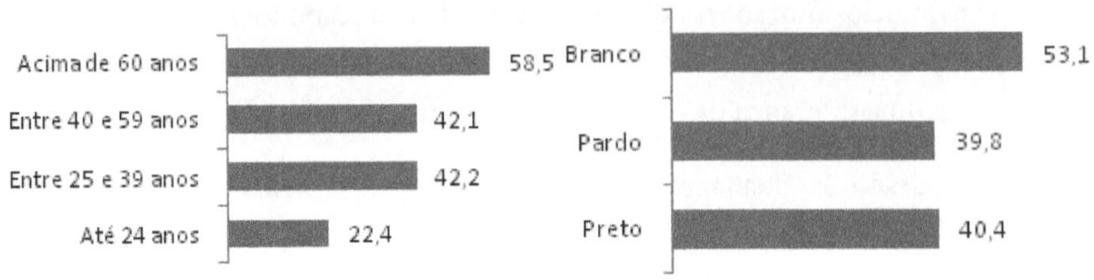

Fonte: Dimensionamento dos impactos sociais das UPPs em favelas cariocas (2014).

Outro ponto que deve ser considerado para melhor compreensão dos determinantes do nível de confiança na polícia diz respeito às expectativas e interpretações acerca do alcance temporal da política. Ou seja, a quem serve a pacificação e com que objetivos? Vários estudos indicam o ceticismo acerca do processo de "pacificação". Em diversas etnografias, os entrevistados demonstravam preocupações acerca da continuidade e finalidade da política, que teria como horizonte os megaeventos esportivos, cujo marco final seria as Olímpiadas em junho de 2016.[41]

Neste sentido, cruzamos o nível de (des)confiança em relação aos policiais da UPP – como representativo de um tipo de vínculo de proximidade que se deseja estabelecer – com a expectativa de descontinuidade da política pública.[42] Tal como expresso na Tabela 2, o nível de desconfiança é quase o dobro para aqueles que opinam que a UPP vai acabar em um futuro próximo (59% contra 33,1%). No caso, dos respondentes que creem na continuidade da política, a confiança é expressa de forma majoritária (55,1%).

41 *Ibidem, p. 10.*

42 Na amostra 43,4% dos respondentes afirmaram que "a UPP vai acabar após as Olímpiadas" e outros 42,7% dizem que "vai continuar". Os que disseram não saber ou não responderam correspondem a 13,9% dos respondentes. As variáveis anteriormente identificadas – idade, raça/cor e tempo de maturação – mantêm seu peso explicativo. Ou seja, cerca de 71% dos jovens até 24 anos acham que a política vai ser descontinuada, assim como, em sua maioria, os negros. A variável tempo de maturação sustenta nossa hipótese inicial, visto que no caso das cinco primeiras favelas inauguradas, 59,3% acham que a política vai continuar.

Tabela 2 – Percepção na continuidade da política pública após as olimpíadas por grau de Confiança nos policiais da UPP

	Desconfia dos policiais da UPP	Neutro	Confia nos policiais da UPP	Total
UPP vai acabar	**59%** (245)	**8,9%** (37)	**32%** (133)	**100%** (415)
UPP vai continuar	**33,1%** (134)	**11,9%** (48)	**55,1%** (223)	**100%** (405)
Total	379	85	356	820

Fonte: Dimensionamento dos impactos sociais das UPPs em favelas cariocas (2014).

Cruzando o grau de confiança nos policiais da UPP com a localização das favelas, verificamos, contrariamente à nossa hipótese, que o nível de confiança nesses atores nas zonas norte e oeste é maior (47,8%) do que a apresentada nas zonas sul e centro (38,2%). Por sua vez, a hipótese do tempo de maturação corrobora nossas expectativas, dado que os residentes nas primeiras favelas pacificadas tendem a ter maior nível de confiança no projeto do que naquelas localidades que receberam a UPP algum tempo depois (47,4% contra 38,8%).

Saindo da avaliação geral das UPPs e detalhando a rotina dessa agência, o gráfico a seguir põe em tela o fato de que dois terços dos moradores consideram que os policiais dessa unidade tratam os moradores com respeito e ajudam a dirimir os conflitos na favela. Em relação à avaliação do "tratamento", observe-se que 47,9% concordam muito com a afirmação, o que parece indicar certo sucesso no cumprimento do objetivo estabelecido para as UPPs com o Decreto n. 44.177 de 26 de abril de 2013.

Gráfico 5 – Atuação dos policiais das UPPs (%)

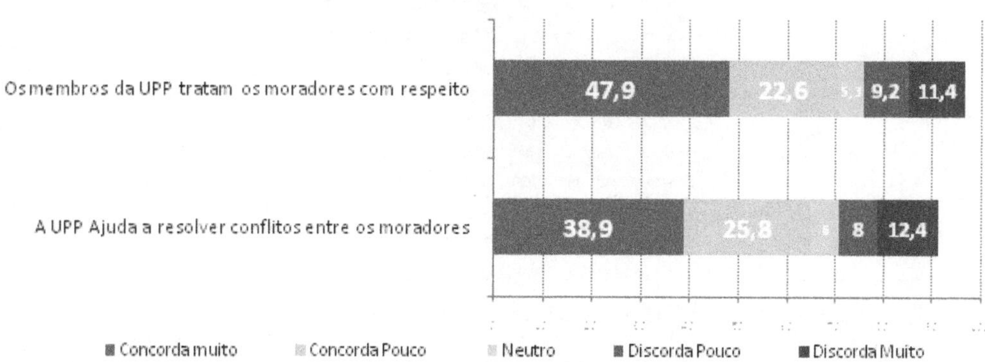

Fonte: Dimensionamento dos impactos sociais das UPPs em favelas cariocas (2014).

Para detalhar como os membros da UPP interferem no cotidiano dos residentes nas favelas, e se o fazem de maneira negativa ou positiva, foram realizadas duas perguntas. Primeiro, do tipo sim ou não. Nesse caso, cerca de 68,5% dos moradores afirmaram que não há interferência em seu cotidiano, 11,7% assinalaram que interferem de maneira positiva e outros 12,5% de que o fazem de maneira negativa. Outros 3,3% disseram que o efeito é tanto positivo e negativo e o restante 4%, não soube dizer. Dos que reconheceram a "intervenção", o peso positivo foi atribuído a temas como segurança e mediação de conflitos, e os aspectos negativos foram relacionados à abordagem policial e, em menor medida, a proibição de festas, eventos e música alta. Neste último caso, essa reclamação correspondia a 24,2% dos que apontaram "intervenções" negativas da UP.

Em seguida, por meio de uma pergunta aberta, indagávamos quais eram os pontos positivos da UPP na comunidade, sendo que 85% responderam a essa questão (Gráfico 6). Através da classificação das respostas verificamos que os moradores citam majoritariamente aspectos relativos à sensação de segurança na favela (em azul), confirmando os resultados dos estudos já realizados sobre o tema, que veem no cessar-fogo o principal benefício da ocupação permanente engendrada pelas UPPs.[43] Em última instância, o maior ganho obtido com a pacificação parece ser a redução da violência e o correspondente aumento da sensação de segurança.

Gráfico 6 – Distribuição percentual dos pontos positivos das UPPs

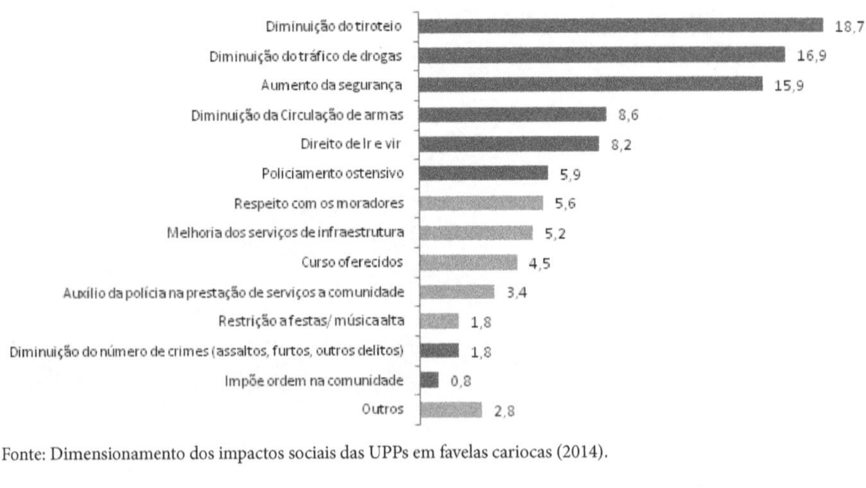

Fonte: Dimensionamento dos impactos sociais das UPPs em favelas cariocas (2014).

43 RODRIGUES, Robson. The Dilemmas of Pacification: News of War and Peace in the 'Marvelous City'. Stability: International Journal of Security and Development, vol. 3, n. 1, p. Art. 22, 2014.

Quando indagados sobre os pontos negativos das UPPs, apenas 45,3% responderam à questão, o que pode indicar ausência de crítica ao modelo de pacificação engendrado na área ou dificuldade de falar sobre os reais problemas da política. Interessante notar que vários fatores influem na chance de o indivíduo mencionar aspectos negativos, tais como escolaridade (mais alta), cor/raça (pretos), idade (jovens) e tempo de maturação (as UPPs mais novas). Todas essas variáveis têm efeito quase linear, fazendo com que os indivíduos com essas características sejam os mais propensos a identificar problemas e limitações nesta modalidade de policiamento em favelas.

Os pontos negativos mais mencionados dizem respeito a abordagem policial (38,7%), ao mesmo tempo em que há a cobrança por maior efetividade em assuntos de segurança pública, que envolvem a presença intensiva de policiais e o combate a assaltos e ao tráfico de drogas (Gráfico 7). Novamente, a saída da condição de um estado hobbesiano abarca a maior parte da preocupação dos moradores. Temas como perda de liberdade ou a falta de programas sociais aparecem subsumidos àquela preocupação.

Gráfico 7 – Distribuição percentual dos pontos negativos das UPPs

Fonte: Dimensionamento dos impactos sociais das UPPs em favelas cariocas (2014).

Os vieses da ação policial são também sentidos no contexto das favelas pacificadas. Seguindo um indicador de atuação objetiva da polícia, os respondentes negros e pardos afirmam que são abordados em revistas pessoais mais vezes do que os brancos, fato que reafirma a ideia de que os suspeitos são identificados conforme gradação de raça/cor.[44] O problema se acentua se cruzamos os dados

44 *RAMOS e MUSUMECI, op. cit., p. 14.*

por faixa etária, pois nesse caso 51,4% dos jovens negros de nossa amostra passaram por uma revista pessoal, contra 27,3% e 26,1% de jovens pardos e brancos, respectivamente (Gráfico 8). Esses dados confirmam que os policiais escolhem os seus suspeitos a partir de marcadores eminentemente sociais, que guardam pouca relação com a situação ou o comportamento do indivíduo.

Gráfico 8 – Número de vezes que passou por revista pessoal nos últimos 12 meses (mediana)

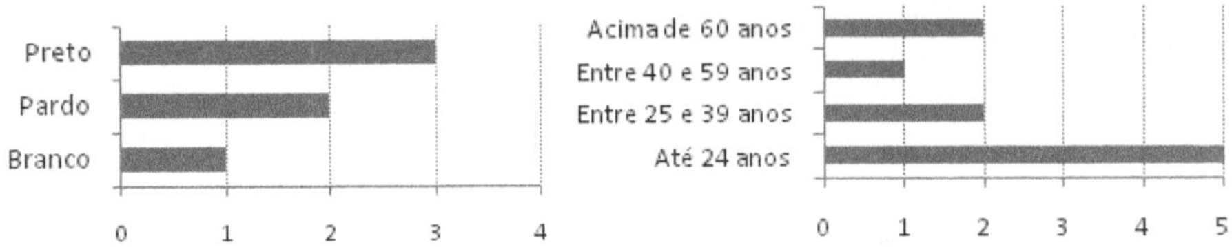

Fonte: Dimensionamento dos impactos sociais das UPPs em favelas cariocas (2014).

Para aprofundar os vieses da abordagem policial, perguntamos aos entrevistados se haviam sofrido algum tipo de abuso policial ou, indiretamente, se conheciam alguém que houvesse passado por tal experiência. O tipo de abuso direto mais mencionado são as ofensas verbais, com 8,2%. Ao mencionar a experiência de terceiros, os índices sobem a uma taxa média que oscila próximo a 20% e incluem agressão física e verbal, ameaças e, em menor medida, extorsão (Gráfico 9). Esses percentuais reafirmam a "tutelagem exercida pelos policiais das UPPs, imposta de diversas formas, como controlar os espaços, a circulação dos jovens, realizar revistas violentas e outros abusos de poder".[45]

Gráfico 9 – Distribuição percentual dos entrevistados de acordo com a experiência de abuso policial (estimulada e múltipla – %)

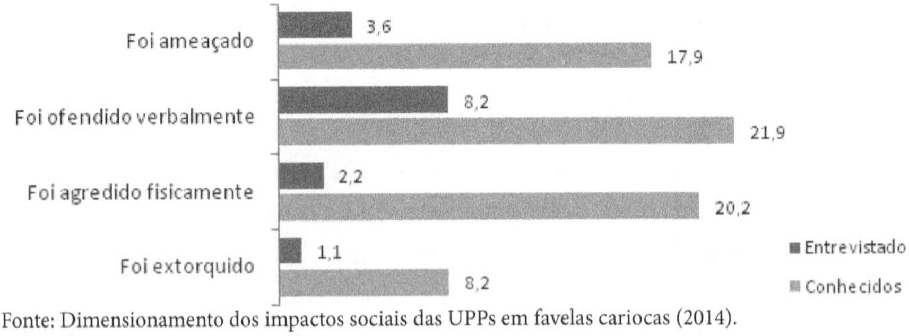

Fonte: Dimensionamento dos impactos sociais das UPPs em favelas cariocas (2014).

45 ABRAMOVAY, Miriam; CASTRO, Mary. Juventudes em comunidades com Unidades de Polícia Pacificadora (UPPs): perfil, expectativas e projetos para suas comunidades. FLACSO/BID, Rio de Janeiro, 2012, p. 14.

Como destaca Esther Werling,[46] a percepção que os indivíduos têm da política de pacificação tem relação direta com a interação que eles tinham anteriormente com os traficantes de drogas e com a própria polícia. Então, para compreendermos os impactos das UPPs, é preciso compará-las com o *status quo* anterior, o que de certa forma implica que um pouco a mais de algo, para uma situação em que não se tinha nada, e em que se vivia em um estado hobbesiano, pode ocasionar um "efeito potencializador" na avaliação. Esse ponto não deve ser negligenciado na intepretação dos dados. Ou seja, é uma avaliação do momento, entre diversos fatores, comparado com um estado anterior.

Para lidar *indiretamente* com isso, incluímos perguntas sobre temas para fossem consideradas a partir da comparação com *status quo* anterior. Perguntamos sobre a sensação de segurança, sobre apreensão de armas, sobre a ameaça representada pelos traficantes e a venda de drogas. Observa-se que na maioria dos parâmetros apresentados, a UPP é bem avaliada, inclusive quando incluímos uma pergunta mais sensível sobre o potencial de ameaça dos traficantes (Gráfico 10).

Gráfico 10 – Efeitos decorrentes da chegada da UPP na localidade, em temas relacionados à segurança pública (%)

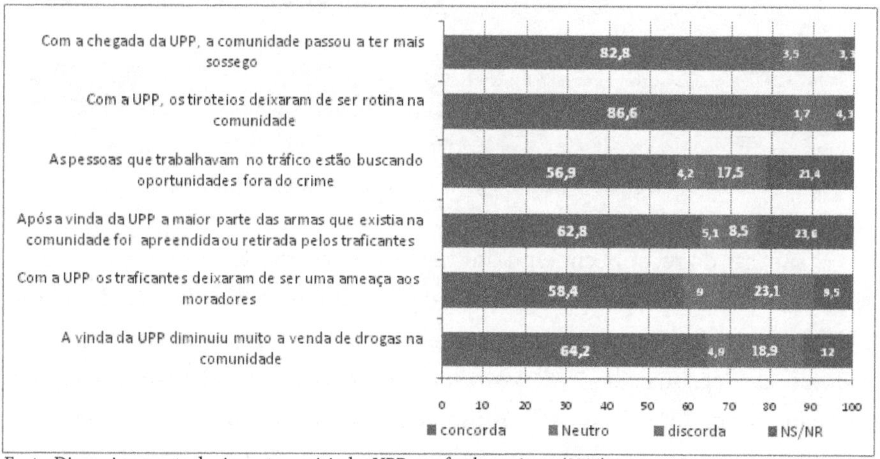

Fonte: Dimensionamento dos impactos sociais das UPPs em favelas cariocas (2014).

Os primeiros pontos a serem levados em consideração são a diminuição dos tiroteios e a sensação de tranquilidade dela proveniente; reafirmando o entendimento de que a aceitação da UPP está condicionada ao "rebaixamento do risco de morte como efeito dos tiroteios e da violência dos traficantes de drogas e da

46 *WERLING, op. cit., p. 6.*

polícia".[47] Nesta mesma direção, 23,1% dos respondentes consideraram que a ameaça do tráfico ainda está presente na favela. Esse resultado deve ser analisado com detalhe, uma vez que as ações de pacificação "objetivam restaurar o controle estatal (leia-se militar) sobre as favelas ocupadas pelo tráfico".[48] Então, a permanência desse problema pode ser um indício de que a política não está funcionando como deveria em razão da progressiva leniência dos policiais com o tráfico de drogas.[49]

Há outros efeitos que também devem ser cotejados, e que não são restritos a questão de segurança pública (Gráfico 11). Nesse quesito, os moradores avaliaram os serviços públicos em suas comunidades com nota média de 5,6, sendo que essa nota apresenta uma correlação de 0,416 com a nota geral dada à UP.[50]

Gráfico 11 – Efeitos decorrentes da chegada da UPP na localidade, em temas relacionados à qualidade de vida na localidade (%)

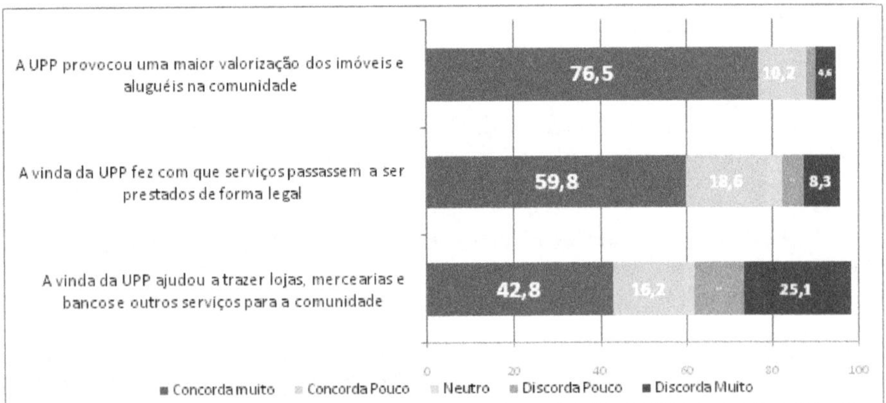

Fonte: Dimensionamento dos impactos sociais das UPPs em favelas cariocas (2014).

Apesar do reconhecimento dos moradores acerca dos novos custos incorridos com a "legalização" que a chegada da UPP impõe, a distribuição de energia e de água aparecem como os serviços públicos mais bem avaliados pelos moradores. Ou seja, mais de 70% dos respondentes classificam esses serviços com as avaliações de "ótimo e bom". Os moradores também apontam o aumento do

47 LEITE, Márcia Pereira. Entre a'guerra'e a'paz': Unidades de Polícia Pacificadora e gestão dos territórios de favela no Rio de Janeiro. Dossiê Unidades de Polícia Pacificadora/Cevis. Parte I. Dilemas, vol. 7, n. 4, 2014, p. 625.

48 OLIVEIRA, João Pacheco de. Pacificação e tutela militar na gestão de populações e territórios. Mana, vol. 20, n. 1, p. 125-161, 2014, p. 138.

49 Segundo Oliveira (2014, p. 149), "Uma pesquisa de mestrado do ano passado menciona o retorno e a permanência de grupos criminosos no interior das comunidades ditas 'pacificadas', levando a supor que tenham sido restauradas as relações espúrias com o tráfico."

50 Significativo ao nível 0,01.

valor dos imóveis e dos aluguéis na favela, ao mesmo tempo, em que reconhecem uma maior presença de vários tipos de serviços privados, como bancos, lojas etc.

A partir desta série de resultados, que envolvem aspectos sociais e econômicos, pedimos aos respondentes que comparassem de forma geral sua situação após a vinda da UP.Tal como expresso no gráfico abaixo, 58,4% dos respondentes afirmaram que sua situação melhorou, 37% disseram que permanece a mesma, sendo que apenas 4,4% disseram que a situação piorou.

Gráfico 12 - Com a vinda da UPP a situação melhorou ou piorou (%)

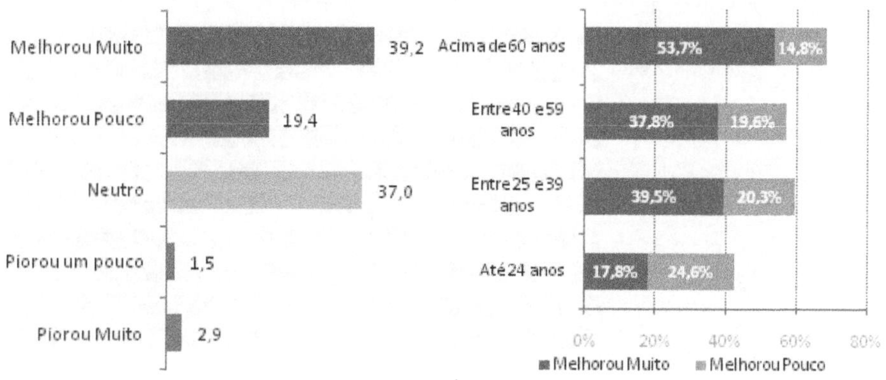

Fonte: Dimensionamento dos impactos sociais das UPPs em favelas cariocas (2014).

Essas percepções são influenciadas diretamente pela idade do respondente, sendo que os jovens são mais pessimistas em suas avaliações (Gráfico 12). Em parte, isso ocorre porque a UPP tende a significar "o estabelecimento de um novo modo de vida nessas localidades por meio da disciplinarização/normalização de parte de seus moradores e do controle social coercitivo sobre aqueles tidos como inajustáveis" categoria na qual são enquadrados os jovens, "usualmente identificados como favelados violentos".[51]

Os moradores da zona norte/oeste percebem mais positivamente essa melhora (60,6%), do que os moradores da zona sul/centro (56,5%), provavelmente, porque os últimos estão mais próximos de áreas mais seguras e com maior provisão de serviços públicos. Por sua vez, nossa hipótese de tempo de maturação funcionou conforme nossa previsão – as favelas nas quais as UPPs foram inauguradas mais cedo apresentaram maior otimismo (62,6%), do que as favelas em que a política foi implementada um pouco mais tardiamente (54,6%), expressando uma diferença de oito pontos percentuais.

51 *LEITE, op. cit., p. 19.*

Por fim, procuramos mensurar o nível de adesão dos moradores à política pública, questionando se as UPPs deveriam continuar ou não uma vez encerrados os megaeventos sediados pela cidade e que seriam a razão de ser desse programa de policiamento.[52] Apesar da cautela exigida com os dados por favelas – que carecem de representatividade – é possível observar que os entrevistados são esmagadoramente a favor da manutenção dessa política (87,4%), conforme podemos observar no Gráfico 13.

Gráfico 13 – UPP deve acabar ou continuar após as Olimpíadas (%)

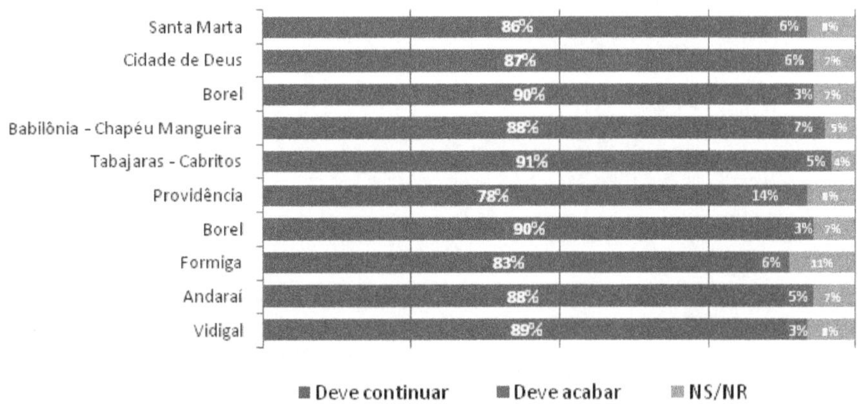

Fonte: Dimensionamento dos impactos sociais das UPPs em favelas cariocas (2014).

A força desses resultados, visualmente nítidos, indica que independente da área geográfica ou do tempo de maturação da política, os entrevistados consideram que a UPP deve ser um projeto de policiamento apto a perdurar para além dos megaeventos. Nesse sentido, em que pese o entendimento de parte da literatura, de que as UPPs são uma ação que protege um projeto político (a Copa do Mundo FIFA e as Olimpíadas) e não os cidadãos; do ponto de vista dos indivíduos entrevistados, trata-se de um programa que não pode ser descontinuado.

Em parte, esse resultado pode estar associado à redução dos tiroteios, à diminuição da violência policial e à expectativa de que a existência do posto de policiamento sejam condições *sine qua non* para a entrada de outros serviços, prometidos sob a insígnia de UPP social. Qualquer que seja a dimensão analisada, parece que o desejo dos habitantes das 10 favelas analisadas é a continuidade do projeto, apesar de eles próprios destacarem os abusos de autoridade dos policiais, a continuidade do tráfico de drogas e as revistas pouco condizentes com a realidade local. Longe de acabar com as UPPs, é preciso reformulá-las para que elas possam oferecer às favelas

52 *CAVALCANTI, op. cit., p. 10.*

serviços de policiamento semelhantes aos ofertados aos residentes das áreas "normais" da cidade, tal como pressupõe o regime democrático.

Considerações finais

A proposta deste trabalho foi apresentar os resultados de um *survey* realizado com 1.000 moradores, residentes em 10 favelas pacificadas, acerca dos efeitos das Unidades de Polícia Pacificadora. A ideia era quantificar alguns resultados verificados em etnografias realizadas nessas áreas, bem como analisar se a zona urbana na qual a UPP se encontra e o seu tempo de maturação possuem impactos na forma como os moradores locais percebem e lidam com a política.

Os dados organizados para essa reflexão evidenciam os limites e possibilidades das UPPs, enquanto um projeto de restauração do monopólio da violência em áreas de favela, tradicionalmente deixadas à margem da intervenção estatal. Por um lado, os respondentes ressaltam as mudanças substantivas geradas com a chegada do posto de policiamento permanente, o que representa uma quebra de paradigma e, por conseguinte, uma ação inovadora.[53] Afinal, as demais experiências do gênero não lograram durar mais do que um período governamental e, por isso, contrastam nitidamente com as UPPs, que completam sete anos de existência.

Todavia, os entrevistados também salientaram a existência de algumas inconsistências na forma de condução da política. O dado mais importante é a persistência de velhas práticas policiais, como os vieses de abordagem em razão da idade e cor da pele do indivíduo e os abusos de autoridade decorrentes do poder de mediação de conflitos concedido a esses atores. Na visão de Ester Werling,[54] a ausência de *accountability* sobre os policiais da UPP reafirma que o desenvolvimento da própria intervenção é direcionado à proteção do Estado, em detrimento da segurança do cidadão e, por isso, o projeto precisa ser reformulado para que as bases de sua sustentação não sejam progressivamente minadas. Portanto, esperamos que os resultados apresentados nesse artigo sirvam de base para a reestruturação do projeto das UPPs, desde uma perspectiva que colabore com a institucionalização da democracia, ao contrário de obstaculizá-la.

53 *CANO, op. cit., p. 6.*

54 *WERLING, op. cit., p. 6.*

Referências Bibliográficas

ABRAMOVAY, Miriam; CASTRO, Mary Garcia. Cidadanias negadas: os jovens em territórios com unidades de polícia pacificadora–Rio de Janeiro. Diálogos Possíveis, vol. 13, n. 1, 2014.

ABRAMOVAY, Miriam; CASTRO, Mary. Juventudes em comunidades com Unidades de Polícia Pacificadora (UPPs): perfil, expectativas e projetos para suas comunidades. FLACSO/BID, Rio de Janeiro, 2012.

CANO, Ignácio. Introdução à avaliação de programas sociais. Rio de Janeiro: FGV Editora, 2002.

CANO, Ignácio *et al.* Os donos do morro: Uma avaliação exploratória do impacto das Unidades de Polícia Pacificadora (UPPs) no Rio de Janeiro. Rio de Janeiro: LAV/UERJ e Fórum Brasileiro de Segurança Pública, 2012.

CARDOSO, M. A linguagem dos direitos. O simbólico nas reclamações dos moradores de favelas. Ciências Sociais Unisinos, São Leopoldo, vol. 48, N. 3, p. 205-214, set/dez 2012.

CAVALCANTI, Mariana. Pacification Urbanism: a view from Rio's old industrial suburbs. In: Jeffrey D. Needell. (Org.). Emergent Brazil: key perspectives on a new global power. 1ed.Gainesville: University Press of Florida, 2015, vol. 1, p. 108-126.

FLEURY, Sonia. Militarização do social como estratégia de integração: o caso da UPP do Santa Marta. Sociologias, vol. 14, n. 30, p. 194-222, 2012.

HENRIQUES, Ricardo; RAMOS, Silvia. UPP social: ações sociais para a consolidação da pacificação. In: Rio: a hora da virada. Rio de Janeiro. Rio de Janeiro: Campus/Elsevier, 2011.

LEEDS, Elizabeth. Cocaína e poderes paralelos na periferia urbana brasileira: ameaças à democratização em nível local. In: ZALUAR, Alba; ALVITO, Marcos. Um século de favela. Rio de Janeiro: Editora Fundação Getúlio Vargas, 2006. P. 233-276.

LEITE, Márcia Pereira. Da "metáfora da guerra" ao projeto de "pacificação": favelas e políticas de segurança pública no. Revista Brasileira de Segurança Pública. São Paulo v, vol. 6, n. 2, p. 374-389, 2012.

MACHADO DA SILVA, Luiz Antonio e LEITE, Márcia Pereira. Continuidades e mudanças em favelas 'pacificadas'. Revista Dilemas – Dossiê unidades de polícia pacificadora-Cevis, parte 1, vol. 7, n. 4, out-nov-dez 2014.

MENEZES, Palloma Valle. Rumores e Críticas em Favelas "pacificadas": um estudo sobre como moradores e policiais avaliam as Unidades de Polícia Pacificadora. Relatório final do Concurso CLACSO-Asdi 2013 "Estudios sobre políticas públicas en América Latina y el Caribe: Ciudadanía, democracia y justicia social". 2013.

MISSE, Daniel Ganem. Cinco anos de UPP: Um breve balanço. DILEMAS: Revista de Estudos de Conflito e Controle Social, vol. 7, n. 3, p. 675-700, jul./ago./set. 2014.

MOHOR, Alejandra. Uso de indicadores para evaluar El funcionamiento policial. Documento de trabajo N. 2. Centro de Estudios en Seguridad Ciudadana de la Universidad de Chile. Santiago de Chile, Julio 2007.

OLIVEIRA, Fabiana Luci de. UPPs, direitos e Justiça. Um estudo de caso das favelas do Vidigal e do Cantagalo. Ford Foundation e FGV Editora, 2012.

OLIVEIRA, João Pacheco de. Pacificação e tutela militar na gestão de populações e territórios. Mana, vol. 20, n. 1, p. 125-161, 2014.

RAMOS, Silvia; MUSUMECI, Leonarda. Elemento suspeito: abordagem policial e discriminação na cidade do Rio de Janeiro. Rio de Janeiro: Editora Record, 2005.

RIBEIRO, Ludmila Mendonça Lopes; MOULIN, Carolina Aguiar. Old problems and old solutions: an analysis of Rio de Janeiro's public safety policy and its impact on urban violence. Humanitarian Action in Situations other than War (HASOW) - Discussion Paper 7. Rio de Janeiro: PUC, October 2013.

RODRIGUES, Robson. The Dilemmas of Pacification: News of War and Peace in the 'Marvelous City'. Stability: International Journal of Security and Development, vol. 3, n. 1, p. Art. 22, 2014.

SALAMANCA, Fernando (2004) Análisis comparativo de sistemas de indicadores pertinentes a la relación policía y comunidad. Centro de Estudios en Seguridad Ciudadana de la Universidad de Chile.

SEASDH. Secretaria de Estado de Assistência Social e Direitos Humanos. UPP Social: Pesquisa Etnográfica - Agosto/Setembro - 2010. Rio de Janeiro, 2010.

WERLING, Esther. Rio's Pacification: Paradigm Shift or Paradigm Maintenance?. Humanitarian Action in Situations other than War (HASOW) - Discussion Paper 11. Rio de Janeiro: PUC, August, 2014.

ZALUAR, Alba; ALVITO, Marcos. Um século de favela. Rio de Janeiro: Editora Fundação Getúlio Vargas, 2006.

Pacificação de bairros vulneráveis: o caso do *Barrio en Paz Residencial*, no Chile[1]

Hugo Frühling
María Victoria Corvalán

Introdução[2]

O foco de políticas de segurança em localidades onde vivem populações com escassos recursos vem se repetindo de maneira frequente na América Latina. Seus fundamentos teóricos e políticos são diversos, como veremos mais adiante no texto, mas suas justificativas são relativamente semelhantes. Argumenta-se a necessidade de devolver a presença do Estado e do Direito a populações nas quais predomina a pobreza, onde existem redes de crime organizado e falta presença policial.[3] Por outro lado, indica-se a necessidade de proporcionar maior segurança e programas preventivos a setores sociais com alto nível de vulnerabilidade social, e que carecem da proteção do Estado.[4] Finalmente, estas intervenções dirigidas a estes tipos de lugares são consideradas dados relevantes, uma vez que se tratam de territórios especialmente violentos, e que dão sustento

1 Tradução do texto original em espanhol, "Pacificación de barrios vulnerables: el caso de 'Barrio en Paz Residencial' en Chile", feita por Angela Moreira Domingues da Silva (CPDOC/FGV).

2 Pesquisa realizada no âmbito do Projeto "Violencia en tres ciudades latinoamericanas: un estudio comparado a nivel local", financiada pelo International Development Research Centre (IDRC).

3 Ver FELBAB-BROWN, Vanda. Bringing the State to the Slum: Confronting Organized Crime and Urban Violence in Latin America, Washington DC: Brookings, 2011; CASAS-ZAMORA, Kevin. La Polis Amenazada. (In)Seguridad Ciudadana y Democracia en América Latina y el Caribe. Washington DC: Brookings Institution, Organización de Estados Americanos, 2012.

4 Ver ARAYA, Jorge; SIERRA, David. Influencia de factores de riesgo social en el origen de conductas delincuenciales. Índice de vulnerabilidad social-delictual. Santiago: Serie de Estudios. División de Seguridad Pública, Ministerio del Interior, 2002.

a redes de comércio de substâncias ilegais, que logo atuam em toda a cidade. Um exemplo, entre tantos, é o *Plan Barrio Seguro*, que buscava controlar o crime violento em um setor da cidade de Santo Domingo, na República Dominicana.[5] *Barrio Seguro*, logo após ser instaurado como um programa piloto no bairro de Capotillo, foi extendido a treze bairros vizinhos, que somavam uma população total de 170.000 pessoas.

Os tipos de intervenções variam, mas em geral buscam realizar um conjunto de projetos de recuperação de ruas, praças, instalações de iluminação, restrição de licenças e horário de funcionamento para bares e discotecas, onde acontecem rinhas, lesões e homicídios, aumento da presença policial, entre outras.[6] A estas, o Banco Mundial tem agregado uma lista de possíveis programas voltados para o incremento da confiança entre vizinhos e da confiança destes no que diz respeito às instituições, programas dirigidos para apoiar vítimas, a fortalecer a coordenação de iniciativas locais com outros níveis administrativos de governo e a fortalecer a capacidade da comunidade para exercer controle social sobre a violência.[7]

A intervenção social e policial em bairros tem sido assumida pelo governo do Chile desde 2000. Nesse ano, o governo iniciou a execução de programas destinados a reduzir os níveis de delitos que se cometem no território local, e que tentam complementar o acionamento do sistema de justiça penal com programas preventivos de caráter diverso.

Em 2010, o governo do presidente Sebastián Piñera deu especial importância à redução do delito, criticando a gestão das administrações de centro-esquerda que o haviam precedido no poder. Para isso, divulgou uma nova política de segurança exposta no *Plan de Seguridad* Pública 2010-2014 *Chile Seguro*,

---

5 PNUD. Informe Regional de Desarrollo Humano 2013-2014. SEGURIDAD CIUDADANA CON ROSTRO HUMANO: diagnóstico y propuestas para América Latina. Nueva York: Programa de Naciones Unidas para el Desarrollo, 2013, p. 190; HOWARD, David. "Urban Violence, Crime, and the threat to 'Democratic Security' in the Dominican Republic". In: MCGREGOR, Duncan; DODMAN, David; BARKER, David. Global Change and Caribbean Vulnerability: Environment, Economy, and Society at Risk. Kingston: University of the West Indies Press, p. 298-316, 2009, p. 305; CANO, I. Evaluación Preliminar del Proyecto "Barrio Seguro", 2007, p. 5; p. 14.

6 IGLESIAS, Carlos Basombrío. ¿Qué hemos hecho? Reflexiones sobre respuestas y políticas públicas frente al incremento de la violencia delincuencial en América Latina. Proyecto Seguridad Ciudadana en las Américas. Tendencias y políticas públicas. Woodrow Wilson Reports ont the Americas n°30. Washington D.C.: Wilson Center, 2012.

7 THE WORLD BANK. Violence in the City. Understanding and Supporting Community Responses to Urban Violence. The World Bank. Social Development Department Conflict, Crime and Violence Team, Washington DC, 2011.

no qual anunciou o fim dos programas de segurança focados em municípios e sua substituição pelo chamado *Programa Barrio en Paz.* Este programa era caracterizado pelo enfoque dos recursos policiais e preventivos do Estado em um importante número de bairros residenciais e comerciais, caracterizados pela predominância de delitos contra as pessoas e pelo narcotráfico em via pública.

Este artigo centra-se na análise da implementação do mencionado programa, indagando sobre a concepção e os objetivos da chamada pacificação de tais bairros, os critérios utilizados para selecionar os bairros que seriam objeto de intervenção em cada caso, as linhas de intervenção definidas para atuar na prevenção do delito em cada programa e os resultados de tais intervenções. A implementação desta política distanciou-se do desenho original, como consequência de aspectos políticos e administrativos. Nesse sentido, este trabalho se constitui como um estudo de caso que confirma as afirmações da literatura especializada, sobre a influência de diversos fatores no processo de implementação de políticas públicas, que raramente se constituem no resultado de decisões puramente técnicas, embasadas em evidências.[8] O estudo das condicionantes das políticas de segurança é de especial interesse, devido ao fato de que a criminalidade constitui um problema de magnitude significativa no país e na América Latina.

O presente trabalho se inicia com uma breve revisão da literatura criminológica internacional, que aborda especificamente a intervenção em bairros. A seguir, revisa os antecedentes que dão origem ao Programa *Barrio en Paz Residencial,* fazendo uma análise de outros programas realizados no território e que o precederam. Além disso, aborda elementos do desenho e implementação do *Barrio en Paz Residencial,* continuando com uma revisão dos critérios de destinação de recursos e o estado atual destas intervenções. Finalmente, se apresentam conclusões sobre este tipo de intervenções, que podem ser úteis para outros países.

Comunidade e violência na literatura criminológica

A distribuição espacial do delito e sua concentração em áreas urbanas determinadas, tem sido objeto de diversas explicações, devido ao fato de que esta não é arbitrária e que possui grandes níveis de estabilidade no tempo. A teoria da desorganização social constitui um dos mais importantes esforços interpreta-

8 GALSTON, William. "Political Feasibility: Interests and Power". In GOODIN Robert E.; MORAN Michael; REIN, Martin. The Oxford Handbook of Public Policy. Oxford: Oxford University Press, 2008, p. 543-556; BANCO INTERAMERICANO DE DESARROLLO. La Política de las Políticas Públicas: Progreso Económico Social en América Latina, Informe 2006. Washington D.C.: Banco Interamericano de Desarrollo-Planeta Mexicana, 2006.

tivos da acumulação de violência no espaço da cidade. Os precursores desta teoria, que dá origem às investigações centradas na relação entre níveis de controle social informal e violência, datam da primeira metade do século XX. A partir de um estudo que analisava a delinquência juvenil em áreas urbanas da cidade de Chicago, concluiu-se que aqueles bairros que apresentavam maiores índices de pobreza, alta mobilidade residencial e população com valores heterogêneos tinham mais probabilidades de apresentar maiores níveis de delinquência, o que afetava significativamente a coesão social da comunidade e sua capacidade para orientar a conduta dos jovens.[9]

O conceito de desorganização social é entendido como a incapacidade da comunidade de fazer eficientes os valores dos seus vizinhos e para manter o controle efetivo sobre suas condutas.[10] Nesta linha, numerosos autores têm tentado explicar que a incidência de condutas delituosas encontra-se determinada por fatores sociais e estruturais de uma comunidade específica.[11] De acordo com Sampson,[12] a mera presença de redes sociais densas e de participação do território não é suficiente para incentivar a ação coletiva, posto que a coesão social e a capacidade comunitária para exercitar o controle social informal são melhores prenunciadores de baixos níveis de criminalidade, que a mera presença de laços comunitários.[13] Esta capacidade de ação coletiva foi dominada "eficácia coletiva". Estudos de Sampson em bairros da cidade de Chicago concluem que as características sociais do bairro moldam o sistema cultural local, afetando as percepções dos sujeitos, que, por sua vez, influenciam em suas ações e respostas individuais e coletivas. Também observa que as características sociais dos bairros se mantêm, ao longo do tempo, gerando desigualdades persistentes. Assim, os indivíduos atuam de modo diferentes em bairros distintos e viver em um bairro, e não em outro, tem efeitos importantes para as oportunidades de vida das pessoas e para os níveis de criminalidade, taxas de desemprego, abandono escolar, gravidez na

9 SHAW, Clifford; MCKAY, Henry. Juvenile delinquency and urban areas. Chicago: University of Chicago Press, 1942.

10 SAMPSON, Robert; GROVES, W. Byron. "Community structure and crime: Testing social-disorganization theory". American journal of sociology, vol 94, n°4, jan 1989, p. 774-802.

11 SAMPSON, Robert; RAUDENBUSH, Stephen; EARLS, Felton. "Neighborhoods and violent crime: A multilevel study of collective efficacy". Science, n° 5328, vol. 277, 1997, p. 918-924.

12 SAMPSON, Robert; MORENOFF, Jeffrey; GANNON-ROWLEY, Thomas. "Assessing 'Neighborhood effects': Social processes and new directions in research." Annual review of sociology, vol. 28, Ago 2002, p. 443-478.

13 *SAMPSON, op cit, 1997; SAMPSON, op cit, 2002.*

adolescência, saúde infantil.[14] Conclusões relativamente similares foram alcançadas por um estudo realizado em Brisbane, na Austrália.[15]

Na América Latina, existe uma crescente produção acadêmica sobre os fatores que incidem na ocorrência dos delitos que afetam os habitantes de um determinado conglomerado socioespacial no interior de uma cidade.[16] Assim, uma análise realizada em Santiago, sustenta que os bairros da Grande Santiago que apresentam níveis elevados de

> percepción de violencia en el entorno, percepción que se cometen ilícitos de drogas, percepción de desórdenes sociales, percepción de bajo apego a la legalidad y que son de bajos ingresos, es más probable que sufran altos niveles de inseguridad y, en menor medida, de victimización en el propio territorio respecto a barrios donde se configuren escenarios diferentes al descrito.[17]

Uma segunda interpretação, mais recente, do acúmulo de crime em determinadas áreas urbanas, centra-se no efeito que teria a degradação dos espaços públicos no incremento do delito. Destaca-se aqui a perspectiva das "incivilidades"[18] e a teoria das "janelas quebradas" ("ventanas rotas").[19] Esta perspectiva sustenta que a existência de espaços com sinais de degradação ou deterioração, como a presença de *grafites* nos muros, presença de pessoas em situação de rua ou a evasão de pagamento do transporte público está dando conta de uma debilidade do controle social, o que atrai mais deterioração, aumento do temor ao delito, evitar passar por esse espaço e, consequentemente, o aumento dos de-

---

14 *SAMPSON, op cit,* 2013.

15 MAZEROLLE, Lorraine; SOOLE, David; ROMBOUTS, Sacha. "Drug Law Enforcement A Review of the Evaluation Literature." Police Quarterly, vol. 2, no 2, 2007, p. 115-153.

16 TOCORNAL, Ximena; TAPIA, Ricardo; CARVAJAL, Yuri. "Delincuencia y violencia en entornos residenciales de Santiago de Chile". Revista de Geografía Norte Grande, no 57, 2014, p. 83-101; OLAVARRÍA, Maurício; TOCORNAL, Xuri, MANZANO, Liliana.; FRUHLING, Hugo. "Crimen y violencia urbana. Aportes de la ecología del delito al diseño de políticas públicas". Revista INVI, vol. 23, no 64, 2008, p. 19- 59; ESCOBAR, Gipsy. "El uso de la teoría de la desorganización social para comprender la distribución de homicidios en Bogotá, Colombia". *Revista INVI*, vol. 27, n° 74, 2012, p. 21-86.

17 FRÜHLING, H.; GALLARDO, R. "Programas de seguridad dirigidos a barrios en la experiencia chilena reciente". *Revista INVI*, vol. 27, n. 74, 2012, p. 149-185.

18 LEWIS, Dan; MAXFIELD, Michael. "Fear in the neighborhoods: An investigation of the impact of crime." *Journal of research in crime and delinquency*, vol. 2, no 17, 1980, p. 160-189.

19 "Broken windows", no original. WILSON, James; KELLING, George. "Broken windows". *Atlantic monthly*, no 249, vol. 3, 1982, p. 29-38.

litos. Nesse sentido, destaca-se o estudo de Doran e Lees,[20] que utiliza técnicas de georreferenciamento – Sistemas de Informação Geográficas (SIG) – para o estudo da relação entre desordem, delito e medo do delito.

A evidência científica disponível ultimamente questiona a relação causal entre desordem física e delito, destacando que a desordem física pode ser explicada por fatores similares aos causadores de delito.[21]

Assim, também coloca em dúvida que a presença de "incivilidades" e "janelas quebradas" ("ventanas rotas") seja suficiente para explicar a ocorrência de delitos em determinados setores, ao não considerar o elemento "bairro" como uma unidade complexa, na qual convergem outros fatores intervenientes, próprios do comunidade.[22]

Pesquisas referentes à distribuição espacial dos delitos no tempo têm conseguido estabelecer que a concentração de delitos no espaço (Hot Spots ou "pontos quentes")[23] são estáveis no tempo e se concentram em lugares determinados. Esses lugares concentram estruturas de oportunidades e fatores de risco.[24] Mais recentemente ainda, diversos estudos empíricos têm demonstrado que áreas pequenas, tais como cruzamentos de ruas determinadas ou grupos de "residências econômicas" específicas, poderiam concentrar níveis desproporcionais de violência para seu tamanho.[25]

Uma investigação que sistematiza distintas avaliações,[26] utilizando grupos tratados e de controle aleatórios, e que foram realizadas em lugares com intervenção policial devido à sua alta concentração de delitos, conhecidos como "pontos quentes" (Hot Spots), dá conta de que existem resultados modestos na redução de delitos violentos.[27] Por outro lado, uma revisão de oito estudos quase

20 DORAN, Bruce; LEES, Brian. "Investigating the Spatiotemporal Links between Disorder, Crime, and the Fear of Crime". The Professional Geographer, no 57, 2005, p. 1-12.

21 *SAMPSON, MORENOFF, GANNON-ROWLEY, op. cit., 2002.*

22 *OLAVARRÍA, TOCORNAL, MANZANO, FRÜHLING, op. cit., 2008, p. 35.*

23 "Hot Spots", no original.

24 WEISBURD, David; GROFF, Elisabeth; YANG, Sue-Ming. The criminology of place: Street segments and our understanding of the crime problem. Oxford: Oxford University Press, 2012.

25 Para uma análise da evidência mais recente, a respeito da concentração de problemas de delitos nas áreas pequenas, ver BRAGA, Anthony; WEISBURD, David. "Editors' Introduction: Empirical Evidence on the Relevance of Place in Criminology." Journal of Quantitative Criminology, no 2, 2010, p. 1-6.

26 BRAGA, Anthony; BOND, Brenda. "Policing Crime and Disorder Hot Spots: A randomized controlled trial". American Society of Criminology, vol. 46, n°3, 2008, p. 577-607.

27 ROSENFELD, Richard; FORNANGO, Robert; RENGIFO, Andrés. "The impact of order-maintenance policing on New York City homicide and robbery rates: 1988-2001". Criminology , vol. 2, no 45, 2007, p. 355-384.

experimentais sobre o acionamento da polícia, baseados em evidência,[28] conclui sobre a necessidade de dirigir a dispersão policial aos lugares onde a ocorrência do delito é recorrente, realizando patrulhas organizadas a médio prazo, pois se demonstra que em tais casos, consegue-se diminuir a ocorrência de delitos, sem que necessariamente se produza um deslocamento, estatisticamente significativo, dos delitos a outros pontos desse bairro, nem dos bairros adjacentes.

Da análise realizada, depreende-se que as intervenções dirigidas a áreas específicas da cidade, podem encontrar respaldo em diversos marcos teóricos e pesquisas empíricas, de onde se deduzem diferentes tipos de intervenções que podem não ser excludentes entre si.

ANTECEDENTES DO PROGRAMA *BARRIO EM PAZ RESIDENCIAL*: ELEMENTOS CONCEITUAIS E POLÍTICOS

OS PROGRAMAS *COMUNA SEGURA* E *BARRIO SEGURO*

No caso do Chile, existe uma importante tradição de realização de programas de segurança cidadã dirigidos a territórios específicos.[29] Em 2000, foi colocado em execução o *Plan Comuna Segura, Compromiso 100*, implementado conjuntamente pelo Ministério do Interior, em convênio com a *Fundación Paz Ciudadana* e a *Associación Chilena Municipalidades.*

O *Plan* propunha levar a cabo projetos de prevenção, mediante a criação de uma aliança entre os municípios e o governo central. Entre os objetivos específicos do programa, estavam: fortalecer a participação do território municipal e a coordenação institucional na prevenção e controle da delinquência, mediante a aplicação de soluções locais, além de fomentar a coordenação entre as instituições vinculadas ao tema da segurança cidadã. Para o cumprimento de suas propostas, o Programa consultava sobre a criação, em cada município, de um *Consejo Comunal de Seguridad Ciudadana,* da *Secretaría Técnica Comunal e a Mesa Técnica Comuna.*[30]

---

28 AVDIJA, Avdi. "Evidence-Based Policing: A Comparative Comparative Analysis of Eight Experimental Studies focused in the area of Targeted Policing". International Journal of Criminal Justice Sciences (IJCJS), no 2, vol. 3, 2008, p. 110-128.

29 FRÜHLING, Hugo. La eficacia de las políticas públicas de seguridad ciudadana en América Latina y el Caribe. Cómo medirla y cómo mejorarla. Banco Interamericano del Desarrollo, 2012.

30 LUNECKE, Alejandra; GUAJARDO, Carlos. Política de Prevención del delito en Chile: Del Programa Comuna Segura - Compromiso 100 a los Planes Comunales de Seguridad Pública. Santiago (Chile): Sin publicar, 2009.

Durante sua primeira etapa, os recursos distribuídos aos diversos municípios se realizaram através de *Fondos Concursables*, que não estabeleciam prioridades temáticas e que financiavam iniciativas provenientes de organizações do município. A realidade era que o sistema de designações de fundos permitia o exercício do clientelismo, uma vez que as organizações favorecidas careciam de capacidade técnica e administrativa para executar os projetos respectivos, além do fato de que os valores eram bastante pequenos.[31]

Essa situação levou a uma reformulação do *Programa* em 2006, definindo as áreas programáticas a serem financiadas e colocando fim aos *Fondos Concursables*, que foram substituídos pelo *Fondo de Apoyo a la Gestión Municipal*, que transferia fundos diretamente aos municípios beneficiados para executar os projetos consultados no *Plan Comunal de Seguridad*, que obrigatoriamente deviam preparar.

Paralelamente ao desenvolvimento do *Programa Comuna Segura*, surgiu o *Programa Barrio Seguro (PBS)*, como uma reação do Ministério do Interior, para dar resposta a denúncias acerca do recrudescimento da violência de rua gerada pelo narcotráfico em determinados bairros denominados críticos, em Santiago. A configuração da violência nestes territórios dava conta da existência do crime organizado, evidenciando-se que as redes de narcotráfico possuíam capacidade de armamento, redes comerciais, sociais e econômicas. O propósito do programa visava incidir sobre os problemas de violência e desarmar as redes de narcotráfico e delinquência que ali operavam. Seu objetivo era "contribuir a disminuir la violencia y el temor en 12 barrios caracterizados por la acción y control de grupos de narcotraficantes y crimen organizado que vulneran la seguridad y convivencia de esas comunidades".[32] Para o Programa, buscou-se, inicialmente, a desarticulação das redes de narcotráfico mediante um trabalho de perseguição penal dos líderes das quadrilhas, de inteligência policial e fortalecimentos da presença policial nos bairros. O componente de prevenção surgiu posteriormente e visava promover a mobilização e rearticulação das comunidades afetadas, e em um segundo momento da intervenção, a redução de fatores de risco, fortalecendo fatores de proteção, especialmente relacionados com o abandono escolar de jovens que iniciavam a carreira de delitos. O *PBS* operou entre 2001 e 2007, intervindo em oito bairros.

31 ZÚÑIGA, Liza. Conjugando estrategia nacional y política local en seguridad: el caso de Chile. Santiago: Serie Documentos Electrónicos Programa Seguridad y Ciudadanía, FLACSO Chile, 2010.

32 LUNECKE, Alejandra. La Paradoja de Santa Adriana; Tráfico de drogas en una población emblemática. Santiago: Instituto de Estudios Urbanos y Territoriales, Pontificia Universidad Católica, 2008.

O *Programa Barrio Seguro* iniciou-se com ferramentas metodológicas muito rudimentares: o conceito de bairro utilizado é muito genérico e não existe nenhuma precisão acerca de suas dimensões ou população. Tampouco foram planejadas avaliações de impacto do projeto. Por outro lado, o programa se centralizou no *Ministerio del Interior*, entregando escasso papel ao município em sua implementação.

Durante o primeiro governo da presidenta Michelle Bachelet (2006-2010), tomou-se a decisão de pôr fim ao *PBS* devido tanto às críticas provenientes dos governos locais, que se manifestam contra o mesmo, e também com o objetivo de fortalecer e aumentar a cobertura do *Programa Comuna Segura*. As críticas referiam-se ao excessivo centralismo do *Programa* e a sua escassa sustentação no tempo.[33]

Em suma, ao concluir o ciclo de governos da *Concertación de Partidos pela Democracia* (1990-2010), instaurou-se um processo de colaboração entre o governo central e os municípios, para desenvolver programas preventivos da violência. O governo transferia os recursos aos municípios, ano a ano, por um montante escassamente diferenciado, para todos os selecionados, com independência de seu porte e população. As intervenções deviam acomodar-se às linhas consideradas prioritárias pelo governo, e este devia aprovar os planos de segurança municipais. Contudo, para além dessas restrições, os municípios possuíam liberdade para determinar o uso dos fundos outorgados.[34]

O GOVERNO DA *ALIANZA POR CHILE* E O *PROGRAMA BARRIO EN PAZ RESIDENCIAL*

Com o início do governo da *Alianza por Chile*, coalizão de partidos de direita liberais e conservadores encabeçado pelo presidente Sebastián Piñera, observa-se uma ênfase nas políticas de segurança. Tal é assim, que em seu discurso de 21 de maio de 2010 – em que o governante informa ao país sobre sua gestão anual e projeta metas anuais de gestão – o presidente assinala: "que la lucha contra la delincuencia y el narcotráfico se están dando con nueva voluntad y decisión" para alcançar um Chile "donde el temor lo sientan los delincuentes y narcotraficantes y no las personas honestas". Continua assinalando que, para ele, o governo havia desenhado o *Plan Chile Seguro*, cujo desafio é "ganar la batalla contra la delincuencia y la droga, porque estos problemas destruyen las familias

33 *LUNECKE, op. cit., 2008.*

34 FRÜHLING, Hugo. "Políticas Públicas en materia de seguridad ciudadana durante el gobierno de Sebastián Piñera (2010-2011)". Revista de Ciencia Política, vol. 49, no 2, 2011, p. 113-126.

y son el veneno de la sociedad".[35] Uma análise do conteúdo deste discurso, que foge a este artigo, permite estabelecer que sua matriz de sentido faz alusão à guerra contra o delito e à batalha contra as drogas, pelo qual o papel pacificador do Estado tem fortes conotações coercitivas dirigidas a proporcionar tranquilidade (paz) às "pessoas honestas", a saber, os *bons* cidadãos.

Por outro lado, essa ênfase nas políticas de segurança vem acompanhada por uma maior relevância outorgada a critérios técnicos de caráter criminológico na tomada de decisões. Exemplos disso seriam a aplicação, no Chile, da terapia multisistêmica e o "programa COMPSTAD", com base no fato de que existia evidência científica do seu impacto sobre o crime. Em concordância com o olhar mais científico das políticas de segurança, assinala-se no *Plan Chile Seguro*:

> Para contar con información empírica de calidad respecto de la efectividad de las acciones y programas, se pondrá especial atención en mejorar los diseños de las evaluaciones, incorporando no solamente mediciones ex ante y ex post, sino que, en la medida de lo posible, grupos de control y la asignación aleatoria de las intervenciones según lugar o beneficiario.[36]

O novo governo finalizou o *Programa Comuna Segura* que proporcionava fundos aos municípios e, a partir do mesmo ano 2010, começaram-se a desenvolver intervenções focadas em importante número de bairros específicos, através de dois programas que interviriam em territórios delimitados por bairros: *Barrio en Paz Comercial* e *Barrio en Paz Residencial*.[37] No novo governo, a unidade de intervenção, que era o município, passou a ser uma unidade muito menor, o bairro, sem contemplar nas políticas locais de segurança cidadã a necessidade de definir planos territoriais de segurança.[38] Um dos antecedentes que fortalecem a opção pela mudança na estratégia de intervenção, passando de um enfoque municipal ao de bairro específico, tem relação com os insuficientes resultados que obteve *o Programa Comuna Segura*. A esse respeito, o *Plan Chile Seguro* expressa,

---

35 As citações do discurso de Sebastián Piñera são referidas no documento Barrio en Paz Residencial, Subsecretaría de Prevención del Delito 2011. p. 4.

36 MINISTERIO DEL INTERIOR Y SEGURIDAD PÚBLICA. Chile más seguro. Plan de Seguridad Pública 2010-2014. Santiago, 2010, p. 20.

37 *FRÜHLING; GALLARDO, op. cit., 2012.*

38 GARRIDO, P.; VARAS, C. Estudio complementario a la evaluación del Programa de Seguridad y Participación Ciudadana Fondo de Apoyo a la Gestión Municipal 2009. (Estudio de caso en cinco comunas de la Región Metropolitana). Santiago: Dirección de Presupuestos, Ministerio de Hacienda, 2010.

referindo-se ao *Fondo de Apoyo a la Gestión Municipal*: "Las evaluaciones de esta modalidad de transferencia reflejan que no tienen impacto en la reducción del delito o que su impacto es mínimo."[39]

Outros argumentos críticos mencionados no mesmo documento, referem-se a diversas dificuldades associadas a implementação do *Fondo de Apoyo a la Gestión Municipal*:

- De natureza administrativa, relativas a atrasos na entrega dos fundos por parte do governo, à dificuldades para desenvolver gestões administrativas e cumprir prazos requeridos, e problemas na prestação de contas por parte das organizações que realizavam a intervenção.
- De continuidade, devido ao fato de que os fundos se renovavam anualmente, e fazia com que não se podia assegurar sua continuidade no tempo.
- De avaliação, pela dificuldade em acessar registros de antecedentes das intervenções e seus resultados.
- De difusão e disseminação de práticas exitosas, uma vez que, em geral, não se documentavam, nem difundiam, as intervenções com resultados positivos.

DEFINIÇÕES FUNDAMENTAIS E PROCESSOS DE SELEÇÃO DE BAIRROS

O novo programa *Barrio en Paz Residencial (BPR)* fundamenta-se no fato de que o delito, a violência e a percepção de insegurança não se expressam aleatoriamente nos territórios, uma vez que sua distribuição estaria condicionada por fatores sociais, econômicos, culturais, institucionais e físico-espaciais, cuja interdependência favoreceria a probabilidade de que, em determinados setores, exista uma maior concentração de vítimas, como também, maior concentração de residências de pessoas que cometem infração penal. Segundo a teoria da eleição racional, argumenta-se que *BPR* orienta-se a intervir nos elementos presentes na produção do delito:[40] um autor motivado, uma potencial vítima e um contexto vulnerável que favorece o cometimento do delito.[41]

39 MINISTERIO DEL INTERIOR, Subsecretaría de Prevención del Delito. Manual de Caracterización de Barrios. Barrio en Paz Residencial. Manual de Caracterización de Barrios. Barrio en Paz Residencial. Unidad de Prevención. División de Seguridad Pública . Santiago, 2010, p. 57.

40 CORNISH, Derek; CLARKE, Ronald. The Reasoning Criminal: Rational Choice Perspectives on Offending. New York: Springer-Verlag, 1986.

41 SUBSECRETARÍA DE PREVENCIÓN DEL DELITO. Barrio en Paz Residencial, 2011.

De acordo com as características discursivas do enfoque a respeito do crime que predomina no governo de Sebastián Piñera, enfatiza-se uma visão científica do tipo de intervenções que se realizariam. Assim, o programa *BPR* define seus procedimentos de diagnóstico e intervenção em bairros, tanto a partir do enfoque da prevenção, como do controle com base em evidência, de acordo com as seguintes diretrizes:[42]

- Assume-se que as ações de prevenção do delito e da violência não se definem como tais por suas intenções, mas sim pelos seus resultados e impactos.
- Sustenta suas intervenções em evidência empírica, ou seja, realizam-se intervenções que tenham funcionado em outras realidades, que não são formuladas a partir de doutrinas ou a partir do senso comum.
- A fim de verificar se os programas de prevenção e controle geram efeito (redução de delitos e/ou violência), contempla una marcada vocação pela avaliação dos resultados e o impacto das intervenções realizadas, mediante padrões e metodologias rigorosas e reconhecidas pela comunidade científica.[43]
- Supera a controvérsia entre a "prevenção" e a "sanção-controle" do delito e da violência interpessoal como conceitos opostos ou mutuamente excludentes. Desta forma, as ações policiais, sociais e da comunidade, entre outras, são meios válidos e complementares para alcançar o resultado de prevenção.

Com esta matriz, o programa se orienta a identificar e intervir em bairros residenciais que apresentem algum ou a totalidade dos quatro problemas prioritários de segurança pública:

- Vitimização por delitos: contra as pessoas e/ou contra a propriedade.
- Violência interpessoal: violência intrafamiliar, violência escolar e violência entre grupos de crianças, adolescentes e jovens.
- Percepção de insegurança.
- Atividades associadas ao tráfico de drogas.

42 *Idem*, 2011, p. 7.

43 SHERMAN, Lawrence; FARRINGTON, David; WELSH, Brandon; MACKENZIE, Doris. Evidence-Based Crime Prevention. London: Routledge, 2002.

BPR não utiliza uma definição própria do conceito de bairro, assumindo de maneira provisória, ao não existir consenso acadêmico a respeito, que se entenderá de acordo com o conceito de Manzano, como

> unidad ecológica-social definida por procesos de identificación entre los residentes (relaciones, historias y valores comunes) y de identificación con el lugar (reconocimiento de los límites geográficos y recursos). Considerando a su vez que los límites son difusos y la permanencia de los sujetos en el territorio es frágil y mediata.[44]

Uma vez que não existe uma definição administrativa do bairro, o programa utilizou um conceito operativo, consistente em que devia tratar-se de territórios que não podiam superar 10.000 habitantes e que deviam ter continuidade territorial.

Finalmente, o programa está desenhado para bairros residenciais que possuem uma série de desvantagens sociais e concentração de problemas com delitos de média complexidade, mas não pretende abordar territórios de alta violência ou complexidade de delitos ou aqueles denominados bairros críticos.[45] Isso pode ser explicado pela necessidade de mostrar resultados positivos, que logo permitiram sua réplica em outras áreas territoriais. As estratégias de intervenção organizavam-se em quatro fases: (I) de Seleção do município e bairros; (II) Diagnóstico de Bairro; (III) de Prevenção e Controle; (IV) Avaliação e Saída dos Bairros.

A SELEÇÃO DOS BAIRROS A SOFREREM INTERVENÇÃO

A metodologia utilizada para a seleção dos bairros a sofrerem intervenção contemplou a construção inicial de um ranking de municípios, para então, a partir daí, pré-selecionar os bairros que receberiam a intervenção. O ranking ordenou os municípios, segundo uma variável demográfica, que ponderava em 60% o número de seus habitantes – municípios com mais de 25.000 habitantes, a fim de maximizar os efeitos da intervenção sobre uma maior quantidade de pessoas – e um "Índice Delictivo",[46] que ponderava uma taxa de 40%. A confecção do "Índice Delictivo" considerou quatro indicadores:

---

44 *SUBSECRETARÍA DE PREVENCIÓN DEL DELITO, op. cit., 2011.*

45 TUDELA, Patrício. Compendio de Buenas Prácticas en Prevención del Delito. Intercambio de experiencias respecto a la consolidación de una política pública de prevención social del delito entre México y Chile. Santiago: Fundación Paz Ciudadana y Subsecretaría de Prevención del Delito, Santiago, 2013, p. 73.

46 Nome original.

1) *Tasa de Victimización de Hogares en la Comuna* (Taxa de Vitimização de Lares no Município), com uma ponderação de 20%. O cálculo foi feito com base na informação produzida pela *Encuesta Nacional Urbana de Seguridad Ciudadana*, a ENUSC 2009.[47]

2) Casos policiais (denúncias e detenções) por delitos de maior conotação social (DMCS),[48] por cada 100.000 habitantes do município, com uma ponderação de 10%. A informação advém da base de dados AUPOL, de *Carabineros de Chile*, com dados de 2009.

3) Número de detidos por DMCS, que apresentam domicílio no município, por cada 1000.000 habitantes do município, com uma ponderação de 40%. A informação é obtida a partir da base AUPOL de *Carabineros de Chile,* com dados de 2009.

4) Número de procedimentos relativos à *Ley de Drogas* (Lei n. 20.000), realizados pelas polícias em 2009, por cada 100.000 habitantes do município, com uma ponderação de 30%. A fonte de informação corresponde aos registros da *Policía de Investigaciones y Carabineros de Chile*, para o ano de 2009.

Como se pode notar, a maior ponderação na construção deste índice foi outorgada à taxa de frequência de detidos pelo cometimento dos delitos mencionados e à taxa de procedimentos policiais em função de drogas, o que parece indicar uma preferência por municípios onde residem numerosos infratores, mais que aqueles onde ocorrem muitos delitos.

Depois do estabelecimento do ranking de municípios, procedeu-se à pré-seleção dos bairros, considerando critérios objetivos de tipo geodemográficos, como também variáveis qualitativas de tipo histórico, tais como a história e tradição do bairro, além de antecedentes de intervenções e políticas prévias no bairro, que surgem a partir de diálogo com os prefeitos (Alcaldes) e outras autoridades do governo local. A respeito dos critérios sociodemográficos, estabelece-se que os bairros não possuam mais de 10.000 habitantes pertençam a zonas urbanas e apresentem elevada concentração de, pelo menos, um dos seguintes indicadores: delitos de maior conotação social, domicílios de detidos, procedimentos com relação a drogas.

---

47 Com relação aos territórios do município que não participaram da pesquisa feita pela ENUSC 2009, foram aplicadas informações de territórios que apresentavam menores taxas de vitimização.

48 A definição de delito de maior conotação sociais (DMCS) considera os roubos ou furtos de veículos, furtos, roubos com utilização de força nas residências, roubo "por surpresa", roubo com violência ou intimidação às pessoas, lesões, homicídio ou violação.

A seleção final do bairro se realiza a partir de uma proposta de zonas críticas identificadas com a metodologia descrita, que se apresenta ao prefeito, que define, em conjunto com a contrapartida municipal e outras autoridades locais, o lugar ou bairro que, definitivamente, receberá a intervenção.

A intervenção do prefeito parece ter sido consequência da necessidade de devolver algum protagonismo aos governos locais, depois de ter sido finalizado o programa *Comuna Segura*. Contudo, isso provocou um peso considerável aos fatores políticos na seleção dos bairros, uma vez que o prefeito buscava maximizar o efeito político positivo dos fundos obtidos. Assim, uma funcionária da *Unidad de Prevención de la Subsecretaría de Prevención del Delito* entrevistada sobre esse assunto indica que, normalmente, um prefeito vai evitar focar dois programas distintos em um bairro. Assim, cita o caso da zona *Bajos de Mena*, no populoso município de *Puente Alto*:

> nunca un alcalde va a focalizar dos programas en un barrio, o sea, en el caso de Puente Alto por ejemplo, en la zona de Bajos de Mena ya estaba siendo intervenida por el Ministerio de la Vivienda y Urbanismo del cual vendría una gran inversión. El alcalde obviamente iba a diversificar la focalización de los fondos recibidos de la Subsecretaría de Prevención del Delito, siendo que la lógica del programa era ser interministerial.

A esse respeito, uma profissional a cargo de implementar programas de prevenção do delito dirá:

> yo diría que ahí hubo un error tremendo respecto a darle la posibilidad tan libre al alcalde de que escogiera el barrio donde se iba a intervenir sin tener los elementos más objetivos en el fondo de juicio para decir "este es el barrio que tiene más problemáticas en temas de seguridad" entonces escogieron barrios que no necesariamente eran los barrios que nosotros creemos que debiesen ser los que había que intervenir...

Diagnóstico do bairro

Os propósitos do *Programa* eram que, tanto as estratégias preventivas, como as de controle, se adaptassem às condições existentes em cada bairro, isto é, que não fossem padronizadas, para as quais se dependia do resultado da segunda fase do *Programa*, a saber: o processo de diagnóstico do bairro, realizando-se em conjunto com a *Municipalidad*, com a comunidade e com outras entidades relevantes. Para isso, foi preparado um manual com orientações técnicas do *Programa*. Contudo, somente nos primeiros dezoito bairros selecionados em 2010, foi possível realizar este diagnóstico de maneira oportuna, como sequência da seleção do bairro. Durante a incorporação dos 32 bairros restantes, em 2011, não foi possível realizar o diagnóstico de acordo com as orientações técnicas do *Programa*,[49] fosse pela necessidade de realizar a execução orçamentária de maneira oportuna, ou como a consequência do tempo que levava a tramitação dos convênios com as organizações a cargo das intervenções, entre outros aspectos. Como consequência, os projetos de prevenção psicossocial e situacional foram definidos, desde o nível central, de acordo com parâmetros genéricos, que vinham de programas anteriores. Dessa maneira, foi possível cumprir com as metas institucionais que indicavam o número de bairros a receberam intervenções, mas afetando a probabilidade de realizar intervenções pertinentes. Para além da intenção do governo, o efeito desta situação seria o de debilitar qualquer efeito de descentralização da política de segurança.[50]

Frente a esta situação, é frequente que os municípios se refiram ao caráter centralizado e padronizado das intervenções. Assim, a encarregada de segurança de um município do setor Norte de Santiago sustenta em uma entrevista:

> existen exigencias que son inadecuadas a las características territoriales porque se trabaja de una forma muy armada para un territorio, en este caso en el barrio residencial en paz, no se ajusta a elementos propios de la comuna por lo tanto genera más bien un acomodo, pero como tú no puedes acomodar el programa y viene estandarizado desde el gobierno central, se genera un conflicto importante, entonces no se implementa el proyecto y mi impresión es que viene desfasado no conociendo la realidad de la comuna, el programa viene estandarizado, no se ajusta a la realidad comunal.

As intervenções

As estratégias de intervenção consideradas pelo programa definiam três linhas de ação:

– Prevenção psicossoal;

49 Manual de Caracterización de Barrios. Barrio en Paz Residencial. Ministerio del Interior, Subsecretaría de Prevención del Delito. Unidad de Prevención. División de Seguridad Pública, Santiago, Chile, 2010.

50 *FRÜHLING, op. cit.*, 2011, p. 126.

- Prevenção situacional;
- Ações de controle policial.

As intervenções de prevenção psicossocial propunham-se a executar projetos referentes à violência escolar, a fim de fortalecer a convivência em estabelecimentos educacionais do bairro; de reinserção social, cujo objetivo era diminuir o risco de reincidência de delito por pessoas egressas do sistema penitenciário; de mediação municipal e justiça local, que esperavam como resultado prevenir brigas e discussões, mediante a resolução pacífica de conflitos e a gestão de justiça local; de prevenção de condutas transgressoras de crianças e adolescentes, esperando impactar na redução de fatores de risco social e de delito, promovendo condutas pró sociais para crianças e adolescentes participantes em ações transgressoras da lei penal, com ênfase em casos que já haviam registrado ingresso em unidades policias, por infração.[51]

Cabe destacar que não existe uma proposta destinada a fortalecer a coesão social ou a participação da comunidade, a fim de prevenir condutas delituosas. Com relação a este aspecto, o mesmo programa assinala que não existe evidência que respalde que uma maior participação social diminua o delito ou o temor. Assim, sustentam que

> mientras no se exista evidencia empírica del delta de diferencia de un programa con participación sobre otro sin participación en disminuir el delito y el temor, la dimensión de participación mantendrá un carácter de recomendación con base a evaluación cualitativas y de gestión o proceso.[52]

No âmbito da prevenção situacional, a intervenção contemplava executar projetos de iluminação, de instalação de câmaras, de alarme comunitário, de recuperação de espaços públicos. O resultado esperado para estas intervenções era o de "disminuir las oportunidades para la comisión de delitos en el espacio público y la percepción de temor e inseguridad de las personas, mediante la modificación de características ambientales en un determinado entorno".[53]

Com relação ao aspecto mencionado, as estratégias de controle policial, as operações efetuadas pelo programa foram variando. No começo, organizaram intervenções policiais destinadas a desbaratar redes de microtráfico e presença

51 Ministerio del Interior, Barrio en Paz Residencial, presentación PPT para DIPRES, Santiago, 2011.

52 Documento de trabajo: Observaciones Técnicas del Departamento de Estudios de la Subsecretaría de Prevención del Delito sobre Estado de Implementación y Diseño de Barrio en Paz, 2012.

53 *Idem.*

delituosa nos bairros, a fim de modificar as condições de convivência e facilitar a implantação dos programas preventivos. Contudo, *Carabineros* expressou em ocasiões que estas operações não se justificavam, uma vez que em muitos casos, os bairros que sofreram intervenções não eram especialmente violentos.

Posteriormente, as polícias atuam em duas fases, que não necessariamente são sucessivas ao envolver tempos institucionais diferentes. A primeira, de prevenção, considera o reforço do patrulhamento preventivo policial focalizado; controles em dias e horários de maior alteração à segurança e ordem pública, além do fortalecimento da relação *Carabineros-Comunidade*. O ente responsável por esta fase eram os *Carabineiros de Chile*. Na segunda fase, se propunha a otimização e foco do trabalho de perseguição penal e policial, através da realização de ações de detenção proativas, além da realização de operações policiais especiais de controle. Esta fase se efetuava sob a responsabilidade da *Policía de Investigaciones de Chile*.

O próprio programa realizou um ajuste em 2012, ao observar que a definição inicial de operar com base em duas fases - patrulhamentos focalizados e detenções proativas - resultava insuficiente. A esse respeito, destaca-se um ajuste realizado pelo próprio programa, devido ao fato de que o tráfico de drogas, o porte ilegal de armas e os atos de violência no bairro, apresentavam importantes diferenças entre os bairros. Em consequência, reorganizou-se a ação policial, estabelecendo-se, em primeiro lugar, um componente de controles preventivos, seguida de uma fase de fiscalizações do cumprimento de ordens e normas e uma terceira de operações especiais. Por sua vez, substituiu-se a estratégias de manter um reforço móvel, em pelo menos um *hot spot* do bairro que sofreu intervenção, para mobilizar o reforço a distintos pontos, de acordo com a informação analítica construída pelas polícias.

A informação existente acerca da distribuição das intervenções preventivas realizadas, demonstra o predomínio das ações de prevenção situacional, sobre as de tipo psicossocial.

Tabela n. 1: Distribuição de projetos - *Barrio en Paz Residencial*

PROGRAMA *BARRIO EN PAZ RESIDENCIAL*

Ano	Situacional	Psicossocial	Total
2011	99 (58%)	73 (42%)	172
2012	73 (53%)	64 (47%)	137

Fonte: Elaboração do autor, a partir do *Informe a Comisión Mixta del Senado de Subsecretaría de Prevención del Delito*, 2012.

Esta ênfase, segundo informação obtida em entrevistas realizadas com encarregados do *Programa*, obedeceu ao fato de que os projetos de tipo situacional são altamente visíveis para os cidadãos, e que se supõe um impacto quantitativo maior em termos de sua contribuição para reduzir a percepção de insegurança, enquanto os projetos de intervenção psicossocial amadurecem em um período maior e seu impacto quantitativo sobre o temor seria menor. Assim, uma profissional encarregada pelo programa sustenta:

> Partimos con un componente de prevención psicosocial bastante más fuerte, y con el tiempo hemos visto que tanto los intereses de las personas como de los alcaldes, como lo que muestran los estudios, han llevado a fortalecer el componente situacional. (...) El trabajo psicosocial, si bien lo seguimos realizando, es de un impacto que puede ser mucho más profundo, pero es mucho más pequeñito en cuanto a la cantidad de beneficiarios a los cuales podemos llegar, versus un componente situacional en el cual iluminando un lugar por donde circula mucha gente, impactas al barrio completo; entonces la percepción de seguridad cambia muchísimo."[54]

Talvez uma explicação mais realista se deva a razões políticas. Uma especialista em matéria de segurança cidadã sustenta: "(...) La otra dificultad es la inconsistencia temporal que se exacerba con periodos electorales de 4 años, y que por lo tanto la ejecución de cosas visibles pasa a ser más importante que instalar cosas más duraderas".

Esta decisão se expressou em uma distribuição do orçamento abertamente favorável para os projetos de tipo situacional, uma vez que estes são mais caros. Em média, cada bairro recebia $100 milhões de pesos anualmente (aproximadamente US$200.000), da *Subsecretaría de Prevención del Delito*. A distribuição destes recursos devia obedecer a critérios estabelecidos pelo nível central, e o investimento se realizaria de acordo com as necessidades identificadas em um diagnóstico do bairro e ao sancionado cada ano pela *Mesa Barrial*. Contudo, e tal como se descreveu previamente, em um número majoritário dos bairros, tais diagnósticos não existiram e, em consequência, os tipos de intervenções aprovadas não respondem a eles.

---

54 Entrevista realizada com a Chefe do *Subprograma Barrio en Paz Residencial*. OLIVERA, M. Análisis Estado Implementación y Diseño Evaluación Programa "Barrio en Paz". Santiago: GUERNICA Consultores, Dirección de Presupuestos, Ministerio de Hacienda, 2012, p. 76.

Tabela n. 2: Custo Total por *Subprograma* – Ano 2011 (Miles de $)[55]

	Custo BP Residencial Ano de 2011	
Barrio en Paz Residencial	Montante	% Subprograma
Justiça Local	516.783	9%
Prevenção de Condutas de Crianças e Adolescentes	1.313.714	22%
Prevenção de Violência Escolar	144.534	2%
Prevenção situacional através do desenho urbano seguro	3.955.948	65%
Reabilitação e Reinserção Social	131.056	2%
Total	6.062.034	100%

Fontes: *Subsecretaría de Prevención del Delito.*

Avaliação do *Barrio em Paz Residencial*

O desenho inicial do programa previa a realização de uma pesquisa que estabelecia o ponto de partida ("línea base"), além de outra ao término do período de execução, a fim de comparar a situação inicial e final de vitimização nos bairros que sofreram intervenção. Por sua vez, se estabelecia a necessidade de avaliar, tanto no início como no final, os fatores de risco presentes no território, em relação à vitimização por delitos contra as pessoas e/ou contra a propriedade; violência interpessoal; violência intrafamiliar; violência escolar e violência entre grupos de crianças, adolescentes e jovens; percepção de insegurança; e atividades associadas ao tráfico de drogas. Finalmente, sustentava-se que entre ambas as medições se aplicassem avaliações de processo e técnicas de controle de gestão com o objetivo de resguardar a qualidade do trabalho preventivo.

Uma avaliação posterior, a respeito do estado de implementação do programa, em que se propõe um desenho para a realização da avaliação de impacto do mesmo,[56] pôde constatar que a pesquisa do ponto de partida ("línea base inicial") foi realizada em todos os bairros que sofreram intervenção. Contudo, inicialmente se previa sua aplicação ao *cuadrante*[57] completo a que correspondia

55 Equivale a um investimento de US$ 11.725.404,26, para o ano de 2011, com uma taxa de conversão de $517 pesos chilenos por dólar.

56 OLIVERA, M. Análisis y Diseño Evaluación Programa "Barrio en Paz", Tercer Informe: Propuesta de diseño de Evaluación de Impacto. Santiago: GUERNICA Consultores, Dirección de Presupuesto, Ministerio de Hacienda, 2013.

57 A unidade territorial "cuadrante" foi estabelecida pelos *Carabineros de Chile*, em seu *Plan Cuadrante de Seguridad Preventiva*, que é um programa de vigilância, que divide a área em territórios

o bairro – definindo segundo o setor onde foi e onde não foi realizada a intervenção –, a fim de gerar grupos de controle. Não obstante, por razões de restrição orçamentária, em trinta e um dos cinquenta bairros que sofreram intervenções, só se realizou a medição nos setores a sofrerem intervenções pelo programa.

Tabela n. 3: Alcance da amostra, Pesquisa *Línea de Base, Barrio en Paz Residencial*

Alcance da Amostra (Bairro ou *Cuadrante*)		BP Residencial
Setor que sofreu intervenção	N	31
	%	62%
Cuadrante completo	N	19
	%	38%
Total	N	50
	%	100

Fonte: Elaboração do autor, a partir do *Informe de Evaluación, propuesta de Evaluación de Impacto*, (Guernica Consultores, 2013).

Por outro lado, a medição do ponto inicial ("línea de base") de referência nem sempre coincide com o momento prévio ou de início da intervenção; em 74% dos bairros, a aplicação da pesquisa foi realizada posteriormente,[58] o que poderia ter afetado a percepção dos entrevistados, não podendo utilizarem-se as informações obtidas como dados confiáveis em uma avaliação final dos resultados ou impactos do programa.

menores denominados *cuadrantes*.

58 Não existe em cada caso uma data de início de cada intervenção, o que fez com que, em muitos casos, tenha-se utilizado a data de assinatura do convênio de execução do programa no território municipal.

Tabela n. 4: Tempo de levantamento da Pesquisa a partir do ponto inicial ("Línea de base"), ***Barrio en Paz Residencial***

Relação do período entre o início da intervenção e "Línea de Base"		BP Residencial
Antes da intervenção	N	13
	%	26%
Depois da intervenção	N	37
	%	74%
Total	N	50
	%	100

Fonte: Elaboração do autor, a partir do *Terceiro Informe de Evaluación*, Propuesta de Evaluación de I*mpacto*, Guernica Consultores, 2013.

O levantamento desta informação foi realizado externamente, pela *Fundación Paz Ciudadana* e pela empresa *Collect*, respectivamente, baseados em instrumentos que apresentam algumas diferenças, uma vez que na primeira aplicação foram realizadas questões abertas e na segunda recorreu-se à codificação prévia das alternativas determinada pelo pesquisador.

O conteúdo da pesquisa foi construído com base no questionário da *Encuesta Nacional Urbana de Seguridad Ciudadana (ENUSC)*, especialmente no que se refere aos módulos de vitimização de pessoas e de lares. Este instrumento é considerado adequado, uma vez que possui validade – tem sido aplicado há 15 anos – e confiaça.

As pesquisas realizadas só permitem estabelecer se o foco foi correto no caso dos dezenove bairros iniciais em que se realizou a pesquisa de "línea de base", constrastando os indicadores de vitimização com aqueles lares do cuadrante a que pertencia o bairro, como um grupo controle. Os resultados desta análise[59] permitem concluir que na metade dos bairros que sofreram intervenção, os níveis de vitimização eram menores do que os outros setores do mesmo *cuadrante*, e que nos bairros focalizados a vitimização era menor (entre 9% e 25%) que a taxa média nacional para 2011. Contudo, os moradores dos bairros focados tendiam a registrar níveis mais elevados de insegurança sobre os habitantes dos outros setores do *cuadrante*. Observou-se, também, que 63% dos habitantes dos bairros que sofreram intervenções pelo programa faziam referência ao fato de que os níveis de insegurança haviam aumentado nos últimos doze meses

59 *OLIVERA*, *op. cit.*, 2012, p. 68-70.

no bairro, *versus* o que sustentavam os outros habitantes do mesmo *cuadrante*. Embora a redução da insegurança subjetiva constitua um objectivo legítimo de segurança pública, cabe questionar se esse era o principal objetivo do programa em seu início. Além disso, se o tipo de intervenção desenhada era pertinente para reduzir os níveis de medo.

PROCESSO DE FINALIZAÇÃO DO PROGRAMA

Com a instalação do novo governo de M. Bachelet, em março de 2014, e de acordo com as prioridades estabelecidas em matéria de segurança pública em seu programa de governo, determinou-se a finalização do *Programa Barrio en Paz*. Assim, em 2014, solicitou-se uma alteração do orçamento para realocar os fundos aprovados e destiná-los a outras prioridades do novo governo, além de se anunciar que, para 2015, o programa seria encerrado.[60]

O encerramento do *BPR* pode ser explicado pelo interesse do novo governo em dar um novo protagonismo aos governos locais, no que concerne à prevenção. A nova política enfatiza a recuperação da participação da cidadania, que como já mencionamos, não constituía uma prioridade para o governo anterior. Como de costume, o novo governo modela um novo *Plan Nacional de Seguridad Pública y Prevención de la Violencia y el Delito "Seguridad para Todos"*, que enuncia que a segurança constitui um direito humano. Assim, sustenta: "concibe la seguridad como un derecho social que debe ser garantizado por el Estado, centrándose en la prevención y otorgando un rol protagónico a la comunidad."[61]

O nível de intervenção prioritária passa a ser local, como "espacio privilegiado de coordinación, articulación y formulación de metas compartidas con los servicios públicos descentralizados." Assim, a primeira meta do *Plan* corresponde à implementação de *Planes Comunales de Seguridad Pública* em setenta e quatro municípios prioritários. Estes territórios se incorporariam gradualmente, ao longo de três anos. Isto implica devolver ao nível local, a partir da geração de *Políticas Comunales de Seguridad Pública*, a capacidade de identificar os princi-

60 Segundo se assinala no *Informe de Seguimiento de Programas Sociales. Indicadores de desempeño 2014*: o programa executou recursos até a aplicação de uma modificação orçamentária que foi aprovada pela *Dirección de Presupuesto*, em julho de 2014, a que designou uma parte dos recursos de acordo com o solicitado por aquela *Subsecretaría*. A razão desta modificação se sustenta no fato de dar cumprimento ao anunciado no discurso de 21 de maio, da presidenta da República, acerca da implementação, em quatorze municípios, do *"Plan Comunal de Seguridad Publica"*, que tinha seu sustento no programa *"Seguridad para Todos"*, que era parte do programa de governo 2014-2018. O programa propriamente dito, não continua como linha orçamentária para 2015.

61 *SUBSECRETARÍA DE PREVENCIÓN DEL DELITO*, *op. cit.*, 2014, p. 6.

pais problemas relacionados à segurança no território, priorizando as linhas de ação e formas de intervenção pertinentes à realidade do município. Para isso, o governo vai transferir recursos, por três anos, aos municípios beneficiados.

A reorientação das políticas públicas para o nível do município não implica descartar totalmente a possibilidade de intervir no bairro. Assim, o *Plan Seguridad para Todos* impulsionará o *Programa Juntos Más Seguros* em vinte e cinco bairros prioritários e de alta complexidade (vinte bairros prioritários e cinco de alta complexidade), que serão selecionados entre os que acumularem maior quantidade de fatores de risco que incidam na geração de certos tipos de violência e criminalidade. Nestes bairros se desenvolverão programas de prevenção e reinserção social e de trabalho para os adolescentes, os programas de prevenção social, destinados a reduzir os fatores de risco, além de programas de prevenção situacional com vistas a melhoria do espaço público. Outro objetivo desta intervenção é o fortalecimento do tecido social através de iniciativas para robustecer as organizações de base, a fim de gerar as condições que fomentem a ocupação do espaço público e propiciar uma relação de cooperação entre vizinhos e serviços públicos. Em suma, objetivos não muito distantes do *BPR*, mas desta vez focando em bairros provavelmente diferentes, dos quais cinco deviam ser especialmente violentos.

Diferentemente de experiências anteriores, o governo procurará institucionalizar legalmente o funcionamento dos *Consejos Comunales* e proporcionar assistência técnica permanente aos municípios, para o desenvolvimento do seu trabalho. Do mesmo modo, o projeto de lei enviado ao Congresso indica um aumento das funções municipais, dado que corresponderá aos municípios o desenvolvimento, implementação, promoção e apoio de ações de prevenção social, situacional e de reintegração social, para além da adoção de medidas na área de segurança pública em nível do território do município. No entanto, na discussão do projeto de lei no Congresso, os municípios deixaram claro que não correspondia lhes entregarem funções permanentes, sem o acompanhamento de recursos do mesmo caráter.

Assim, no final de um período de quinze anos, pode-se afirmar que a inclusão dos programas de prevenção no território, ainda se constitui como uma prioridade governamental no Chile. Certamente, tem havido um processo de aprendizagem que se reflete em um maior desenvolvimento nas intervenções preventivas e em um esforço realizado no *Plan Seguridad para Todos*, a fim de resolver dificuldades administrativas que afetavam o programa *Comuna Segura*.

Contudo, é possível detectar descontinuidades nos programas, substituição de uns por outros, sem explicação adequada acerca das razões, numa situação de fraca governança.

A GUISA DE CONCLUSÃO. ELEMENTOS CRÍTICOS DA IMPLEMENTAÇÃO DE PROGRAMAS A NÍVEL TERRITORIAL

Um primeiro aspecto que deve ser destacado sobre o desenvolvimento deste tipo de programas no Chile é que eles funcionam, até agora, em um contexto institucional precário. As primeiras intervenções constituem programas que canalizam recursos aos municípios, mas que não são acompanhados da entrega de atribuições permanentes para prevenir o delito, tampouco de fontes de recursos permanentes. Dependendo do governo, os programas são executados de modo mais centralizado (*Barrio Seguro* e *BPR*) ou mais descentralizado, com base nos municípios (*Comuna Segura*).

Naturalmente, há um processo de aprendizado na formulação e implementação dessas políticas: assim, constata-se que *BPR* apresenta uma definição operacional de bairros, que determina o seu limite e dimensão máximos, que utiliza informação estatística no processo de seleção dos mesmos, além de haver uma tentativa séria para avaliar resultados das intervenções. No entanto, um conjunto de elementos colocam em dúvida o grau em que a implementação corresponde ao desenho original.

Um deles refere-se à relação entre o governo central e prefeitos. O fato de que são os prefeitos que decidem, finalmente, sobre a execução em determinado bairro, pode influenciar para que a seleção não corresponda a setores que, efetivamente, tenham suficientes problemas de segurança. Outro tipo de conflito pode ocorrer entre o governo central, que é de determinada linha política, e um prefeito que é de uma posição política diferente. Um exemplo é o que aconteceu no município de *La Granja*, *Población San Gregorio*, que ainda que se encontre entre as áreas priorizadas, devido a diferenças com o governo se recusou a assinar o acordo e foi finalmente excluída do programa.

Aspectos políticos e de visibilidade dos projetos incidem fortemente para que exista um desequilíbrio entre os programas de prevenção situacional e os de prevenção psicossoal. Os primeiros se favorecem orçamentariamente, sem argumentos suficientemente convincentes.

As intervenções desenhadas no *BPR*, ou em outros programas, caracterizam-se por não levantar informação adequada sobre as dinâmicas sociais que ocorrem no âmbito do bairro, a fim de tornar os programas executados, sustentáveis ao longo do tempo. Por outro lado, aspectos relativos à participação do território municipal, coesão social e eficácia coletiva não são considerados.[62]

Em relação às políticas de segurança no território, um prefeito de Santiago entrevistado argumenta:

> yo siento que si se le pudiera poner un calificativo es una estructura escuálida, y siento que de alguna manera el gobierno de turno al final termina haciendo muchas modificaciones, ¿ya?, y al final no se consolida una política de Estado, sino que lo que hay son, en el fondo, acciones momentáneas de corto plazo que distintos gobiernos van estructurando en virtud de la visión que tienen.

A análise que temos feito confirma, ao menos em parte, esta crítica.

Referências bibliográficas

ARAYA, Jorge; SIERRA, David. Influencia de factores de riesgo social en el origen de conductas delincuenciales. Índice de vulnerabilidad social-delictual. Santiago: Serie de Estudios. División de Seguridad Pública, Ministerio del Interior, 2002.

AVDIJA, Avdi. "Evidence-Based Policing: A Comparative Comparative Analysis of Eight Experimental Studies focused in the area of Targeted Policing". International Journal of Criminal Justice Sciences (IJCJS), n. 2, vol. 3, 2008, p. 110-128.

BANCO INTERAMERICANO DE DESARROLLO. La Política de las Políticas Públicas: Progreso Económico Social en América Latina, Informe 2006. Washington D.C.: Banco Interamericano de Desarrollo-Planeta Mexicana, 2006.

BLUMSTEIN, Alfred; COHEN, Jacqueline (orgs.). Criminal Careers and "Career Criminals" (vol. 1). National Academy of Sciences, Washington D.C.: National Academy Press, 1986.

BRAGA, Anthony; BOND, Brenda. "Policing Crime and Disorder Hot Spots: A randomized controlled trial". American Society of Criminology, vol. 46, n°3, 2008, p. 577-607.

BRAGA, Anthony; WEISBURD, David. "Editors' Introduction: Empirical Evidence on the Relevance of Place in Criminology." Journal of Quantitative Criminology, n. 2, 2010, p. 1-6.

62 *FRÜHLING; GALLARDO, op. cit., 2012.*

BRAGA, A.; WEISBURD, D. Policing Problem Places: Crime Hot Spots and Effective Prevention (Studies in Crime and Public Policy). New York: Oxford University Press, 2010.

CANO, I. Evaluación Preliminar del Proyecto "Barrio Seguro", 2007.

CASAS-ZAMORA, Kevin. La Polis Amenazada. (In)Seguridad Ciudadana y Democracia en América Latina y el Caribe. Washington DC.: Brookings Institution, Organización de Estados Americanos, 2012.

CORNISH, Derek; CLARKE, Ronald. The Reasoning Criminal: Rational Choice Perspectives on Offending. New York: Springer-Verlag, 1986.

DORAN, Bruce; LEES, Brian. "Investigating the Spatiotemporal Links between Disorder, Crime, and the Fear of Crime". The Professional Geographer, no 57, 2005, p. 1-12.

ESCOBAR, Gipsy. "El uso de la teoría de la desorganización social para comprender la distribución de homicidios en Bogotá, Colombia". Revista INVI, vol. 27, n° 74, 2012, p. 21-86.

FELBAB BROWN, Vanda. Bringing the State to the Slum – Confronting Organized Crime and Urban Violence in Latin America, Washington DC: Brookings, 2011.

FRÜHLING, Hugo. La eficacia de las políticas públicas de seguridad ciudadana en América Latina y el Caribe. Cómo medirla y cómo mejorarla. Banco Interamericano del Desarrollo, 2012.

FRÜHLING, Hugo. "Políticas Públicas en materia de seguridad ciudadana durante el gobierno de Sebastián Piñera (2010-2011)". Revista de Ciencia Política, vol. 49, no 2, 2011, p. 113-126.

FRÜHLING, Hugo; GALLARDO, Roberto. "Programas de seguridad dirigidos a barrios en la experiencia chilena reciente". Revista INVI , vol. 27, no 74, 2012, p. 149-185.

GALSTON, William. "Political Feasibility: Interests and Power". In GOODIN Robert E.; MORAN, Michael; REIN, Martin. The Oxford Handbook of Public Policy. Oxford: Oxford University Press, 2008, p. 543-556.

GARRIDO, P.; VARAS, C. Estudio complementario a la evaluación del Programa de Seguridad y Participación Ciudadana Fondo de Apoyo a la Gestión Municipal 2009. (Estudio de caso en cinco comunas de la Región Metropolitana). Santiago: Dirección de Presupuestos, Ministerio de Hacienda, 2010.

HOWARD, David. "Urban Violence, Crime, and the threat to 'Democratic Security' in the Dominican Republic". In: MCGREGOR, Duncan; DOD-

MAN, David; BARKER, David. Global Change and Caribbean Vulnerability: Environment, Economy, and Society at Risk. Kingston: University of the West Indies Press, 2009, p. 298-316.

IGLESIAS, Carlos Basombrío. *¿Qué hemos hecho? Reflexiones sobre respuestas y políticas públicas frente al incremento de la violencia delincuencial en América Latina. Proyecto Seguridad Ciudadana en las Américas. Tendencias y políticas públicas.* Woodrow Wilson Reports ont the Americas n°30. Washington D.C.: Wilson Center, 2012.

LEWIS, Dan; MAXFIELD, Michael. "Fear in the neighborhoods: An investigation of the impact of crime." Journal of research in crime and delinquency, vol. 2, n. 17, 1980, p. 160-189.

LUNECKE, Alejandra. La Paradoja de Santa Adriana; Tráfico de drogas en una población emblemática. Santiago: Instituto de Estudios Urbanos y Territoriales, Pontificia Universidad Católica, 2008.

LUNECKE, Alejandra; GUAJARDO, Carlos. Política de Prevención del delito en Chile: Del Programa Comuna Segura – Compromiso 100 a los Planes Comunales de Seguridad Pública. Santiago (Chile): Sin publicar, 2009.

MAZEROLLE, Lorraine; SOOLE, David; ROMBOUTS, Sacha. "Drug Law Enforcement A Review of the Evaluation Literature." Police Quarterly, vol. 2, no 2, 2007, p. 115-153.

MINISTERIO DEL INTERIOR Y SEGURIDAD PÚBLICA. Chile más seguro. Plan de Seguridad Pública 2010-2014. Santiago, 2010.

MINISTERIO DEL INTERIOR, Subsecretaría de Prevención del Delito. Manual de Caracterización de Barrios. Barrio en Paz Residencial. Manual de Caracterización de Barrios. Barrio en Paz Residencial. Unidad de Prevención. División de Seguridad Pública . Santiago, 2010.

OLAVARRÍA, Maurício; TOCORNAL, Xuri, MANZANO, Liliana.; FRUHLING, Hugo. "Crimen y violencia urbana. Aportes de la ecología del delito al diseño de políticas públicas". Revista INVI, vol. 23, n. 64, p. 19- 59, 2008.

OLIVERA, M. Análisis Estado Implementación y Diseño Evaluación Programa "Barrio en Paz". Santiago: GUERNICA Consultores, Dirección de Presupuestos, Ministerio de Hacienda, 2012.

OLIVERA, M. Análisis y Diseño Evaluación Programa "Barrio en Paz", Tercer Informe: Propuesta de diseño de Evaluación de Impacto. Santiago: GUERNICA Consultores, Dirección de Presupuesto, Ministerio de Hacienda, 2013.

PNUD. Informe Regional de Desarrollo Humano 2013-2014. SEGURIDAD CIUDADANA CON ROSTRO HUMANO: diagnóstico y propuestas para América Latina. Nueva York: Programa de Naciones Unidas para el Desarrollo, 2013.

ROSENFELD, Richard; FORNANGO, Robert; RENGIFO, Andrés. "The impact of order-maintenance policing on New York City homicide and robbery rates: 1988-2001". Criminology , vol. 2, no 45, 2007, p. 355-384.

SAMPSON, Robert. Great American City. Chicago and the enduring neighborhood effect. Chicago: The University of Chicago Press, 2013.

SAMPSON, Robert; GROVES, W. Byron. "Community structure and crime: Testing social-disorganization theory". American journal of sociology, vol 94, n°4, jan 1989, p. 774-802.

SAMPSON, Robert, MORENOFF, Jeffrey; GANNON-ROWLEY, Thomas. "Assessing 'Neighborhood effects': Social processes and new directions in research." Annual review of sociology, vol. 28, Ago 2002, p. 443-478.

SAMPSON, Robert, RAUDENBUSH, Stephen, EARLS, Felton. "Neighborhoods and violent crime: A multilevel study of collective efficacy". Science, n° 5328, vol. 277, 1997, p. 918-924.

SHAW, Clifford; MCKAY, Henry. Juvenile delinquency and urban areas. Chicago: University of Chicago Press, 1942.

SHERMAN, Lawrence; FARRINGTON, David; WELSH, Brandon; MACKENZIE, Doris. Evidence-Based Crime Pre vention. London: Routledge, 2002.

SUBSECRETARÍA DE PREVENCIÓN DEL DELITO. Barrio en Paz Residencial, 2011.

SUBSECRETARÍA DE PREVENCIÓN DEL DELITO. Documento de trabajo: Observaciones Técnicas del Departamento de Estudios de la Subsecretaría de Prevención del Delito sobre Estado de Implementación y Diseño de Barrio en Paz, 2012.

THE WORLD BANK. Violence in the City. Understanding and Supporting Community Responses to Urban Violence. The World Bank. Social Development Department Conflict, Crime and Violence Team., Washington DC, 2011.

TOCORNAL, Ximena; TAPIA, Ricardo; CARVAJAL, Yuri. "Delincuencia y violencia en entornos residenciales de Santiago de Chile". Revista de Geografía Norte Grande, no 57, 2014, p. 83-101.

TUDELA, Patrício. Compendio de Buenas Prácticas en Prevención del Delito. Intercambio de experiencias respecto a la consolidación de una política pública de prevención social del delito entre México y Chile. Santiago: Fundación Paz Ciudadana y Subsecretaría de Prevención del Delito, 2013.

WEISBURD, David; GROFF, Elisabeth; YANG, Sue-Ming. The criminology of place: Street segments and our understanding of the crime problem. Oxford: Oxford University Press, 2012.

WILSON, James; KELLING, George. "Broken windows". Atlantic monthly, n. 249, vol. 3, p. 29-38, 1982.

ZÚÑIGA, Liza. Conjugando estrategia nacional y política local en seguridad: el caso de Chile. Santiago: Serie Documentos Electrónicos Programa Seguridad y Ciudadanía, FLACSO Chile, 2010.

A pacificação aos olhos da justiça: Justiça Militar e crimes militares em ações de pacificação

Angela Moreira Domingues da Silva

Apresentação

O presente artigo tem como objetivo evidenciar alguns aspectos do processo de criminalização e julgamento de ações que configuraram delitos militares, durante a atuação de Forças de pacificação no Rio de Janeiro, integradas por militares.[1]

Juridicamente, a participação das Forças Armadas brasileiras em ações denominadas de "pacificação" é possível, porque uma de suas atribuições é atuar em atividades caracterizadas como de "garantia da lei e da ordem", a chamada GLO. Tal categoria abarca o desempenho de militares em ações de naturezas diversas, como auxiliar órgãos públicos ou empresas privadas na execução de obras e serviços de engenharia, ou mesmo cooperar com órgãos federais na repressão aos delitos em território nacional, que tenham repercussão nacional e internacional, entre outras atividades que podem ser vinculadas à área de segurança

1 Esta pesquisa é fruto de reflexões com as professoras Adriana Barreto e Maud Chirio sobre a ideia de pacificação presente na sociedade brasileira, em uma perspectiva de longa duração, orientada para lidar com temas muitos distintos, em períodos diferentes da história brasileira. Há alguns anos venho pesquisando sobre a atuação da Justiça Militar brasileira, em perspectiva histórica, e acompanhava com certo distanciamento empírico as notícias sobre o julgamento de civis por este órgão do Poder Judiciário brasileiro, acusados de crimes militares cometidos em ações de pacificação. Para fins deste trabalho, decidi, ainda que de maneira exploratória, voltar minha atenção para este fenômeno, aparentemente recente, mas que tem raízes profundas na sociedade brasileira.

pública, como já tem sido analisado por autores como Maria Celina D'Araujo, João Arruda, Thiago Rodrigues, entre outros.[2]

Esta prerrogativa possibilitou, por exemplo, o acionamento do Exército na ocupação do Complexo da Maré, do Alemão e da Penha, a partir de 2010, na cidade do Rio de Janeiro. A ampliação das funções militares teve consequências diretas nas atividades da Justiça Militar, ramo especializado do Poder Judiciário brasileiro, no que concernia a questionamentos acerca do conceito de crime militar, assim como sobre a jurisdição responsável por julgá-los em casos vinculados a ações de pacificação.

Pretende-se, portanto, acompanhar as modificações em torno das atribuições das Forças Armadas, levando-as a atuar em Forças de pacificação, para então problematizar a atuação da Justiça Militar brasileira no julgamento de crimes militares cometidos nessas situações, em especial os delitos cometidos por civis.

Salienta-se que, para fins desta reflexão, considera-se a Justiça Militar uma instituição híbrida, com um viés jurídico-corporativo, porque, apesar de ser um ramo especial do Poder Judiciário brasileiro, ela conserva um *ethos* militar muito forte, que influencia na sua composição[3] e em uma atenção aos códigos que regem a função e a rotina das Forças Armadas. Faz-se necessária a ressalva de que a preocupação em registrar e fazer esse vínculo entre a atuação de forças de pacificação e o papel da Justiça Militar origina-se da percepção de uma abrangência paulatina acerca da competência da Justiça Militar desde o processo de redemocratização.

Este trabalho está organizado em duas partes: na primeira será analisada a ampliação das atribuições das Forças Armadas e o amplo guarda-chuva no qual se configura a chamada *garantia da lei e da ordem;* em um segundo momento, serão apresentadas as implicações que essa nova atribuição da corporação militar gerou para a Justiça Militar brasileira, principalmente no que concerne ao julgamento de civis acusados de crimes militares.

---

2 ARRUDA, João Rodrigues. O uso político das Forças Armadas. Rio de Janeiro: Mauad X, 2007. D'ARAUJO, Maria Celina. Militares, democracia e desenvolvimento: Brasil e América do Sul. Rio de Janeiro: FGV, 2010. RODRIGUES, Thiago. "Narcotráfico e Militarização nas Américas: Vício de Guerra", Contexto Internacional, Rio de Janeiro, vol. 34, no 1, janeiro/junho 2012, p. 9-41.

3 Composta por civis e militares, em função do regime de escabinato que orienta sua constituição. Ver artigos 122, 123 e 124 da Constituição Federal de 1988.

FORÇAS ARMADAS E SUAS ATRIBUIÇÕES SUBSIDIÁRIAS

A profissão militar no Brasil, no que diz respeito à diversificação das atribuições das Forças Armadas, tem mudado consideravelmente nas últimas décadas. Tais modificações implicaram, diretamente, na reconfiguração do arcabouço legal e jurídico que conforma a atuação dos militares, assim como o acompanhamento judicial sobre o seu desempenho profissional.

Segundo o art. 142 da Constituição de 1988, a função das Forças Armadas brasileiras volta-se "à defesa da Pátria, à garantia dos poderes constitucionais e, por iniciativa de qualquer destes, da lei e da ordem." Vale ressaltar que desde a Constituição de 1934, já aparece como função das Forças Armadas defender a "ordem e a lei". Tal prerrogativa foi replicada nas cartas constitucionais de 1946 e 1967, possibilitando observar uma perspectiva de longa duração na atribuição dos militares de força e ator político "garantidor" de noções como ordem e legalidade.[4]

No rol das atribuições subsidiárias, expressas de forma generalizada na Constituição de 1988, encontram-se atividades mais específicas a serem realizadas pelos militares, que se desdobram na sua atuação profissional, em plano nacional e internacional. Dessa forma, a atribuição das Forças Armadas brasileiras ganhou ares de complexidade ao longo do século XX e início do XXI, levando-as a operarem em atividades de garantia da lei e da ordem, em operações de "pacificação" de comunidades metropolitanas, de ocupação e vigilância da Amazônia, de manutenção e defesa da segurança externa do país, atuação em missões de paz, entre outras.

Tais modificações começaram a ser operacionalizadas durante o governo do presidente Fernando Henrique Cardoso, quando foi publicada a lei complementar n. 97, em 1999, regulamentada pelo decreto n. 3.897, de 2001, e modificada cinco anos depois pelo presidente Luis Inácio Lula da Silva, por meio da lei complementar n. 117, de 2004, que incorporou novo elenco de atribuições aos militares brasileiros no que tange às suas funções.

Ambas as leis complementares, promulgadas por Fernando Henrique Cardoso e por Lula, mantiveram o texto constitucional e acrescentaram às responsabilidades das Forças Armadas "o cumprimento das *atribuições subsidiárias* [grifo nosso]". Estavam expressas, portanto, nesta lei, que por atribuições subsidiárias gerais poder-se-ia entender a cooperação com o (I) desenvolvimento nacional e com a (II) defesa civil.

4 Ver art. 142 da Constituição de 1934, art. 177 da Constituição de 1946 e art. 94 da Carta de 1967.

Como atividades subsidiárias específicas, citam-se algumas, restritas ao Exército:

> Art. 17-A.
>
> III - cooperar com órgãos federais, quando se fizer necessário, na repressão aos delitos de repercussão nacional e internacional, no território nacional, na forma de apoio logístico, de inteligência, de comunicações e de instrução.

O somatório entre a *garantia da lei e da ordem* e o cumprimento de *atividades subsidiárias* oferece respaldo legislativo e institucional, atualmente, para o acionamento da corporação militar em diversas situações: como força de pacificação, como força de segurança durante a Copa do Mundo, em 2014, e as Olimpiadas, em 2016, ou mesmo como força de repressão a manifestações sociais.

Observa-se, portanto, um movimento de abrangência e expansão do papel das Forças Armadas a partir da década de 1990, transformando a natureza da sua função institucional e gerando implicações tácitas à ideia de profissionalização militar. Por outro lado, a vinculação entre a ação militar como força de pacificação, não pode ser vista ao largo de uma flexibilidade em torno da noção de *ordem*, cujos contornos têm se mostrado bastante maleáveis ao longo da história do Brasil.

Durante o período de ocupação formal do Complexo da Maré, pela Força de Pacificação do Exército, os militares realizaram atividades como patrulhamento, apreensão de armas e drogas, além de promover, física e simbolicamente, uma modalidade de "gestão tutelar sobre territórios e populações utilizadas pelos governantes em diferentes momentos da história do Brasil", como aponta o antropólogo João Pacheco de Oliveira.[5]

Segundo dados apresentados pelo comandante da "Força de pacificação do Exército" após a retirada das tropas do Alemão e da Penha, os militares do Exército prenderam 263 pessoas e detiveram 470, sendo o principal motivo das prisões e detenções os supostos crimes de desacato, resistência, ameaça ou desobediência aos militares, todos eles crimes previstos no Código Penal Militar.[6]

---

5 OLIVEIRA, João Pacheco de. "Pacificação e tutela militar na gestão de populações e territórios", Mana, vol. 20, 2014, p. 125.

6 MONKEN, Mario Hugo. "Exército divulga balanço final da ocupação no Alemão e na Penha", Último Segundo, 10 de julho de 2012. Disponível em: http://ultimosegundo.ig.com.br/brasil/ rj/2012-07-10/exercito-divulga-balanco-final-sobre-ocupacao-no-alemao-e-na-penha.html. Acesso em : 19/03/2017. A retirada definitiva dos militares do Complexo da Maré aconteceu em 2015.

Vale lembrar que a origem do Código Penal Militar em vigor remonta ao período da ditadura militar, mais especificamente ao momento no qual uma Junta Militar esteve no poder, em 1969, fazendo parte de um "pacote jurídico" que incluía a Lei de Segurança Nacional mais rigorosa elaborada durante a ditadura, contendo as penas de morte, de prisão perpétua e de banimento como possibilidades, além dos Códigos de Processo Penal Militar e de Organização Judiciária Militar.[7]

As detenções realizadas no Alemão e na Penha geraram alguns processos que tramitaram ou se encontram em curso na Justiça Militar. Tal situação permite-nos argumentar que a Justiça Militar se apresenta como ator avalizador do papel dos militares como "Força de pacificação".

O uso político da Justiça Militar

Esse novo conjunto de práticas realizadas pelos militares, incluindo as ações no Alemão e na Penha, por exemplo, gerou implicações na conformação do arcabouço legal e jurídico das Forças Armadas, no que concerne ao sistema penal e processual de regulação da vida dentro e fora da caserna. No Brasil, desde 1808, existe uma justiça especializada para a corporação, inicialmente destinada a lidar com questões de ordem administrativa e judicial. Essa dupla atribuição só se desfez com a promulgação da Constituição de 1934, que manteve o julgamento do crime militar como o centro motriz do trabalho da Justiça Militar, expandindo, no entanto, sua jurisdição aos civis em casos de crimes contra a segurança externa ou instituições militares, prerrogativa esta mantida, também, pela Carta de 1946.[8]

Durante o regime militar, o foro castrense desempenhou a dupla faculdade de atuar como uma Justiça corporativa, voltada para o julgamento dos crimes militares, e uma Justiça do Regime, direcionada para o julgamento de crimes políticos, crimes contra a economia popular, crimes contra a probidade admi-

7 Em julho de 2016, foi aprovado na Câmara dos Deputados projeto de lei que alterou o art. 9º do Código Penal Militar, prevendo o julgamento de militares na Justiça Militar, por crimes dolosos cometidos contra civis, até dezembro do mesmo ano. Tal modificação tinha como objetivo resguardar foro especial aos militares que estivessem atuando em atividades de segurança durante as Olimpíadas realizadas no Rio de Janeiro. A justificativa contida no teor do projeto de lei faz menção específica à atuação dos militares em atividades de "garantia da lei e da ordem". Para maiores informações, ver projeto de lei n. 5.768/2016. Disponível em: http://www.camara.gov.br/proposicoesWeb/fichadetramitacao?idProposicao=2090691. Acesso em 07 de julho de 2016.

8 SILVA, Angela Moreira Domingues da. Ditadura militar e repressão legal: a pena de morte rediviva e o caso Theodomiro Romeiro dos Santos (1969-1971). PPGHIS/UFRJ. Rio de Janeiro, 2007. __________. Ditadura e Justiça Militar no Brasil: a atuação doSuperior Tribunal Militar (1964-1980). Tese de Doutorado, PPHPBC, CPDOC/FGV, Rio de Janeiro, 2011.

nistrativa, além de assaltos a banco cometidos sem motivação política. Com a promulgação da Constituição de 1988, a função da Justiça Militar ficou restrita ao processo e julgamento do crime militar, sem qualificação do sujeito que comete o crime, seja ele civil ou militar.[9] Como relata a jornalista Juliana Dal Piva, entre 1985 e 2010 foram abertos, pelo menos, trinta e dois processos contra civis no foro militar.[10]

Segundo a lei complementar que ampliou as atribuições das Forças Armadas, as atividades dos militares nela estabelecidas são consideradas de natureza militar, fazendo com que a Justiça Militar da União seja o foro, automaticamente, competente para julgar qualquer crime militar cometido durante a realização de tais ações.[11] No entanto, ações em operações de pacificação, por exemplo, geram inúmeros questionamentos acerca do contorno jurídico penal que regula tais operações, seja com relação à competência de foro, civil ou militar, seja com relação ao enquadramento jurídico do crime, se cometido em tempo de paz ou de guerra, ou mesmo se pode estender seu alcance a civis.

Entre 2010 e 2015, foram abertos, pelo menos, sessenta e cinco processos na Justiça Militar contra civis, por desacato, desobediência ou resistência em função das ações de militares em favelas do Rio de Janeiro.[12] O crime de desacato está previsto no Capítulo I do CPM – "Do desacato e da desobediência" – e pode resultar na pena de detenção de 6 meses a 4 anos.

Em agosto de 2012, a primeira instância da Justiça Militar condenou um civil a seis meses de detenção, pelo crime de desacato a três militares do Exército, que serviam no Complexo da Penha, em ação de reforço da segurança da região. O crime cometido pelo civil foi o de proferir ameaças e palavras ofensivas contra os militares, além de "atacar patrimônio público da administração militar: os cones da guarnição",[13] que o levou a ser preso em flagrante.

Em acórdão do Supremo Tribunal Federal, foi concedida liminar de habeas corpus[14] reconhecendo a incompetência da Justiça Militar para julgar civil acusado de desacato contra militares que atuam em policiamento ostensivo no

9 *Ibidem.*

10 DAL PIVA, Juliana "Tribunais da repressão: Processos contra civis dispararam com as UPPs". *Jornal O Dia,* 06 de julho de 2015. Disponível em: http://odia.ig.com.br/noticia/rio-de-janeiro/2015-07-05/tribunais-de-repressao-processos-contra-civis-dispararam-com-as-upps.html.

11 Ver § 7 do art. 15 da Constituição Federal de 1988.

12 *DAL PIVA, art. cit.*

13 Ver http://www.stf.jus.br/portal/cms/verNoticiaDetalhe.asp?idConteudo=246041.

14 Ver HC 118.846, disponível no Portal do STF.

processo de ocupação e pacificação das favelas cariocas, declarando, ainda, que tais crimes são considerados crimes civis, e não militares.

A defesa do réu apelou ao Superior Tribunal Militar (STM), segunda instância da Justiça Militar, alegando a incompetência do foro militar para julgar o caso, afirmando que "militares da Força de Pacificação não exercem função típica das Forças Armadas". Em novembro de 2013, o STM confirmou a pena, quando a ministra relatora afirmou que os militares da Força de Pacificação exercem "função tipicamente militar, relacionada à garantia da lei e da ordem (...). Segundo a ministra, a Justiça Militar Federal tem como missão proteger as instituições militares e, consequentemente, a soberania estatal em sentido amplo, sendo o réu civil ou militar."[15]

De acordo com um dos ministros do STM, que atuou como relator no julgamento de um recurso com o objetivo de decidir se um civil deveria ou não ser denunciado pelo crime de desacato a um militar que compunha a Força de Pacificação do Exército presente na Penha, o crime de desacato "objetiva prioritariamente, tutelar a própria administração militar no que concerne à autoridade, prestígio, dignidade e respeito devido aos agentes no exercício das suas funções militares."[16]

Esse mesmo documento citado relata a seguinte situação: em 2011, por volta de 2h, um homem, civil, brasileiro, solteiro, moto taxista, teria desacatado militares da Força de Pacificação do Exército que estavam realizando revistas em veículos e pessoas. Tais militares haviam abordado o civil "que trafegava de motocicleta com a esposa na garupa, determinando-lhe que parasse, desligasse o motor e descesse para que fosse efetuada a revista". O civil teria se recusado a desligar a motocicleta durante a revista e teria proferido xingamentos sobre a situação e sobre a Força de Pacificação.

Segundo o texto da sentença da primeira instância da Justiça Militar, o civil tentou "evadir-se" do local, o que o levou a ser imobilizado pelos braços com lacre de plástico. Depois dessa apresentação sucinta do caso, encontra-se uma mais detalhada, que nos informa sobre a reação do civil, inclusive, com uma alegação do próprio afirmando que "essa pacificação não estava servindo para nada, em vez de ser um trabalho educativo só estava servindo para prejudicar o trabalhador."

15 Para maiores informações, ver notícia divulgada na página do STM, intitulada "Justiça Militar é competente para julgar crime contra Força de Pacificação", disponível em http://stm.jus.br/publicacoes/noticias/noticias-2013/justica-militar-e-competente-para-julgar-crime-contra-forca-de-pacificacao.

16 Recurso em sentido estrito n. 140-22.2011.7.01.0101-RJ. Jurisprudência do STM, 2011, p. 290.

De acordo com o que se pode depreender da documentação, o civil havia proferido o xingamento, por não se conformar com a abordagem e a revista, ainda mais com sua esposa presente, "vendo a atuação dos militares da patrulha, atuação que, mesmo revestida de legalidade, tem a aparência de humilhante para os moradores da comunidade."[17] Essa interpretação resultou no não recebimento da denúncia por parte da juíza auditora da primeira instância da Justiça Militar.

O episódio retratado na peça judicial pode ser compreendido à luz das chamadas continuidades e mudanças em favelas "pacificadas", com destaque para o efeito que as políticas de segurança com viés "de pacificação" têm nas rotinas locais, com a "manutenção de uma lógica militarizada, usando uma terminologia e adotando uma estratégia de 'retomada de território' (de um suposto inimigo), no âmbito da manutenção da ordem pública."[18]

Contudo, após o Ministério Público Militar ter recorrido ao STM, seus ministros decidiram, por unanimidade, receber a denúncia contra o civil pelo crime de desacato, ou seja, fazer com que ela valesse novamente, alegando que a situação havia terminado em confusão envolvendo outros civis e que a tropa havia necessitado usar "gás de pimenta para o restabelecimento da ordem".

Pode-se destacar alguns aspectos desta situação, sendo que o primeiro deles diz respeito ao questionamento acerca da natureza do crime de desacato. Em seguida, faz-se referência ao julgamento de civis por crime militar cometido contra Força de Pacificação, que encobre o real sentido de crítica de alguns moradores das "comunidades pacificadas ou em vias de pacificação" à política gestada pelo Estado, com vistas ao enquadramento, permitindo-me afirmar que a materialização judicial pode, neste caso específico, resultar em uma ressignificação do sujeito "afrontado".

O terceiro aspecto refere-se a uma associação direta entre a ideia de pacificação com o conceito de ordem e, por fim, salienta-se o questionamento do julgamento de um civil por uma Justiça Militar organizada para lidar com as questões militares.

Em maio de 2014, o STF decidiu que em "casos excepcionais", caberia à Justiça Militar o julgamento de civil por crime de desacato, referindo-se ao desempenho militar no serviço de preservação da ordem pública.[19] Um dos minis-

17 Recurso em sentido estrito no 140-22.2011.7.01.0101-RJ. Jurisprudência do STM, 2011, p. 288.

18 SILVA, Luiz Antonio Machado da; LEITE, Márcia Pereira. "Continuidades e mudanças em favelas 'pacificadas': Apresentação". Dilemas: Revista de Estudos de Conflito e Controle Social, vol. 7, n. 1, out/nov/dez 2014, p. 1.

19 Ver Habeas Corpus n. 112.932 , disponível no Portal do STF.

tros da Corte Suprema afirmou, ainda que "se as Forças Armadas estão em função de segurança pública, devem ter esta proteção institucional".[20] Tal afirmação sugere uma demarcação da Justiça Militar, como instituição jurídica destinada a proteger os integrantes da corporação militar.

As reações críticas à prerrogativa da Justiça Militar poder julgar civis, potencializada pelo julgamento de civis em decorrência das ações empreendidas para "pacificação" de favelas, surgem de diferentes institucionalidades. Em agosto de 2013, a Procuradoria Geral da República apresentou a Arguição de Descumprimento de Preceito Fundamental (ADPF) n. 289 ao STF, solicitando que a Justiça Militar seja considerada incompetente para julgar civis em tempos de paz. Tal demanda foi apresentada com base no fato de que essa medida seria uma violação do estado democrático de direito.[21]

Em 2014, deputados federais do Partido Socialismo e Liberdade (PSOL) apresentaram o projeto de lei n. 7.770 à Câmara dos Deputados com o propósito de abolir a competência da Justiça Militar para julgar civis, tratada como "uma aberração autoritária."[22] Integrantes de movimentos sociais como *Tortura Nunca Mais*, *Meu Rio*, *Coletivo Papo Reto*, entre outros, lançaram a campanha "Mobilização pela desmilitarização da Justiça".[23]

Considerações finais

Como se pôde observar a partir das situações apresentadas, as Forças Armadas possuem uma agenda plural de atribuições e atividades, que conformam a orientação profissional dos militares brasileiros. Tal agenda encontra-se diversificada em atividades consideradas tradicionais ao longo da sua história, como a garantia da defesa externa, por exemplo, além de outras mais recentes, como a atuação em operações de pacificação.

A determinação de que os militares que integram a Força de Pacificação do Exército exercem "função tipicamente militar, relacionada à garantia da lei e da ordem", oferecem uma perspectiva militarizada da "pacificação" e da ma-

---

20 http://www.stf.jus.br/portal/cms/verNoticiaDetalhe.asp?idConteudo=266660

21 Para maiores informações, ver: http://www.stf.jus.br/portal/cms/verNoticiaDetalhe.asp?idConteudo=246326

22 Ver projeto de lei n. 7.770, de 2014, de autoria dos deputados estaduais Chico Alencar, Ivan Valente e Jean Wyllys. Disponível em: http://www2.camara.leg.br/proposicoesWeb/prop_mostrarintegra;jsessionid=3941C70977D507AAC21CC48A2EB5F8E0.proposicoesWeb2?codteor=1266035&filename=Avulso+-PL+7770/2014.

23 Para maiores informações, ver http://desmilitarizacaodajustica.meurio.org.br/.

nutenção de uma noção de *ordem* com matizes moralizadores e restritivos aos moradores das favelas.

O movimento que se observa no Brasil, ao contrário de outros países da América do Sul, orienta-se para a manutenção de um arcabouço judicial, processual e penal, especializado para o profissional militar que, de certa forma, o "protege" e o resguarda no decurso de sua atuação profissional e no decorrer de uma apreciação judicial, a ser realizada por seus pares.[24] Paradoxalmente, observa-se, a elaboração de uma estrutura normativa e jurídica complexa, que nos permite afirmar que o foro destinado a processar e julgar os crimes militares encontra-se em sutil processo de reconfiguração, dada a pluralidade e os contornos que movem a atuação militar, dentro e fora do país.

Referências bibliográficas

ARRUDA, João Rodrigues. O uso político das Forças Armadas. Rio de Janeiro: Mauad X, 2007.

D'ARAÚJO, Maria Celina. Militares, democracia e desenvolvimento: Brasil e América do Sul. Rio de Janeiro: FGV, 2010.

LEITE, Márcia Pereira. "Entre a 'guerra' e a 'paz': Unidades de Polícia Pacificadora e gestão dos territórios de favela no Rio de Janeiro". Dilemas: Revista de Estudos de Conflito e Controle Social, vol. 7, n. 1, out/nov/dez 2014, p. 625-642.

OLIVEIRA, João Pacheco de. "Pacificação e tutela militar na gestão de populações e territórios", Mana, Rio de Janeiro, vol. 20, n. 1, 2014, p. 125-161.

RIAL, Juan. La justicia militar: entre la reforma y la permanencia. Buenos Aires: RESDAL, 2010.

RODRIGUES, Thiago. "Narcotráfico e Militarização nas Américas: Vício de Guerra", Contexto Internacional, Rio de Janeiro, vol. 34, no 1, janeiro/junho 2012, p. 9-41.

SILVA, Angela Moreira Domingues da. Ditadura militar e repressão legal: a pena de morterediviva e o caso Theodomiro Romeiro dos Santos (1969-1971). PPGHIS/UFRJ. Rio deJaneiro, 2007.

__________. Ditadura e Justiça Militar no Brasil: a atuação do Superior Tribunal Militar (1964-1980). Tese de Doutorado, PPHPBC, CPDOC/FGV, Rio de Janeiro, 2011.

24 RIAL, Juan. La justicia militar: entre la reforma y la permanencia. Buenos Aires: RESDAL, 2010.

SILVA, Luiz Antonio Machado da. "A experiência das UPPs: uma tomada de posição", Dilemas: Revista de Estudos de Conflito e Controle Social, vol. 8, n. 1, jan/fev/mar 2015, p. 7- 24.

SILVA, Luiz Antonio Machado da; LEITE, Márcia Pereira. "Continuidades e mudanças em favelas 'pacificadas': Apresentação". Dilemas: Revista de Estudos de Conflito e Controle Social, vol. 7, n. 1, out/nov/dez 2014, p. 1-4.

Quarta Parte

Redemocratização e pacificação nacional

Pacificação e Reconciliação Nacional: da Lei da Anistia à Comissão Nacional da Verdade

Cecilia Maria Bouças Coimbra

Escolher entre o que lembrar e o que esquecer é antes de tudo uma ação política.

(Joana D'Arc Ferraz e Cíntia Dantas).

O processo de estruturação da memória social tem se caracterizado como um dos mais sensíveis às disputas e aos confrontos de grupos, especialmente daqueles que ocupam os diferentes aparatos de Estado. As memórias que nos têm sido impostas selecionam e ordenam os acontecimentos segundo critérios e interesses daqueles que detêm poder nesses diferentes equipamentos sociais. Constrói-se, com isso, zonas de sombras, silêncios, esquecimentos, repressões e negações.

Pollak (1989) nos aponta como a memória pode ser construída e reconstruída continuamente. As chamadas políticas de memória gestadas e executadas pelo Estado universalizam determinadas narrativas. Assim, a construção da memória por parte do Estado é um processo de violência contra as múltiplas memórias que não foram escolhidas para compor o que chamam de "preservação do passado". Este aspecto de violência está implícito, portanto, em qualquer construção social da memória que silencia as "memórias das bordas", as memórias perigosas que resistem, insistem e que permanecem se fazendo, sempre minoritárias e restritas a certos grupos. Por isso, entendemos que a construção da verdade e da memória não é neutra e nem poderia ser. Os discursos que defendem a neutralidade costumam ocultar a posição daqueles que os emitem. Assim, "conceber a memória como um foco de resistência no seio das relações de poder, implica outra ética e outra posição política" (Gondar, 2005, p. 12).

Apesar das disputas sobre nossa memória recente, do poderio de uma certa "história oficial" que nos vem sendo imposta, o Estado brasileiro não tem conseguido silenciar, ocultar ou eliminar a produção cotidiana de outras histórias, outras memórias sempre minoritárias.

Este pequeno texto aponta para a construção do silenciamento e do esquecimento no Brasil após 21 anos de ditadura civil-militar e mantida, em parte, até os dias de hoje em um "processo de transição política pactuada" (Greco, 2003).

Alguns movimentos sociais, como o Grupo Tortura Nunca Mais/RJ,[1] têm se esforçado, nos últimos trinta anos, para "não deixar essa memória escapar, mas zelar pela sua conservação, contribuindo na reapropriação desses fragmentos de história esquecidos pela historiografia dominante" (Gagnebin, 2006, p. 34). Assim, é importante trazer os acordos e as estratégias de silenciamento e esquecimento que vêm desde a sanção da Lei da Anistia, em 1979, ainda em plena vigência da ditadura, até os dias atuais no chamado Estado Democrático de Direito.

Traremos para o debate dois blocos de questões. O primeiro refere-se à luta pela Anistia Ampla, Geral e Irrestrita e os pactos para se chegar a anistia parcial de 1979 sancionada pela ditadura. O segundo prende-se à instalação da Comissão Nacional da Verdade,[2] em 2011, já em pleno funcionamento democrático e seus limites e acordos então vigentes.

A Anistia Que Queríamos: A Anistia que Tivemos.

> Anistia é um ato pelo qual os governos resolvem perdoar generosamente as injustiças e os crimes que eles mesmos cometeram. (Aparício Torelly, O Barão de Itararé, *apud* Greco)

A Lei da Anistia, n. 6683/1979, votada no bojo da chamada "abertura política" do último general Presidente João Figueiredo (1979-1985), faz parte da

1 O GTNM/RJ foi fundado em 1985 por familiares de mortos e desaparecidos políticos e ex-presos políticos. Foi o primeiro de cinco outros fundados posteriormente em outros estados brasileiros.

2 Neste texto não se fará uma análise crítica da produção histórica da verdade enquanto dispositivo de poder e nem das leis que, emanando do poder de Estado, gerem melhor as condutas e a vida. Entretanto, apesar de não serem trabalhados aqui, tais conceitos atravessam este texto. Sobre o tema consultar a obra de Michel Foucault.

"distensão lenta, gradual e segura" iniciada por seu antecessor o general Ernesto Geisel (1974-1979). O que se apregoou época foi a necessidade de se chegar a um "generoso consenso" (Geisel, 1974, p. 38) que resultaria de um acordo firmado com o conjunto da sociedade brasileira. Entretanto, dentro da lógica de funcionamento do Estado, o que ocorre é um pacto interpares: "uma negociação interna feita nas entranhas da própria ditadura entre os blocos que participaram do poder" (Greco, *idem*).

Desde meados dos anos de 1970, ainda em plena vigência da ditadura, diferentes movimentos sociais se reorganizam e se fortalecem. Novas práticas de resistência vão se gestando. Práticas que rechaçam e criticam os movimentos tradicionalmente instituídos, a própria luta armada, os dois partidos políticos então permitidos (MDB e ARENA) e que politizam o cotidiano dos lugares de trabalho e moradia, inventando novas formas de se fazer política. Esses "novos sujeitos políticos",[3] no início dos anos de 1980, começam a existir com os próprios estilhaços advindos das derrotas impostas por ocasião do golpe de 1964 e do AI-5, em 1968. Seus sobreviventes pensam criticamente várias de suas experiências. Esses "novos sujeitos" emergem de diferentes crises: da Igreja, dos antigos movimentos sindicais, dos tradicionais partidos políticos (Sader, 1988).

Assim, pequenos atos e experiências concretas que se manifestam com aparente timidez, por muitos considerados insignificantes, começam a romper com o silêncio imposto. São, sem dúvida, expressões de resistência, autonomia, criatividade e singularidade que vão forjando práticas instituintes. São as Comissões Eclesiais de Base (CEBs) vinculadas à Teologia da Libertação; os movimentos contra a Carestia e o Custo de Vida e as Comissões de Saúde e Educação em São Paulo; as Associações de Moradores no Rio de Janeiro; o chamado novo sindicalismo que, em 1977, com a campanha dos metalúrgicos do ABC torna-se um marco na retomada das lutas que culminam com as greves de 1978 e 1979 (Coimbra, 1995).

É neste caldeirão que começa a ganhar corpo, a partir de 1975, a luta por uma Anistia Ampla, Geral e Irrestrita.

Ao lado desses novos movimentos sociais há também uma escalada de ações terroristas pró-manutenção da ditadura. Reacendem-se antigos grupos parapoliciais e paramilitares quando nas greves de 1979 são presos dezenas de

3 Termo cunhado por Eder Sader (1988).

trabalhadores e quatro grevistas são mortos pela Polícia Militar.[4] Mais de cem atentados a bomba ocorrem dirigidos contra muitos desses movimentos sociais, a imprensa alternativa, as bancas de jornais que distribuíam tais publicações e revistas e as entidades mobilizadas contra a ditadura.

Os Comitês Brasileiros pela Anistia (CBAs) expandem-se por vários estados além de obter grande repercussão no exterior, potencializando a Campanha por uma anistia ampla, geral e irrestrita que ganha espaço junto à grande imprensa nacional e internacional.

Entretanto, dentro da lógica de funcionamento do Estado e trilhando o caminho que interessa às forças político-econômicas presentes no cenário brasileiro, o governo Figueiredo apresenta, com grande estardalhaço, a sua Anistia como a bandeira do perdão, do esquecimento, do consenso, da reciprocidade, da pacificação, da reconciliação. São considerados "revanchistas" todos os que insistem colocar em risco essa "abertura lenta, gradual e segura" generosamente oferecida pela ditadura.

A Carta do I Congresso Nacional pela Anistia, realizado em São Paulo, em novembro de 1978, claramente reafirma os princípios defendidos pelos CBAs em sua luta aberta e direta contra o terrorismo de Estado e as manobras que se tenta fazer à época. Diz ela em um de seus trechos:

> A anistia pela qual lutamos deve ser Ampla para todas as manifestações de oposição ao regime; Geral para todas as vítimas da repressão e Irrestrita sem discriminações ou restrições. Não aceitamos a anistia parcial e repudiamos a anistia recíproca. Exigimos o fim radical e absoluto das torturas, dos aparatos de repressão e do regime a que eles servem. (Resoluções, p. 5).

Não podemos esquecer que o processo da anistia defendido pelo governo deveria ser "gradual e seguro" e, portanto, o que a ditadura defende é uma anistia parcial e recíproca que se torna realidade com a Lei 6683/79, promulgada em 28 de agosto e aprovada em bloco pelos

> líderes dos dois partidos, ARENA e MDB. Houve a discordância silenciosa de parte dos vinte e seis senadores e a declaração de voto contrário de vinte e nove dos cento e oitenta e nove deputados do MDB (...). Ficam confirmadas, assim, a submissão do poder legislativo à ditadu-

4 São eles: Benedito Gonçalves, Guido Leão e Orocílio Martins Gonçalves, em Minas Gerais, e Santo Dias em São Paulo.

> ra militar e a subserviência e pusilanimidade do partido de oposição consentida. (Greco, 2003, p. 189).

Afirma-se por esta "anistia fardada", no dizer de Hélio Silva (1985), a reciprocidade (tentativa de se consolidar a não punição dos agentes da repressão através dos chamados "crimes conexos") e a exclusão dos militantes condenados por cometerem "crimes de sangue". Colocam a possibilidade do indulto, que viria gradualmente a partir da análise de cada caso. Ou seja, anistia-se os torturadores e espera-se a boa vontade e magnanimidade do presidente general para com os militantes que não foram anistiados.

Sem dúvida, a Lei 6683/79 é a *Lei da Anistia Parcial, Restrita e Recíproca* da ditadura que muitos companheiros que viveram e lutaram à época por uma anistia ampla, geral e irrestrita, esquecem e comemoram-na nos dias de hoje. A "Anistia Amnésia"[5] parece também ter atingido aqueles que outrora lutaram contra a ditadura civil-militar.

A Comissão Negociada: a Comissão Que Dizem Ser o Possível Hoje[6]

> É preciso não ter medo; é preciso ter a coragem de dizer.
>
> (Carlos Marighella).

Assim, como já assinalado acima, desde a sanção da Lei da Anistia, em 1979, já se questionava a interpretação hegemônica que a ela se deu. Ou seja, pelos chamados "crimes conexos", todos aqueles que cometeram, em nome da segurança nacional, atos de terror (sequestros, prisões ilegais, torturas, assassinatos e ocultação de restos mortais) estariam anistiados.

Alguns movimentos sociais que nunca aceitaram tal interpretação e juristas, como os Drs. Fábio Konder Comparato e Hélio Bicudo, já apontaram que não há conexidade entre os atos praticados pelos grupos de resistência ao regime militar e o terrorismo de Estado que à época se implantou em nosso país. Apesar disto, a perversa interpretação que se deu a este parágrafo da Anistia Parcial, Restritiva e Recíproca proposta pela ditadura é a de que os torturadores estariam anistiados.

Sabemos que, desde 1979 até os dias de hoje, acordos são feitos entre as forças político-econômicas que respaldam e apoiam este regime de terror, e os diferentes governos civis que se sucedem após 1985.

5 Termo cunhado por Greco (2003).

6 Algumas ideias deste item encontram-se em Coimbra (2013).

Estes mesmos acordos — entre forças civis e militares — continuam dos mais diversos modos presentes na história do Brasil, vigorando até hoje.

Neste cenário de acordos e concessões mútuas, em dezembro de 1995, foi sancionada pelo então presidente Fernando Henrique Cardoso a Lei 9.140, que repara financeiramente os familiares de mortos e desaparecidos, cria uma Comissão Especial sobre Mortos e Desaparecidos Políticos e concede aos desaparecidos um atestado de óbito. Ou seja, apenas os declara mortos, sem no entanto esclarecer onde, quando e como ocorrem tais crimes e quem são os seus responsáveis. Em realidade, apenas um atestado de "morte presumida". As provas de que esses mortos e desaparecidos estiveram sob a guarda do Estado e/ou foram assassinados por agentes deste mesmo Estado deveriam ser demonstradas por seus próprios familiares. Com isto, de modo perverso, coloca-se o ônus das provas nas mãos dos familiares: os arquivos da ditadura continuam trancados a sete chaves.

Por pressão de vários movimentos de direitos humanos, de familiares de mortos e desaparecidos, cria-se, nos inícios dos anos 2000, em alguns estados brasileiros, Comissões de Reparação Econômica para familiares de mortos e desaparecidos e ex-presos políticos. Seguindo os acordos já estabelecidos, também essas comissões estaduais de reparação exigem que os interessados provem sua prisão, tortura, morte ou desaparecimento, visto os arquivos continuarem inacessíveis.

O próprio conceito de Reparação, aprovado pela Assembleia Geral da ONU em 2005, aponta para a necessária investigação, averiguação, publicização e responsabilização desses atos criminosos, para "medidas que possam impedir e, mesmo, garantir a não repetição de tais violações" e para a restituição, compensação e reabilitação dos atingidos.[7]

O Brasil, de todos os países latino-americanos que passaram por recentes ditaduras, é o mais atrasado neste processo de reparação. Pela Lei 9.140/95 de Fernando Henrique Cardoso apenas se faz a reparação econômica, não se investigando e publicizando os atos de terror e nem responsabilizando qualquer agente do Estado ditatorial. O Brasil inicia, somente em 2011, mesmo timidamente, este processo de reparação. Apesar dos limites impostos pelo Estado, entendemos que a compensação econômica é importante, mas só tem sentido para a afirmação de algo novo em nossas vidas se for parte integrante e o final de um processo. Sem isto, as reparações meramente financeiras se transformam — e é o que o Estado brasileiro pretende — em um competente "cala-boca", em uma

7 Resolução n. 60/147, capítulo 10 "Reparação por Dano Sofrido", artigos 18 ao 23.

proposta de esquecimento e silenciamento para os atingidos e para a sociedade em geral.

Atravessada por todas estas tensões e acordos firmados, a Comissão Nacional da Verdade foi votada como "aquilo que é o possível hoje".

É importante ressaltar que, em dezembro de 2010, a Corte Interamericana de Direitos Humanos da OEA condena o Estado Brasileiro a investigar, esclarecer e responsabilizar seus agentes que participaram do desaparecimento de mais de 70 opositores políticos na repressão à Guerrilha do Araguaia.[8] Estende esta sentença aos cerca de 500 mortos e desaparecidos políticos, afirmando que a interpretação oficial da Lei da Anistia não é empecilho para tais atos reparatórios. Este é o primeiro caso ligado ao período ditatorial brasileiro julgado por um tribunal internacional.[9] O Brasil deveria responder à OEA no prazo de um ano, o que até a presente data não ocorreu. E, no bojo de tais questões, foi votada a "toque de caixa", em regime de urgência urgentíssima, a *Comissão do Possível* como forma de visibilizar para a OEA alguma ação reparatória.

A primeira versão desta Comissão é apresentada no bojo do 3º Plano Nacional de Direitos Humanos, em dezembro de 2009. Há forte pressão dos comandantes militares e do Ministro da Defesa à época, Nelson Jobim, que colocam seus cargos à disposição por serem contrários a implantação de uma Comissão Nacional da Verdade, Memória e Justiça - nome que constava na primeira versão. O Executivo cede à chantagem e, em maio de 2010, anuncia a segunda versão do 3º Plano Nacional de Direitos Humanos, onde a proposta da Comissão da Verdade é totalmente modificada. Forças conservadoras também estão presentes questionando vários outros pontos desse 3º Plano. Saem vitoriosas e o Presidente à época, Luiz Inácio Lula da Silva, volta atrás em várias questões como a do aborto, das ocupações rurais, da liberdade de imprensa, dentre outras. Venceram as ideias daqueles que defendem o Brasil como um país de privilégios, desigual, racista, homofóbico e sexista; onde mulheres que praticam o aborto são criminalizadas e morrem por falta de atendimento; onde camponeses são mortos na luta por suas terras; onde a orientação sexual é definidora de uma pessoa; onde a diversidade religiosa do país é oprimida; onde o monopólio dos meios de comu-

---

8 Movimento de resistência ao regime militar (1966-1974) na região do Bico do Papagaio entre o Pará, Maranhão e Goiás, organizado por militantes do PCdoB.

9 Esta petição à OEA foi encaminhada pelo Grupo Tortura Nunca Mais/RJ, CEJIL (Centro pela Justiça e Direito Internacional) e Comissão de Familiares de Mortos e Desaparecidos Políticos de São Paulo.

nicação dita as regras e viola os chamados direitos humanos em horário nobre como se tudo não passasse de uma peça de ficção.

A isto tudo, acrescenta-se a questão da Comissão Nacional da Verdade que, com uma série de reformulações tornou-se, em realidade, uma grande *mis en scène* midiática. Esta última versão do PNDH-3, aprovada em 12 de maio de 2010, pelo Decreto 7.177, apresenta uma série de modificações. Dentre as mais importantes podemos citar: seu caráter governamental e de negação à participação social.

O novo texto, sutil e perversamente, retira o termo *"repressão política"* substituindo-o por *"práticas de violações de direitos humanos"*. Da mesma forma, a identificação dos mortos e desaparecidos ocorrerá somente *"com base no acesso às informações"* que até hoje continuam sendo negadas.

Substituiu-se também, o termo "regime de 1964-1985 e resistência popular à repressão" por "graves violações de direitos humanos no período de 18 de setembro de 1946 até a data da promulgação da Constituição (1988)".

A determinação de alterar nomes de ruas, logradouros e prédios públicos etc., que indiquem nomes de pessoas comprometidas com a ditadura foi retirada. Longa luta de algumas entidades de direitos humanos, como o GTNM/RJ, para dar nomes a ruas, escolas, creches etc., de companheiros mortos e desaparecidos políticos e retirar os nomes de membros do aparato de repressão que continuam existindo em vários logradouros públicos de nosso país.

Não ignoramos que a memória é um campo de lutas e que estas modificações no PNDH-3 com relação à *Comissão Nacional da Verdade* está fortalecendo uma certa história oficial, pois em momento algum se refere à ditadura civil--militar e a seu período histórico (1964-1985). Ela, simplesmente, desaparece. Fortalece-se, com isso, *a história única e verdadeira*. É como afirma o filósofo da Universidade de São Paulo, Paulo Arantes: "Acresce que, além de abrandada, a ditadura começa também a encolher" (2010, p. 209).

No Brasil, a tortura e uma série de outras violações continuam sendo aplicadas, sem a menor cerimônia, em dependências policiais e carcerárias e em muitos outros estabelecimentos como os utilizados para o que chamam de "*reeducação*" de "jovens infratores". Principalmente, após o 11 de setembro, o governo Bush vem globalizando não só a banalização da tortura, mas fundamentalmente sua legalização: em alguns casos essa prática é defendida como necessária, como "*um mal menor*". Devemos lembrar que a política de segurança dita pública utilizada tem se pautado pelo chamado "choque de ordem". Tal política, baseada na Tolerância Zero (Wacquant, 1992), importada dos Estados Unidos, institui como natural e, por vezes, necessária a prática da tortura e do extermínio, em especial nas camadas mais empobrecidas da população.

> Cautelosamente tratadas e meticulosamente negociadas, as memórias do terror de Estado estão sendo conduzidas por uma 'política de memória' delineada por governos compostos de pessoas que foram atingidas pela ditadura. Por sua vez, esses governos (...) [construíram] as suas ascensões ao poder com firme compromisso de manter intactas as premissas básicas defendidas pelo capitalismo (...).
>
> (Ferraz e Dantas, 2014, p. 10).

Assim, a proposta de Comissão Nacional da Verdade, em sua segunda versão, é intencionalmente bastante limitada. Como afirmado, já no próprio texto do Projeto de Lei, estreita-se a margem de atuação da Comissão, dando-lhe poderes legais diminutos, fixando um pequeno número de integrantes escolhidos diretamente pela Presidente da República, não tendo orçamento próprio, com duração de apenas dois anos e desviando o foco de sua atenção ao fixar em 42 anos o período a ser investigado (1946 a 1988), tentando apagar da história do Brasil os anos de ditadura civil-militar (1964 a 1985). Além disso, impede que a Comissão investigue as responsabilidades pelas atrocidades cometidas e envie as devidas conclusões às autoridades competentes para que estas promovam a responsabilização. E, para culminar, a publicização de suas conclusões irá depender da própria Comissão. Ou seja, continuamos guardando sigilo, produzindo segredo sobre aquele período de terror: continuamos produzindo esquecimento. Sem dúvida que toda esta montagem é intencional e se destina a oficializar uma certa história, uma certa memória...

Durante todo o seu funcionamento, a Comissão Nacional da Verdade tem mantido todos os seus trabalhos em total sigilo, assim como a tomada de depoimentos de alguns membros da repressão chamados por ela. Mantém-se a censura da ditadura!

Entretanto, pequenas brechas, mesmo que consentidas, se abrem. Por pressão de alguns grupos e movimentos, de alguns familiares, as Comissões Estaduais da Verdade de São Paulo e do Rio de Janeiro tornam públicas suas sessões. Da mesma forma, o depoimento à Comissão Nacional da Verdade do ex-comandante do DOI-CODI/SP, Carlos Alberto Brilhante Ustra, dado em maio de 2013, é público, mas sob controle: somente 100 lugares foram reservados para "os interessados" e o militar conseguiu na Justiça Federal *habeas corpus* garantindo o direito de permanecer calado. Sem dúvida que é importante um ex-comandante da repressão apresentar-se publicamente e ser questionado por seus atos de terror. É a primeira vez que isto ocorre em um governo civil pós-ditadura. Entretanto, há que se ter cuidado. Ao criar-se um clima eufórico, emocional, de "comoção nacional" — como assim preconiza a Presidente da República em entrevista à época — se produz uma cortina de fumaça no sentido de abrandar as críticas que se fazem ao funcionamento da Comissão Nacional da Verdade.

Graças às pressões que há muito vêm sendo feitas por alguns movimentos sociais, em maio de 2013, é tornado público um relatório parcial da Comissão. Importante lembrar que *mis en scène* midiáticas ocorrem apenas para tornar oficiais fatos que há muito se sabia. Espetacularmente são anunciados, como se fossem produtos de pesquisa da Comissão, os assassinatos sob tortura de Rubens Paiva no DOI-CODI/RJ e de Wladimir Herzog no de São Paulo. Anuncia-se, também de modo espetacular, que "o extermínio e a tortura tiveram o aval dos presidentes militares e de seus ministros" e que o Estado ditatorial "usou força desproporcional" na repressão à Guerrilha do Araguaia, utilizando bombas de napalm. Fatos — já fartamente documentados através de pesquisas feitas, sem qualquer apoio governamental, por muitos familiares e movimentos de direitos humanos — são apresentados como importantes descobertas da Comissão, agora, pelo menos, visibilizados pela grande mídia e tornados oficiais pelo Estado brasileiro. O mesmo ocorre no relatório parcial onde se afirma que "a tortura teve início logo após o golpe de '64" e que "já naquele ano funcionavam centros de tortura".

Além dos sequestros de pesquisas realizadas anteriormente há, por parte da Comissão, outros exemplos de "falta de vontade política". Dentre eles podemos citar dois casos. O primeiro refere-se ao morto político Raul Amaro Nin Ferreira.[10] Quando do levantamento realizado por movimentos de direitos humanos em Dossiê entregue ao governo Fernando Henrique Cardoso,[11] várias provas já se apresentavam através dos depoimentos de um ex-soldado e de alguns ex-presos políticos sobre a prisão e morte de Raul. Tanto que sua família, em 1979, iniciou um processo contra a União, ganho em 1994, quando o Estado

10 Engenheiro, assassinado em agosto de 1971, no DOI-CODI/RJ. Foi violentamente torturado e levado para o Hospital Central do Exército onde as torturas continuaram até sua morte.

11 Trata-se do Dossiê dos Mortos e Desaparecidos Políticos a partir de 1964, realizado pelos Grupos Tortura Nunca Mais/RJ, PE e MG e Comissão de Familiares de Mortos e Desaparecidos Políticos de SP, 1995.

foi responsabilizado pela prisão, tortura e morte de Raul. Após a instalação das Comissões Nacional e Estadual (RJ) da Verdade, seus familiares, por conta própria, iniciam uma exaustiva pesquisa percorrendo os arquivos do DOPS/RJ, do Arquivo Nacional e do GTNM/RJ, dentre outros, apesar dos principais arquivos da repressão ainda continuarem fechados e inacessíveis. Várias testemunhas são ouvidas e chega-se a resultados que apontam o cenário do assassinato de Raul e 19 nomes de agentes da repressão envolvidos em sua prisão, tortura e morte, culminando com as torturas sofridas no Hospital Central do Exército onde veio a falecer.[12] Mesmo tendo em mãos tal pesquisa, as Comissões Nacional e estadual (RJ) da Verdade nada fizeram; apenas aceitaram-na. Sequer tiveram a iniciativa de chamar alguns desses 19 agentes da repressão para serem ouvidos; sequer aprofundaram tal pesquisa.

Outro exemplo refere-se às torturas e ao extermínio de comunidades indígenas inteiras durante o período ditatorial. Em abril de 2013, já em pleno funcionamento da Comissão Nacional, é encontrado o "Relatório Figueiredo", escrito entre 1967-1968. Este Relatório, desaparecido por 45 anos, supostamente em um incêndio no Ministério da Agricultura,[13] aponta de modo estarrecedor as torturas e o extermínio de tribos inteiras realizadas pelas forças do Estado. O Relatório encaminhado à Comissão Nacional é pouquíssimo explorado, pouquíssimo utilizado. Não há interesse político em tornar pública as terríveis ações criminosas ali descritas. Precauções são tomadas para que alguns nomes de agentes da repressão ali constantes não sejam divulgados. Os acordos e pactos continuam vigorando. Marcelo Zelic (2014) faz um minucioso e extenso estudo não somente sobre o Relatório Figueiredo, mas em diversos livros e documentos considerados sigilosos sobre a questão indígena no período ditatorial. Aponta para criação da chamada Guarda Rural Indígena - GRIN. Em vídeo estarrecedor, mostra o desfile realizado por esta Guarda, em 03 de março de 1970, em Belo Horizonte, onde marcham tendo um índio pendurado no pau-de-arara. Apresenta, ainda, documentos da época que comprovam que o GRIN "preparava os índios para cuidar da ordem nas tribos". Torna-se, inclusive, uma espécie de atração turística participando de várias solenidades da ditadura. No Relatório final da Comissão Nacional da Verdade somente 35 páginas tratam deste pouco estudado aspecto de nossa história.

---

12 Sobre esta pesquisa, entregue oficialmente às Comissões Nacional e Estadual (RJ) da Verdade consultar Raul Amaro Nin Ferreira: Relatório, 2014.

13 Este é um dos argumentos exaustivamente utilizados pelos diferentes governos civis pós-ditadura. Os arquivos não existem, pois foram queimados acidentalmente ou não.

> Os presos, mortos e desaparecidos indígenas não possuem rosto, identidade, etnia, parentes, histórias. A sociedade terá que se contentar com tão poucas páginas destinadas ao tema.
>
> (Zelic, 2014).

A grande novidade deste Relatório Final é a enumeração de vários centros de tortura, inclusive dezesseis só no Rio de Janeiro e a listagem de mais de 300 torturadores. Sem dúvida é um avanço, graças às pressões exercidas; entretanto, sem ultrapassar certos limites e acordos realizados, dentro da lógica de funcionamento do Estado. Não por acaso, em 10 de dezembro de 2014, quando é apresentado oficialmente este Relatório Final, o discurso da Presidente Dilma Rousseff aponta claramente essas negociações, "os pactos e acordos" realizados. Na apresentação da própria Lei 12.528, de 18 de novembro de 2011, que cria a Comissão Nacional da Verdade lê-se que esta se institui "a fim de efetivar o direito à memória e à verdade histórica e promover a reconciliação nacional" (Brasil, 2011, p. 1).

Assim, os crimes cometidos pela ditadura civil-militar que controlou o Brasil por mais de 20 anos começam, ainda timidamente, a ser apontados, embora os documentos que comprovam essas atrocidades continuem em segredo, assim como os depoimentos daqueles que cometeram tais crimes.

Sem dúvida, pequenos avanços ocorrem, em função dos enfrentamentos surgidos durante os quase três anos de trabalho da Comissão Nacional da Verdade. Várias comissões estaduais são criadas; entretanto, muito poucas com autonomia do governo federal que, além de escolher os nomes que compuseram a Comissão Nacional, "notáveis" de sua confiança, mantêm as comissões dos estados sob monitoramento desses membros. Algumas universidades federais e sindicatos criam suas próprias comissões da verdade e memória. Entretanto, muitas nem chegam a se formar e outras têm uma duração efêmera. Sabemos das limitações das chamadas políticas de memória executadas, geridas e controladas pelo Estado.

É neste quadro que continua a luta para que todos os documentos e relatórios dos aparatos de repressão sejam amplamente abertos e publicizados; onde o período de terrorismo de Estado (1964-1985), com suas memórias de borda e marginais, seja efetivamente investigado, esclarecido e conhecido. Continua a luta para que nossa história recente em sua multiplicidade possa ser debatida pelas novas gerações, e que os agentes do Estado terrorista possam ser responsabilizados. Que se conheça e se torne público os nomes de toda a cadeia de comando, desde os presidentes militares, passando por seus ministros e comandantes militares até os civis — grandes proprietários rurais e empresários —, que não só respaldaram e/ou apoiaram o terror, mas que o financiaram e até hoje encontram-se presentes no cenário político brasileiro. Nós, os atingidos, há mais de 40 anos damos os nossos depoimentos. É fundamental, é pedagógico que aqueles que serviram ao terror sejam chamados, apareçam à luz do dia e, publicamente, tenham seus crimes enumerados.

Há muito ainda para dizer, há muito ainda para contar. Há que não entrar na chantagem do "possível" dito em nome da governabilidade democrática e em função de acordos e pactos realizados que, em realidade, ressalta certas memórias em detrimento de outras, que adoça determinados acontecimentos, que produz uma outra história, que mantém no silêncio e no esquecimento memórias consideradas perigosas.

Este texto, portanto, afirma que:

> Há sempre uma concepção de memória social implicada na escolha do que conservar e do que interrogar. Há nessa escolha uma aposta, um penhor, uma intencionalidade quanto ao porvir. Tanto quanto o ato de recordar, nossa perspectiva põe em jogo um futuro: ela desenha um mundo possível, a vida que se quer viver e aquilo que se quer lembrar. O conceito de memória produzido no presente, é uma maneira de pensar o passado em função do futuro que se almeja. Seja qual for a escolha em que nos situemos, estamos comprometidos ética e politicamente" (Gondar, 2005, p. 17).

REFERÊNCIAS BIBLIOGRÁFICAS

ARANTES, Paulo Eduardo, "1964, O Ano que Não Terminou". In: TELLES, Edson & SAFATLE, Vladimir (orgs.). O Que Resta da Ditadura. São Paulo: Boitempo, 2010, p. 205-236.

BRASIL, Lei 12.528, de 18 de novembro de 2011. Disponível em: http://www,planalto.gov.br/ccivil03. Acesso em: 10 de maio de 2013.

BRASIL, Plano Nacional de Direitos Humanos. PNDH3, 1a versão; PNDH3, 2a versão. Disponível em www.dhnet.org.br. Acesso em: 10 maio 2013.

Carta do I Congresso Nacional pela Anistia. Resoluções, São Paulo, 1978 (Arquivo do Grupo Tortura Nunca Mais/RJ).

COIMBRA, Cecília Maria Bouças. "Comissão Nacional da Verdade: acordos, limites e enfrentamentos". In: XIMENDES, Alexandra Maria Campelo; REIS, Carolina dos & OLIVEIRA, Rafael Wolski de (orgs.). Entre Garantias de Direitos e Práticas Libertárias. Porto Alegre: CRP/RS, 2013, p. 13-34.

COIMBRA, Cecília Maria Bouças. Guardiães da Ordem: uma viagem pelas práticas psi no Brasildo 'milagre'. Rio de Janeiro: Oficina do Autor, 1995.

COIMBRA, Cecília Maria Bouças. "Reparação e Memória". Cadernos AEL, Campinas, vol. 13, n. 24/25, 2008, p. 15-33.

Corte Interamericana de Direitos Humanos. Caso Gomes Lund e Outros (Guerrilha do Araguaia) vs Brasil. Disponível em: www.cortidh.or.cr/docs/casos/articulos. Acesso em: 10 maio 2013.

FERRAZ, Joana D'Arc Fernandes e DANTAS, Cíntia Christiele Braga. "O Voo Benjaminiano de Klee: 50 anos do golpe na perspectiva das memórias, dos esquecimentos e dos silêncios". Revista Maracanan, vol. x, n. 11, dezembro 2014, p. 08-13.

FERREIRA, Felipe Carvalho Nin; FERREIRA, Raul Carvalho Nin; ZELIC, Marcelo (orgs.). Raul Amaro Nin Ferreira: relatório. Rio de Janeiro: Ed. PUC-Rio, 2014.

GAGNEBIN, Jeanne Marie. Lembrar, escrever, esquecer. São Paulo: Ed. 34, 2006.

GEISEL, Ernesto. Discursos, vol. 1, 1974. Brasília: Assessoria de Imprensa e Relações Públicas da Presidência da República, 1975.

GONDAR, Jô. "Quatro Proposições sobre Memória Social". In: GONDAR, Jô & DODEBAI, Vera (orgs.). O Que é Memória Social? Rio de Janeiro: Contra Capa Livraria/Programa de Pós-graduação em Memória Social da UFRJ, 2005, p. 11-26.

GRECO, Heloisa Amélia. Dimensões Fundacionais da Luta pela Anistia. Tese de Doutorado da Faculdade de Filosofia e Ciências Humanas – UFMG, Belo Horizonte, 2003.

GRECO, Heloisa Amélia. "Memória vs Esquecimento, Instituinte vs Instituído: a luta pela Anistia ampla, geral e irrestrita". In: SILVA, Kaike R. K. (org.). A Luta pela Anistia. São Paulo: Ed. UNESP/Arquivo Público do Estado de São Paulo/Imprensa Oficial, 2009.

Grupo Tortura Nunca Mais/RJ, PE e MG, Comissão de Familiares de Mortos e Desaparecidos Políticos de SP. Dossiê dos Mortos e Desaparecidos Políticos a partir de 1964. Recife: Cia Editora de Pernambuco, 1995.

Organização das Nações Unidas (ONU). Resolução n. 60/147. Disponível em: www.ohchr.org.english/law/remedu.htm. Acesso em: 30 julho 2007.

POLLAK, Michael. "Memória, Esquecimento, Silêncio". Revista Estudos Históricos, Rio de Janeiro, vol. 2, n. 3, 1989, p. 3-15.

SADER, Eder. Quando Novos Personagens Entraram em Cena: experiências, falas e lutas dos trabalhadoes da Grande São Paulo (1970-80). Rio de Janeiro: Paz e Terra, 1988.

SILVA, Hélio. 1964: vinte anos de golpe militar. Porto Alegre: L&PM, 1985.

WACQUANT, Loïc. As Prisões da Miséria. Rio de Janeiro: Jorge Zahar, 1992.

ZELIC, Marcelo. "Comissão Nacional da Verdade e Povos Indígenas: a um passo da omissão", 2014.

Pela "pacificação da família brasileira": uma breve comparação entre as anistias de 1945 e de 1979[1]

Carla Simone Rodeghero

Introdução

A partir de uma abordagem comparativa entre a anistia de 1979 e aquela do final do Estado Novo (1945) e de um questionamento sobre os sentidos atribuídos à medida pelos diferentes atores políticos envolvidos em ambos os processos, o presente estudo quer tornar visível e compreensível a associação entre "anistia" e "pacificação da família brasileira".[2] Ao destacar e analisar a presença dessa palavra de ordem ou desse recurso retórico, o artigo pretende analisar o lugar da anistia em momentos de mobilização pelo final de regimes ditatoriais.

Tal problemática se insere num conjunto de esforços de pesquisa em torno das campanhas em prol da anistia dos anos 1970, da aprovação da Lei de Anistia de 1979 e dos debates mais recentes sobre a herança da ditadura. Mais de três décadas depois da aprovação de tal lei, vive-se, no Brasil, um processo de busca de esclarecimento e de justiça em relação aos crimes dos agentes da ditadura. A reinterpretação da Lei de Anistia de 1979, para que ela deixe de contemplar os

---

1 O presente capítulo foi publicado na Revista Brasileira de História (Online), vol. 33, 2014, p. 67-88.

2 A maior parte da pesquisa empírica do projeto de comparação entre as duas anistias foi feita durante o estágio pós-doutoral realizado no CPDOC da Fundação Getulio Vargas, sob a supervisão de Ângela de Castro Gomes, em 2012. Agradeço à professora pelas reflexões compartilhadas na oportunidade. Para o presente artigo, agradeço também a Vanderlei Machado, pelas leituras e sugestões; a Janaína Contreiras (BIC-UFRGS) e Arthuro Luiz Greci de Carlos (Fapergs), bolsistas de iniciação científica e, ainda, aos colegas Adriana Barreto, Angela Moreira, Luís Edmundo de Souza Moraes e Maud Chirio pelo convite para a apresentação do trabalho no *Seminário Internacional Pacificação: o que é e a quem se destina?* e para a publicação no presente livro.

responsáveis pelos chamados "crimes conexos", tem sido um dos tópicos centrais do debate. Diferentes atores políticos defendem que o julgamento dos agentes do regime é indispensável para a efetivação da justiça de transição e para dar uma dimensão mais radical a iniciativas como reparações monetárias e simbólicas, Comissões da Verdade e legislação de acesso aos documentos. Por trás desses impasses e dessa história inconclusa, o olhar do historiador pode buscar os sentidos em disputa, localizar permanências e, também, pontos de ruptura.

Levando em conta tal propósito e buscando compreender a relação entre anistia e pacificação da família brasileira nos contextos do Estado Novo e da ditadura civil-militar pós 64, o artigo desenvolve três raciocínios centrais: 1) mostra – a partir de fontes impressas e orais – as concepções de anistia construída pelos militantes do período entre 1975 e 1979; 2) recupera registros dos significados atribuídos à medida em 1945; e 3) busca explicações para a recorrência da noção de anistia como pacificação da família brasileira. Com esse raciocínio, quer demonstrar que desde o final da década de 1970, esteve em curso no Brasil uma transformação no sentido atribuído à anistia, quando diferentes atores procuraram desvinculá-la de significados como "perdão", "conciliação", "esquecimento", "pacificação" e associá-la às noções de justiça e de cidadania. Tal processo, no entanto, foi afetado pela permanência – entre outros atores – dos significados mencionados. No presente estudo, a atenção será voltada para a "pacificação". As reflexões não esgotarão o tema, já que é necessário também investir na análise do uso das noções de perdão e de esquecimento, também muito recorrentes nas fontes dos dois períodos.[3]

As concepções de anistia entre 1975 e 1979

Para saber que sentidos foram atribuídos à anistia por aqueles e aquelas que militavam pela medida na segunda metade dos anos 1970, quando começaram a surgir organizações voltadas especificamente para a sua conquista, serão apresentados alguns registros da campanha desenvolvida pelo Movimento Feminino pela Anistia e pelo Comitê Brasileiro pela Anistia (CBA).[4] O material pes-

3 Para a discussão sobre o esquecimento, ver: RODEGHERO, Carla Simone. Operação borracha: a ditadura como um incidente. In: ROSSINI, Miriam de Souza; SANTOS, Nádia Maria Weber; MACHADO Jr., Cláudio de Sá Machado (orgs.). Representações e visibilidades na História Cultural: imagens, imaginários e memórias. Porto Alegre: EdiPucrs, 2015.

4 Apesar da predominância, nesse tópico, de fontes produzidas no Rio Grande do Sul, a análise leva em conta a abrangência nacional das campanhas pró-anistia. As referidas fontes foram analisadas em pesquisa anterior, a qual dialogou com a produção historiográfica sobre a campanha em outras regiões do país. O material foi explorado em RODEGHERO, Carla Simone; DIENSTMANN, Ga-

quisado é composto por correspondências, recortes de jornal, panfletos, manifestos, que foram compilados pelas dirigentes do núcleo gaúcho do MFPA, Mila Cauduro e Lícia Peres. Além da atuação local, os documentos trazem indícios da organização nacional da campanha, como destaque para os encontros e congressos nacionais que aconteceram em 1978 e 1979. Trazem também informações sobre o núcleo gaúcho do CBA. Há, aqui, a escolha de enfatizar a atuação das entidades mencionadas, mesmo que a campanha tenha tido outros protagonistas ou apoiadores, como foi o caso de parte dos parlamentares do Movimento Democrático Brasileiro (MDB), de integrantes da Ordem dos Advogados do Brasil (OAB), da Sociedade Brasileira para o Progresso da Ciência (SBPC), de jornais da imprensa alternativa, entre outros.

Do conjunto da documentação, serão destacados exemplos indicativos da recorrência da associação entre anistia e pacificação da família brasileira.[5] Em 1975, na Semana da Pátria, o arcebispo D. Paulo Evaristo Arns pediu, em nome dos católicos de São Paulo, "*reconciliação* ampla e anistia para todos os que lutam em posições diversas, amando, no entanto, a mesma Pátria".[6] Em correspondência expedida pelo núcleo do MFPA aos diretórios do MDB gaúcho, em setembro do mesmo ano, referindo-se ao governo Geisel, as líderes manifestaram "esperança de que um rio-grandense *pacifique a família brasileira*". Em carta datada de setembro de 1976, o deputado Magnus Guimarães, do MDB, chamou atenção para a "política usada pelo Duque de Caxias para pacificar o Rio Grande do Sul, após a Guerra dos Farrapos" e questionou quem seria "hoje o *pacificador da família brasileira*". A menção ao chefe militar do Império também foi feita no início de 1978, em conferência que o general cassado Pery Constant Bevilacqua fez em Porto Alegre, a convite do MFPA. Na ocasião, ele elogiou Caxias por ter "sempre sabido coroar as suas vitórias militares sobre os insurretos e *restabelecer a paz e a fraternidade* entre brasileiros (...) mediante a concessão da anistia aos vencidos". À noção de paz e fraternidade, Bevilacqua somou aquela de esquecimento, ao lembrar que o mesmo Caxias, em proclamação ao final da Guerra dos Farrapos, teria feito a seguinte exortação: "um só pensamento nos una! Marchemos para o futuro unidos, ombro a ombro e *maldição eterna a quem ousar recordar* as nossas dissensões passadas". Em documento entregue pelas líderes do MFPA ao general João Batista Figueiredo – candidato à presidência da República –, em visita a

briel; TRINDADE, Tatiana. Anistia ampla, geral e irrestrita: história de uma luta inconclusa. Santa Cruz do Sul: Editora da Unisc, 2011, vol. 1.

5 A referência aos documentos será feita ao final de cada parágrafo.

6 Esse e os demais grifos são meus.

Porto Alegre, em julho de 1978, foi pedida "uma anistia ampla e irrestrita, como forma possível para a imediata *reconciliação da família brasileira*".[7]

Os registros acima apresentados exemplificam os sentidos atribuídos à anistia nos primeiros anos da campanha: pacificação e conciliação, o Brasil visto como uma família, a existência de uma tradição de anistias e o apelo ao esquecimento. É perceptível, em parte deles, a esperança em relação à política de distensão proposta pelo governo Geisel. Num período em que estava em vigência o AI-5 e os demais dispositivos da repressão, o discurso de oposição não poderia ser de total enfrentamento. Desse contexto, resulta a estratégia adotada de ancorar o discurso nas promessas governamentais, de enfatizar a atuação política das mulheres e de apresentá-las na condição de mães de família, como faziam as dirigentes do MFPA; de retomar exemplos da história do Brasil onde a reconciliação foi feita por meio da anistia.

Outras variáveis podem ser levantadas para entender esses sentidos, o lugar ocupado pelo bordão da pacificação da família brasileira e o chamamento à atuação das mulheres: apresentar o Brasil como uma família, no seio de um discurso politicamente moderado, era uma maneira de retomar um elemento simbólico que tinha tido peso cerca de uma década antes. Ainda que com uma orientação política contrária, multidões foram às ruas em 1964, em marchas contra o governo Goulart. Elas foram nomeadas de Marchas da Família com Deus pela Liberdade, dando a entender que a mobilização das famílias garantiria a salvação do Brasil frente ao perigo comunista. A imagem da família, por outro lado, fazia sentido para um movimento que agregava familiares de perseguidos políticos. A anistia permitiria, entre outras coisas, a volta dos exilados e a libertação dos presos políticos e, com isso, se daria a reconstrução literal de suas famílias. A ênfase no protagonismo das mulheres, por sua vez, recuperava a atuação feminina no movimento paulista de 1932, como bem lembrou Therezinha Zerbine, fundadora do MFPA.[8]

Alerto, antes de ir adiante, que a compreensão de anistia dos atores acima mencionados não pode ser explicitada apenas com as palavras citadas e que a mesma foi sendo construída e transformada ao longo da campanha. As citações

7 Fala de D. Paulo, Folha da Manhã, Porto Alegre, 06.09.75, p. 4; correspondência do MFPA ao MDB em 01.09.75; declaração do deputado Guimarães, Correio do Povo, Porto Alegre, 30.09.76; discurso de Bevilacqua na Assembleia Legislativa do Rio Grande do Sul, 12.04.78; carta do MFPA a Figueiredo em Zero Hora, Porto Alegre, 29.07.78.

8 ZERBINE, Therezinha. Anistia: a semente da liberdade. São Paulo: Gráfica das Escolas Profissionais Salesianas, 1979, p. 9.

acima foram selecionadas, no entanto, por conta da sua recorrência nos registros analisados. É importante atentar, ainda, para a fórmula apresentada pelas militantes do MFPA ao solicitarem ao candidato da situação "*uma anistia ampla e irrestrita*, como forma possível para a imediata *reconciliação da família brasileira*" (grifos meus). Em uma frase, elas reuniram dois slogans centrais da luta pela anistia, slogans que vieram a assumir sentidos opostos, nos momentos finais da campanha: ao mesmo tempo em que foi mantido o horizonte da reconciliação e usada a imagem do Brasil como uma família, a expressão "anistia ampla e irrestrita" aproximava o apelo dessas senhoras ao sentido atribuído à medida pelos grupos mais à esquerda no espectro político.

A eleição do slogan "anistia ampla, geral e irrestrita" como carro chefe da campanha se deu ao longo de 1978, ano em que começaram a ser fundados os CBAs em diversas cidades brasileiras e a ser realizados os primeiros eventos nacionais pela anistia. Os CBAs tinham uma composição mais plural que os pioneiros núcleos do MFPA, e atuaram num momento em que a capacidade organizativa da sociedade civil estava numa fase de rápido crescimento.[9] Uma obra, publicada em abril de 1978, pode ser tomada como representativa da campanha em curso. Trata-se do livro *Liberdade para os brasileiros: anistia ontem e hoje*, do jornalista Roberto Ribeiro Martins, publicada pela Editora Civilização Brasileira.[10] Depois de apresentar os diferentes momentos em que a medida foi aplicada na história do Brasil, de discriminar as categorias que deveriam ser beneficiadas pela medida e de falar dos exemplos internacionais, o autor se deteve no "debate em torno da anistia", momento em que apresentou as demandas que estavam sendo feitas e as alternativas apresentadas pelo governo. Quanto às demandas, enfatizou que a anistia almejada deveria ser geral ou ampla (seus benefícios deveriam abranger todas as categorias de vítimas de atos e de leis de exceção), absoluta ou incondicional (não deveria haver nenhuma restrição ao gozo de seus benefícios) e, ainda, plena (que possibilitasse a reintegração completa de todos os brasileiros

9 GRECO, Heloísa. Dimensões fundacionais da luta pela anistia. Tese de doutorado em História – UFMG, Belo Horizonte, 2003.

10 MARTINS, Roberto Ribeiro. Liberdade para os brasileiros: anistia ontem e hoje. Rio de Janeiro: Editora Civilização Brasileira, 1978. Indícios da representatividade da obra: Ribeiro Martins menciona na apresentação do livro o convívio com presos políticos e a preocupação com a falta de estudos históricos sobre a tradição de anistias do Brasil. Antes da publicação, ele havia divulgado parte de sua pesquisa em jornais alternativos (Coojornal e Movimento). Um dos nomes a quem são feitos agradecimentos é o da presidente do CBA, criado no Rio de Janeiro em fevereiro de 2013. Em carta enviada ao núcleo gaúcho do MFPA, em abril de 1978, Ribeiro Martins acertou os detalhes de uma viagem a Porto Alegre para debater o tema.

nas funções que exerciam antes das punições). O fundamental, alertava o autor, é que a medida "não contenha nenhuma restrição", sendo "politicamente correto afirmar-se: anistia geral (ou ampla), ou na *forma que já ganhou as ruas: anistia geral e irrestrita*"[11] (grifo meu).

As alternativas apresentadas pelo governo, ainda segundo Ribeiro Martins, eram a revogação do artigo 185 da Constituição (o qual incorporou o AI-5 à Carta), a revisão individual das punições, a redução de penas na Lei de Segurança Nacional e uma anistia parcial ou graduada. Segundo o autor, para conceder anistia, o regime teria que lidar com duas questões delicadas: a de contemplar os que pegaram em armas e a de reintegrar às Forças Armadas os militares progressistas expurgados. Para não ter que enfrentar esses desafios é que o regime apostava nas mencionadas alternativas. Havia, no entanto, outra questão a ser considerada: a da anistia aos agentes da ditadura. Ribeiro Martins afirmou que esse era um "problema diverso daquele da anistia", que deveria ser tratado e resolvido separadamente, tendo em vista o fato da anistia se referir apenas às "vítimas dos atos e leis de exceção".[12] Outros envolvidos na causa, no entanto, viam as coisas de maneira diversa. Pery Bevilacqua, general expurgado, que foi um reconhecido militante da anistia e que foi acima mencionado, deixou claro, em boa parte dos seus escritos e manifestações sobre o tema, que o governo só concederia anistia aos opositores se tivesse certeza da impunidade dos agentes do regime.[13] Em outro aspecto, Martins Ribeiro e o militar tinham plena concordância: a anistia seria apenas um dos pré-requisitos para a democracia. Entre os demais estavam a revogação da legislação de exceção, o estabelecimento das liberdades democráticas e a convocação de uma Assembleia Nacional Constituinte.

Se, no início de 1978, a fórmula "anistia ampla e irrestrita" já tinha ganhado as ruas, até o final do ano, ela viria a se consolidar como "anistia ampla, geral e irrestrita". O slogan passou a constar de documentos posteriores ao I Congresso Nacional pela Anistia, realizado em novembro de 1978 em São Paulo, de documentos de núcleos do MFPA e do CBA daí em diante, de panfletos e manifestos do movimento estudantil, de registros da atuação dos núcleos pró-anistia que

---

11 *MARTINS, Roberto Ribeiro. op. cit., p. 181.*

12 *Ibidem, p. 175 e 177.*

13 Uma análise preliminar dos documentos do fundo "Anistia" do arquivo de Pery Constant Bevilacqua, disponíveis na Fundação Casa de Benjamim Constant, no Rio de Janeiro, embasa tal afirmação.

existiam no exterior e dos quais também participavam exilados brasileiros.[14] Naquele Congresso foi definida a estratégia de alargar o apoio popular à luta pela anistia, a qual passou a ser compreendida como uma luta mais ampla pela conquista das liberdades democráticas. No relatório do III Encontro Nacional dos Movimentos pela Anistia, de junho de 1979, por exemplo, temos a demanda pelo "fim de toda a legislação repressiva" e para "que sejam garantidas efetivas liberdades democráticas, em especial a liberdade partidária, sindical e de greve...". No mesmo documento tem destaque o slogan que aqui interessa quando se afirma que "só a *anistia ampla, geral e irrestrita* (...) poderá atender aos reclamos do povo, restaurando todos os direitos que foram usurpados pela ditadura. E, mais do que isso, esta anistia, como pretendemos, não deve ser um simples perdão ou esquecimento".

O fato das senhoras do MFPA, em julho de 1978, terem se dirigido ao candidato do governo à Presidência da República, e terem mesclado em seu discurso as fórmulas da "anistia – pacificação/ concliliação" com a da "anistia ampla e irrestrita" é indicativo de um processo mais amplo de mudança no sentido atribuído à medida. A mudança também estava ocorrendo na estratégia de luta. A articulação nacional da campanha, a partir do final de 1978, definiu que o caminho a ser trilhado era a conquista do apoio popular e, não, como fazia o MFPA em sua fase inicial e como em meados daquele ano, a sensibilização dos governantes (para que os parlamentares do MDB se comprometessem com a causa; para que Geisel avançasse na promessa da distensão, para que Figueiredo, candidato do governo, tomasse conhecimento da demanda etc.). Ao enfatizarem, o slogan "anistia ampla, geral e irrestrita", os militantes e seus movimentos queriam se contrapor à proposta governamental de uma anistia restrita e recíproca. Essa proposta, que já aparecia no debate do início de 1978, ganhou concretude quando da apresentação do projeto de anistia ao Congresso Nacional, em junho de 1979. O projeto excluía do benefício da anistia os que "foram condenados pela prática de terrorismo, assalto, sequestro e atentado pessoal", e criava complicados mecanismos para reintegração dos funcionários civis e militares expurgados. Exatamente como estava previsto na análise de Ribeiro Martins. Ele, ao mesmo tempo, incluía em seus beneficiários os que cometeram "crimes conexos aos políticos". Exatamente como previra Bevilacqua.

14 Exemplos de materiais de propaganda sobre anistia, produzidos pelo movimento estudantil, podem ser encontrados no Arquivo Público do Estado do Rio de Janeiro. Na mesma instituição, ver especialmente os documentos que compõem o Fundo Jean Marc Van Der Weid, com importantes indícios sobre a luta pela anistia no exterior e entre os exilados.

Do exposto até aqui, é importante reforçar que o sentido atribuído à anistia foi se transformando entre 1975 e 1979, ganhando força nesse ínterim a noção de que a medida representava uma ruptura com o regime, um direito dos cidadãos vítimas da repressão e um desejo da sociedade como um todo. A medida deixou de ser encarada como concessão ou benevolência governamental. O Brasil passou a ser representado com uma coletividade de cidadãos que demandam seus direitos e não como uma família, ou como filhos em busca da clemência paterna.

Outro caminho para captar os sentidos que os oponentes da ditadura atribuíam (e/ou atribuem hoje) à anistia de 1979 é a exploração de entrevistas de história oral. Estas fontes permitem ter acesso a certos acontecimentos do passado na forma como foram vividos por diferentes protagonistas. Revelam indícios dos processos mutantes de significação desse passado. As entrevistas que serão analisadas aqui têm ainda outra característica. Elas foram realizadas no seio de um conjunto de esforços de reparação aos perseguidos pela ditadura, esforços que vêm sendo levados adiante pela Comissão de Anistia do Ministério da Justiça, há vários anos.

Em 2011, a Comissão firmou um convênio com três universidades brasileiras, o qual visava a realização de mais de uma centena de entrevistas de História Oral com pessoas que tivessem tido militância de oposição à ditadura e/ou que tivessem sido alvo da repressão, em situações como prisão, clandestinidade, perda de emprego (expurgo), cassação de mandato, tortura, morte ou desaparecimento de familiares, exílio, abandono dos estudos etc.[15] Com esses propósitos, foi levado adiante o projeto Marcas da Memória: História Oral da Anistia no Brasil.[16] O roteiro geral (que seria adaptado a cada caso) englobava as opções profissionais e políticas, a influência da família, o início da atuação política, as particularidades da organização em que se deu a militância, a forma como a pessoa foi atingida pela repressão, a reconstrução da vida a partir do fim do regime, as heranças e permanências do tempo da ditadura. Cabiam, no último tema, questionamentos sobre a Lei de Anistia de 1979 e sobre as políticas relativas à herança da ditadura, levadas adiante no Brasil, em tempos mais recentes. Nas dezoito entrevistas realizadas pela equipe da UFRGS, a questão sobre a anistia foi utilizada como uma ponte entre o tempo da ditadura e os dias atuais, como um caminho

15 As universidades envolvidas no Projeto Marcas da Memória: História Oral da Anistia no Brasil, ao longo dos anos 2011 e 2012 foram a UFPE, a UFRJ e a UFRGS.

16 Sobre o projeto, ver RODEGHERO, Carla S.; MONTENEGRO, Antônio e ARAÚJO, Maria Paula (orgs.). Marcas da Memória: História Oral da Anistia no Brasil. Recife: Editora Universitária da UFPE, 2012.

para captar reflexões sobre permanências ou sobre conquistas na construção da democracia. São essas as entrevistas que embasam as reflexões que seguem.

Em termos gerais, os(as) entrevistados(as) apresentaram uma avaliação bastante crítica da anistia de 1979 e das medidas mais recentes em torno do tema.[17] Uma única entrevistada destacou a faceta de luta associada à medida. Outros referiram ao projeto governamental aprovado, manifestando críticas à "anistia recíproca", à "autoanistia", à "anistia torcida". Outros, ainda, preferiram enfatizar as políticas de reparação hoje em curso e, em sua maioria avaliaram--nas, de forma negativa. Elas estariam longe das colocadas em prática em países como a Argentina, o Chile e o Uruguai, países que segundo parte dos entrevistados, estariam mais adiantados no que diz respeito ao esclarecimento, ao julgamento e à punição dos crimes cometidos pela repressão, durante as respectivas ditaduras. Quatro entre os(as) dezoito entrevistados(as) apontaram positividades nas indenizações em curso no Brasil. Entre os(as) demais prevaleceu a expectativa de medidas de justiça e de memória, em detrimento da reparação financeira. Ao mesmo tempo, foi aspecto comum entre os(as) entrevistados(as), a valorização de iniciativas voltadas ao resgate da memória do período, a ponto de vários deles(as) colocarem a militância pela memória como uma tarefa política a ser levada adiante.

O quadro desenhado a partir das entrevistas está longe da lógica da anistia como pacificação da família brasileira. Com exceção de um caso que será explorado abaixo, não foi perceptível nas falas a expectativa de que os conflitos políticos – e as feridas pessoais e coletivas deles decorrentes – pudessem ser extintos por meio de uma pacificação. Tais resultados parecem indicar que a anistia almejada pelos que foram ouvidos no projeto de pesquisa, era a caracterizada como "ampla, geral e irrestrita". Na medida em que essa foi derrotada pela proposta do governo, aprovada pelo Congresso Nacional, prevaleceu nos registros de memória ou nas escolhas dos narradores apenas o sentido criticável da anistia. Isso explica o quase apagamento, nos relatos, das experiências de luta nas quais alguns dos próprios entrevistados estiveram envolvidos.

Um deles, no entanto, fez uma avaliação que destoou do conjunto acima descrito: trata-se do advogado Almoré Zoch Cavalheiro, que completou seus 80

17 O tema é longamente explorado em: RODEGHERO, Carla S. Anistia, esquecimento, conciliação e reconciliação: tensões no tratamento da herança da ditadura no Brasil. *RODEGHERO, Carla S.; MONTENEGRO, Antônio e ARAÚJO, Maria Paula (orgs.). op. cit.*

anos na época da entrevista.[18] Como sargento do Exército, depois de ter participado do Movimento da Legalidade, Almoré, com o apoio de outros subalternos das Forças Armadas, foi candidato a deputado estadual pelo Partido Trabalhista Brasileiro (PTB), no Rio Grande do Sul. Eleito, não foi empossado por decisão da Justiça Eleitoral, num período em que a elegibilidade dos sargentos não era reconhecida, mas estava sendo demandada pela categoria. Vivenciou o contexto da campanha em prol das Reformas de Base e teve atuação política importante no período. Foi alvo de punições antes mesmo do golpe. Depois dele, foi expurgado.

Em certa altura de seu depoimento, o ex-sargento chamou a atenção para as "várias facetas" da anistia: "primeiro foi a anistia do governo Figueiredo. Nesta anistia, na verdade, a maior preocupação nossa era trazer nossos líderes políticos que eram exilados. E, do lado deles [da ditadura] era fazer uma proteção a favor dos torturadores, para proteger os torturadores dos crimes que eles haviam praticados". Reconheceu, dessa forma, que havia interesses diversos em torno da medida. Ao final de seu depoimento, depois de historiar os fatos que o tocaram ao longo da ditadura e da redemocratização, Almoré utilizou a imagem da família para tratar da situação política brasileira atual e para lançar um questionamento à equipe que o escutava:

> quem foi que perdeu afinal nesse período, nesses últimos 50 ou 60 anos, lá desde Getúlio até agora? Quem é que perdeu? Quem é que ganhou? Foi o capitalismo imperialista? Foi o comunismo ou o socialismo? Foram os nacionalistas? Interessante não é? Se a gente observar, esse período foi pontilhado de batalhas, uns ganharam umas, outros ganharam outras. Lá no Getúlio ganhou a reação, ganhou o imperialismo; na Legalidade, meio ganharam os legalistas, os nacionalistas; no golpe de [19]64, aquela batalha do golpe de 64, que instaurou o regime militar, ganhou a reação, ganhou o imperialismo.

Seguindo esse raciocínio, o entrevistado passou a tratar da atualidade e reiterou o questionamento: "quem é que está ganhando?". Ele mesmo respondeu: "o povo brasileiro lutou sempre contra a ditadura" e, nesse processo, "quem ganhou, na verdade, foi o Brasil". Foi a partir daí, que Almoré introduziu a metáfora da família:

---

18 Almoré Zoch Cavalheiro. Entrevista concedida a Aryanne Torres Nunes, em Porto Alegre, em 05 de outubro de 2011.

> Eu diria que brigas, as famílias brigam, há um período que os irmãos brigam e tal, às vezes até grandes, brigam por motivos mais variados e os pais lutam pra *conciliar* e tal. Na medida em que a família vai ficando mais madura, os irmãos vão se tornando grandes amigos, e lá na fase mais avançada eles começam a lamentar: 'porque que nós brigamos, a gente tinha que ter sido amigos desde o início'. No Brasil, eu diria que está assim, quem ganhou em toda essa guerra, nos últimos 50 ou 60 anos foi o Brasil e o povo brasileiro. A *família brasileira* brigou entre si, militares contra civis, civis contra militares, civis contra civis, militares contra militares. Mas a sociedade brasileira, minha gente, amadureceu, e hoje essa potência econômica chamada Brasil, é a sétima economia do planeta, sua presidente é uma guerrilheira que foi torturada no regime militar, e hoje comanda seus carcereiros, é a comandante chefe das Forças Armadas e auxiliares (grifos meus).

De sua fala, pode-se destacar a menção a Getúlio Vargas e ao nacionalismo e, assim, a uma temporalidade mais larga do que a da ditadura civil-militar. Tendo em vista a trajetória pessoal de Almoré, sabe-se que ele esteve envolvido nos debates sobre nacionalismo, socialismo, capitalismo, comunismo, imperialismo, que marcaram o começo dos anos 1960 e que apareceram em 2011 na parte conclusiva de seu depoimento. Não deixa de ser interessante o fato de que poucas frases separaram, em seu relato, a menção a Getúlio Vargas e à presidente da República, "uma guerrilheira que foi torturada". Getúlio representou o nacionalismo derrotado em 1954, mas vitorioso em 1961. Dilma, antes derrotada e agora vencedora: uma ex-guerrilheira comandando as Forças Armadas!

O otimismo de Almoré pode ser sintetizado em duas de suas afirmações: "a família vai ficando mais madura" e "o Brasil amadureceu". O Brasil, como uma família, para o entrevistado, passa hoje por um processo de reconhecimento de que os conflitos do passado devem ser lamentados e não perpetuados. Talvez ele estivesse se referindo a uma nova faceta da anistia, já que havia mencionado, antes, em seu depoimento, a existência de "várias facetas" da medida. Em sua fala, no entanto, deixou explicita apenas a primeira delas (o que a lei de 1979 representou para o governo e para os opositores). Estaria sugerindo que o processo hoje em curso (indenizações, pressões em prol de esclarecimento, da liberação dos documentos, da reinterpretação da Lei de 1979) seria uma nova faceta da anistia e, ao mesmo tempo, que esse seria um momento propício à pacificação da família brasileira?

A pacificação da família brasileira e a anistia do final do Estado Novo

Os parágrafos que seguem pretendem demonstrar a forte presença da associação entre a anistia e a pacificação da família brasileira na campanha que precedeu a anistia decretada em 18 de abril de 1945 por Getúlio Vargas. Essa anistia permitiu a reintegração à vida política de diferentes inimigos do regime varguista – os comunistas envolvidos no levante de 1935, os integralistas do levante de 1938 e políticos – muitos dos quais eram paulistas – que apesar de terem apoiado a Revolução de 1930, foram sendo afastados do centro do poder, entre 1932 e 1937. Os comunistas foram pioneiros na demanda por anistia ou pela libertação dos presos políticos, já que muitos deles foram atingidos pela onda de prisões iniciada em novembro de 1935 e pela repressão que continuou a se intensificar no período anterior à decretação do Estado Novo. Adentrando nos anos da ditadura, a reivindicação continuou sendo colocada, mas foi se transformando por conta das mudanças no posicionamento do Partido Comunista do Brasil (PCB) em relação a Vargas e por influência da deflagração da Segunda Guerra Mundial.[19] A análise de diferentes fontes (como panfletos recolhidos pela polícia política no Distrito Federal e correspondências enviadas a membros do governo Vargas) permite reconhecer a transição, entre os comunistas, de um discurso de crítica feroz ao governo e de *exigência* por anistia ou por libertação dos presos para um discurso (no contexto da Guerra) mais brando. Esse último se caracterizava pelo *apelo* à necessidade de reintegração de parte dos brasileiros que, estando presos ou exilados, não poderiam colaborar com a Pátria, nas tarefas de defesa que se avizinhavam.[20] O surgimento de entidades pró-anistia e a deflagração de campanhas públicas pela medida, no entanto, só se deu no começo de 1945, na conjuntura de relaxamento da censura e de reorganização das forças oposicionistas ao Estado Novo.

Apesar dessa longa trajetória – que ainda precisa ser devidamente explorada – a atenção será dirigida, nesse estudo, à cobertura que a imprensa deu à campanha, nos meses de março e abril do ano mencionado. Tal cobertura dá a ver a organização de entidades, a divulgação de manifestos e a realização de comícios no Rio de Janeiro, em São Paulo e em outras cidades brasileiras. Ao

---

19 Sobre os debates para a definição da linha política do PCB entre 1937 e 1938, ver KAREPOVS, Dainis. Luta subterrânea: o PCB entre 1937-1938. São Paulo: Editora da Unesp, 2003. Em boa parte dos documentos analisados – apreendidos pela polícia ou enviados à Internacional Comunista – aparece a demanda por anistia.

20 As afirmações se baseiam na análise dos Folhetos DESPS, do Aperj, e dos Arquivos Pessoais de Osvaldo Aranha, Eurico Dutra e Getúlio Vargas, do CPDOC da Fundação Getulio Vargas.

mesmo tempo em que o material revela a associação entre anistia e pacificação, permite conhecer os atores políticos envolvidos na campanha, os alvos da anistia (perfil dos que seriam beneficiados) e a forma como ela se ajustava ao contexto da redemocratização do final do Estado Novo.

No começo de março de 1945, a *Folha da Manhã*, de São Paulo, apresentou considerações de Jorge Amado sobre o momento político do Brasil. O escritor e militante comunista assim caracterizou a anistia: "anistia ampla, que seja capaz de fazer esquecer os antigos ressentimentos, *medida pacificadora de toda a família brasileira*". Em 20 de março, o mesmo jornal publicou documento produzido pelo diretório paulista da Liga de Defesa Nacional (LDN), o qual indicava duas medidas para a consecução da união nacional: o reforço da Força Expedicionária Brasileira (FEB) e a "*pacificação da família brasileira*: anistia ampla aos presos e exilados políticos".[21]

O *Correio da Manhã*, do Rio de Janeiro, noticiou em 1° de abril a convocação do Comitê de Mulheres Pró-Anistia às "mulheres do DF para aderirem a esse grande movimento que se generaliza em todo o Brasil em prol da *pacificação da família brasileira*". No mesmo dia, o editorial da *Folha da Manhã* tocou no tema da anistia e da almejada eleição presidencial, a qual "não poderia acontecer enquanto chefes de partidos continuam presos ou exilados". Ao mesmo tempo, alertou que não "se admitirá que se fale em desmobilização dos espíritos, *em pacificação da família brasileira*, em união nacional, quando patrícios nossos continuam a sofrer as penas a eles impostas pelo governo autoritário".[22]

Estes primeiros registros trazem alguns atores da campanha pró-anistia: os comunistas; os membros da LDN (entidade que teve forte participação na campanha pela criação da FEB e que se colocava entre as forças opositoras do Estado Novo, apesar de sua composição plural); o Comitê de Mulheres Pró-Anistia, uma das diversas entidades criadas naquele momento[23] e a própria imprensa (um dos

21 Os excertos, na ordem em que aparecem, foram retirados da Folha da Manhã, São Paulo, 03.03.45, p. 5 e 20.03.45, p. 4. A partir do registro de todas as matérias relativas à anistia em março e abril, nos jornais selecionados, foram escolhidos excertos que associavam a medida à noção de "pacificação da família brasileira", para compor esse estudo. Mesmo não havendo uma quantificação, a análise do conjunto dos registros revela o uso intenso de tal noção.

22 Os excertos, na ordem em que são apresentados, foram retirados de Correio da Manhã, Rio de Janeiro, 01.04.45, p. 3 e da Folha da Manhã, São Paulo, 01.04.45, p. 6.

23 Entre as entidades criadas para a luta pela anistia em São Paulo, destaco o Movimento ou Comitê Médico Pró Anistia de São Paulo (Folha da Manhã, 06 de abril, p. 5); o Comitê Pró Anistia na Imprensa e no Rádio (Folha da Manhã, 30 de março, p. 3); o Comitê Feminino Pró Anistia (Folha da Manhã, 10 de abril, p. 5); Comitê dos Artistas Plásticos Pró Anistia (Folha da Manhã, 10 de abril, p. 5); Comitê dos Trabalhadores do Rádio Pró Anistia (Folha da Manhã, 12 de abril de 1945, p. 4).

baluartes da campanha pelo fim da ditadura, a partir do início de 1945). São mencionados como alvos da anistia os presos e exilados políticos e os patrícios a quem o governo autoritário impôs penas. O tema da união nacional aparece a partir de duas perspectivas diferentes: como um horizonte almejado ou como uma promessa em relação à qual era preciso estar alerta. Da mesma forma, a pacificação da família brasileira é colocada como um horizonte (nas três primeiras citações) e sob alerta (na última delas). Aparece, ainda, o tema das eleições. Em abril de 1945, é importante lembrar, já havia sido divulgado o calendário que previa eleições presidenciais para dezembro. Estava em curso, naquele momento, a campanha de Eduardo Gomes e o processo de criação da União Democrática Nacional (UDN), os quais contavam com explícita simpatia dos jornais analisados.[24]

Outros exemplos ajudarão a compor o quadro. Em 04 de abril, o *Correio da Manhã* divulgou nota da União dos Trabalhadores Intelectuais (UTI), na qual a entidade protestava contra declarações feitas por Batista Luzardo, segundo as quais Luiz Carlos Prestes seria excluído da anistia. Os signatários defendiam que as mesmas eram um "desserviço aos propósitos de *pacificação da família brasileira*, que só se pode alcançar com a concessão da anistia ampla e irrestrita". No mesmo dia, o jornal paulista registrou reunião acontecida na sede da Associação Paulista de Imprensa (API), onde foi lançada a "Campanha feminina pela *pacificação da família brasileira*". A senhora Edith Negraes disse se tratar de "um movimento absolutamente apolítico, em prol da obtenção da *anistia ampla, geral e irrestrita*". A atuação das entidades da imprensa na campanha foi reforçada, quatro dias depois, pelo *Correio da Manhã*, com a divulgação do discurso de Herbert Moses, presidente da Associação Brasileira de Imprensa (ABI). Ele havia se manifestado sobre a existência de "um denominador comum [entre as correntes de opinião]: a anistia. Esse anseio de *pacificação* dos espíritos, pelo olvido de ressentimentos, é o fogo purificador." Em 12 de abril, o mesmo jornal noticiou a concessão, pelo Superior Tribunal Federal (STF), de habeas corpus a políticos exilados, para que pudessem retornar ao Brasil. Um dos beneficiados

---

Para o Rio de Janeiro, temos, entre outros, o Comitê de Mulheres Pró Anistia (Correio da Manhã, 01 de abril de 1945, p. 3) ou Comitê Feminino Pró Anistia (Correio da Manhã, 04 de abril de 1945, p. 12), que parecem ser a mesma entidade.

24 Sobre o contexto da redemocratização de 1945, ver: RODEGHERO, Carla S. O anticomunismo nas encruzilhadas do autoritarismo e da democracia: a conjuntura 1945-1947. Métis: História e Cultura. vol. 5, n. 10, jul./dez. 2006, p. 179-202 e FERREIRA, Jorge. A democratização de 1945 e o movimento queremista. In: FERREIRA, Jorge & DELGADO, Lucília de Almeida Neves (Orgs.). O tempo da experiência democrática – da democratização de 1945 ao golpe civil-militar de 1964. Rio de Janeiro: Civilização Brasileira, 2003 (Coleção O Brasil Republicano, vol. 3), p. 15-46.

pela medida, Armando de Sales Oliveira, de acordo com a matéria, teria assim se manifestado: "só me sentirei feliz quando uma anistia ampla vier a congraçar a *família brasileira*".[25]

Os excertos apresentados dão a ver entidades envolvidas na mobilização (a UTI, a API e a ABI) e os nomes dos dois principais alvos da campanha: Luiz Carlos Prestes e Armando de Sales Oliveira. Algumas palavras sobre suas trajetórias ajudam a esclarecer o perfil dos grupos para os quais se demandava anistia e os pontos sobre os quais os apoiadores da medida divergiam. Prestes, depois de ter participado das agitações tenentistas à frente da coluna que levou o seu nome, na década de 1920, exilou-se na Bolívia, onde teve contato com a literatura marxista.[26] Negou-se a apoiar a Revolução de 1930. Seu ingresso no PCB foi aceito após um período vivido na União Soviética. Foi o líder da Aliança Nacional Libertadora (ANL) e em novembro de 1935 esteve envolvido nos levantes militares ocorridos em Natal e no Rio de Janeiro, que ficaram conhecidos como Intentona Comunista. Foi preso em março de 1936, condenado pela liderança do movimento armado e, mais tarde, por participação no assassinato de Elza Fernandes. Veio a ser libertado da prisão com a anistia de 18 de abril de 1945. Armando de Sales Oliveira, por sua vez participou do movimento paulista de 1932 e depois da derrota do mesmo foi nomeado Interventor do estado por Vargas. Foi eleito governador de São Paulo em 1935. Em 1937, lançou seu nome para a eleição presidencial prevista para o início de 1938. Entre outubro e novembro do mesmo ano denunciou a trama governamental para a deflagração do golpe. Com a instalação do Estado Novo, passou um ano cumprindo prisão domiciliar, tendo então partido para o exílio na França e, mais tarde, para os Estados Unidos. Sale Oliveira voltou ao Brasil alguns dias antes da decisão do STF em seu favor e da decretação da anistia. Com problemas de saúde, internou-se em um sanatório em São Paulo. As poucas manifestações que fez à imprensa foram de apoio à anistia e à campanha de Eduardo Gomes para a Presidência da República.

Os nomes de Prestes e de Sales Oliveira aparecem com insistência nos registros coletados na imprensa sobre a campanha realizada em março e abril de 1945.[27] Prestes e Sales de Oliveira representavam dois importantes grupos de

25 Correio da Manhã, Rio de Janeiro, 04.04.45, p. 3; Folha da Manhã, São Paulo, 04.04.45, p. 5; Correio da Manhã, Rio de Janeiro 08.04.45 e 12.04.45, p. 18.

26 Com base no Dicionário Histórico Biográfico Brasileiro, do CPDOC da Fundação Getulio Vargas.

27 Outros dois nomes se destacaram na cobertura da imprensa (sendo mencionados em manifestos publicados, e aparecendo em discursos, faixas e panfletos durante os comícios): Octávio Mangabeira e Paulo Nogueira Filho. Mangabeira, político baiano, se colocou contra a Revolução de 1930,

opositores do Estado Novo ou de perseguidos pelo regime varguista: os comunistas e os paulistas ou liberais. Tais grupos foram atingidos de maneiras diferentes pela ditadura: a perseguição aos comunistas, que já existia quando do funcionamento da Aliança Nacional Libertadora (ANL), foi esmagadora a partir do levante de 1935. O período que antecedeu a decretação do Estado Novo foi marcado por prisões em massa, sem inquérito, sem culpa formada, por presídios infectos e com tratamento degradante, pela detenção de parlamentares e pela decretação de estado de sítio e estado de guerra, prorrogados várias vezes, com o apoio do Congresso Nacional e da grande imprensa. A repressão continuou durante a ditadura.[28] Em 1945 ainda havia comunistas associados aos fatos de 1935 atrás das grades ou no exílio. Prestes representava o grupo, mas também carregava o peso da trágica história familiar, marcada pela deportação de sua esposa grávida, Olga Benário, pelo governo brasileiro para a Alemanha nazista.[29] Relevando isso tudo, Prestes defendeu no início de 1945, a necessidade da "união nacional" em torno de Vargas. A anistia contribuiria para esse processo. A expectativa era de que a medida seria acompanhada pela possibilidade de atuação legal do PCB, factível no clima forjado pela vitória dos Aliados na guerra, com a participação da União Soviética. Essa vida legal que os comunistas vislumbravam e almejavam exigia deles e do governo (que precisava de novos apoios) o esquecimento dos ressentimentos do passado.

Diversos componentes do grupo dos liberais tinham participado da revolta paulista de 1932, e com a derrota partiram para o exílio. Foram anistiados em 1934. Vários deles participaram da Assembleia Constituinte de 1934 e vieram a ser novamente afastados do cenário político quando do golpe de 1937. Assim, a

---

partiu para o exílio no mesmo ano e retornou ao Brasil com a anistia de 1934. Em 1937, apoiou a candidatura de Armando de Sales para a Presidência da República e denunciou manobras que levaram ao golpe do Estado Novo. Durante a ditadura foi preso e, depois, exilou-se na Europa e nos Estados Unidos. O paulista Paulo Nogueira Filho, por sua vez, participou do movimento de 1932, partiu para o exílio e voltou ao Brasil em 1934. Apoiou a criação do Partido Constitucionalista e a candidatura de Armando de Sales em 1937. Com o golpe foi forçado a se exilar. Os dados são, também, do Dicionário Histórico Biográfico Brasileiro.

28 NASSER, David. Falta alguém em Nuremberg. Rio do Janeiro: Edições O Cruzeiro, 4ª ed., 1966; PINTO, Heron Pereira. No subsolo do Estado Novo. 1950; RAMOS, Graciliano. Memórias do Cárcere. Rio de Janeiro: José Olympio Editora, 1953; CANCELLI, Elisabeth. O mundo da violência: a polícia da Era Vargas. Brasília: Editora da UnB. 1993.

29 A Internacional Comunista promoveu uma campanha internacional pela libertação de Luiz Carlos Prestes e dos demais presos políticos brasileiros. A campanha foi encabeçada pela mãe (Leocádia) e por uma irmã de Prestes (Lygia) e resultou na libertação da criança nascida no cativeiro alemão. A campanha é narrada em: PRESTES, Anita Leocádia. Campanha Prestes pela libertação dos presos políticos no Brasil (1936-1945). São Paulo: Expressão Popular, 2013.

exclusão do grupo se deu em dois momentos, sendo o último iniciado dois anos após o início da caçada aos comunistas. No contexto de 1936-1937, quando o governo de São Paulo era encabeçado pelo grupo de Sales Oliveira, os comunistas na clandestinidade denunciaram ações das forças de segurança pública do estado, como o massacre de presos no presídio Maria Zélia.[30]

Os dois principais ícones da campanha, é importante reforçar, apoiaram alternativas opostas na tensa conjuntura do final do Estado Novo. Enquanto Prestes defendia a união nacional *em torno de Vargas*, Sales Oliveira se alinhava aos que propunham a união das oposições *contra Vargas*. Isso não impediu que os recursos retóricos utilizados pelos apoiadores de ambos os líderes - nos comícios, nas entrevistas, nos manifestos - fossem muito semelhantes e tivessem por base a noção do Brasil como família e a perspectiva da pacificação. Desenhava-se um horizonte de redemocratização, o qual poderia vir a ser perturbado por ações inesperadas dos atores políticos ou pela chegada de novos atores. Assim, para os comunistas interessava a legalização do partido (factível num contexto de tolerância em relação à União Soviética) a qual seria mais segura com a permanência de Vargas no poder por mais algum tempo, do que sob o domínio da recém-nascida UDN ou de militares anticomunistas. Além disso, era necessário estar ao lado do governo até que fossem derrotados definitivamente os perigos do nazi-fascismo e seus representantes nacionais. Para os liberais, interessava que as eleições acontecessem e que delas pudessem participar os líderes excluídos, os quais poderiam capitalizar politicamente os ganhos da crescente oposição a Vargas. Movimentos muito bruscos poderiam turvar as águas e frustrar os planos de cada um dos grupos. Por isso, a demanda por anistia deveria se verbalizada com um discurso tranquilizador.

Mas, voltemos aos registros da campanha na imprensa. A Comissão Feminina Pró-Anistia de São Paulo, em telegrama enviado a Vargas, assim caracterizou a anistia: "significa o regresso aos seus lares de esposos e filhos. Anistia para nós significa a *pacificação da família brasileira*. Anistia, para nós, significa o marco para a tranquilidade nacional". A estratégia de dirigir-se ao presidente por meio de telegramas também foi utilizada pelos participantes de um comício realizado em 14 de abril, em Belo Horizonte: "o povo de Belo Horizonte, no momento em que todos desejam a *pacificação da família brasileira* e dentro dos ideais por que se batem as forças expedicionárias (...), vem pleitear junto à V. Excia. a anistia ampla e irrestrita..." No mesmo dia, havia acontecido um comício no

30 Conforme *KAREPOVS, Dainis. op. cit., p. 178.*

Largo da Carioca, no Rio de Janeiro, onde Maria Barata, esposa de Agildo Barata, comunista preso, "reclamou anistia, medida indispensável à *pacificação da família brasileira*". Outro telegrama foi encaminhado a Vargas nos mesmos dias por manifestantes de Caxias do Sul. Eles se apresentaram "como brasileiros e democratas que aspiram a *pacificação da família brasileira*, como base da grandeza e da unidade cultural e moral da nossa pátria" e tomaram a liberdade de "sugerir e requerer [ao presidente da República] a decretação da anistia aos presos por crimes políticos e conexos ...".[31]

Pode-se, a partir desse conjunto de excertos, captar pontos de aproximação entre as noções de família e de Pátria, no contexto da campanha de 1945: o regresso dos homens aos lares - que seria possibilitado pela anistia - é apresentado como o caminho para a tranquilidade nacional. Assim, da tranquilidade da família decorreria a tranquilidade da nação. A Pátria é caracterizada pela grandeza e pela unidade cultural e moral, unidade essa que seria dada pelo compartilhamento dos "ideais por que se batem as forças expedicionárias". Temos, aqui, uma variável decisiva no quadro político brasileiro dos primeiros meses de 1945. Trata-se do contexto final da Segunda Guerra Mundial e da atuação brasileira junto ao grupo dos Aliados. Tal participação tinha sido amplamente demandada desde o torpedeamento de navios brasileiros pelas forças alemães em 1942 e consolidada na formação da Frente Expedicionária Brasileira em 1943. Os soldados da FEB estavam em solo italiano no mesmo momento em que se desenvolvia a campanha pró-anistia. Uma forma de honrar a luta deles e de preparar o país - preparar a casa - para a sua volta seria a concessão da anistia. O discurso da grande imprensa, ao se referir aos soldados brasileiros que participavam da Guerra, apontava para a incompatibilidade entre a permanência da ditadura (em nível interno) e a luta contra o totalitarismo (no âmbito internacional).

Apesar das diferentes perspectivas dos comunistas e dos liberais para o futuro próximo do país, por um curto período de tempo, foi possível que eles lutassem pela mesma causa. A noção do Brasil como uma família e da anistia como pacificação parece ter sido adequada para a necessidade de relevar os conflitos e enfatizar as concordâncias.[32]

31 Folha da Manhã, São Paulo, 13.04.45, p. 4; Correio da Manhã, 15.04.45, p. 3 e p. 28; Diário de Notícias, Porto Alegre, 15.04.45.

32 Os discursos dos dois grupos solicitavam a exclusão dos "quintas-colunas" da anistia. Em relação aos integralistas, no entanto, não havia uma demanda explícita pela sua exclusão. O contexto de tolerância que permitia aceitar a existência legal de um partido comunista, também comportava a aceitação dos integralistas. A tolerância, no entanto, não chegava ao ponto de permitir que os

Considerações finais sobre o sentido da pacificação

A tão propalada pacificação da família brasileira, perceptível nas fontes analisadas, não é uma novidade específica do final das ditaduras brasileiras do século XX. Ela deve ser entendida como um elemento característico da nossa tradição política, próximo daquela de conciliação. A conciliação diz respeito à recorrência na política brasileira de arranjos entre as elites, as quais, segundo José Honório Rodrigues, aprenderam, em situações de risco, ser essa a melhor estratégia para a manutenção do poder e para afastar as pretensões de participação popular e as demandas do "povo".[33] A tradição de anistias na história do Brasil, segundo Renato Lemos, expressa duas "tradições mais abrangentes: a da conciliação como forma de preservação dos interesses fundamentais das classes dominantes na nossa sociedade e a da contrarrevolução preventiva como estratégia anticrises".[34]

Da mesma forma, a menção ao Brasil como família pode ser captada em discursos políticos anteriores e não relacionados necessariamente à anistia. A noção de família pode ser explicitada com ajuda das reflexões de Sérgio Buarque de Holanda sobre os espaços privado e público na história do Brasil. O predomínio do privado sobre o público caracterizou o universo rural da grande propriedade, marcando a sociedade e a política brasileira desde o período colonial, e tendo influência no Império e nas primeiras décadas da República. Para o historiador, num quadro de "supremacia incontestável, absorvente do núcleo familiar", os "laços de sangue e de coração" são os que "fornecem o modelo para qualquer composição social entre nós".[35] O espaço público, nesse quadro, deixou de se constituir com base na igualdade entre os cidadãos, buscando referências nos laços de afetividade e de dependência que marcam o ambiente doméstico.

No que diz respeito à pacificação da família brasileira nos dois contextos analisados, pode-se concluir que depois de um período de fechamento político e da exclusão de determinados atores, eles ou seus representantes foram a público, buscando sensibilizar as autoridades e a opinião pública a respeito da necessi-

"camisas verdes" subissem nos palanques dos comícios pró-anistia. O conjunto dos materiais pesquisados embasa essa explicação.

33 RODRIGUES, José Honório. Conciliação e reforma no Brasil. 2ª ed. Rio de Janeiro: Editora Nova Fronteira, 1982.

34 LEMOS, Renato. "Anistia e crise política no Brasil pós-64". Topoi, vol. 3, n°5, Rio de Janeiro, julho-dezembro de 2002, p. 287-313

35 HOLANDA, Sérgio Buarque. Raízes do Brasil. 20ª ed. Rio de Janeiro: José Olympio Editora, 1982, p. 106.

dade de sua reintegração política. A volta à vida pública de personagens presos ou exilados, entre os quais sempre houve um espaço de destaque para militares afastados de seus cargos, foi apresentada como passo inicial e indispensável para a construção de um novo pacto, para a conquista das liberdades democráticas (expressão encontrada nos registros dos dois períodos). Assim, as prometidas eleições de 1945 não fariam sentido sem a participação de líderes afastados ao longo do regime varguista. Da mesma forma, nos anos 1970, a promessa de liberalização de Geisel e a pressão do MDB por uma Assembleia Constituinte não poderiam ser levadas adiante sem a reintegração de políticos como Brizola, Prestes, Miguel Arraes etc.

Em outro nível, nos dois contextos, estava em curso um processo de consolidação de novos atores políticos, que demandavam espaço de atuação e resposta às suas demandas. Em 1945, a campanha pró-anistia foi contemporânea, não apenas da criação da UDN, mas também de greves de trabalhadores urbanos, das primeiras manifestações do queremismo e da criação de inúmeras entidades de trabalhadores, intelectuais, profissionais liberais e estudantes. Entre 1978 e 1979, por sua vez, os CBAs capitalizaram para a luta em prol da anistia a energia e parte dos militantes do movimento estudantil, contra a carestia, sindical, de "colarinho branco", ambientalista, feminista, negro etc. A aproximação a esses novos atores foi decisiva para a consolidação do slogan da "anistia ampla, geral e irrestrita". Tais adjetivos, naquele contexto, indicavam uma luta mais radical do que aquela que havia sido empreendida até então. Nesse quadro, diminuiu o espaço possível para um discurso baseado na noção de família, para uma anistia vista como apelo à benevolência do governo e como esquecimento dos ressentimentos do passado. Há, ainda, que levar em conta a mobilização dos familiares dos perseguidos políticos que demandavam anistia, presente nos dois momentos, a qual nem sempre se assentava nas razões políticas acima descritas.[36]

Em termos gerais, o exercício comparativo entre as campanhas pró-anistia de 1945 e de 1975-1979 alerta para a recorrência do vocabulário da conciliação, expresso na associação entre anistia e "pacificação da família brasileira". Mesmo que o slogan "anistia ampla, geral e irrestrita" possa ser encontrado em registros sobre anistias anteriores à de 1979, nesse contexto específico, ele comportava um sentido novo, que lhe foi atribuído por atores políticos que propunham um en-

36 Sobre o tema, ver MACHADO, Vanderlei. "Paternidade, maternidade e ditadura: a atuação de pais e mães de presos, mortos e desaparecidos políticos no Brasil". História Unisinos, vol. 17, 2013, p. 179-188.

frentamento radical da ditadura e não uma nova fase de institucionalização do regime. Os CBAs estiveram à frente desse esforço de ressignificação. Em muitos documentos que produziram deixaram clara sua crítica às associações entre anistia e esquecimento, entre anistia e perdão, enfim, entre anistia e pacificação.

A derrota da proposta da "anistia ampla, geral e irrestrita" pode ter apagado para as gerações futuras – e mesmo para os que viveram o período – este esforço de construção de sentido. O olhar do historiador pode, como sugeriu Walter Benjamin, "apoderar-se de uma lembrança tal como ela cintila num instante de perigo".[37] Ao resgatar esse esforço de significação pode, ainda, alertar seus leitores para a sobrevivência, ainda hoje, da lógica da pacificação. Talvez essa sobrevivência ajude a entender porque os crimes da ditadura ainda não foram julgados, no Brasil.

A anistia brasileira e o ajuste de contas com o passado da ditadura têm sido analisados e criticados geralmente em contraposição aos exemplos de países vizinhos, como a Argentina, nos quais a medida foi anulada e o processo de esclarecimento e de punição se deu de forma mais rápida e radical. Se a comparação com os casos contemporâneos pode ser iluminadora para o entendimento dessa realidade, da mesma forma a comparação no tempo pode sê-lo. Ainda mais num país com uma longa tradição de anistias e de conciliações, como é o caso do Brasil.

REFERÊNCIAS BIBLIOGRÁFICAS

ABREU, Alzira Alves (Coord.). Dicionário Histórico-Biográfico Brasileiro pós 1930. Ed. atualizada e revisada. Rio de Janeiro: Fundação Getulio Vargas – Cpdoc, 2001.

BENJAMIN, Walter. Sobre o conceito de história. In: Magia e técnica, arte e política: ensaio sobre literatura e história da cultura. São Paulo: Brasiliense, 1985.

CANCELLI, Elisabeth. O mundo da violência: a polícia da Era Vargas. Brasília: Editora da UnB, 1993.

FERREIRA, Jorge. "A democratização de 1945 e o movimento queremista". In: FERREIRA, Jorge; DELGADO, Lucília de Almeida Neves (orgs.). O tempo da experiência democrática – da democratização de 1945 ao golpe civil-militar de 1964. Rio de Janeiro: Civilização Brasileira, 2003 (Coleção O Brasil Republicano, vol. 3), p. 15-46.

37 BENJAMIN, Walter. Sobre o conceito de história. In: Magia e técnica, arte e política: ensaio sobre literatura e história da cultura. São Paulo: Brasiliense, 1985, p. 224.

GRECO, Heloísa. Dimensões fundacionais da luta pela anistia. Tese de doutorado em História – UFMG, Belo Horizonte, 2003.

HOLANDA, Sérgio Buarque. Raízes do Brasil. 20ª ed. Rio de Janeiro: José Olympio Editora, 1982.

KAREPOVS, Dainis. Luta subterrânea: o PCB entre 1937-1938. São Paulo: Editora da Unesp, 2003.

LEMOS, Renato. "Anistia e crise política no Brasil pós-64". Topoi, vol. 3, n°5, Rio de Janeiro, julho-dezembro de 2002, p. 287-313. Disponível em: <http://revistatopoi.org/numeros_anteriores/topoi05/topoi5a12.pdf>. Acesso em: 18/03/2017.

MACHADO, Vanderlei. "Paternidade, maternidade e ditadura: a atuação de pais e mães de presos, mortos e desaparecidos políticos no Brasil". História Unisinos, São Leopoldo, RS, vol. 17, 2013, p. 179-188. Disponível em: <http://revistas.unisinos.br/index.php/historia/article/view/htu.2013.172.09/1997>. Acesso em: 18/03/2017

MARTINS, Roberto Ribeiro. Liberdade para os brasileiros: anistia ontem e hoje. Rio de Janeiro: Editora Civilização Brasileira, 1978.

NASSER, David. Falta alguém em Nuremberg. 4ª ed., Rio do Janeiro: Edições O Cruzeiro, 1966.

PINTO, Heron Pereira. No subsolo do Estado Novo. Rio de Janeiro: Germinal, 1950.

PRESTES, Anita Leocádia. Campanha Prestes pela libertação dos presos políticos no Brasil (1936-1945). São Paulo: Expressão Popular, 2013.

RAMOS, Graciliano. Memórias do Cárcere. Rio de Janeiro: José Olympio Editora, 1953.

RODEGHERO, Carla S. "O anticomunismo nas encruzilhadas do autoritarismo e da democracia: a conjuntura 1945-1947". Métis: História e Cultura, Caxias do Sul, RS, vol. 5, n. 10, jul./dez. 2006, p. 179-202. Disponível em: <http://www.ucs.br/etc/revistas/index.php/metis/article/viewFile/806/569>. Acesso em: 18/03/2017

______; DIENSTMANN, Gabriel; TRINDADE, Tatiana. Anistia ampla, geral e irrestrita: história de uma luta inconclusa. Santa Cruz do Sul: Editora da Unisc, 2011, vol. 1.

______. "Anistia, esquecimento, conciliação e reconciliação: tensões no tratamento da herança da ditadura no Brasil". In: RODEGHERO, Carla S.; MONTENEGRO, Antônio e ARAÚJO, Maria Paula (orgs.). Marcas da Memória: História Oral da Anistia no Brasil. Recife: Editora Universitária da UFPE, 2012.

______."Operação borracha: a ditadura como um incidente". ROSSINI, Miriam de Souza; SANTOS, Nádia Maria Weber; MACHADO Jr., Cláudio de Sá Machado (orgs.). Representações e visibilidades na História Cultural: imagens, imaginários e memórias. Porto Alegre: Edipucrs, 2015.

RODRIGUES, José Honório. Conciliação e reforma no Brasil. 2ª ed. Rio de Janeiro: Editora Nova Fronteira, 1982.

ZERBINE, Therezinha. Anistia: a semente da liberdade. São Paulo: Gráfica das Escolas Profissionais Salesianas, 1979.

A repressão condecorada
A atribuição da Medalha do Pacificador a agentes do aparato de segurança (1964-1985)[1]

Mariana Joffily
Maud Chirio

Intimado a depor na Comissão Nacional da Verdade no dia 10 de maio de 2013, o ex-chefe do Destacamento de Operações de Informação (DOI) do Centro de Operações de Defesa Interna (Codi) de São Paulo, o coronel Carlos Alberto Brilhante Ustra portava em sua lapela esquerda um discreto botão, miniatura da Medalha do Pacificador com Palma. Em sua defesa, sentenciou: "Quem tem de estar aqui não é o coronel Carlos Alberto Brilhante Ustra. Quem tem de estar aqui é o Exército brasileiro". (2013) Procurou assim chamar a atenção para o fato de que ao combater violentamente a oposição política, estava seguindo diretrizes do Exército. Implicitamente afirmava que os procedimentos ilegais utilizados pelo DOI e seus congêneres, pelos quais fora chamado a depor na Comissão, eram não apenas conhecidos pelas altas hierarquias das Forças Armadas, como por elas aceitos, incentivados e mesmo premiados.

Ustra comandou um dos órgãos de maior destaque na repressão política no Brasil durante os anos mais duros do combate à oposição. Conviveu cotidianamente com o emprego sistemático de torturas, sequestros, assassinatos e desaparecimento de detidos políticos. Mais tarde, já como membro do Centro de Informações do Exército (CIE), esteve à frente de operações que levaram à Chacina da Lapa, na qual parte da direção do Partido Comunista do Brasil foi dizimada. Porém, nunca teve coragem de assumir ou defender publicamente,

1 Essa pesquisa foi financiada pelo CNPq. A versão original desse artigo foi publicada na revista *História Unisinos*. 18(3):440-451, set./dez. 2014. Fizemos pequenas modificações pontuais de atualização e de adequação ao tamanho do texto.

seja nessa audiência, seja em seus dois livros (Ustra, 1987, 2006) a aplicação da tortura como método de obtenção de informações. Sempre negou essa prática, mesmo diante de pessoas que sofreram os maus tratos de seus subordinados.

Ao afirmar que era o Exército que deveria estar em seu lugar, buscou refugiar-se no princípio da obediência devida, justificando seus atos como resultado de comandos das hierarquias superiores. Ainda que a disciplina militar não possa servir seriamente de escusa para praticar violações aos direitos humanos, a lembrança do papel desempenhado pelo Exército no período procede. A instituição concedeu, ao longo da ditadura militar e mesmo após a abertura política, a prestigiosa Medalha do Pacificador a diversos indivíduos que participaram diretamente da violência política, incluindo o chefe do DOI-Codi paulista. Esse artigo propõe-se a analisar a atribuição dessa honraria ao longo da ditadura militar a militares envolvidos na repressão. A investigação tem por objetivo compreender o perfil dessa medalha, os critérios de sua concessão nos anos 1964 a 1985, qual a proporção dos membros da comunidade de informações entre os agraciados e em que momentos isso foi feito. Nossa tese é a de que a Medalha do Pacificador, amplamente atribuída no meio militar na segunda metade do século XX, foi utilizada como um modo de retribuição simbólica privilegiado para o pessoal da repressão durante a ditadura militar, em particular sob sua modalidade mais prestigiosa, "com Palma".

Esse fato, muitas vezes afirmado no espaço público sem nunca ter sido objeto de uma pesquisa científica, leva a diversas interrogações sobre a relação construída, ao longo dos anos da ditadura, entre a instituição militar e o Estado policial. Três delas norteiam particularmente nosso trabalho. A primeira é o lugar do envolvimento na repressão dentro da carreira militar: a valorização ou não dessa atividade pela instituição, o interesse (financeiro, simbólico, na evolução da carreira) – ou, ao contrário, o estigma – de entrar no aparato policial, o perfil dos integrantes do sistema e os modos de seleção. Sobre essas aspectos, a bibliografia é bastante limitada.

A repressão foi, contudo, um tema precocemente estudado, em uma perspectiva ao mesmo tempo histórica, jornalística e militante. Desde a década de 1970 a vontade de denunciar os crimes cometidos e a montagem de um sistema de repressão política suscitou uma leva de trabalhos, em alguns casos centrados na memória e na trajetória de uma vítima ou de um grupo de oposição, mais do que sobre o aparelho repressivo em si. (Almeida F° 1978; 1979; Langguth, 1979; Valli, 1986). Em um segundo momento, manifestou-se um interesse sobre as cisões militares (Martins Fº, 1996; Chirio, 2012), a arquitetura da repressão (BNM, 1985; Fico 2001) e seu funcionamento. (Huggins, 1998; Gaspari, 2002; Figueiredo, 2005; Joffily, 2013). Há também entrevistas, testemunhos e memórias dos próprios protagonistas da perseguição política, (D'Araújo, 1994a,b,c; Ustra, 1987, 2006; Frota, 2006, Netto e Medeiros, 2012), bem como estudos sobre a atuação e a psicologia dos agentes repressivos (Souza, 2000; Huggins, 2002). Nenhuma das obras, porém, adotou como objeto o pessoal militar da repressão no seu conjunto, tentando entender os procedimentos de *constituição* dessa nova corporação dentro da instituição armada, o que permitiria entender como o Estado brasileiro pôde aumentar tanto suas capacidades repressivas até virar um Estado policial.

A segunda linha de reflexão é a contribuição das práticas e dos rituais próprios das forças armadas no recrutamento e na valorização do pessoal repressivo, por meio de seu sistema de condecorações. Esse aspecto leva-nos a refletir sobre as interconexões entre a instituição militar e o aparelho de Estado e, consequentemente, sobre a militarização deste último. Com efeito, o fato de uma condecoração especificamente militar ter sido usada para distinguir os agentes da repressão política implica uma *legitimidade* e um *imaginário* essencialmente castrenses deste pilar do regime. Esses elementos podem contribuir para o debate vigente sobre a natureza da ditadura.

De fato, há alguns anos a denominação "ditadura militar" vem sendo sobrepujada pela adoção do termo "ditadura civil-militar", em uma operação acompanhada por um decréscimo do interesse pelas características propriamente castrenses da ditadura e pela implicação institucional das forças armadas no regime (Reis, 2010, 2014). Essa mudança de apelação tem sido alvo de duas críticas. Primeiro, quanto à ideia de "apoio civil": pesquisadores herdeiros de interpretações marxistas (Dreifuss, 1981) denunciam uma visão globalizante da sociedade civil – incluindo dos "intelectuais orgânicos" e dos próprios militares – e insistem no caráter de classe dos segmentos que teriam não apenas aderido, como sido um dos pilares da construção do projeto autoritário:

> Em suma, jogar o foco da análise de um processo de cruenta disputa política numa sociedade civil metafísica, descarnada, sem conexões com classes e categorias sociais portadoras de projetos classistas é induzir o respeitável público à mistificação da história. (LEMOS, 2012; ver igualmente MELO, 2014)

Segundo, quanto à desconsideração da militarização crescente do Estado e do regime. Para Carlos Fico o golpe teria sido civil-militar, mas o caráter militar da ditadura sobressai à participação civil, visto que membros das Forças Armadas, e sobretudo do Exército, ocuparam quantidade significativa de postos estratégicos no governo, nas grandes empresas nacionais e em outras instâncias de decisão política.

> Por certo, como demonstrou Dreifuss, importantes cargos do primeiro escalão foram destinados aos ipesianos civis e, mais importante, a política econômica do primeiro governo militar pautou-se pelos ditames do saneamento financeiro que interessava ao capital internacional. Mas as sucessivas crises do período foram resolvidas *manu militari* e a progressiva institucionalização do aparato repressivo também demonstra a feição militar do regime. Do mesmo modo, sucessivas levas de militares passaram a ocupar cargos em importantes agências governamentais. Se podemos falar de um golpe civil-militar, trata-se, contudo, da implantação de um regime militar – em duas palavras: de uma ditadura militar. (2004)

Martins Filho sistematiza essa argumentação em artigo recente, destacando quatro aspectos que justificariam, a seus olhos, um debate mais aprofundado sobre a manutenção do termo "regime militar" (2014): a homogeneidade – a despeito das disputas internas – do mundo militar em comparação ao civil; a origem militar da ideologia oficial e dos imaginários associados (anticivilismo e antipolitismo); a militarização da estrutura do poder e do Estado; e a dinâmica essencialmente castrense das crises políticas durante a ditadura. Entender os modos de retribuição e valorização do pessoal da repressão tem, nesse debate, uma importância nítida, posto que, no caso da Medalha do Pacificador, é o Exército que premia uma estrutura – aparelho repressivo – colocada a serviço do Estado para impor um determinado projeto político.

A terceira questão é a dos imaginários da medalha e da Palma, associados aos agentes da repressão. Pela atribuição da condecoração, as autoridades militares faziam dos atores da violência de Estado – civis e militares – defensores da ordem e da coesão nacional, bem como da "paz civil", enquanto valorizavam, também, sua imagem de guerreiros.

A Medalha do Pacificador

Não é novidade associar os membros da repressão política à Medalha do Pacificador. Na literatura sobre os órgãos de segurança e informações há repetidas menções a essa forma de premiação àqueles envolvidos no combate à oposição política. Conforme Elio Gaspari,

> Uma das moedas postas em circulação pelo CIE foi a concessão aos torturadores da Medalha do Pacificador, condecoração meritória, cobiçada por oficiais, políticos e empresários, pois registrava o reconhecimento de atos de bravura ou de serviços relevantes prestados ao Exército. (Gaspari, 2002, 22)

O setor ligado às informações e à segurança, porém, foi minoritário no recebimento dessa modalidade de distinção, também destinada a recompensar civis e militares com perfis muito distintos entre si. Instituída em agosto 1953 em razão dos 150 anos do nascimento de Duque de Caxias, a honraria foi concedida, no ano seguinte, a todos oficiais e praças do Exército, da ativa e da reserva, com quinze anos ou mais de serviço naquela data e que estivessem servindo no Exército ou em órgão de segurança nacional (BE, nº 10, 1954)

O culto a Caxias iniciou-se em 1923, ano seguinte ao início do movimento tenentista, sendo alvo de diferentes "investimentos simbólicos" ao longo das décadas seguintes, mas tendo como centro a preocupação com a disciplina e concordância no seio do Exército. Dois anos mais tarde, na data de nascimento de Caxias, 25 de agosto, passou-se a comemorar o Dia do Soldado. Segundo Celso Castro, nos anos 1930, o principal conteúdo atribuído à imagem do militar seria a "afirmação do valor da legalidade e do afastamento da política, a bem da unidade interna do Exército, despedaçada, nos anos 1920, por diversas revoltas internas e clivagens políticas" (2000, 107). No decorrer do decênio, os discursos pronunciados na solenidade do Dia do Soldado passaram a associar a imagem do comandante à da própria nação, com destaque para a integridade territorial. Conforme a atmosfera pública tendeu para o fechamento político característico do Estado Novo (1937), o conteúdo emblemático atribuído a Caxias passou a ser o da autoridade, de modo que a unidade militar deixava de ser uma questão em si para servir à causa da sustentação de um Estado forte. Mobilizava-se sua atuação como "pacificador" e garantidor da coesão nacional; nas palavras de José Murilo de Carvalho, "A cara nacional conservadora da República". (*In* Castro, 2000) O sentido da deferência a Caxias assumiu ainda, após a insurreição comunista de

1935, o aspecto de "combate à subversão", conteúdo que viria a ser reforçado durante a ditadura militar.

O fim do Estado Novo (1945) não desmobilizou a reverência à figura de Caxias, que seguiu resoluta ao longo do processo de democratização. Em 1949, o Ministério da Guerra recebeu o nome de Palácio Duque de Caxias e, poucos anos depois, em 1953, seu mausoléu foi inaugurado diante do prédio ministerial, como parte das comemorações dos 150 anos de nascimento. Outro componente da celebração do sesquicentenário, a Medalha do Pacificador, criada no mesmo ano, evocava os conteúdos expressos ao longo dos anos de culto ao chefe militar: "símbolo da unidade nacional", "coesão do Exército", "espírito de ordem" e "disciplina" (Portaria nº 116, 23/02/1954).

O objetivo primordial da medalha foi o de agraciar autoridades, instituições e indivíduos civis ou militares que contribuíram nas homenagens do sesquicentenário. Em seguida, homenagear os oficiais e praças do Exército, com quinze anos ou mais de serviço no Exército ou em órgãos de segurança nacional. Apenas em 1954, 7.065 medalhas foram distribuídas, sendo 6.935 a militares, 128 a civis e duas a instituições. O sentido mais duradouro da honraria, porém, foi o de distinguir instituições, militares (do Exército e das outras forças armadas) e civis, bem como brasileiros ou estrangeiros que tivessem "prestado serviços altamente meritórios para o desenvolvimento dos vínculos de amizade e compreensão entre o Exército do Brasil e de outras nações ou que se tornem credores de homenagem especial do Exército brasileiro pelos seus relevantes serviços" (Decreto n. 37.745, 17/08/1955). A concessão da Medalha era atribuição do ministro da Guerra, mediante proposta do Estado-Maior do Exército, o que seria alterado em 1959, quando a indicação passaria para as mãos da Secretaria do Ministério da Guerra (Decreto nº 45.949, 30/04/1959). A cerimônia de entrega ocorre no Dia do Soldado, que coincide com a data de aniversário de Caxias.

O patronato de Duque de Caxias ao Exército, que remonta a 1926, foi oficializado em março de 1962, juntamente com o de diversas unidades militares (Decreto nº 51.429, 13/05/1962). Ao final desse mesmo ano foi introduzida na Medalha do Pacificador uma categoria especial de distinção, a modalidade "com Palma", destinada "aos militares brasileiros que em tempos de paz, no cumprimento do dever, hajam-se distinguido por atos pessoais de abnegação, coragem e bravura, com risco de vida devidamente comprovado". (Decreto nº 1.884, 17/12/1962).

Podemos supor que a criação da Palma, em fins de 1962, constitui uma primeira etapa na integração da condecoração no esquema militar da luta contra a dita "ameaça subversiva", no contexto do acirramento do clima de guerra fria na América do Sul, após a Revolução Cubana. 1962 é, de fato, um ano chave na articulação da direita civil e militar, que levaria ao golpe de Estado. Em particular, o ano coincide a com o alargamento da difusão da teoria da Guerra Revolucionária, oriunda da França, junto à oficialidade superior das forças armadas brasileiras. Segundo essa teoria, a revolução comunista ainda não era uma realidade no Brasil, mas estaria em curso, via as mobilizações sociais e a ofensiva ideológica da esquerda (Martins F° 2004). A iminência da revolução equivale, nessa lógica, à aproximação de uma guerra civil, cujos combatentes do lado da "ordem", ou seja, do Estado – mais tarde condecorados com a medalha do Pacificador – deviam ser recrutados e formados.

Um ano após o golpe de 1964, sob o governo de Castelo Branco, há uma pequena, mas significativa, modificação no texto que justifica a concessão da medalha com Palma. Acrescenta-se a necessidade de comprovar os "atos pessoais de abnegação, coragem e bravura, com risco de vida", com declarações de testemunhas, autenticadas pelo comandante da unidade, ou cópia de solução de Inquérito Policial Militar, instrumento repressivo fartamente empregado nos primeiros meses de "operação limpeza" do governo autoritário. O artigo 2° sugere outra mudança, dessa vez de peso: a medalha continua a ser conferida pelo ministro da Guerra, no entanto, as propostas podem ser feitas por escrito "especificando obrigatoriamente os fatos ou atos que as motivaram" e "encaminhadas por via hierárquica à Secretaria do Ministério da Guerra" (Decreto n° 56.518, 29/06/1965). Comprovar efetivamente os fatos, passando pela cadeia hierárquica militar: essas novas exigências podem ser explicadas por um desejo de instrumentalização da Palma pelo novo poder, interessado em utilizá-la para agradecer ou relembrar figuras emblemáticas e feitos heroicos.

O decreto, que duraria dez anos, acrescentou ainda as razões que levariam à perda do direito do uso: a) condecorados suspensos de seus direitos políticos; b) condenados por crimes contra instituições nacionais; c) aqueles que recusarem ou devolverem as insígnias conferidas; d) militares brasileiros tendo cometido atos contrários à honra militar; e) oficiais sentenciados a pena acessória de indignidade e praças expulsos disciplinarmente (Decreto n° 56.518, 29/06/1965). Fica nítida, com essa nova redação, a necessidade de reconhecer os méritos daqueles que sustentam a nova ordem política, ao mesmo tempo em que se excluem os militares e civis identificados como indignos do Exército por seu posicionamento ideológico.

A alteração subsequente da disposição sobre a medalha, datada de setembro de 1975, inclui a possibilidade de civis serem agraciados com a Palma. O decreto cria igualmente uma modalidade de recebimento para militares do Exército, sem a Palma, com praticamente o mesmo texto, em casos em que não estava implicado o risco de vida (Decreto nº 76.195, 2/9/1975). Curiosamente, segundo a tabela que temos por fonte[2] apenas três civis foram agraciados com essa modalidade de medalha, sendo dois em período anterior a 1975 e apenas um envolvido ostensivamente com a repressão política: Luiz Timóteo de Lima, condecorado em 1971. Agente do Dops do Rio de Janeiro, atuou no DOI-Codi, situado no 1º Batalhão da Polícia do Exército e consta na lista de torturadores do projeto *Brasil: nunca mais*. Foi um dos denunciados pelo Ministério Público Federal do Rio de Janeiro, em 2013, pelo sequestro e desaparecimento do jornalista Mário Alves (Folha de S. Paulo, 2013).[3] Causa surpresa que mais agentes do Dops, em particular os de São Paulo, o mais atuante do país, não tenham sido retribuídos com a variante superior da Medalha do Pacificador.

Ainda em 1975, a concessão passou a ser autorizada *post mortem*, possivelmente para homenagear aqueles tombados no exercício da perseguição aos oponentes do regime. Entre os suscetíveis a perder o direito de uso da condecoração, constavam "os oficiais brasileiros declarados indignos do oficialato, por decisão do Superior Tribunal Militar" e "os militares e civis punidos com base nos Atos Institucionais" (Decreto nº 76.195, 2/9/1975). Os termos desse decreto parecem mais adaptados ao contexto da guerra antissubversiva do que os do anterior. Ao aludir aos atos institucionais e prever o agraciamento após morte, mesmo que sem formalizar a expressão "combate à subversão", reflete mais os anos que o precederam do que os que se seguiriam, uma vez que a fase de repressão mais intensa encerrar-se-ia pouco mais de um ano após sua determinação, com a Chacina da Lapa.

A passagem do governo das mãos dos militares para a dos civis levou a modificações pouco significativas em 1986 (Decreto nº 92.695, 20/5/1986). Sob o a presidência de Fernando Henrique Cardoso, em abril de 2002, foi introduzida a Insígnia de Bandeira, "para homenagear as organizações militares e instituições

2 A lista dos agraciados com a medalha nos foi gentilmente cedida pela Profa Dra Maria Celina D'Araujo, a quem agradecemos. Ela foi extraida do site http://www.sgex.eb.mil.br/sistemas/almanaque_med_mdp/index.php, no qual se pode fazer a busca individualmente, a partir de um nome especifico, com um programa que permitiu obter todos os dados em uma lista no Excel.

3 Os outros dois são José Maria Nunes, *post mortem* (Portaria Ministerial 1.553, de 14/10/1974) e Adoval Gama (Portaria Ministerial 1.612, de 3/11/1975).

civis, nacionais ou estrangeiras, que se tenham tornado credoras de homenagem especial do Exército" (Decreto nº 4.207, 23/4/2002)

De 1954 a 2011 foram concedidas 37.795 medalhas (7.068 em 1954), das quais 30.479 a militares (81%), 7.163 a civis (19%), 153 a instituições (entidades civis ou organizações militares) e 1.660 a estrangeiros. Para o período compreendido dentro do recorte cronológico desse artigo, a distribuição é a seguinte:

Tabela: Agraciados com a Medalha do Pacificador 1964-1985[4]

ano	total	Palma	militares	civis	instituição	estrangeiros
1964	301	28	261	40	0	14
1965	198	2	154	42	2	64
1966	419	9	302	116	1	83
1967	146	13	73	73	0	28
1968	266	1	107	159	0	24
1969	250	8	160	88	2	27
1970	275	25	200	75	0	32
1971	282	32	213	69	0	38
1972	612	104	465	146	1	62
1973	533	62	411	122	0	41
1974	210	74	158	52	0	11
1975	124	29	96	28	0	3
1976	184	12	125	59	0	8
1977	221	6	165	56	0	19
1978	406	7	317	88	1	26
1979	470	15	378	92	0	24
1980	491	21	378	113	0	18
1981	647	18	481	166	0	17
1982	663	20	495	168	0	18
1983	593	11	468	125	0	18
1984	796	30	603	193	0	27
1985	620	14	521	99	0	20
total	**8.707**	**541**	**6.531**	**2.169**	7	**622**

4 Advertimos que os dados devem ser tomados com cautela devido às possíveis incorreções contidas na lista de agraciados. Quando um mesmo indivíduo foi duplamente agraciado com a medalha (com e sem Palma), aparece na lista apenas uma vez.

Ressalte-se que embora minoritária, a presença de não-militares é numericamente significativa, demonstrando a importância atribuída pelo Exército em manter um diálogo com alguns setores da população civil.

A honraria, que segue sendo distribuída pelo Exército nos dias atuais, ultrapassa largamente o espectro da repressão política, não sendo em absoluto expressão do envolvimento dos condecorados em atividades dessa natureza. Diferente da Argentina, o Brasil teve apenas parte de suas forças armadas implicadas na repressão (Novaro e Palermo, 2006, p. 50 nota 23). Não é mito, contudo, a noção de que quantidade apreciável dos membros da comunidade de informações tenha recebido essa homenagem. O fato cria um desconfortável denominador comum entre os agraciados do período, por compartilharem o reconhecimento dos serviços prestados ao Exército com indivíduos implicados em torturas, assassinatos e desaparecimentos.

Condecorando a repressão

Com o intuito de medir, entre aqueles que receberam a Medalha do Pacificador, a presença dos membros da repressão política, trabalhamos com uma base de dados constituída por diversas fontes. Três listas de agentes repressivos acusados de envolvimento com torturas, elaboradas por ex-presos políticos e que alcançaram repercussão nacional ao serem publicados pelo jornal alternativo de oposição *Em Tempo*, nos anos 1978 e 1979 (ver Chirio e Joffily, 2014). A compilação realizada pelo projeto *Brasil: nunca mais* (BNM) de menções a agentes do Estado acusados de violência física e psicológica nas denúncias realizadas pelos presos políticos nas auditorias, registrados nos mais de setecentos processos da Justiça Militar (BNM, 1985). Nomes de responsáveis por graves violações aos direitos humanos constantes no relatório final da Comissão Nacional da Verdade (CNV, 2014). Arrolamento da Comissão da Verdade de São Paulo de agentes do DOI-Codi. Lista de militares envolvidos no combate à Guerrilha do Araguaia, mencionados em documento do Centro de Informações do Exército (*In* Morais e Silva, 2005, 646).

A base de dados dos condecorados com a Medalha do Pacificador foi cruzada com esses diversos levantamento. Entre os 10.775 agraciados entre 1964 e 1988, 233 foram identificados como membros da repressão política, seja nos documentos aqui mencionados, seja pelas próprias autoridades militares. Com efeito, entre as possíveis justificativas da atribuição da medalha, aparecem, no auge dos anos de chumbo, menções de "combate à subversão" ou ao "terrorismo" que, enunciadas pelo próprio Exército, não deixam dúvidas sobre a implicação dos indivíduos citados na perseguição política.[5] Se é verdade que esse número de pessoas pouco representa numericamente no universo dos condecorados, a perspectiva inversa é mais eloquente: entre os 717 indivíduos identificados ou publicamente denunciados como repressores, pouco menos de um terço (233) recebeu a medalha.[6] Essa proporção é importante. Embora no último meio século a medalha do Pacificador tenha sido uma condecoração amplamente atribuída,[7] em particular no meio militar, e mais ainda no seio da oficialidade, tratou-se de uma forma privilegiada de retribuição simbólica para a comunidade de informações.

As portarias ministeriais de concessão da Medalha do Pacificador em sua maioria justificam a distinção por textos predeterminados. Frequentemente, é citada apenas a letra correspondente à razão, o que depende entre outros do estatuto do homenageado. De maneira resumida, partindo do decreto que vigorou entre 1965 e 1975, temos: a) aos *militares brasileiros* distinguidos por atos de abnegação, coragem e bravura, com risco de vida (com Palma); b) aos *militares do Exército* que tenham participado diretamente das solenidades do sesquicentenário de Duque de Caxias; c) aos *militares da ativa do Exército* que tenham contribuído para elevar o prestígio do Exército junto às Forças Armadas de outros países; d) aos *civis e militares estrangeiros* que tenham prestado serviços para a consolidação dos vínculos de amizade entre os Exércitos do Brasil e de seu país; e) aos *militares de outras Forças Armadas do Brasil* dignos de homenagem especial do Exército; f) às *instituições e aos civis brasileiros* nas condições descritas no item "e" (Decreto nº 56.518, 29/06/1965). Exceção à regra reside em casos de atos de heroísmo, salvamentos em situações de incêndio, tromba d'água, afogamento etc., quando são descritas as condições particulares que conduziram à premiação.

Os agentes repressivos foram enquadrados nas categorias descritas nos itens "a" a "f", de modo que pelas justificações não é possível identificar entre os condecorados aqueles que o foram por atividades repressivas, a não ser por um curto período de tempo, entre outubro de 1969 e setembro de 1972, quan-

5 Pesquisamos as justificativas nos Boletins do Exército, atentando para aquelas que fugiam à formulação padronizada, prevista na legislação que regulamentava a concessão das medalhas.

6 Esse levantamento ainda está em curso, parte da pesquisa intitulada "Mapeamento do aparelho repressivo: Perfis e trajetórias profissionais de agentes acusados de atos de tortura durante a ditadura militar brasileira (1964-1985)", desenvolvida pelas autoras com financiamento do CNPq.

7 Para chegar à proporção exata dos agraciados no seio das forças armadas, e mais particularmente no corpo dos oficiais, precisaríamos dispor do número de todos os indivíduos que passaram pela instituição no período estudado. Trata-se de uma operação demasiado complexa, pois implica em conhecer o fluxo das alterações de carreira.

do alguns dos textos, fugindo ao padrão, mencionam o "combate à subversão". Presume-se que o acréscimo tenha relação com o recrudescimento da violência política após a criação da Operação Bandeirante, em São Paulo e o sequestro bem-sucedido do embaixador estadunidense Charles Burke Elbrick em setembro de 1969 por grupos da esquerda armada, seguido da instauração dos Atos Institucionais nº 13 e 14, que estabelecem respectivamente as penas de banimento e de morte.

A primeira portaria dessa natureza, refere-se a quatro agentes do DOI-Codi carioca, todos premiados com a Palma por terem sido feridos ao montar um cerco ao militante da Vanguarda Popular Revolucionária Eremias Delizoicov, assassinado na ocasião (CFMDP, 2009). O evento ocorreu em 16 de outubro de 1969. Onze dias mais tarde, com uma celeridade surpreendente, era anunciada a condecoração (Portaria Ministerial n. 511, de 27/10/1969). Nesse período de tempo, ao menos 15 civis e 54 militares foram expressamente homenageados por envolvimento na repressão política (dos quais 42 com Palma): 4 em 1969, 15 em 1970, 22 em 1971 e 28 em 1972. Nem todos os indivíduos conhecidos por atuarem nos serviços de informações e segurança a receber a medalha nesse intervalo de tempo tiveram em suas portarias referência explícita à natureza de suas atividades. É o caso do então major Carlos Alberto Brilhante Ustra, que recebeu a medalha com Palma, juntamente com outros seis agentes do DOI-Codi paulista, com base no artigo "a" do decreto de 1965 (Portaria Ministerial n. 135, de 2/2/1972).

As variantes dos textos de justificação mencionam a "captura de elementos subversivos", casos de "ferimentos a bala" e de sacrifício da própria vida (n. 1073 de 27/10/1971; n. 82 de 22/2/1971; n. 808 de 12/08/1971). Referem-se à "ação desagregadora de elementos subversivos", exaltando a "defesa da tranquilidade da família brasileira, perturbada pela ação de terroristas inimigos da democracia, da ordem e do progresso da nação brasileira" (Portarias Ministeriais n. 808 de 12/08/1971e n. 860 de 3/8/1970). Os termos expressam as representações do Exército sobre a guerrilha urbana, como corpo estranho a ameaçar uma sociedade de natureza bem comportada e pacífica. Autores do golpe, de uma legislação autoritária e de uma série de atos coercitivos, os militares apresentam-se como defensores de uma democracia ameaçada por "terroristas".

Esses pequenos libelos de defesa da ordem autoritária, a partir de novembro de 1971, vem acompanhados da frase "Vedada a republicação pela imprensa", o que indica o temor do reconhecimento público dos membros do aparato repressivo (ver, por exemplo, a Portaria Ministerial n. 1.130 de 5/11/1971). Não é surpresa, portanto, que tenham desaparecido poucos meses depois, substituídos pelas formulações usuais, de modo a proteger a identidade dos agentes. A existência de referências explícitas ao combate político é muito limitada do ponto de vista numérico e abrange apenas parcialmente o universo de indivíduos nele envolvido. Contudo, manifesta uma valorização explícita e institucional do Exército a ações dessa natureza, além do uso da Medalha do Pacificador como instrumento de gratificação pelas atividades repressivas. Tudo indica que tais fórmulas teriam sido empregadas com maior frequência, não fosse a preocupação em evitar que os agentes fossem nominalmente reconhecidos.

A paz dos cemitérios

Se no conjunto de medalhas do pacificador as portarias que nomeiam agentes repressivos aparecem como pouco numerosas, a relação se modifica radicalmente quando se trabalha com o grupo mais seleto e restrito dos que receberam a modalidade "com Palma". Destinada a reconhecer "bravura" em situações envolvendo risco de vida, foi concedida com particular parcimônia: em quase cinco décadas (1963 a 2011), apenas 645 militares a obtiveram, pouco mais de 5% do total de agraciados no período. Embora essa distinção tenha sido criada ainda no governo de João Goulart, sua vocação politicamente conservadora anuncia-se logo de início. Em dezembro de 1963, o primeiro-tenente André Leite Pereira Filho, do Batalhão da Guarda Presidencial é homenageado por ter protegido o prédio do Ministério da Aeronáutica por ocasião do episódio conhecido como a Revolta dos Sargentos, uma das crises que levaria à derrubada do presidente João Goulart. O tenente, que mais tarde integraria o DOI-Codi de São Paulo, foi elogiado por ter oferecido, segundo o Exército, "sobejas provas de senso de cumprimento do dever, iniciativa e invulgar arrojo" (Portaria Ministerial nº 2.303 de 6/12/1963).

Desferido o golpe, uma semana antes do primeiro aniversário da insurreição de 1935, foi emitida uma portaria agraciando *post mortem* vinte e três militares que perderam a vida ao resistir ao ataque dos colegas de farda, no Nordeste e no Rio de Janeiro[8] (Portaria Ministerial nº 2.387 de 20/11/1964). A Palma servia assim para evocar um dos grandes símbolos do imaginário anticomunista republicano brasileiro, o evento pejorativamente alcunhado de "intentona comu-

8 Aparentemente tratou-se de um caso excepcional, uma vez que a atribuição *post mortem* apenas seria regulada e oficializada em 1975, com o Decreto nº 76.195, 2/9/1975.

nista". Na versão dos setores conservadores das Forças Armadas, o episódio teria configurado uma traição inaceitável, um atentado à hierarquia e honra militares.

Para identificar a proporção de agentes repressivos entre os que receberam a Palma, partimos da hipótese diversas vezes verificada de que o conjunto de indivíduos constantes em uma mesma portaria ministerial estão interconectadas na razão que os levou a serem objeto da condecoração. Assim, ao localizarmos mais de um indivíduo no grupo relacionado à repressão política, consideramos que os demais citados estiveram igualmente envolvidos em atividades dessa natureza, inclusive no mesmo evento particular – ou série de episódios – que envolvia "risco de vida".

O exame dos condecorados com a Palma indica presença importante da repressão política, tendo alguns de seus membros recebido-a após já ter a Medalha do Pacificador. A impossibilidade de conhecer, na grande maioria dos casos, as circunstâncias que levaram à atribuição da honraria dificultou a produção de resultados mais conclusivos. Contudo, uma pesquisa dos agraciados ajuda a compor um quadro expressivo, ainda que incompleto.

Gráfico 1: Justificativas da atribuição da Medalha do Pacificador com Palma. 1964-1985

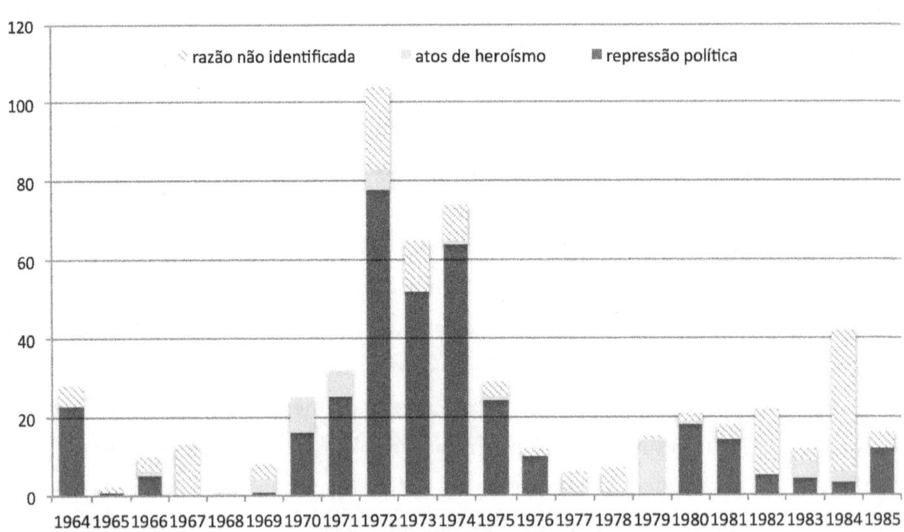

Salta aos olhos o pico de condecorações entre 1972 e 1974, atribuída por Elio Gaspari à farta premiação daqueles que participaram da repressão à Guerrilha do Araguaia, embora a presença dos que combateram os organizações clandestinas urbanas seja também considerável (2002). Em 541 casos, 136 (25%) não foram identificados, 53 (10%) correspondem a atos de heroísmo e 352 (65%) dizem respeito à violência política. As ações de heroísmo tiveram destaque apenas em 1970, 1971 e 1979 e foram em seu conjunto muito inferiores às coercitivas. Ainda que o quarto de nomes sobre os quais não se conseguiu encontrar nenhuma informação segura possa alterar o quadro geral, a proporção assumida pelo combate político na atribuição da Medalha do Pacificador com Palma explica largamente sua associação com a comunidade de informações, permitindo afirmar que essa distinção honorífica foi um instrumento privilegiado do regime autoritário para premiar a repressão política. Assim, pacificar parece estar mais relacionado a combater o inimigo político do que a salvar vidas.

A distribuição das patentes militares dos que receberam a Palma é reveladora da importância atribuída pelas instâncias superiores à batalha contra a oposição.

Gráfico 2: Distribuição por patentes dos agentes repressivos identificados agraciados com a Medalha do Pacificador com Palma entre 1963 e 1988

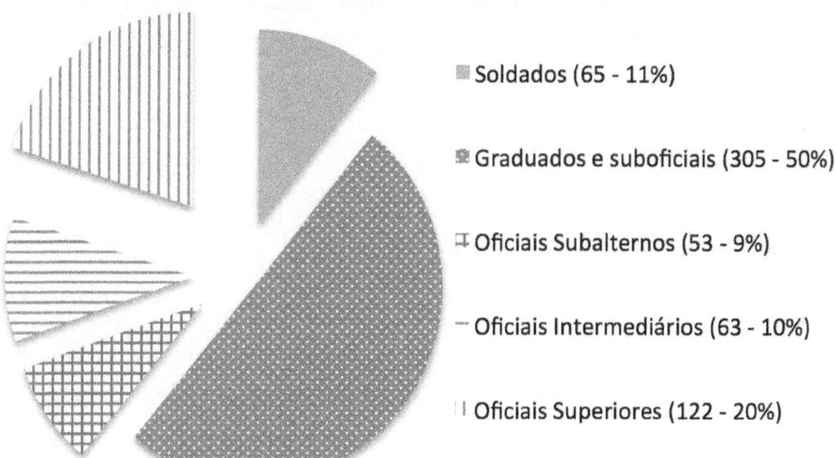

Tomando por base apenas aqueles que se envolveram em atividades dessa natureza entre 1964 e 1985, temos um dado interessante: as baixas patentes (209 militares) foram as mais condecoradas. O fenômeno surpreende pelo elevado caráter da distinção, pela natureza hierárquica de uma instituição como o Exército e as orientações segundo as quais as equipes dos órgãos repressivos deveriam ser ocupadas por oficiais treinados. Explica-se, contudo, pelo fato de as equipes de busca e apreensão, as mais sujeitas a lidar com enfrentamentos, justamente pelo risco implicado, terem sido preferencialmente compostas por militares de baixa patente (Joffily, 2013).

Findo o período mais agudo de perseguição, removidos os Atos Institucionais (1978) e decretada a Lei de Anistia (1979), agentes notoriamente relacionados à repressão política continuaram a receber a medalha com Palma. Em alguns casos, inclusive, especifica-se que o prêmio refere-se a atividades desenvolvidas nos anos 1970, evidenciando que paralelamente à abertura política, reconhecia-se o mérito da violência praticada contra a dissidência. O último registro identificado de concessão da Palma a expoentes da coerção data de novembro de 1985 (Portaria Ministerial n. 1091, de 11/11/1985). Isso significa que mesmo após a passagem do governo para as mãos dos civis, os agentes repressivos continuaram a ser homenageados. O fato corrobora uma discussão que vem sendo travada sobre a cronologia da ditadura, que alguns autores defendem dever ser estendida até 1988, data da nova Constituição, argumentando que os civis contribuíram para a construção da ditadura militar e que José Sarney, primeiro presidente civil a tomar posse, é uma personalidade política altamente comprometida com a ditadura militar. Além disso, visto que a medalha era atribuída pelo ministro do Exército, a continuidade das atribuições após a passagem de poder aos civis pode significar que a esfera militar não efetuou sua transição democrática – por meio de depurações ou modificação dos comandantes, de uma autocrítica pública etc. – e podia, desse modo, como aliás fez, continuar a comemorar os eventos e homenagear os atores da ditadura.

Conclusão

O verbo "pacificar", segundo o dicionário Houaiss remete a "fazer retornar ou retornar à paz", "apaziguar", "tranquilizar". Historicamente foi empregado em diversas situações com o sentido de fazer a guerra para trazer a paz, construindo uma "harmonia conservadora" (Lemos, 2002).[9] Não é fortuita a associação do adjetivo "pacificador" com a figura Duque de Caxias, louvada por sua atuação militar em guerras e conflitos de natureza independentista contra o poder monárquico estabelecido em 1822. Mantenedor da "ordem" e da "disciplina", o personagem é evocado para legitimar a defesa do status político vigente e desqualificar, na mesma operação, os movimentos sediciosos combatidos. O emprego da violência por parte do Estado, portanto, não está segundo essa ótica em contra-

9 A expressão de Renato Lemos refere-se à tradição conciliadora das elites brasileiras, porém é perfeitamente adequada para a discussão aqui apresentada.

dição com a noção de paz, mas, ao contrário, é constitutivo dessa concepção de exercício do poder. Pacificar assume o sentido de debelar, pela força, manifestações que ameacem o que está estabelecido.

A concessão da Medalha do Pacificador, especialmente em sua variante superior, com Palma, serviu para sancionar a atuação dos setores do Exército ligados à repressão politica e reforçar os laços da instituição com esses indivíduos. Em apostila do Sistema de Segurança Interna a referência a essa conexão é feita nos seguintes termos:

> em 3 anos, 90 componentes do DOI-Codi do II Exército foram condecorados com a Medalha do Pacificador com Palma, todos por terem entrado em combate, várias vezes, tendo sempre demonstrado disciplina, acatamento às ordens dos superiores e praticado atos de bravura. (Sissegin, 1974, p. 41)

Além do expressivo número de condecorados de um único órgão com a categoria superior da medalha, note-se os termos empregados para qualificar a atuação do agentes, reiterando sua lealdade à instituição consagradora e sua disposição dentro do texto: a "disciplina" e o "acatamento às ordens dos superiores" vêm antes dos "atos de bravura", de forma a ratificar que tais ações foram feitas em nome e sob os auspícios do Exército. Se o Exército não esteve envolvido em seu conjunto na comunidade de informações, como ocorreu na Argentina, institucionalmente comandou, participou e premiou a repressão política.

Hoje, consolidada a democracia, a cúpula das Forças Armadas é majoritariamente integrada por generais que iniciaram sua carreira na ditadura militar, sobretudo nos anos mais duros de fechamento do regime, entre o Ato Institucional número 5 (1968) e a aprovação da Lei de Anistia (1979) (Maisonnave, 2014). A composição contribui para explicar as razões pelas quais a cúpula do Exército 1. não realizou nenhum gesto público de contrição pelos atos de perseguição política cometidos durante a ditadura, 2. preserva parte importante da documentação que comprova a institucionalização da violência e 3. protege seus membros ao apoiar uma leitura conservadora da Lei de Anistia, atuando como obstáculo para a consolidação dos direitos humanos no país (D'Araújo, 2012). A postura impede que se desvinculem como instituição de um passado de coerção e arbítrio, perpetuando, no presente, a noção de que "pacificar" significa extirpar violentamente a dissidência ou o conflito[10] (Mota e Silva, 2014). O Exército sequer retirou a mais alta honraria concedida em tempos de paz, como lembra o coronel Brilhante Ustra, ex-comandante do DOI-Codi. 50 anos depois, o espírito de corpo ainda suplanta o espírito democrático. Não eram maçãs podres...

Referências Bibliográficas

ALMEIDA FILHO, Hamilton. A sangue quente: a morte de Vladimir Herzog. São Paulo: Alfa-Ômega, 1978.

Boletim do Exército (BE). 1953-1988.

BRITTO, Patrícia. "Comissão paulista investiga visitas ao Dops". Folha de São Paulo, 18/02/2013. Disponível em: http://www1.folha.uol.com.br/fsp/poder/94413-comissao-paulista-investiga-visitas-ao-dops.shtml. Acesso em: fev. 2013.

CASTRO, Celso. "Entre Caxias e Osório: a criação do culto ao patrono do Exército brasileiro". Estudos Históricos, Rio de Janeiro, vol. 14, n°25, 2000, p. 103-117.

CHIRIO, Maud. A política nos quarteis. Revoltas e protestos de oficiais na ditadura militar brasileira. Rio de Janeiro: Zahar, 2012.

CHIRIO, Maud; JOFFILY, Mariana. "La répression en chair et en os: les listes d'agents de l'État accusés d'actes de tortures sous la dictature militaire brésilienne". Brésil(s). Sciences humaines et sociales, Paris (França), n° 5, maio 2014, p. 77-103.

Comissão de Familiares dos Mortos e Desaparecidos Políticos (CFMDP). Dossiê ditadura. Mortos e desaparecidos políticos no Brasil (1964-1985). São Paulo: Imprensa Oficial do Estado de São Paulo, 2009.

Comissão Nacional da Verdade (CNV). Relatório. Brasília/CNV, 2014. Disponível em: http://www.cnv.gov.br/. Acesso em: 26/11/2015.

Comitê pró-amnistia geral dos presos políticos no Brasil. Dos presos políticos brasileiros. Lisboa: Edições Maria da Fonte, 1976

D'ARAÚJO, Maria Celina; CASTRO, Celso (org.). Ernesto Geisel. Rio de Janeiro: Fundação Getulio Vargas, 1997.

10 Passados 21 anos do Massacre do Carandiru, que vitimou 111 presos em 1993, a Polícia Militar ainda não considera delitiva a atuação de seus agentes, muitos dos quais foram promovidos depois da ação.

D'ARAÚJO, Maria Celina; SOARES, Gláucio Ary Dillon; CASTRO, Celso (Orgs.). A volta aos quartéis: a memória militar sobre a abertura. Rio de Janeiro: Fundação Getulio Vargas, 1994a.

D'ARAÚJO, Maria Celina; SOARES, Gláucio Ary Dillon; CASTRO, Celso (Orgs.). Os anos de chumbo: a memória militar sobre a repressão. Rio de Janeiro: Relume Dumará,1994b.

D'ARAÚJO, Maria Celina; SOARES, Gláucio Ary Dillon; CASTRO, Celso (Orgs.). Visões do golpe: a memória militar sobre 1964. Rio de Janeiro: Relume-Dumará, 1994c.

D'ARAÚJO, Maria Celina. "O estável poder de veto das Forças Armadas sobre o tema da anistia política no Brasil". Vária história, Belo Horizonte, vol. 28, n. 48, jul/dez 2012, p. 573-597.

DREIFUSS, René Armand. 1964: a conquista do Estado. Ação política, poder e golpe de classe. Petrópolis (RJ): Vozes, 1981

FICO, Carlos. Como eles agiam. Os subterrâneos da ditadura militar: espionagem e polícia política. Rio de Janeiro: Record, 2001.

FICO, Carlos. "Versões e controvérsias sobre 1964 e a ditadura militar". Revista Brasileira de História, São Paulo, vol. 24, no 47, 2004, p. 29-60.

FIGUEIREDO, Lucas. Ministério do silêncio. A história do serviço secreto brasileiro de Washington Luís a Lula, 1927-2005. Rio de Janeiro: Record, 2005.

FON, Antônio Carlos. Tortura: a história da repressão política no Brasil. São Paulo: Global, 1979.

FROTA, Sílvio. Ideais traídos. Rio de Janeiro: Zahar, 2006.

GASPARI, Elio. A ditadura escancarada. São Paulo: Companhia das Letras, 2002.

GOMES, Diogo Ferreira, "Ex-agentes são acusados por sequestro na ditadura". Folha de S. Paulo. 16/05/2013. Disponível em: http://dwww1.folha.uol.com.br/fsp/poder/109197-ex-agentes-sao-acusados-por-sequestro-na-ditadura.shtml Acesso em: 26/05/2014.

HUGGINS, Martha. Polícia e política. Relações Estados Unidos – América Latina. São Paulo: Cortez, 1998.

HUGGINS, Martha; HARITOS-FATOUROS, Mika; ZIMBARDO, Philip. Violence workers: Police torturers and murderers reconstruct brazilian atrocities. California (EUA): University of California Press, 2002.

JOFFILY, Mariana. No centro da engrenagem: Os Interrogatórios na Operação Bandeirante e no DOI de São Paulo (1969-1975). Rio de Janeiro: Arquivo Nacional/ São Paulo: Edusp, 2013.

LANGGUTH A. J. A face oculta do terror. Rio de Janeiro: Civilização Brasileira, 1979

LEMOS, Renato Luis do Couto Neto e. "A ditadura civil-militar e a reinvenção da roda historiográfica". Carta enviada ao jornal *O Globo* como comentário ao artigo do prof. Daniel Aarão Reis "A ditadura civil-militar", publicado no caderno *Prosa & Verso* de 31 de março de 2012. 2012. Disponível em: http:// www.lemp. historia.ufrj.br/imagens/textos/A_ditadura_civil-militar_e_a_ reinvencao_ da_roda_historiografica.pdf. Acesso em: 22/05/2014.

LEMOS, Renato Luis do Couto Neto e. "Anistia e crise política no Brasil pós-64". Topoi, vol. 3, n°5, Rio de Janeiro, julho-dezembro de 2002, p. 287-313.

MAISONNAVE, Fabiano. 2014. "Generais começaram carreira na ditadura". Folha de S.Paulo. 13/04/2014. 'Disponível em: http://www1.folha.uol.com.br/fsp/poder/161226-generais-comecaram-carreira-na-ditadura.shtml. Acesso em: 30/04/2014.

MARTINS FILHO, João Roberto. O palácio e a caserna: a dinâmica militar das crises políticas na ditadura (1964-1969). São Carlos: Ed. UFSCar, 1996.

MARTINS FILHO, João Roberto. "A educação dos golpistas: cultura militar, influência francesa e golpe de 1964". In: The cultures fo dictatorship: historical reflections on the brazilian golpe of 1964. 14-16 out. 2004. Universidade de Maryland, Estados Unidos. 2004.

MARTINS FILHO, João Roberto. "Adieu à la dictature militaire?". Brésil(s). Sciences humaines et sociales, n° 5, maio 2014, p. 17-32.

MASSALI, Fábio. 2013. "MPF denuncia agentes da ditadura por desaparecimento de jornalista". Agência Brasil. 15/05/2013. Disponível em: http://memoria.ebc.com.br/agenciabrasil/noticia/2013-05-15/mpf-denuncia-agentes-da-ditadura-por-desaparecimento-de-jornalista. Acesso em: 30/04/2014.

Medalha do Pacificador. Exército Brasileiro. Disponível em: http://www. sgex. eb.mil.br/medalhas/pacificador/med_pacificador.htm. Acesso em; 30/04/2014.

MELO, Demian Bezerra de (org.). A miséria da historiografia: uma crítica ao revisionismo contemporâneo. Rio de Janeiro: Consequência, 2014.

MORAIS, Taís e SILVA, Eumano. Operação Araguaia: os arquivos secretos da guerrilha. São Paulo: Geração Editorial, 2005.

MOTA, Jessica. "Para PM, réus do Carandiru não cometeram faltas". Agência Pública. 10/04/2014. Disponível em: http://apublica.org/2014/04/para-pm-reus-carandiru-nao-cometeram-faltas/. Acesso em: 20/05/2014.

NETTO, Marcelo e MEDEIROS, Rogério. Memórias de uma guerra suja. Rio de Janeiro: Topbooks, 2012.

NOVARO, Marcos e PALERMO, Vicente La dictadura militar 1976-1983: del golpe de Estado a la restauración democrática. Buenos Aires: Paidós, 2006.

Projeto Brasil: Nunca Mais (BNM). 1985. Disponível em : http://www.dhnet.org.br/memoria/nuncamais/index.htm. Acesso em: 15 abril 2009.

REIS FILHO, Daniel Aarão. "Ditadura, anistia e reconciliação". Estudos Históricos, Rio de Janeiro, vo. 23, no 45, jan.-jun. 2010, p. 171-186.

REIS FILHO, Daniel Aarão. Ditadura e democracia no Brasil. Rio de Janeiro: Zahar, 2014.

Serviço Nacional de Informações (SNI). 1980. Exibição de fotografias de agentes dos DOI-Codi do I e II Exército. Arquivo Nacional, Brasília, AC_ACE_9397_80. 1980

Sistema de Segurança Interna (Sissegin). Apostila Sistema de Segurança Interna. [1974?].

SOUZA, Percival de. Autópsia do medo: vida e morte do delegado Sérgio Paranhos Fleury. São Paulo: Globo, 2000.

USTRA, Carlos Alberto Brilhante. Depoimento à Comissão Nacional da Verdade. 10/05/2013. Disponível em: http://www.youtube.com/watch?v=jNjRCDjWCtI. Acesso em: 30/05/2014.

USTRA, Carlos Alberto Brilhante. Rompendo o silêncio. Brasília: Editerra, 1987.

USTRA, Carlos Alberto Brilhante. A verdade sufocada. Brasília: Ser, 2006.

VALLI, Virgínia. Eu, Zuzu Angel, procuro meu filho. Rio de Janeiro: Philobiblion, 1986.

Minibiografias dos autores (ordem alfabética)

Adriana Barreto de Souza é doutora em História Social pela Universidade Federal do Rio de Janeiro (UFRJ) e professora do Departamento de de História da Universidade Federal Rural do Rio de Janeiro (UFRRJ). Autora, entre outros trabalhos, de *Duque de Caxias: o homem por trás do monumento* (Civilização Brasileira, 2008) e *O Exército na consolidação do Império: um estudo sobre a política militar conservadora* (Arquivo nacional, 1997).

Angela Moreira Domingues da Silva é doutora em História (CPDOC/FGV), professora adjunta do Programa de Pós-Graduação em História, Política e Bens Culturais (PPHPBC) e da Escola de Ciências Sociais da Fundação Getulio Vargas. É Jovem Cientista do Nosso Estado da Fundação Carlos Chagas Filho de Amparo à Pesquisa do Estado do Rio de Janeiro (Faperj) desde 2015.

Antonio Carlos de Souza Lima é Professor Titular de Etnologia do Museu Nacional/Universidade Federal do Rio de Janeiro, onde atua ministrando cursos, coordenando pesquisas e orientando alunos no Programa de Pós-graduação em Antropologia Social. É bolsista de Produtividade em Pesquisa do CNPq (1B) e Bolsista Cientistas do Nosso Estado (Faperj). Foi presidente da Associação Brasileira de Antropologia (2015-2016).

Carla Simone Rodeghero é professora da Universidade Federal do Rio Grande do Sul e atua na área da História do Brasil Contemporâneo. Entre suas publicações estão *O diabo é vermelho: imaginário anticomunista e Igreja Católica no Rio Grande do Sul*; *Capítulos da Guerra Fria: o anticomunismo brasileiro sob o olhar norte-americano*; *Anistia ampla, geral e irrestrita: história de uma luta inconclusa* e *Não calo: grito. Memória visual da ditadura civil-militar no Rio Grande do Sul.*

Cecília Maria Bouças Coimbra é psicóloga, Professora do Programa de Pós--graduação "Estudos da Subjetividade" em Psicologia da UFF, Pós-Doutora em Ciência Política pelo Núcleo de Estudos da Violência da USP, Fundadora do Grupo Tortura Nunca Mais/RJ e atual Vice-Presidente.

Cristina Pompa é professora do departamento de Ciências Sociais da Universidade Federal de São Paulo – UNIFESP, é mestre (1995) e doutor (2001) pela Unicamp. Realizou pesquisas de pós- doutorado junto ao Centro Brasileiro de Análise e Planejamento – Cebrap (2004) e à Universidade de Udine – Itália (2016). É autora de "Religião como Tradução. Missionários, Tupi e Tapuia no Brasil Colonial", Edusc, 2003, prêmio Anpocs de melhor tese em ciências sociais, e de numerosos artigos sobre antropologia e história das religiões, história indígena e das missões, movimentos messiânicos.

Hendrik Kraay é doutor pela Universidade de Texas (1995) e professor na Universidade de Calgary (Canadá), onde foi chefe do departamento de história de 2011 a 2016. É autor de *Days of National Festivity in Rio de Janeiro, Brazil, 1823-1889* (Stanford University Press, 2013) e *Política racial, Estado e forças armadas na época da Independência: Bahia, 1790-1850* (Hucitec Editora, 2011). Atualmente desenvolve pesquisas sobre a festa do Dois de Julho na Bahia e sobre o entrudo.

Hugo Frühling é professor e diretor do Instituto de Asuntos Públicos da Universidad de Chile. Foi diretor do Centro de Estudios en Seguridad Ciudadana do mesmo Instituto. Licenciado em Ciências Jurídicas pela Universidad de Chile, além de doutor e mestre em Direito pela Universidade de Harvard. Seu último livro intitulado *Violencia y Organización Policial* foi publicado em 2009, pela Facultad Latinoamericana de Ciencias Sociales, em Quito, Equador.

Izabel Missagia de Mattos é Professora Associada na Universidade Federal Rural do Rio de Janeiro, onde leciona Antropologia para cursos de graduação e pós-graduação nas áreas de Ciências Sociais e História. É autora do livro *Civilização e Revolta: Os Botocudos e a Catequese na Província de Minas* (2004), premiado pela Associação de Pós-Graduação e Pesquisa em Ciências Sociais, fruto de pesquisa de doutoramento na Universidade Estadual de Campinas. Atualmente investiga, com apoio da FAPERJ (Fundação de Apoio à Pesquisa do Rio de Janeiro), processos relacionados à memória social, patrimônio e paisagens culturais de povos indígenas em Minas Gerais.

JOÃO PACHECO DE OLIVEIRA é Professor Titular do Museu Nacional/UFRJ desde 1998, Pesquisador do CNPq e Cientista de Nosso Estado/FAPERJ. Fez pesquisa de campo com os índios Ticuna (AM), do que resultou sua dissertação de mestrado e sua tese de doutoramento, ambas publicadas. Autor de *Ensaios de Antropologia Histórica* (1999) e de *O Nascimento do Brasil e outros ensaios: 'Pacificação', regime tutelar e formação de alteridades* (2016). Ex-presidente da Associação Brasileira de Antropologia/ABA.

LUDMILA MENDONÇA LOPES RIBEIRO é professora adjunta do Departamento de Sociologia (DSO) e pesquisadora do Centro de Estudos de Criminalidade e Segurança Pública (CRISP), ambos da Universidade Federal de Minas Gerais (UFMG). É também bolsista de produtividade nível 2 do CNPq. Suas principais publicações estão relacionadas a temas como funcionamento do sistema de justiça criminal; policiamento comunitário; efeitos da vitimização por crime na cultura da cidadania e políticas de segurança pública.

LUÍS EDMUNDO DE SOUZA MORAES é graduado em História pela UFRJ (1992), mestre em Antropologia Social pelo PPGAS do Museu Nacional - UFRJ (1996) e Doutor em História pelo Centro de Pesquisas Sobre o Antisemitismo da Universidade Técnica de Berlim (2002). Atualmente é Professor Associado de História Contemporânea do Departamento de História e do Programa de Pós-Graduação em História da Universidade Federal Rural do Rio de Janeiro. É coordenador do Núcleo de Estudos da Política da UFRRJ (NUEP/UFRRJ).

MÁRCIO GRIJÓ VILAROUCA é graduado em Ciências Sociais pela Universidade Federal de Santa Catarina (1997) e mestre e doutor em Ciência Política pelo Instituto Universitário de Pesquisas do Estado do Rio de Janeiro - IUPERJ. Desde 2011, é professor da Escola de Ciências Sociais (CPDOC/FGV). Atualmente, é coordenador do FGV-Opinião, núcleo de pesquisa social aplicada, que atua na interface entre a academia e o mercado, com o desenvolvimento de desenhos de pesquisa, baseados na combinação de técnicas qualitativas e quantitativas de pesquisa.

Maria Luiza Ferreira de Oliveira é professora de História do Brasil Império no curso de História da UNIFESP e faz parte do Programa de Pós Graduação da mesma instituição. Atualmente desenvolve pesquisa sobre as disputas políticas de meados do XIX e a colonização militar posta em marcha em Alagoas, Pernambuco, Minas Gerais, Mato Grosso e no Pará a partir de 1850. É autora do livro "Entre a casa e o Armazém: relações sociais e experiência da urbanização, São Paulo, 1850-1900" (Alameda, 2005).

María Victoria Corvalán é licenciada em Sociologia pela Universidad de Chile, foi pesquisadora do CESC, Consultora Associada GUERNICA Consultores S.A. e Diretora Executiva da Proyecta Ltda. Investigación, Proyectos, Capacitación y Evaluación.

Mariana Joffily é professora do departamento e do programa de pós graduação em História da UDESC. Tem mestrado na Universidade Paris IV Sorbonne, doutorado pela USP e pós-doutorado pela Universidade de Brown (bolsa Capes/Fulbright). É autora de *No centro da engrenagem*, publicado pelo Arquivo Nacional (Memórias Reveladas 2010) e pela Edusp.

Maud Chirio é uma historiadora francesa, doutora pela Universidade Paris 1 Sorbonne e professora na Universidade Paris-Est Marne-la-Vallée. Autora de *A política nos quartéis. Revoltas e protestos de oficiais na ditadura brasileira* (Zahar, 2012), ela estuda as forças armadas e o sistema repressivo no período ditatorial brasileiro.

Vânia Maria Losada Moreira é professora Associada IV do Departamento de História e Relações Internacionais da Universidade Federal Rural do Rio de Janeiro (UFRRJ) e do Programa de Pós-Graduação em História da mesma universidade. Graduada em História pela Universidade de Brasília (UnB) e doutora em História pela Universidade de São Paulo (USP). Autora do livro *Brasília: a construção da nacionalidade* (Vitória: Edufes, 1998). Desde 1999, dedica-se à pesquisa sobre os índios e o indigenismo no Brasil, tema sobre o qual tem publicado artigos e orientado na pós-graduação. Pesquisadora 2 do Conselho Nacional de Ciência e Tecnologia (CNPq).

Alameda nas redes sociais:
Site: www.alamedaeditorial.com.br
Facebook.com/alamedaeditorial/
Twitter.com/editoraalameda
Instagram.com/editora_alameda/

Esta obra foi impressa em São Paulo no inverno de 2017. No texto foi utilizada a fonte Minion Pro em corpo 10,5 e entrelinha de 15 pontos.